Michael Gleich

Drache auf tönernen Füssen

Grafische Gestaltung: Dorothea Löcker, Wien
Umschlagabbildung: © Vidler Steve/www.buenosdias.at
Druck und Verarbeitung:
Druckerei Theiss, St. Stefan im Lavanttal
ISBN 978-3-85452-673-5

Informationen über das aktuelle Programm
des Picus Verlags und Veranstaltungen unter
www.picus.at

Michael Gleich

Drache auf tönernen Füssen

Die Entdeckung der Individuen in China

Picus Verlag Wien

Für Annette, um aller Dinge willen, die nur sie weiß

Inhalt

Das Land muss zerstört und dann neu geformt werden. Das gilt für das Land, die Nation und die Menschheit. Die Zerstörung des Universums ist nichts anderes. Menschen wie ich sehnen sich nach seiner Zerstörung, denn wenn das alte Universum zerstört ist, wird ein neues Universum gebildet.
Das ist doch besser!

MAO

Lu Xuns dämonisches Gelächter

»It's a show, a spectacle, sort of ceremony!«, sagte Jin Dujuan. Sie führte uns, zwei Dutzend Ausländer, durch die chinesische Ostküstenprovinz Zhejiang, durch das »Land der Pioniere«, wie sie zu sagen pflegte. Wohin wir auch kamen und wann immer wir nach Einzelheiten fragten – Jin Dujuan und die Funktionäre deckten uns ein mit tausend Wörtern, die keine Informationen lieferten. Unser indischer Kollege Sylvanus Lamare sprach vom »Dauerbeschuss chinesischer Nebelwerfer«.

In der kommenden Nacht stand also ein Schauspiel bevor. Aber was für ein Schauspiel? Worum ging es? Wer würde auftreten? Wir Ausländer wollten gerne schon ein paar Stunden vorher Klarheit haben, und Jin Dujuan wirkte gequält. Wenn wir für ihr Empfinden zu neugierig wurden, neigte sie den Kopf zur Seite und ihr Lächeln gefror. Was, um Himmels willen, hatten wir Fremde an Überraschungen auszusetzen?

Die fünfunddreißigjährige Mitarbeiterin des Presse- und Informationsamts steckte in einem Dilemma. Sie hatte nicht die Befugnis, den Gästen mehr als nötig zu verraten. Andererseits wollte sie höflich sein. Folglich redete und redete sie, um wenigstens den Anschein zu erwecken, als käme sie unserem Wunsch nach vollständigen Informationen entgegen.

Unter Mao spielte die Provinz Zhejiang wirtschaftlich keine Rolle. Doch nach seinem Tod war die Provinz, in der fünfundvierzig Millionen Menschen lebten, zu einer chinesischen Vorzeigeprovinz aufgestiegen. Die Wirtschaft verdoppelte sich innerhalb kürzester Frist. Zhejiang wurde Teil des globalen Dorfes.

Die Fläche der Provinz war ungefähr so groß wie die Fläche Portugals. Der Vergleich mit Portugal bot sich auch im Hinblick auf die Wirtschaftsleistung an. Das Bruttoinlandsprodukt hatte schon in etwa die Höhe des portugiesischen erreicht. Allerdings lebten in Zhejiang nicht so wenige Menschen wie in Portugal, sondern so viele wie in Spanien, und die Wirtschaft der chinesischen Provinz wuchs Jahr für Jahr um sagenhafte zwölf bis vierzehn Prozent. Damit das Wachstumstempo hoch blieb, forcierte die Provinzregierung die Öffnung zum Weltmarkt, suchte nach weiteren Exportmärkten und warb um noch mehr ausländische Investoren. Aber es gibt in China zweiundzwanzig Provinzen, fünf autonome Gebiete, vier regierungsunmittelbare Städte und zwei Sonderverwaltungszonen, und die Regierungen der einen Provinz wetteifern gegen die der anderen. Die Funktionäre Zhejiangs wollten erreichen, dass die Welt von ihrer Provinz hört und dass ihr Reich in diesen Berichten eine gute Figur macht.

Eine unabhängige Recherche im Schlepptau der Funktionäre war unmöglich. Trotzdem hatte ich mich auf diese mehrtägige Gruppenreise im Regierungsbus eingelassen. Im Anschluss wollte ich die Provinz Zhejiang auf eigene Faust erkunden.

Verirrung im Funktionärsheim

Alan Soldofsky saß vorne im Bus, direkt hinter Jin Dujuan. Der Amerikaner war etwas stoffelig, sobald es um praktische Dinge ging. Wir mussten häufig auf ihn warten, weil er etwas vergessen hatte. Mal suchte er seine Kamera, mal hatte er seinen Rucksack verlegt.

Soldofsky lehrte Anglistik und Creative Writing an einer kalifornischen Universität. Insbesondere auf unseren Busfahrten zitierte er häufig amerikanische und europäische Dichter. Ein paar Autoren der chinesischen Moderne hatte er ebenfalls auf Lager. Nach einigen Tagen ging er manchem aus unserer Gruppe mit seinen Zitaten und literarischen Assoziationen ein wenig auf die Nerven, aber wenn er Jin Dujuan im Bus das Mikrofon wegschnappte, war man ihm ausgeliefert.

Er hielt sich das erste Mal in China auf. China hatte ihn entzündet und zugleich in Unruhe versetzt, wie vermutlich jeden in unserem Bus. Allerdings haftete Soldofskys Unruhe etwas an, das ans Panische grenzte. Je länger wir durch die Provinz reisten, umso seltener schaute er aus dem Busfenster. Und wenn er nicht gerade Zitate vortrug, zog er seine graue Baseballkappe tief ins Gesicht und schien zu dösen. Dabei zuckten manchmal seine Hände, sein grauweißer Oberlippen- und Kinnbart bewegte sich, und wir hörten ihn murmeln. Ich stellte mir vor, er hätte in Vorbereitung seines Chinabesuchs einen Narren gefressen an jenen weisen Wandergelehrten, die Chinas Generationen über Tausende von Jahren erzogen haben.

Soldofskys selbstversunkene Art war liebenswert, aber der Beiklang seiner Äußerungen, der mit jedem weiteren Tag in China auffälliger wurde, konnte sich auf seine Umgebung übertragen. Der Inder Sylvanus Lamare vermutete, die Unruhe des Amerikaners entspringe einem wachsenden Gefühl der Unterlegenheit.

Lamare arbeitete auf einem College im indischen Bundesstaat Meghalaya. Auch er brachte sich gern zu Gehör, aber im Unterschied zu dem immer introvertierter wirkenden Amerikaner verzauberte der Inder unseren Bus in ein Kabarett. Er hatte aus Indien ein Witzebuch mitgebracht, und wenn die Fahrt lang wurde und Soldofskys Zitatenschatz uns ermüdete, las er uns aus dem Buch vor: Witze über Engländer, Inder, Amerikaner, Juden, Hindus, Moslems, Kapitalisten und Kommunisten, Ärzte, Politiker, Frauen. Als Conférencier war der Inder ein Könner. Er wählte Witze von erfrischender Bösartigkeit aus, ohne je allzu gehässig zu werden. Aus Rücksicht auf Jin Dujuan verkniff er sich Chinesenwitze.

Unsere Unterkunft für die kommende Nacht hatte Jin Dujuan als »Haus aus der Epoche, die Mao folgte« angekündigt. Wir passierten einen Schlagbaum und fuhren auf eine Anhöhe. Was das Baujahr betraf, konnte Jin Dujuans Information zutreffen, aber »Haus« führte in die Irre. Das Gebäude ähnelte mehr einem Kongresszentrum. Es war aus hellgrauem Stein und hatte eine enorm große Lobby mit einer Glasfront. Von der Halle führten lange, verglaste Gänge zu den vierstöckigen Gebäudeflügeln und den Zimmern. Auf Nachfrage sagte Jin Dujuan, die Kommunistische Partei Chinas, der Gewerkschaftsverband und auch die Volksarmee würden hier häufig Tagungen und Lehrgänge abhalten. Aber bei unserer Ankunft am Nachmittag waren wir Ausländer die einzigen Gäste, und das Anwesen schien keinem anderen Zweck zu dienen, als Platz im Überfluss zu bieten. Erst gegen Abend, als es zu dunkeln begann, traf ein Buskonvoi ein und brachte eine große Menge chinesischer Gäste.

Alan Soldofsky und Sylvanus Lamare bekamen Lust auf einen Drink. Es hieß, im Keller befinde sich eine Bar. Ich schloss mich den beiden an.

Die Halle im Keller war so riesig wie die Lobby über uns, und auch von hier zweigten Gänge ab. Keine Menschenseele, die wir nach der Bar fragen konnten. Die Schilder zeigten nur die Notausgänge an. Einige Neonröhren flackerten. Sylvanus Lamare marschierte voraus, links um eine Ecke, nach rechts, wieder nach links, wer weiß, wie oft er abbog, stets mit dem Amerikaner und mir im Gefolge. Soldofskys Walkingschuhe quietschten auf den Fliesen. Nach einer Weile glaubte ich, dass der Inder uns im Kreis herumführte, aber wir konnten uns nicht einigen. Wir wussten nicht mehr, wo in diesem schummrigen Labyrinth vorne und hinten war. Wir waren uns einig, dass es der Orientierungslosigkeit gleichkam, die wir Ausländer seit Beginn der Fahrt empfanden. Nie zu wissen, was bevorstand und in welche Richtung es ging, war ein Dauerzustand, und so gut wie jeder aus unserer Busgesellschaft hatte vor Jin Dujuan kapituliert. Der Eindruck drängte sich geradezu auf, als besäßen die Chinesen ein System, um die »Freunde aus dem Ausland« auf ihr Terrain zu locken und kopflos zu machen.

Nichts deutete darauf hin, dass wir in diesem Kellergewirr jemals auf eine Bar treffen würden, und ich dachte, es könnte uns genauso schwer fallen, den Ausgang wiederzufinden. Langsam rückte auch das Dinner näher. Nicht im Bankettsaal aufzutauchen – für diese Unhöflichkeit würde Jin Dujuan kaum Verständnis haben. Die Metalltüren, die als Notausgänge markiert waren, hatten wir schon ausprobiert. Verschlossen! Diese unterirdischen Gänge waren nicht in den Hügel gegraben worden, damit sich hier Fremde zurechtfinden sollten. Ein Drink hier unten war mittlerweile nicht mehr mein größter Wunsch. Doch ich behielt meine Gedanken für mich, um kein Spielverderber zu sein.

Sylvanus Lamare bog nach links ab, musste aber umkehren, weil Soldofsky stur geradeaus ging: »Jetzt übernehme ich mal!« Abgesehen vom Surren und Klicken der Neonröhren hörte man nur Soldofskys Stimme. Sie war dunkel, aber mir wurde klar, dass er Jin Dujuan imitierte: »Gleich kommen wir an. Bitte, hören Sie zu! Sie können auf Ihr Zimmer gehen. Dort können Sie sich kurz frisch machen. Aber nicht hinlegen und verschlafen! Hat das jeder verstanden? Punkt achtzehn Uhr treffen wir uns im Bankettsaal Nummer soundso.«

Ein Blick auf die Uhr. Noch eine Viertelstunde bis zum Bankett. Meine beiden Begleiter hatten die Ruhe weg. Sie erwärmten sich mehr für unsere postmaoistische Gruft als für das x-te Bankett, eine Heerschar neuer Funktionäre und noch mehr Ansprachen, die keinen Humor, ja nicht mal ein inneres Lächeln erkennen ließen.

Ich war hin- und hergerissen. Die Fürsorge unserer Gastgeber war ja rührend. Aber es stimmte auch, dass ihre Fürsorge an Kontrollsucht grenzte und dass ihre Detailkenntnisse nichts zu wünschen übrig ließen. Zum Beispiel der Moment, als ich Jin Dujuan kennenlernte, als sie zur Begrüßung sagte: »Meine Heimat ist die Gegend von Shiyan in der Provinz Hubei!«

Und ich dachte: Shiyan in Hubei, in Zentralchina? Wie klein die Welt ist!

Shiyan war eine strategische Fabrikstadt, eine Schöpfung Maos, wenn man so wollte. Die Stadt und die Fabriken lagen in den Schluchten des Wudang-Gebirges. Diese Stadt in Zentralchina war die erste Stadt, die ich in China besucht hatte.

»Zehn Jahre ist das her!«, sagte ich.

»Ich weiß!«, sagte Jin Dujuan.

Sie sah hübsch aus mit ihrem kurzen schwarzen Haar, und mir war nicht entgangen, dass sie auf manche Männer besonders anziehend wirkte, wenn sie wie in diesem Moment ihre schönen Augen groß machte. Sie freute sich ehrlich, dass ich die Gegend kannte, aus der sie stammte, doch es überraschte sie nicht im Geringsten, und sie kokettierte sogar mit ihrer Kenntnis.

Hinter uns hörten wir ein Bollern. Wir liefen ein paar Schritte zurück, bis zu einer Abzweigung, an der wir gerade vorbeigegangen waren, und folgten dem Geräusch. Das Bollern im Gang wurde stetig lauter, und jetzt hörten wir auch Musik.

Die Bar. An der Theke brannte kein Licht, und niemand war da, der bediente. Das Bollern und die Musik kamen aus einem Nebenraum. Die Tür stand offen. Drei Männer und drei Frauen spielten Bowling. Sie trugen Armeeuniformen. Ob wir gegen sie antreten wollten?

Wir winkten ab.

Soldofsky fand im Glasschrank hinter der Theke eine Flasche Macallan Fine Oak. Wir setzten uns in eine Eckgarnitur. Schwarzer Kunststoff. Auch der Tisch war schwarz. Auf den Fliesen lagen Kippen. Ich steckte mir eine Zigarette an. Der Inder bat um mein Feuerzeug, zündete ein Teelicht an, und jeder hing seinen Gedanken nach.

»Titanic!«, murmelte Soldofsky nach einer Weile. Er hatte

gerade begonnen, in seinen Notizblock zu schreiben, aber er meinte die Musik, die in der Bar spielte.

Jeder aus unserer Reisegesellschaft notierte sich ständig Beobachtungen, doch Soldofsky war der Einzige, der auch dichtete. Sogar im Bus war er dazu in der Lage. Im Augenblick machte der Amerikaner ein Geheimnis aus dem, was er schrieb, aber während der Fahrten nahm er sich oft die Freiheit, uns seine neuesten Schöpfungen vorzutragen. Freie Verse in der Regel. Sie drückten seine Liebe für den Expressionismus aus und eine große Leidenschaft für etwas, das er »Wilderness« nannte.

»Naipaul behauptet, die Welt sei zu komplex geworden!«, sagte Lamare und brach unser Schweigen in der Bar. »Zu komplex, um sich ihr fiktional nähern zu können.«

Lamare sprach den Amerikaner zum wiederholten Mal auf Naipaul an. Von daher waren uns Soldofskys Ansichten über Naipaul bekannt. Er fand, Naipaul habe den Nobelpreis nicht verdient, er ahme unentwegt Joseph Conrad nach, eine besondere Haltung Conrads, die besage, es gebe kein Zuhause, keinen festen Boden.

Als Lamare jetzt neuerlich von Naipaul anfing, tat Soldofsky so, als nähme er keine Notiz davon, sicherlich in der Annahme, Lamare wolle ihn provozieren. Mein Gefühl war eher, dass der Inder bei dem amerikanischen Literaturprofessor Rat suchte; dass er unter »Beschuss der chinesischen Nebelwerfer« jemanden vermisste, der die Sicht klärte, so wie Naipaul es nach Lamares Ansicht getan hatte, im Zuge seiner Reisen durch so viele Kontinente und Länder. Doch um China hatte Naipaul einen Bogen gemacht, und Lamare bedauerte das. »Ich mag Naipauls bösen Blick!«, insistierte er. »Ohne Naipauls Indienreportagen wäre der Blick auf mein eigenes Land der eines Einäugigen.«

Soldofsky sah nur kurz auf und verdrehte die Augen.

»Bus Nummer drei!«, sagte Jin Dujuan. Sie klang erbost. Wir waren in der Soldatenbar sesshaft geworden, hatten das obligate Abendbankett verpasst, und nun wartete schon der Bus mit laufendem Motor auf dem Parkplatz. Sie hielt uns die Hoteltür auf, wies uns die Richtung und wiederholte scharf: »Nummer drei, wie immer! Okay?«

Es hatte zu regnen begonnen. Der Regen war so fein, dass man ihn kaum sehen konnte, aber der Parkplatz glänzte, und als wir hinausgingen, um in den Bus zu steigen, schlug uns die Nässe wie ein Schwamm ins Gesicht.

Immerhin, wir vom Bus Nummer drei hatten es besser als die Hundertschaft Chinesen, die vor dem Gebäude in Reih und Glied dem Regen trotzen musste. Die Männer und Frauen standen in Viererreihen zum Appell, die Augen dem Eingang zugewandt. Die Leute an der Spitze der Reihen trugen Fahnen.

Die Brigade bestand aus Schriftstellern der Provinz Zhejiang. Der Schriftstellerverband veranstaltet einmal im Jahr ein Jahrestreffen, dieses Jahr in Form einer heimatkundlichen Exkursion von mehreren Tagen. Die schöne Idee war die, dass sich gemäß Reiseplan die Wege der organisierten Schriftsteller und die Wege von uns Ausländern immer wieder kreuzten.

Über den Parkplatz gellte eine Stimme. Sie klang sehr aufgeregt, sehr wichtig und alles andere als zivil. Eine sehr kleine Frau gab den Schriftstellern Anweisungen, und zu diesem Zweck sprach sie durch ein Megafon. Sie war um die sechzig. Trotz der Jahreszeit trug sie einen Rock aus grauem Flanell. Sie stand auf den Stufen vor dem Hotel. Auf diese Weise konnte sie die Truppe überblicken. Außerdem schützte das Vordach sie vor dem Regen.

Das Scheppern der Megafonstimme drang bis in unseren Bus. Der Fahrer drehte die Musik aus dem Kassettenrekorder lauter. Die Endlosschleife! Im Bus, im Fahrstuhl, auf dem Hotelflur, im Kaufhaus, im Café, auf dem Flughafen, im Bankettsaal –

man hörte dieselbe Melodie von morgens bis abends und überall im Land. Die melancholische Melodie aus dem Soundtrack von »Titanic« war ein Welthit gewesen, doch außerhalb Chinas schon eine halbe Ewigkeit wieder aus der Mode gekommen. Das Original mit dem Gesang Celine Dions hörte man selten. Öfter sang eine Chinesin in ihrer Sprache. Und meistens wurde eine Instrumentalversion gespielt, deren Sound wolkiger klang, wie vollends ins Chinesische mutiert. Vor allem dieses noch viel süßlichere Arrangement von »My Heart Will Go On« waberte überall aus Decken und Wänden und verfolgte einen bis aufs Klo. Per stiller Post sozusagen hatten die Chinesen die Filmmusik, die den Untergang des Riesenschiffs untermalte, zur inoffiziellen Hymne gewählt. Diese Idee von 1,3 Milliarden Verschworenen verlieh der Melodie in meinen Ohren etwas Erhabenes. Aber im Moment war kein Ankommen gegen das Megafon-Stakkato, das von der Schriftstellerbrigade herüberschallte und beunruhigend klang.

Unsere Busfenster waren beschlagen. Ich malte mir aus, dass draußen der örtliche Günter Grass, die hiesige Christa Wolf, der Siegfried Lenz der Gegend gemeinsam in der Brigade stünden, den Anweisungen aus dem Megafon lauschend, die Köpfe gesenkt gegen den Regen. Zwar wurde es abends nicht mehr kalt, der Sommer nahte, trotzdem war das Ausharren ein Missvergnügen. Aber das bisschen, das wir durch die beschlagenen Scheiben erkennen konnten, deutete nicht darauf hin, dass irgendein Autor Eskapaden machte, auch nur einen Schritt aus der Reihe tanzte oder sich gar beschwerte. Sie zeigten Geduld und Disziplin. Sie sollten in anderen Bussen befördert werden, und wie die Lage nun mal war, ließen ihre Busse auf sich warten.

»So! Wir fahren jetzt!«, sagte Jin Dujuan, als unser Bus, ein brandneuer Volvo, an der Schriftstellerbrigade vorbeirollte. Der Triumph in ihrer Stimme war nicht zu überhören.

Die Trennung der chinesischen Schriftsteller von den ausländischen Gästen war gewollt. Die Chinesen mussten woanders übernachten als wir, sie wurden in Bussen herumgekarrt, die älter waren als unsere, und bekamen andere, weniger schön gedeckte Tische zugewiesen, falls sie nicht sogar in separaten Räumen essen und sich dort selbst am Buffet bedienen mussten, während wir und ihre Verbands- und Parteifunktionäre an gedeckten Tafeln besten Service genossen. Es ergab sich keine Gelegenheit, mit den Schriftstellern einzeln ins Gespräch zu kommen. Stets mussten sie schnell zu irgendeiner Versammlung oder wir Ausländer eilten, von Jin Dujuan gedrängt, zum nächsten Termin. Aber heute Nacht bestand Hoffnung. Die Provinzregierung Zhejiangs und der Schriftstellerverband hatten uns zur Abschlussveranstaltung des Jahrestreffens eingeladen. Und Jin Dujuan hatte immerhin von »open end« gesprochen und angedeutet, es handele sich um eine Show, ein Spektakel, eine Zeremonie.

»Lernen wir die Schriftsteller heute endlich kennen?«, fragte Lamare, gleich nachdem der Bus angefahren war.

Sie lachte stumm und zögerte. Sie war sich bei uns Ausländern nie ganz sicher, wie solche Fragen zu verstehen waren. »Kennenlernen?« Ihre Stimme sprang in eine hellere Tonlage. »Ja! – Natürlich!«

Paläste, die in Wolken schweben

Der Bus fuhr zum Schlagbaum hinunter, der die Anhöhe samt Unterkunft absperrte. Ein Uniformierter winkte uns durch, und hinter der Schranke drückte der Busfahrer aufs Gas. Jin Dujuan fing an, uns Fahrtinformationen zu geben. Wegen der beschlagenen Scheiben und der Dunkelheit konnten wir nichts sehen, aber Jin zufolge blieben wir in der Nähe. Ja, der Bus rollte an denselben fantastischen Orten vorbei, die wir bei Tageslicht schon besichtigt hatten, und wir vernahmen dieselben erstaunlichen Dinge, von denen wir heute schon einmal gehört hatten. Aber ob einmal, zweimal, hundert Mal – die Menge an Informationen, die immer seltsam vage blieben, die Vielzahl der Bilder und Eindrücke innerhalb kürzester Zeit – unmöglich, sich einen Reim zu machen. Haften blieb allenfalls eine Art Quintessenz oder ein Staunen darüber, dass die Pioniere der Gegend seit Maos Tod alle Rekorde brachen und sämtliche Wunder übertrafen und das restliche China mehr oder weniger in den Schatten stellten.

Wir kamen uns vor wie in einer Traumwelt. Wir waren hundertsechzig Kilometer von der Provinzhauptstadt Hangzhou entfernt und etwa vier Fahrstunden westlich von Schanghai. Von hier auf direktem Weg zum Ostchinesischen Meer hätten wir zwei, eher drei Stunden benötigt, aber es war hier gewesen, wo wir plötzlich in einem Hafen landeten, der aussah wie das alte Macau, wie Macau vor vier Jahrhunderten. Das Hafengebäude: portugiesischer Kolonialstil. Davor lag eine Karavelle vor Anker, ähnlich der Pinta, der Niña und der Santa Maria. Die Schiffskanonen feuerten. Es war keine Fata Morgana. Ein Flugzeugträger sei auch in Planung, versicherte uns ein Führer. Der Mann war dünn, ein Hungerhaken, und auch sein faltenreiches Gesicht zeugte von einem langen Leben voller Entbehrungen. Er deutete aufs Hafenbecken. Die Marine der Volksbefreiungsarmee besitze noch keinen Flugzeugträger. »Aber hier bei uns wird bald einer zu sehen sein.«

Von diesen Dingen hatten wir vor wenigen Stunden zum ersten Mal gehört. Jetzt im Bus gab Jin Dujuan uns ferner bekannt, es sei sogar ein Raumfahrtbahnhof geplant, für Ausflüge zum Mond.

Man konnte sich nur Augen und Ohren reiben. Dies war nicht Cape Canaveral. Es war auch nicht Rom, aber an diesem Ort hatten wir am Vormittag leibhaftig in einer Arena aus Stein gestanden. Noch war sie im Bau, doch der Kampfplatz war schon so groß wie das Kolosseum. Dies war auch nicht die Hauptstadt des chinesischen Reiches, Peking lag tausend und wer weiß wie viele Kilometer entfernt, andere ehemalige Hauptstädte Chinas waren ebenfalls weit weg, aber mittags hatten wir die antike und mittelalterliche Urbanität der Chinesen gesehen, Straßen und Häuser aus der Zeit des Ersten Kaisers und all der Dynastien, die seiner folgten. Wir schlenderten durch diese Straßen und traten ein in zweistöckige Häuser aus dunkelbraunem, fast schwarzem Holz. Die Fenster waren kleinteilig gemustert, die Giebel überstehend und an den Ecken spitz aufschwingend wie der Bug einer Gondel. Gleich darauf sahen wir Kirchen und andere britische Kolonialgebäude, die das Hongkong der ersten Hälfte des 19. Jahrhunderts geprägt hatten.

Dann erhielten wir Zutritt in die Verbotene Stadt und erblickten die kaiserlichen Farben der Ming- und Qing-Dynastien, die dunkelroten Paläste mit ihren goldgelben, geschwungenen Dächern. Die Paläste sahen aus, als schwebten sie in den Nebelwolken, die von den grünen Hügeln ringsum herabsanken. Palastwächter reichten uns Perücken und chinesische Seidenkleider. Und ehe wir merkten, wie uns geschah, waren wir bunter Mandarin, Ratgeber und Minister, konfuzianischer Würdenträger, bezopfter Beamter, Eunuchen-Admiral und ätherische Konkubine – und langsamen Schrittes überquerten wir den mächtigen, weißen Platz. Auf der anderen Seite, im Palast, machten wir unseren Kotau vor dem Drachenthron. Als ich aufblickte, saß dort der Himmelssohn.

Alles war Fake, alles in Originalgröße an fremdem Ort errichtet. Nur die weiß-grauen Betongebäude der Gegend, deren blaue Flachdächer von den Hügeln aus in den Tälern zu sehen waren, die Labore, die Zucht- und Mastställe, Hunderte Fabrik- und Verwaltungsgebäude – sie schienen echt, authentisch und von Nutzen zu sein.

In dieser Bauerngegend war etwas im Gange, das die Welt auf den Kopf stellte. Bis vor zwei, drei Jahrzehnten war diese Gegend eine der ärmsten in China gewesen. Es hieß, Mao habe die Küstenregion gezielt benachteiligt, so als wäre sie Feindesland. Schräg vis-à-vis lag Taiwan, und dort auf der Insel hatte sich der kapitalistische Feind festgesetzt, die Amerikaner und Chiang Kai-shek. Mao sah in den Einwohnern der Provinz Zhejiang potenzielle Verräter. Es war ihr Pech, dass Chiang Kai-shek ausgerechnet aus Zhejiang stammte, aus einem Küstennest bei Ningbo, dem größten Hafen der Provinz. Über Jahrzehnte hinweg mussten die Bauern den Preis für Maos Wahn vom permanenten Klassenkampf zahlen. Doch kaum hatte man seine Leiche einbalsamiert und im Mausoleum zur Schau gestellt, zeigte sich ihr Eigensinn. Freilich erfuhren wir diese Aspekte der Geschichte nicht von Jin Dujuan. Ihrer knapperen Version zufolge zeigten die Menschen hier eines Tages schlicht Pioniergeist. Ein Mann erwies sich als besonders tatkräftig. Sein Name war Xu Wenrong.

»Nur ein Traum«

Aus größerer Distanz konnte man glauben, dass Xu Wenrong eine Mao-Jacke trug. Man sah diese Jacken nur noch hin und wieder bei alten Menschen auf dem Land. Als wir näher kamen, stellte sich die dunkelblaue Jacke als Freizeitjacke heraus. Der Reißverschluss war halb geöffnet. Unter der Jacke trug er ein blaues T-Shirt. Xu Wenrong wartete auf einer Besucherbank im Foyer eines seiner Bürogebäude. Die Bank war schmal, grauweiß bezogen, und das Polster war fest. Nicht die Spur von Bonzenplüsch und den tiefen, breiten Sesseln, die eine Person verschlucken. Herr Xu saß dort wie jemand, der auf dem Sprung war. Es hieß, er sei einundsiebzig. Er kam mir älter vor. Er hatte das milde Gesicht eines Greises, zurückgekämmte Haare, die grau und dünn geworden waren, seine Unterlippe voll und hängend, seine Oberlippe nur ein Strich.

Er hustete. Seine Stimme war heiser, und er sprach extrem leise. Selbst Jin Dujuan und unsere Dolmetscher verstanden die Erzählungen des Alten nur schlecht.

»Wir hatten immer Hunger! Das müssen Sie verstehen!« Der Alte meinte die langen Jahre der Mao-Zeit. Er sagte, er sei krank und müsste eigentlich im Bett liegen, trotzdem habe er sich aufgerafft, um uns an diesem Nachmittag kurz zu empfangen.

Er hatte glasige Augen, doch beim Sprechen gewannen sie an Schärfe. Es waren seine Augen, die ihn in diesem Moment jünger machten.

Er sagte, sein Vater sei in der Gegend für seine Kalligrafie bekannt gewesen. »Ein Experte.« Von der Tuschemalerei abgesehen habe er sich auch als Handwerker betätigt und Dampfbrot hergestellt. Aber das bewahrte die Familie nicht vor der bäuerlichen Feldarbeit. Die Familie war arm.

»Mao und die Kommunistische Partei hatten sich zum Ziel gesetzt, dass alle Chinesen reich werden. Es blieb nur ein Traum. 1975 stand ich in der Mitte meines Lebens.« Er sagte, er habe in jener Zeit schon nicht mehr auf dem Feld arbeiten müssen. »Hier in Hengdian Town hatten wir beschlossen, von der Marktwirtschaft zu lernen, von den entwickelten Ländern. Aus ein paar ehemaligen Volkskommunen und Werkstätten für landwirtschaftliche Geräte haben wir Bauern einen der größten Privatkonzerne Chinas geschaffen. 1975 gründeten wir unsere erste Firma. Wir stellten Seide her.«

Die Entwicklung der Hengdian-Gruppe sei anders verlaufen als die vieler anderer chinesischer Firmen. »Wir sind eine kommunale Wirtschaftsgemeinschaft. Wir haben die Leute damals zusammengerufen und uns selbst organisiert. Wir wollten reich werden.«

Das war ein Jahr vor Maos Tod gewesen.

Xu Wenrong sagte: »Die amerikanische Gesellschaft ist eine Mittelklassengesellschaft. Das Einkommen liegt in Amerika zwischen sechzig- und dreihunderttausend Dollar, in China liegt es noch immer zwischen sechzig- und dreihunderttausend Yuan.«

Beide Angaben waren geschönt, aber darauf kam es nicht an. Der Durchschnittsamerikaner, den Herr Xu vor Augen hatte, war jedenfalls hundert Mal reicher als seine Leute. Seine Hengdian-Group, fuhr er fort, zähle jetzt zu den fünfhundert größten chinesischen Firmen überhaupt.

Die Firmengruppe war ein Gemischtwarenladen: Zulieferer für die Autoindustrie, Kupplungen, Getriebe und so weiter, Agrarmaschinen, Magnettechnik, Fernseh- und Filmstudios, Lebensmittelproduktion, Biotechnologie, Seide. Von einem Kerngeschäft konnte nicht die Rede sein. Neuerdings investierte die Gruppe viel Geld in den Tourismus. Xu Wenrongs 1,3-Milliardenvolk hatte vor, häufiger zu verreisen.

»Als Mao starb, war Reichtum ein Traum. Ich stehe jetzt an dreihundertfünfundsiebzigster Stelle der reichsten Menschen der Welt. Inzwischen gibt es zweitausend Firmen in Hengdian Town. Im Grunde arbeitet jeder in diesem Bezirk für die Gruppe. Wir haben auch sehr viele Wanderarbeiter aus anderen Teilen Chinas. Wir behandeln sie genauso wie die Einheimischen. Wir sind alle voller Tatkraft. Unser Management ist komplett chinesisch. Neulich hatten wir Italiener zu Gast. Die sagen, Hengdian Town ist Utopia.«

Nach wenigen Minuten drückte er sein Bedauern aus und bat um Verständnis. Er wolle sich zurückziehen. Das Sprechen habe ihn mitgenommen. Einer seiner Manager half dem Seniorchef beim Aufstehen und stützte ihn auch beim Gehen.

Er machte ein, zwei Schritte, dann wandte er sich noch einmal um.

»Wir hatten immer Hunger.«

Xu Wenrong wollte unbedingt, dass es niemand vergisst über den Banketten mit den Parteibonzen und den wunderbar üppigen Dinners, die wir in seiner Provinz genossen. Seine Stimme hatte zwar schwach geklungen, aber seine Worte waren deutlich genug gewesen, deutlicher und direkter als die Worte der Funktionäre, die wir bisher getroffen hatten. Für diesen reichen Mann war Hunger keine Metapher. Und während der Bus uns dem nächtlichen Schauspiel näher brachte, fiel mir auf, dass mir die Sache mit dem Hunger nicht mehr aus dem Kopf ging. Mao hatte sein eigenes Volk als entbehrlich empfunden. Wenn es seiner Macht diente und seinem Einfluss in der Welt, ging er über Leichen. 1958 verordnete er seinem Land den »Großen Sprung nach vorn«. China sollte gigantische Projekte verwirklichen: Bewässerungskanäle graben, eine Metall- und Schwerindustrie aus dem Nichts aufbauen, eine Kriegsmarine, eine Luftflotte, Häfen, Flughäfen. Hinzukam ein Atombombenprogramm, das riesige Geldsummen verschlang.

Für die technisch anspruchsvollen und militärischen Vorhaben benötigte Mao sowjetische Hilfe. Er bezahlte die Sowjets mit

Nahrungsmitteln. Aber Mao verschenkte auch Abermillionen Tonnen Nahrungsmittel, um seinen Einfluss im Block der sozialistischen Länder und in der Dritten Welt zu stärken. Er lieferte nach Ungarn, Albanien, in die DDR.

»Es war nur ein Traum«, sagte Xu Wenrong. Maos eigenes Volk musste hungern. Die Mao-Biografen Jung Chang und Jon Halliday haben berechnet, dass in den vier Jahren zwischen 1958 und 1962 insgesamt achtunddreißig Millionen Chinesen an Unterernährung und Entkräftung umgekommen seien, davon zwanzig Millionen allein im Jahr 1960. Den Autoren zufolge sei die Ursache für die größte Hungersnot der Menschheitsgeschichte nicht etwa schlechtes Wetter gewesen, nicht die Dürre und keine Flutkatastrophe, sondern Maos Wille.

Xu Wenrong lebte in einer traumatisierten Welt. Auf Hengdian Town, Zhejiang und China lastete ein Schatten. Nun war Xu Wenrong alt und krank. Aber jeder von uns, der ihn heute gehört hatte, gewann den Eindruck, dass China für ihn schon seit Maos letzten Stunden eine Art Steinbruch war, eine große Ressource, die Xu Wenrong und die Bauern dieser Gegend sich nutzbar zu machen wussten.

Der erste Akt: Dem goldenen Büffel dienen

Der Bus ist am Ziel. Der feine Regen hat aufgehört, aber es ist immer noch schwül. Jin Dujuan führt uns erneut in die mittelalterliche Stadt mit den engen Gassen und den schwarz-braunen Häusern. Wären wir nicht schon hier gewesen, dann wäre jetzt in der Nacht nicht auf Anhieb klar, dass diese Stadt durch und durch unecht ist, ein Museum aus Nachbauten. Die roten Papierlaternen, die zwischen den Holzsäulen unter den Arkaden baumeln und ein flackerndes Schummerlicht werfen, das dumpfe Klackern unserer Schritte auf den Holzböden, das Plätschern der Kanäle zwischen den Gassen, die chinesischen Gondeln, auch sie von Lampions beleuchtet, die vielen Menschen, die unter weißen, roten, grünen und blauen Regenschirmen von Haus zu Haus schlendern – all das vermittelt ein fast authentisches, wenngleich verdächtig romantisches Bild. Dem Surrealen ist schwer zu entkommen und die Imagination ergreift einen, wie sie Kinder überwältigt, die ein Weihnachtsmärchen sehen, mit ihrer Laterne gehen und eine Nachtwanderung machen.

Man führt uns in eine Arena. Nein, es ist nicht die römische Arena, sondern ein riesiges Amphitheater. Am Vormittag sind wir daran vorbeigegangen. Die Zeit hat nicht ausgereicht, um alles zu sehen. Die chinesischen Schriftsteller, die vorhin im Regen gestanden haben, sitzen schon auf der überdachten Tribüne. Ihre Busse müssen eine Abkürzung gefahren sein. Wir Ausländer nehmen im Block neben den Schriftstellern Platz.

Im Hintergrund erhebt sich ein Berg. Jin Dujuan weiß nicht, ob der Berg hier schon immer stand oder ob man ihn aufgeschüttet hat. Am Hang stehen Häuser. Das Freilichttheater zeigt das alte China, und das Zentrum der Bühne ist der Marktplatz. Die Musik kommt vom Band, ein Chor tritt auf. Jin Dujuan sagt: »Die Bauern spielen eine uralte Sage nach, die man sich in dieser Gegend erzählt.« Aber Genaueres wisse sie leider auch nicht.

Die Chorsänger tragen historische Kostüme. Sie beginnen in Opernmanier zu singen. Worum geht es? Es ist mir ein Rätsel. Ein Mann und eine Frau treten auf. Ihre Kleider sind fein, bunt, aus Seide, vielleicht ein Edelmann und seine Gattin, ja, sie sind Vater und Mutter. Die Großeltern und ihre Enkel kommen hinzu. Der ganze Clan strömt auf dem Platz zusammen. Anscheinend droht Ungemach. Sie schauen sich um. Eine Menschenmenge ist zu hören. Der Chor. Die Menge ist aufgebracht. Sie nähert sich. Sie ist unbewaffnet. Diese Menschen tragen keine Seidenkleider. Manche gehen barfuß. Es sind die Armen, die Bauern. Die Eintracht der Gemeinde ist gestört. Der Sohn des Edelmanns stellt sich gegen den Vater auf die Seite der Armen. Kann das sein, dass er sich gegen den Vater stellt? Der eine sagt dies, der andere sagt das. Es geht hin und her. Gefahren drohen, die Zukunft lockt. Der Streit hat mit dem Berg zu tun. Darf man den Gipfel des Berges besteigen, dorthin gehen, wo der Berg dem Himmel am nächsten ist? Was haben die Bauern mit dem Berg vor? Darf man die Ruhe der Ahnen stören, die dort bestattet sind? Und während die Menschen hadern, erscheint auf einem Laufband ein Text. Er ist rot, in lateinischer Schrift, auf Englisch, um genau zu sein. Die Einzigen, die diese Hilfe vielleicht benötigen, sind wir, die Besucher aus dem Ausland.

Seit ewigen Zeiten heißt es, dass sich in dem höchsten Berg ein Goldener Büffel versteckt. Und wenn er hervorkommt, wird die ganze Gegend reich.

Plötzlich Donnerhall. Der Himmel verfinstert sich, die Erde bebt.

Die Bauern und die Einwohner danken Xu Wenrong, dem Gründer der Hengdian-Gruppe.

Schwarzer Rauch steigt auf und weiße Nebelschwaden. Der Himmel färbt sich feuerrot. Ein Grollen und Rauschen aus der Ferne, als erwachte der Berg. Das Rauschen wird lauter und immer lauter.

Herr Xu schafft Arbeit.

Vom Gipfel des Berges bricht die Sturzflut ins Tal. Sie wälzt sich durchs alte China und mitten durchs Dorf. Die Menschen fliehen vor den Wassermassen.

Herr Xu führt uns auf die Straße des Wohlstands. Und alle Menschen werden reich.

Das Wasser fließt ab. – Stille. Der Berg, die Stadt und die Menschen erstrahlen in gleißendem Licht.

Die ganze Gegend ist brandneu.

Die Bauern und das Volk werden reich, dank Herrn Xu.

Die Schriftsteller im Block neben uns applaudieren. Sylvanus Lamare flüstert: »Mao ist tot! Hoch lebe Xu Wenrong!« Für den Inder sieht es so aus, als hätte man den Mao-Kult in diesem Bezirk Chinas auf den reichen Unternehmer übertragen.

Propaganda und Personenkult – zweifellos besteht die Xu-Wenrong-Show aus diesen Elementen. Aber die Verherrlichung seiner Person ist halbherzig. Xu Wenrong tritt in dem Stück nicht auf, er wird von keinem Schauspieler personifiziert. Sein Einfluss und seine Bedeutung für das Geschehen gehören nur zum Kontext des Schauspiels. Xu Wenrongs Macht bleibt ein Postulat im Hintergrund. Vielleicht deshalb scheinen mir Propaganda und Personenkult nur alte Hüte zu sein, für die es noch keinen Ersatz gibt. Xu Wenrong bedient sich ihrer aus Gewohnheit. Propaganda und Personenkult sind hier noch kein Tabu. Zu wahllos auch die Mischung der Formen aus China-Oper und Musical, aus China-Feuerwerk und Disneyland; zu allgemein die Symbole: der Berg und das Bergdorf, der Goldene Büffel, der nicht als solcher in Erscheinung tritt, das kolossale Wasserspiel als Verweis auf die Schicksalskraft der chinesischen Ströme. Für den Inder Lamare und mich sind es Versatzstücke, die nicht richtig zusammenpassen. Und für Soldofsky? Ihm steht jetzt nicht der Sinn nach Rätselraten. Was auf der Bühne geboten wird, scheint nicht die Art von »Wilderness« zu sein, die er so schätzt. So vielfältig wie die Versatzstücke der Show, so schlicht die Botschaft. Sie ist eine Lobpreisung des Geldes und des Geschicks und der Tatkraft eines Einzelnen. Der Goldene Büffel ist entfesselt, wenn man jedes Hindernis missachtet und dem Weg folgt, den Xu Wenrong geht. Uns Ausländer ergreift der Mythos nicht. Aber im wahren Leben ist es nicht lange her, und alle in Hengdian Town wissen davon: Xu Wenrong leidet Hunger. Jeder hungert. Die Menschen essen die Blätter der Bäume. Als es keine Blätter mehr gibt, greifen sie nach Erdklumpen. Der Hunger macht irrsinnig. Von Menschenfleisch und Kannibalismus ist die Rede.

Mao hält sich an der Macht. Selbst als die Hungersnot überstanden ist, bleibt der Hunger eine Möglichkeit. Die Bauern und Xu Wenrong wollen den Goldenen Büffel befreien, ihn aus dem Berg locken, ihm dienen. Nur er könne den Hunger besiegen, den Totenacker fruchtbar machen. »Von den entwickelten Ländern lernen!«, raunen sie einander zu. Aber die Angst hält an. Mao greift wieder zum Terror, ruft auf zur »Großen Proletarischen Kulturrevolution«. Die Angst lähmt. Endlich die Nachricht, Mao sei tot. Wie lange ist das her? Ein halbes Leben höchstens; als wär's gestern erst. Der Weg ist frei. Er ist frei für die Bauern, frei für jeden, der etwas auf die Beine stellen will, frei für Menschen wie Xu Wenrong.

Der zweite Akt: Die Rede

Stürmischer Applaus im Amphitheater. Auf dem Display steht: »Wir grüßen die Schriftsteller der Provinz Zhejiang.« Ein Moderatorenpaar kündigt Neues an.

Ein Mann tritt auf. Die chinesischen Schriftsteller kennen den Mann, kein Zweifel. Er sieht aufgedunsen aus, wie jemand, der zu viel trinkt, schlecht isst und wenig schläft. Ich schätze ihn auf Ende vierzig, aber auf die Entfernung ist es schwierig, sich festzulegen. Er scheint sich Mühe zu geben, jünger auszusehen, als er in Wirklichkeit ist. Er trägt eine schwarze Hose und ein schwarzes Hemd. Seine vollen, in der Mitte gescheitelten schwarzen Haare sind etwas länger als üblich. Er wirkt milde und sympathisch, eine Spur feminin.

Der Mann beginnt eine Rede. Seine Art zu reden, als spräche ein Lehrer zu Kindern, sein häufiges Räuspern, das linkische, etwas eckige Gestikulieren, der erhobene Zeigefinger, die ausgestreckte Rechte mit der Handfläche nach außen, das runde, leicht schwammige Gesicht, die Selbstgefälligkeit, in der er nach einzelnen Sätzen eine Pause macht und gütig lächelnd in die Menge sieht … ich habe den Eindruck, dass ich diesen Mann schon mal gesehen habe, aber ich bringe ihn nirgendwo unter. Sylvanus Lamare und Soldofsky zucken auch mit den Schultern. Jin Dujuan hilft uns auf die Sprünge.

Der Vorsitzende Mao!

Mein Gedächtnis gibt im ersten Moment nur die Bilder frei, die Mao als alten Staatsmann zeigen, als Führer der Chinesen in den sechziger und siebziger Jahren. Es sind die Bilder, die man im Westen am häufigsten sieht. Doch ich hatte in Artikeln, Biografien und Filmen auch frühere Aufnahmen gesehen, darauf Mao als junger Mann. Und ja, mit jenem Mao hat der Redner eine gewisse Ähnlichkeit. Sie springt nicht auf Anhieb ins Auge. Ein guter Maskenbildner könnte die Illusion verstärken. Eine dicke Warze am Kinn würde helfen. Einerlei! Um bei chinesischem Publikum Wirkung zu erzielen, genügt wahrscheinlich die treffende Gestik. Es ist eher die Gestik des Mannes, die ihn zu Mao macht, weniger sein Aussehen und seine Stimme. Ganz sicher aber sind es seine Worte. Die müssen es sein.

Die organisierten chinesischen Schriftsteller johlen, und ihr Applaus, der Maos Rede ständig unterbricht, ist frenetisch. Ich muss an Parodien berühmter Herrscher denken, an Charlie Chaplin als Hitler oder Peter Ustinov als Nero. In den meisten europäischen Nationen gehören hämische Imitationen von Politikern und Staatschefs zum Alltag. Sylvanus Lamare ist Despektierlichkeit gegenüber staatlichen Autoritäten auch aus Indien gewohnt. Dass Xu Wenrong und seine Leute hier in China so weit gehen würden, stand nach dem Besuch bei ihm nicht zu erwarten.

Wie schnell sich China verändert hatte. Als ich vor zehn Jahren zum ersten Mal in diesem Land gewesen war, hatte ich niemanden getroffen, der den größten Chinesen der Neuzeit öffentlich zu kritisieren wagte. Damals war China nicht so weit, um zu ertragen, dass jemand an Maos Denkmal kratzte – und sei es nur mit den Mitteln der Satire und der Ironie. Und nun das! In der Provinz Zhejiang wird Mao auf die Schippe genommen. Vor aller Augen. Noch dazu in Gegenwart einer Gruppe von Ausländern.

Ich bin mir unsicher, ob es ein Indiz für ein hohes Maß an Liberalität ist, die das Volk in dieser Provinz dem Regime abgetrotzt hat, oder ob Xu Wenrong Narrenfreiheit genießt. Beides ist schwierig in Deckung zu bringen mit dem Bild, das China insgesamt vermittelt. Täglich liest man Meldungen über die Schläge, die jeder abkriegt, der das Machtmonopol der Kommunistischen Partei Chinas infrage stellt. Die Legitimität ihrer Herrschaft gründet unverändert auf Mao. Aber das Land ist so schnell, so groß. Ein Reich der Disparitäten, der Ungleichzeitigkeiten. *Mao ist sakrosankt* … Ein Satz über China kann so wahr sein wie ein zweiter Satz, der das Gegenteil sagt. Warum sollte das nicht auch im Hinblick auf den Umgang der Chinesen mit Mao gelten?

Ärgerlich, dass die Schriftsteller der Provinz so laut lachen und Beifall spenden, während der Mann unten auf der Freilichtbühne redet. Wir müssten wissen, was der Mann sagt. Was sagt der junge Mao?

Auf Jin Dujuan ist gerade nicht zu zählen. Sie steht ganz in seinem Bann. Und Sylvanus Lamare versteht auch kein Wort. Ich bitte Alan Soldofsky um Hilfe. Er macht sich eifrig Notizen.

»Wer denkt, sieht eine Komödie, wer fühlt, eine Tragödie.«

Ich tippe auf einen dieser Engländer, mit dessen Worten Soldofsky mich abfertigt, auf Wilde, Byron oder Churchill.

»Walpole!«, sagt Soldofsky.

Aber ich kenne viele Sätze von Mao. Ich habe die Mao-Bibel gelesen, das kleine rote Buch mit seinen bekanntesten Sätzen. Und Bücher über ihn, die ihn zitieren, habe ich auch gelesen. Gerade erst die Biografie von Jung Chang und Jon Halliday. Die Heerschar der chinesischen Raubkopierer zeichnet sich durch ein erstaunlich hohes Maß an Arbeitsteilung und Schnelligkeit aus. Es wäre ein Wunder, wenn sie nicht schon Kopien in Umlauf gebracht hätten, und wenn nicht der Redner, der Mao spielt, das Buch längst verschlungen hätte. Wie auch immer, mir jedenfalls kommt es einfach vor, mich in den Kabarettisten hineinzuversetzen. Und wer wollte es mir verbieten, mir selbst auszumalen, welche Gedanken und Aussagen des Ungeheuers er zum Besten gibt?

Liebe Freunde in der Provinz Zhejiang! Liebe Literatur- und Kunstschaffende!

Auf dem langen Marsch lag ich in einer Sänfte. Was tat ich also? Ich las viel. Ich weiß, ich weiß. Im Gebirge kamen die Sänftenträger bergauf manchmal nur auf den Knien vorwärts, und die Haut und das Fleisch auf den Knien waren oft wund gescheuert, bevor sie den Gipfel erreichten. Jeder Berg, den wir bestiegen, trug eine Spur aus Schweiß und Blut.

Doch hört mein Prinzip: Man soll anderen genau das antun, was man für sich selbst auf keinen Fall möchte.

Die Schriftsteller auf der Tribüne amüsieren sich. Ihre Reaktion lässt darauf schließen, dass der Mao-Imitator in China eine prominente Person ist. Sie schauen einander an und nicken sich zu, als würden sie sagen: »Ja, ja, er gibt Mao wieder einmal sehr gut!«

Der Kabarettist muss bei der Zusammenstellung seines Programms nichts anderes tun, als die ausländischen Veröffentlichungen über Mao zu lesen und aus Maos Äußerungen eine Collage anzufertigen. So kann er die Dinge auf die Spitze treiben. Was sollte es dagegen einzuwenden geben? Mao selbst hat sich doch niemals groß um Widersprüche geschert. Er sagte heute das Eine, morgen das Gegenteil. Hauptsache, es nutzte der neuesten Kampagne, die er lostrat.

Mithilfe der Collage-Methode ist der Auftritt im Theater eine leichte Aufgabe für den Kabarettisten, umso mehr als die Mao-Rolle an sich – die Nachahmung des Tonfalls, der Mimik, der Körperhaltung und Gestik – offenbar zu seinem schauspielerischen Standardrepertoire gehört.

Gibt es zur Zeit nicht viele Romane und Veröffentlichungen? Unter dem Deckmantel von Romanen Aktivitäten gegen die Partei durchzuführen, das ist eine große Erfindung.

Wie können wir die Schlangen fangen, wenn wir sie nicht aus ihren Schlupfwinkeln kommen lassen?

Wir wollen sie offen sprechen lassen. Ihr dürft keine Miene verziehen und müsst sie angreifen lassen! Lasst all diese Teufel und Dämonen einige Monate lang auf uns fluchen.

Die Intellektuellen werden allmählich einen Stimmungsum-

schwung durchmachen, weg von der Vorsicht, hin zu mehr Offenheit. Eines Tages wird die Strafe über sie hereinbrechen.

Die Verfolgungswellen, genannt »Säuberungen«, die Kampagne gegen Rechtsabweichler, der »Große Sprung«, die »Kulturrevolution« … – welche Kampagne auch immer Mao veranlasste, stets zogen sie millionenfaches Leid nach sich. Und gewiss haben viele der älteren Schriftsteller, die hier im Amphitheater sitzen, Maos Politik am eigenen Leib zu spüren bekommen.

Treibt den ganzen Haufen hinaus in die Dörfer. Kein Essen für diejenigen, die nicht gehen wollen.

Gerade deshalb, so stelle ich mir vor, lachen sie. Lachen befreit, behauptet der Volksmund. Ich stelle mir ihr Lachen als bitteres Lachen vor, als Höllengelächter. Sie lachen, weil Maos Handeln und Wirken, das zutage tretende Böse, so ungeheuerlich ist, dass es das menschliche Fassungsvermögen sprengt.

Bei einem Abstand von drei Jahrzehnten wirkt es komisch, absurd, ja irrsinnig, was der erste Chinese der Volksrepublik gesagt hat. Es will nicht in den Kopf gehen, dass seine Aussagen keine Übertreibungen sind, dass er meinte, was er sagte, und kaum Skrupel hatte, Wort und Tat in Deckung zu bringen.

Wenn wir so vorgehen, mit all diesen Projekten, kann es gut sein, dass die Hälfte Chinas sterben muss. Wenn nicht die Hälfte, dann stirbt vielleicht ein Drittel oder ein Zehntel – fünfzig Millionen Menschen.

Ist das Lachen der Chinesen ein tragisches Lachen? Ähnelt es dem Lachen von Juden, die sich Witze über Auschwitz erzählen? Diese Annahme scheint mir nicht vollkommen abwegig zu sein. Um allerdings Gewissheit zu haben, müsste ich die Schriftsteller fragen. Unter anderen Umständen wäre das keine große Sache.

Doch auf dieser Expedition durchs »Land der Pioniere« kommen mir sogar einfache Dinge undurchführbar vor. Die Funktionäre haben bislang auf Absonderung geachtet. Und wenn wir den Schriftstellern doch einmal begegnet sind, dann unter Aufsicht der Funktionäre im Rahmen steifer Bankette und in ein, zwei riesigen »Diskussionsrunden«, in denen es keiner der chinesischen Verbandsschriftsteller wagt, kontrovers zu diskutieren. Ihre Zurückhaltung, ihre Vorsicht und Kritiklosigkeit rauben uns Ausländern inzwischen den letzten Nerv. Das Verhalten der Schriftsteller bei solchen Gelegenheiten steht im scharfen Kontrast zu dem, was sich im Augenblick abspielt. Ich werde nicht schlau daraus.

Die Toten sind nützlich. Sie können den Boden düngen.

Der Spaß, den sie hier im Theater haben, ihr Vergnügen an dem Schauspiel und an dem komischen Mao – alles wirkt aufrichtig und spontan. Die Fahnenträger der Abteilungen haben ihre Fahnen zwar entrollt, doch keiner schwenkt die Fahne als Aufruf zur Freude oder zum Beifall. Es ist nicht notwendig. Es hat auch kein Warm-up gegeben wie in Comedy-Shows des Fernsehens. Kein Bildschirm, kein Laufband und nicht die kleinste Hinweistafel fordern das Publikum auf, stürmisch zu klatschen, und selbst die kleine Frau im grauen Flanellrock, die vor unserer Unterkunft ihre Anweisungen per Megafon verstärkt hat – sie sitzt im Augenblick ganz oben am Tribünenrand und strahlt wie ein Kind beim Auftritt des Zirkusclowns. Was für schöne, beißend ironische Dinge mögen sie und die anderen Chinesen jetzt gerade hören?

Bringt die Bauern dazu, weniger zu essen und mehr dünnen Haferschleim zu sich zu nehmen.

Jin Dujuan lacht Tränen. Der Massenmörder als Witzbold. Sie zwinkert mir zu, als ich ihr ein Zeichen gebe, dass ich draußen vor dem Amphitheater eine Zigarette rauchen werde. Weder Sylvanus Lamare noch Alan Soldofsky wollen mich begleiten.

Der Staat sollte alles versuchen, um zu verhindern, dass die Bauern zu viel essen.

Die meisten Lampions in der künstlichen altchinesischen Stadt sind erloschen, und die Besucher mit den Regenschirmen sitzen entweder im Theater oder sind fort. Aber ich bin nicht allein. Einer der chinesischen Schriftsteller gönnt sich ebenfalls eine Pause. Er ist mir schon in den vergangenen Tagen aufgefallen. Im Unterschied zu den anderen Schriftstellern sah man ihn seltener in der Gruppe, und man konnte den Eindruck gewinnen, dass er jede Möglichkeit nutzte, sich abseits seiner Kollegen zu halten. Aber auch uns Ausländern gegenüber wahrte er Abstand. Auf einem der ersten Bankette stellte ich mich ihm vor. Er zeigte seine offenen Handflächen und drehte sie. Er war einer der wenigen, der keine Visitenkarten verteilte. Seine Stimme klang schüchtern. »No english.« Ich glaube, er war genauso erleichtert wie ich, als uns der erste Bankettredner aus der Verlegenheit rettete.

Auch jetzt scheint er nicht gerade redselig zu sein. Er bläst den Zigarettenrauch durch die Nase aus und lauscht der Stimme aus Xu Wenrongs Freilichttheater.

Wir müssen töten. Und wir sagen, dass es gut ist zu töten.

Die Lautsprecher verhindern, dass wir Mao und dem Höllengelächter entkommen können. Während der Schriftsteller und ich einander anschweigen, spiele ich weiter in Gedanken durch, was der Mao-Imitator möglicherweise von sich gibt.

Der USA-Imperialismus hat Atombomben.

Wir sind bereit, den Erstschlag auf uns zu nehmen, für den Endsieg, für die vollständige Ausrottung der Imperialisten. Dabei wird es nur einen großen Haufen Tote geben.

Macht nicht so viel Aufhebens wegen eines Weltkriegs. Die Hälfte des Volkes ausgelöscht – das ist in der chinesischen Geschichte einige Male passiert. Im besten Fall bleibt die Hälfte am Leben, im zweitbesten Fall ein Drittel.

Der Mann hat ein untypisch vorstehendes Kinn. Es lässt sein Gesicht weniger flach aussehen als bei den meisten Chinesen. Ein wenig erinnern seine markanten Züge und seine traurigen Augen an Sylvester Stallone. Obwohl er Raucher ist, scheint er Krafttraining zu machen. Darauf deuten sein stämmiger Brustkorb und seine muskulösen Arme hin. Ich schätze ihn auf Anfang dreißig. Er trägt ein blau-weiß gestreiftes Hemd, ein Schlachterhemd. Von diesen Hemden muss er mehrere besitzen, jedenfalls habe ich ihn an keinem der Tage in anderer Kleidung gesehen.

Das Rauchen, unser Schweigen, der Umstand, dass weder Ohr noch Blick eines Funktionärs uns belauschen – weiß der Teufel, warum er sich jetzt anders entscheidet als auf dem Bankett. Vielleicht nur deshalb, weil es ihn genauso wenig zurück ins Theater zieht wie mich. Jedenfalls scheint es ihn auf einmal nicht zu kümmern, dass er vorgegeben hatte, kein Wort Englisch zu sprechen. Er macht höflich Konversation, und nach einer Weile erkundige ich mich, was er über das Spektakel im Amphitheater denkt.

Verächtliches Schnauben. Wieder schweigt er. Er schnippt seine Kippe zu Boden und tritt sie so heftig aus, als wäre sie ein Skorpion. Er raucht Kette und bietet auch mir eine neue Zigarette an. Sein gelbes Plastikfeuerzeug ist ausgeleiert. Das Ding wirft eine Riesenflamme.

Offenbar steht mir meine Frage von eben noch ins Gesicht geschrieben. Der Schriftsteller reißt den Mund auf, streckt die Zunge raus, deutet mit dem Finger darauf und spuckt aus.

Mit seiner Reserviertheit ist es auf einmal aus: Brot und Spiele zur Jahresversammlung des Schriftstellerverbandes – zum Kotzen sei das. Ehrlos, dass seine Kollegen sich derart hinreißen ließen. Würde man sie fragen, würde jeder beteuern, Lu Xun sei der Größte in der modernen chinesischen Literatur, der Berühmteste. Lu Xun, Lu Xun, Lu Xun. Er wurde in dieser Provinz in Shaoxing geboren, im Jahre 1881. »Meine großartigen Kollegen! Sie sollten Lu Xun auch lesen, anstatt ihn nur im Munde zu führen. Dann würden sie nicht alles verraten, wofür er eintrat, sondern die Bonzen des Schriftstellerverbands und der Provinzregierung ihr Spiel alleine spielen lassen.«

Er fragte: »Ist Lu Xun in Europa bekannt?«

Mit meinem halbherzigen Nicken gibt er sich nicht zufrieden.

»Liest man ihn dort auch wirklich?«

Der Schriftsteller deutet auf das Amphitheater. »Lu Xun versteht keinen Spaß!«

Es ist eine gewagte Behauptung. Wäre doch Alan Soldofsky jetzt bei uns! Bestimmt würde er sich besser auskennen und unser Gespräch bereichern. Ich kann mich jedoch vage an einen Text Lu Xuns erinnern, in dem er zunächst eine berühmte Passage Kierkegaards anführt.

Als ich Kierkegaard sage, nickt mein Gefährte. Er ist schon bei der dritten Zigarette. Er sagt: »Die Passage handelt davon, dass ein Clown auf die Bühne stürmt und das Publikum warnt: Es brennt! Rettet euch! Wir haben ein Feuer! – Die Leute glauben an einen Witz. Der Clown kann sagen und machen, was er will. Die Leute lachen und klatschen immer lauter. Kierkegaard sagt, auf diese Weise gehe die Welt zugrunde. Und Lu Xun schreibt, ihm seien bei dieser Geschichte Dummschwätzer, Opportunisten und Mordkomplizen in den Sinn gekommen.«

Langsam erinnere ich mich wieder an diese Geschichte. Lu Xun fand, die Dummschwätzer hätten überhandgenommen, und er bedauerte ihr Herumalbern. Sie würden immer dann herumalbern, wenn etwas Ernstes geschah. Ich las die Stelle später noch einmal genau nach. Dort stand weiter: »Inmitten von Verdächtigungen und Gelächter gerät alles, was wirklich zum Nachteil des Mörders wäre, in Vergessenheit.«

Mein Gefährte vor dem Theater fixiert mich mit seinen traurigen Stallone-Augen. Er scheint mir anzumerken, dass mir unklar ist, was die Dummschwätzergeschichte mit dem Spektakel im Amphitheater zu tun hat. Dummschwätzer, Gelächter, Sachen wie Humor, Satire, Hohn und Spott – so weit, so gut. Aber was ist mit den Mördern und den Mordkomplizen? Lu Xuns Leben war zu Ende, bevor Mao an die Macht kam.

»Lu Xun brauchte die Erfahrung der Mao-Zeit nicht«, sagt mein Gesprächspartner. »Er kannte unsere Geschichte. Er sah, was vor sich ging, und ich glaube, er wusste, was kommen würde. Für ihn war die Seele der Chinesen schon seit langer Zeit deformiert. Wir Chinesen sind Menschenfresser.«

Es gibt nur noch das Laub von den Bäumen zu essen? Dann soll es eben so sein.

Himmel! Ohne Alan Soldofsky bin ich verloren. Ich fühle mich überfordert. Der ganze traurige Zorn des jungen Mannes entlädt sich ausgerechnet in einem Gespräch über Literatur. Ein Pech, dass der Literaturprofessor jetzt im Theater sitzt. Er weiß so wenig wie ich, was der Mao-Imitator in diesem Augenblick sagt. Doch immerhin ist er Lehrer für Creative Writing. Vielleicht verstrickt Soldofsky sich gerade in ein ähnliches Spiel wie ich. Sieht er eine Tragödie oder eine Komödie?

Hackt ihm den Kopf ab! Esst sein Fleisch!

Es befremdet mich, dass mir der Schriftsteller seinen Namen nicht nennt. Obwohl ich das Gefühl habe, dass es zu früh ist, ihn darauf anzusprechen, riskiere ich es dennoch. Ich weiß nicht, wie lange die Nummer im Amphitheater noch dauert. Außerdem spekuliere ich auf ein längeres Gespräch mit ihm, sobald diese Gruppenreise im Kielwasser der Kader zu Ende ist. Ich würde gern alleine in diese Provinz zurückkommen. Also entschuldige ich mich bei dem Schriftsteller, es sei mir peinlich, ich hätte seinen Namen vergessen.

Er winkt ab und streckt zwei Finger in die Luft: »Es gibt zwei

Möglichkeiten. Ich sage Ihnen, wie ich heiße, und erlaube Ihnen, mich zu zitieren. Oder wir sprechen, und ich bleibe unerkannt. Welches Gespräch ziehen Sie vor?«

Zweifellos ist ihm klar, dass ich seinen Namen von Jin Dujuan erfahren kann, aber ein Blick in seine Augen und ich weiß, welches Gespräch er selbst bevorzugt, und er macht nicht den Eindruck, als wollte er es sich anders überlegen.

Der Schriftsteller beugt sich vor, zieht schon wieder eine Fratze und führt die Hand mehrmals schnell zum Mund, als Gestik für Essen. »Aber ich spreche von Kannibalismus!«

Ich vermute, der Brot-und-Spiele-Verächter bezieht sich auf das »Tagebuch eines Verrückten.« Es ist eine der bekanntesten Erzählungen von Zhou Shuren, vielleicht seine berühmteste. Als er die Geschichte 1918 veröffentlichte, benutzte er zum ersten Mal seinen Künstlernamen Lu Xun.

Meine Vermutung stimmt. Mein Gesprächspartner will mich aufklären. Er sagt, im »Tagebuch eines Verrückten« habe Lu Xun die chinesische Gesellschaft, die ganze Vergangenheit seines Volkes auf den einzigen richtigen Nenner gebracht: Kannibalismus.

»Lu Xun gibt dem Tagebuchschreiber keinen Namen, aber ich gebe ihm der Einfachheit halber jetzt einfach mal den Namen Jibao. Eines Nachts fällt ihm ein, dass ein Dorfhund ihn mit bösen Augen angesehen hat. Es ist der Moment, in dem er auf die Idee kommt, dass man ihn verfolgen, hetzen, beißen, töten und fressen könnte. In den Tagebucheintragungen der folgenden Zeit scheinen alle Indizien Jibaos Verdacht zu bestätigen: Zuerst ist es nur der Hund, der böse schaut. Dann fällt ihm auf, dass auch die Kindergesichter kalt sind wie Stahl. Alle im Dorf haben sich verschworen, den armen Jibao zu essen. Das ganze Leben, die gesamte Kultur beruhen darauf, dass Menschen andere Menschen fressen. Jibao sieht auf der Straße, wie eine Mutter ihren Sohn prügelt, aber ihn, Jibao, dabei anschaut. Und während sie prügelt, schreit sie: ›Am liebsten möcht' ich dir ein paar Mundvoll aus dem Leib beißen!‹ Jibao läuft davon und die Menge verlacht ihn.«

Die alte Frage, woher man eigentlich wissen könne, wer auf dieser Welt verrückt ist – diejenigen, die als Verrückte bezeichnet werden, oder die sogenannten Normalen – mein Gesprächspartner hat sie für sich selbst mit einer Eindeutigkeit beantwortet, die den Freiraum für Spekulation und Interpretation negiert. Zumindest in dieser Nacht scheint es in seinen Augen keine Gleichzeitigkeit zu geben, kein Nebeneinander widersprüchlicher Wahrheiten und keine ungeklärten Fragen. Ich habe den Verdacht, sogar er, ausgerechnet ein Schriftsteller, leugne in diesem Moment jeglichen Unterschied zwischen der empirischen Wirklichkeit und dem Einfall eines Künstlers. Kurz gesagt: Ich hatte mich geirrt, als ich annahm, ich könnte dem Unbehagen in dem Amphitheater einfach davonschleichen. Während seines Vortrags, den ich aus dem Gedächtnis referiere, deuten sein Stieren, seine Wut, sein Ernst und seine unterdrückte Stimme darauf hin, dass er die Sache mit dem Kannibalismus wörtlich nimmt.

»Die Menge hat blaue Gesichter und vorstehende, lange Zähne. Zu Hause hört der Mann, wie jemand erzählt, in Wolfsjungendorf hätten Bauern einen bösen Mann zu Tode geprügelt, ihm das Herz herausgerissen, es gebraten und gegessen. Jibao bemerkt, dass sein Bruder denselben Ausdruck im Gesicht hat wie die Leute auf der Straße. Er schreibt Sätze wie diese:

›Ich sehe Gift in ihren Worten und Dolche hinter ihrem Gelächter; ihre Zähne blitzen so weiß vom Genuss menschlichen Fleisches.‹

Und noch viel mehr fällt Jibao auf. Er schlägt in seinem Lehrbuch der Geschichte nach. Je mehr er liest, umso mehr Worte blicken ihn mit rätselhaft lächelnden Augen an. Er sieht, was hinter diesem Lächeln steht. Es ist der Ausdruck für ›Menschen essen!‹

Allmählich durchschaut Jibao das blutige Spiel. Sein Blick wird so klar, dass er von den Lippen der Leute das menschliche Fett triefen sieht. Ja, fressen wollen sie! Als Nächstes ihn, nachdem sie sich zuvor gegen ihn verschworen und ihn für verrückt erklärt haben! Natürlich hätten sie es am liebsten, schreibt Lu Xuns Tagebuchschreiber, wenn er sich selbst das Leben nähme.

›Welche Freude würde da herrschen! Welch dämonisches Gelächter laut werden!‹«

Der namenlose Lu-Xun-Referent hat sich während seiner Inhaltsangabe auf die Mauer gesetzt, die den Kanal vor dem Amphitheater einfasst. Wir lassen unsere Beine über dem Wasser baumeln und blicken unseren langsam davontreibenden Zigarettenstummeln nach. Mir geht die Reaktion des Publikums auf den falschen Mao nicht aus dem Sinn. Der Applaus ist immer noch so stark wie am Anfang.

Möglicherweise ist mein Gesprächspartner im Irrtum, wenn er seine Schriftstellerkollegen des Verrats an Lu Xun beschuldigt, des Verrats an der Vierten-Mai-Bewegung, die China Anfang des letzten Jahrhunderts in die Moderne führen wollte. Was, wenn er falsch liegt, aus welchem Grund auch immer, und wenn die Mehrzahl seiner Kollegen hier nur ihr alljährliches Lu-Xun-Festival feiert? Kein Volk gibt sich so sehr dem Spiel hin wie die Chinesen. So heißt es doch! Also besteht die Möglichkeit, dass es im Amphitheater weniger um Mao geht als um Lu Xun, um eine Art Festspiel ihm zu Ehren, auf dem sie in Lu Xuns Haut schlüpfen, seinen Sarkasmus imitieren, seinen Nihilismus, sein boshaftes, zur Fratze verzerrtes Lachen.

Aber die Nacht ist zu kurz, um sich weiter mit Spekulationen aufzuhalten. Es kann nicht mehr lange dauern, bis das Treffen der Schriftsteller von Zhejiang zu Ende ist. Wenn ich über meinen Gesprächspartner noch etwas erfahren will, dann ist dafür jetzt wahrscheinlich die letzte Gelegenheit.

Er gibt sich nicht so scheu, wie ich vermutet hatte, und er spricht hastig. Er habe in der Provinzhauptstadt Hangzhou studiert.

Welches Fach?

»Kein Englisch, keine Literatur.«

Zum ersten Mal sehe ich ihn lächeln. »Sie können schreiben, dass ich nach dem Studium Managementkurse in Schanghai und London besucht habe.«

Seinen Worten zufolge hat er bisher zwei Gedichtbände veröffentlicht, Gedichte über die Natur. »Mein Vater besteht darauf, dass ich nur schreibe, wenn ich Zeit habe. Er lässt mir selten Zeit.«

Er gibt wenig preis. Er sagt nur, dass sein Vater vor sechzehn Jahren eine Firma gegründet habe, die Lederwaren für den Export produziere. Wenn sein Vater sechzig werde, solle er, der Sohn, die Firma führen. Er habe keine Geschwister, »obwohl meine Eltern Bauern gewesen sind«.

Explosionen unterbrechen unser Gespräch. Im Freilichttheater werden Böller gezündet. Raketen steigen auf. Sie spiegeln sich im Kanal. Der Schriftsteller schnippt seine Kippe ins Wasser und springt von der Kanalmauer auf.

»Die Deutschen – wie denken sie über Hitler?«

Ich habe nicht mehr damit gerechnet, dass er die Konversation fortsetzt, und ich höre mich etwas von Schande daherreden, von der Mehrheit der Deutschen, dass wir dasselbe dächten wie unsere Nachbarn, wie alle Völker …

Mein Zuhörer scheint diese Antwort erwartet zu haben. Seine nächste Frage kommt wie aus der Pistole geschossen: »Können Sie sich eine Veranstaltung, wie sie hier gerade stattfindet, in Deutschland vorstellen? Mit Hitler?«

Ich habe nicht den geringsten Zweifel. »Der Untergang« fällt mir ein. Bruno Ganz sieht aus wie Hitler, spricht wie Hitler und bewegt sich wie Hitler. Gewiss, der Film soll keine Parodie sein, doch heutzutage wirkt Hitler auf viele Menschen umso weltferner und komischer, je genauer er in Sprache, Mimik und Gestik nachgeahmt wird. Aber ich denke auch an Theaterinszenierungen, in denen höllisch schrille Nazis auftraten, und ans zeitgenössische Kabarett, das immer mal wieder Hitler-Persiflagen darbot. Das teile ich meinem Gesprächspartner mit.

Obwohl es vor dem Theater ziemlich dunkel ist, fällt mir auf, wie prüfend sein Blick ist, durchbohrend geradezu.

Ich versuche, meinen Punkt deutlicher zu machen: Wunderbar,

dass der satirische Umgang mit Mao in China möglich ist, großartig, dass die Chinesen über das Monster inzwischen spotten und lachen können. Irgendwann musste die Zeit dafür schließlich reif sein, möglicherweise in einzelnen Provinzen eher als in anderen, und ganz bestimmt gehören Ungereimtheiten und Gegensätze zu jeder Übergangsperiode. Außerdem: Mao selbst hatte einen radikalen Bruch zwischen sich und den Völkern Chinas prophezeit. Der Große Vorsitzende schwankte lediglich bei der Angabe, wann seine Vorhersage eintreten würde. In dieser Hinsicht stocherte er genauso im Nebel wie jeder, der glaubt, das Gesetz der Geschichte zu kennen.

Vor dem Eingang zum Amphitheater sind ein halbes Dutzend Uniformierte aufgetaucht, Brandschutzleute und Ordner. Sie stecken sich ebenfalls Zigaretten an. Nachdem das Feuerwerk über die Bühne gebracht ist, besteht keine Gefahr mehr, und ihr Dienst ist praktisch vorüber. Von draußen hören wir, dass auf der Bühne jemand ein Lied singt. Ein anderer trägt kurz darauf ein Gedicht vor. Aber die Nikotinsucht treibt noch mehr Chinesen aus dem Theater, auch den falschen Mao. Er lächelt freundlich. Ich will mich ihm vorstellen und bitte meinen Freund, den Schriftsteller, meine Fragen zu übersetzen. Im Nu bilden die anderen Leute um uns drei einen Kreis. Sie wollen auch hören, was der Schauspieler sagt. Ich nehme es ihnen nicht übel. Sie himmeln ihn an wie Teenager einen Popstar.

Es fällt mir schwer, in dem Gedränge mitzuschreiben, was der Schriftsteller übersetzt. Außerdem sind die Vorführungen im Theater noch immer nicht zu Ende und die Lautsprecher recht laut. Ich bin mir sicher, im Augenblick Sylvanus Lamares Stimme zu hören. Er bedankt sich im Namen sämtlicher Ausländer für die eindrucksvollen Vorführungen und gibt zum Dank selbst eine kleine Show zum Besten, indem er Vogelstimmen nachahmt. Er kann viele Vögel. Das bewies er hin und wieder auch während der Busfahrten. Er ist als Vogelstimmenimitator ein so großes Talent wie als Witzeerzähler.

Der Mao-Imitator hört nicht hin. Er sagt, er freue sich, interviewt zu werden. Routine offenbar. Er sieht mich kaum an beim Sprechen. Er sagt Tag für Tag dasselbe, und der Schriftsteller, mein Spontanübersetzer, entledigt mich der Aufgabe, eigene Fragen zu stellen. Der Schriftsteller führt das Gespräch selbständig. Minuten vergehen, bevor er mir eine Zusammenfassung auf Englisch gibt. So erfahre ich schließlich, dass der Kabarettist Wang Ying heißt. Die Provinzregierung hat ihn schon häufiger eingeladen. Er fühlt sich geehrt und glücklich, hier zu sein. Überhaupt ist es ein Glück, Mao spielen zu dürfen. »Es hat mich reich gemacht«, sagt er unserem Dolmetscher zufolge.

Der Schriftsteller ergänzt Wang Yings Antwort, ohne ihn erneut zu fragen. Er fügt eigenständig hinzu, es vergehe keine Woche, in der das Fernsehen keinen Mao-Film ausstrahle. Im Film und im Fernsehen sei Mao immer noch die Hauptfigur. Keine Person trete dort häufiger auf. Der älteste Mao-Schauspieler heiße Gu Yue.

Der Schriftsteller wendet sich Wang Ying zu: »Ich glaube, Gu Yue ist in hundert Mao-Filmen aufgetreten«, sagt er noch auf Deutsch und wiederholt seine Schätzung auf Chinesisch. Wang Ying schüttelt energisch den Kopf und hebt den Zeigefinger. »Entschuldigung, Gu Yue kommt nur in achtzig Filmen vor. Er ist schon sehr alt.«

Es ist kein Geheimnis, dass die chinesischen Mao-Darsteller einander eifersüchtig beäugen, wer der Bedeutendere ist. Der Schriftsteller sagt, die Nummer eins sei der alte Gu Yue. Er sei in eine Korruptionsaffäre verwickelt gewesen. »Ich glaube, es ging um teure Autos, illegale Importe oder so.« Die Rolle bringt die Gefahr mit sich, dass derjenige, der sie bekleidet, unvorsichtig wird, sich für unantastbar hält und schließlich anfälliger für »Geschenke« ist.

Gu Yue und Wang Ying sind nicht die Einzigen, die darum wetteifern, wer der beste Mao im Land ist. Im Rennen sind auch Tang Guoqiang, Zhang Keyao und noch der eine oder andere. Mao ist in vielen Filmen und Serien als junger und als alter

Mann zu sehen: Mao in seiner Heimatprovinz Hunan, Mao in Schanghai als Gründungsmitglied der Kommunistischen Partei Chinas, Mao auf dem »Langen Marsch«, Mao, wie er in Peking die Volksrepublik ausruft, Mao als »Elder Statesman«. Die Maske und vielleicht auch die Schauspielkunst reichen nicht aus, um den jungen und den alten Mao von einer Person spielen zu lassen.

Die Macht der Partei kommt aus den Gewehrläufen. An diese Devise hielt sich Deng Xiaoping so eisern wie Mao. 1989 hatte die Pekinger Führung gegen gewaltlos protestierende Studenten Soldaten und Panzer in Marsch gesetzt. Auf dem Platz des Himmlischen Friedens richteten sie ein Blutbad an. Im selben Jahr stand Wang Ying zum ersten Mal als Mao vor der Kamera. Er sagt, mit der erstmaligen Besetzung in der Mao-Rolle habe er das Los seines Lebens gezogen.

Ich kann von Glück reden, einen Dolmetscher gefunden zu haben. Der Schriftsteller spricht sehr gut Englisch. Leider übersetzt er Wang Ying nicht Wort für Wort. Er lässt ihn reden und gibt mir erst eine Weile später eine Zusammenfassung. Dadurch entgehen mir Wang Yings Zwischentöne. Aber auf einmal wirkt der Schauspieler sehr lebendig, fast enthusiastisch. Er gestikuliert mit den Händen wie vorhin auf der Bühne, und er spricht laut, damit auch seine Fans, die Ordner, die Pyrotechniker und Brandschutzleute, kein Wort verpassen. Der Schriftsteller übersetzt: »Mein erster Mao-Zedong-Film hatte die Gründung der Kommunistischen Partei in Schanghai zum Thema. 1921 war Mao achtundzwanzig Jahre alt.«

Jung Chang und Jon Halliday, die Mao-Biografen, ziehen Maos Teilnahme an der Parteigründung in Zweifel. Ich spiele mit dem Gedanken, die Geschichtsfälschung anzusprechen, andererseits kommt ja auch niemand von uns Ausländern auf die Idee, andere Dinge in China laut zu äußern: dass einem die Freiheit Tibets am Herzen liege, die Freiheit Taiwans und dergleichen. Und keiner von uns vertrat offen die Ansicht, dass Maos Herrschaft so verbrecherisch war wie die Herrschaft Stalins und Hitlers, dass Mao und seine Mitstreiter nicht minder grausam waren als die japanischen Faschisten. In den Augen Bo Yangs, des Autors des berühmten Traktats »Der hässliche Chinese und die Krise der chinesischen Kultur«, war Mao ein größerer Verbrecher als die japanischen Aggressoren und bösartiger sogar als Hitler. Bo Yangs Kriterium war der Verrat am eigenen Volk: Hitler habe die Deutschen verraten, als er den Krieg verloren gegeben habe. Wegen ihres Scheiterns als Herrenrasse, so Bo Yang, habe Hitler das deutsche Volk mit sich in den Untergang ziehen wollen. Mao hingegen habe sein eigenes Volk bereits von früh an verraten.

Als Wang Ying vor sechzehn Jahren gefragt wurde, ob er in Maos Haut schlüpfen wolle, habe er zum Regisseur gesagt: »Ich will den Vorsitzenden Mao darstellen, wie er wirklich war. Das ist nicht ganz leicht, Herr Regisseur. Uns wurde viel über ihn erzählt. Aber wie war sein Leben in jener Zeit? Das müssen Sie mir sagen, Herr Regisseur. Wie soll ich es sonst richtig machen?«

Der Regisseur und Wang Ying kommen überein, dass er in die Provinz Hunan fahren solle, wo Mao geboren wurde. Er reist nach Shaoshan. Er will dort so viel wie möglich über Maos Jugend in Erfahrung bringen. Er will wissen, wie die Landschaft aussieht, wie das Essen schmeckt, er will den Erzählungen der Alten lauschen, die sich vielleicht noch an die Familie Mao erinnern können.

Wang Ying darf Mao sein! Im Kino! Und im Fernsehen! Es dauert nicht lange, und die Menschen sehen ihn an, als stünde der leibhaftige Vorsitzende vor ihnen. Wang Ying darf Mao öfter spielen. Kurz nach der Jahrtausendwende spielt er ihn zum Beispiel in einem Film über die langjährige Freundschaft zwischen Mao und Edgar Snow, dem amerikanischen Journalisten, der »Roter Stern über China« geschrieben hatte, »Die lange Revolution« und »Gast am anderen Ufer«. Wang Ying ist jetzt im ganzen Land bekannt. Überall soll er auftreten: auf Feiern aller Art, bei Provinzveranstaltungen wie heute, bei Fabrikeröffnungen.

Wie lange dauert es, bis das Rollenbild und die Verehrung,

die ihm das Publikum entgegenbringt, seine Persönlichkeit beeinflussen?

Wang Ying macht eine abwehrende Geste, doch dann drückt er den Rücken durch, streckt das Kinn vor und strahlt unsere Zuhörer an: »Ich gebe immer mein Bestes, um dem Vorsitzenden Mao bei meinem Auftritt möglichst nahe zu kommen.«

Was unser Dolmetscher übersetzt, klingt bescheiden, aber Wang Yings Haltung und Mimik sprechen eine andere Sprache. Klar, ob in China oder anderswo: Eitelkeit ist vielen Künstlern eigen, erst recht Schauspielern, die sich im Erfolg sonnen. Doch Wang Yings Stolz und die Nähe zu seiner Rolle kann ich nicht in Übereinstimmung bringen mit der Distanz zu Mao, die ich gerade erst auf der Bühne gesehen habe, der satirischen Distanz, die das Publikum zum Lachen brachte. Ich will nachhaken und bitte den Schriftsteller um Hilfe. Vor sechzehn Jahren – und seitdem noch mehrfach – war Wang Ying Maos Spuren gefolgt und hatte sich von den alten Leuten über Mao berichten lassen. Haben ihre Berichte sein eigenes Bild von Mao verändert?

Unser Übersetzer blickt zu Boden, und er ist kaum zu verstehen. Er übersetzt so leise und schematisch, als wäre er gar nicht hier, sondern in einer Dolmetscherkabine, und als könnte ich ihn über Kopfhörer hören.

»Wang Ying sagt, dass die Leute ihm viel von Mao erzählt haben, … sehr viel Persönliches, … dass er ein Mensch war, der körperliche und private Bedürfnisse zurückstellte, … um ganz für das Volk da zu sein.

Er konnte sehr lustig sein … Er lachte viel … Aber er hat auch geweint, als die Hungersnot kam und Menschen starben … Weil er solidarisch war, aß er in dieser Zeit selbst sehr wenig, … und er verzichtete auf Fleisch.«

Der Dolmetscher stockt, doch er blickt nicht auf. Kaum zu fassen, wie viele Vögel Sylvanus Lamare imitieren kann. Seine Zuschauer im Amphitheater sind begeistert.

Vorhin hatte Alan Soldofsky georakelt, man könne eine Tragödie oder eine Komödie sehen. Er spricht und versteht so wenig

Chinesisch wie ich. Auch er taumelte angesichts dessen, was wir sahen, und verwies auf die Relativität der Erscheinungen. Ebenso gut hätte er die alte Geschichte von den fünf Blinden und dem Elefanten bringen können. Ich jedenfalls hatte nur begriffen, was ich begreifen wollte, oder bestenfalls, was ich verstehen konnte.

Wang Ying sagt, Mao sei ein großer Mann gewesen. »Ich verehre ihn. Ich verehre ihn noch viel mehr, seitdem ich zum ersten Mal die Rolle spielen sollte.«

Der Schauspieler lächelt in die Runde. Er legt seine Hand auf die Schulter eines Feuerwerkers: »Wir sind nur Tropfen im Meer. Der Vorsitzende Mao ist die Sonne.«

Gütiger Himmel! Wo steckt der Inder? Sylvanus Lamare würde dahinschmelzen, könnte er das hören. Doch im Grunde bin ich mir auch dessen nicht mehr sicher. Ich hatte ein Kabarett gesehen, einen Bruch mit Mao, der über den Spott der verwundeten Seelen hinausging. Aber nach allem, was Wang Ying gerade von sich gab, konnte sein Auftritt im Amphitheater keine Satire gewesen sein. Mein nächtlicher Gesprächspartner, der Schriftsteller, hatte geahnt, dass ich mich in etwas hineinsteigerte, das er nicht teilen konnte. Mir – und vielleicht auch einigen der anderen ausländischen Gäste – fehlte der richtige Blick. Ich übertrug das Geschehen auf mein eigenes Land und stellte mir einen Hitler-Imitator auf der Berliner Waldbühne vor.

Ich frage den Schriftsteller, was Wang Ying tatsächlich im Theater gesagt hat. Er antwortet, oft habe sich Wang Ying den Text einfach ausgedacht. Andere Passagen seien abgewandelte Mao-Sätze gewesen. »Er hat improvisiert und dabei einfach nur Maos Gestik und Redeweise nachgemacht.«

Der Schriftsteller nennt Beispiele:

Ich freue mich sehr, dass ich die Gelegenheit habe, zusammen mit Ihnen in dieser schönen Provinz zu sein. Ich wünsche Ihnen viel Spaß, und dass alle Ihre Erwartungen und Hoffnungen in Erfüllung gehen.

Das chinesische Volk ist aufgestanden.

Ich proklamiere die Gründung der Zentralregierung der Volksrepublik China.

Wang Ying trug auch Sätze vor, die für Schriftsteller witzig sein können, echte Mao-Zitate wie diese:

Je mehr Bücher man liest, desto dümmer wird man.

Ein weißes Blatt Papier ist durch nichts beschwert. Man kann darauf die neuesten und schönsten Schriftzeichen schreiben, die neuesten und schönsten Bilder malen.

Die Kader müssen frei sein von Selbstsucht, Neigung zu individuellem Heldentum und Geltungsdrang, von Trägheit, Passivität und überheblichem Sektierertum, sie müssen uneigennützige Helden ihrer Nation und ihrer Klasse sein.

Die Schriftsteller fühlten sich einfach nur gut unterhalten. Sie amüsierten sich, obwohl sie weder eine Parodie erlebten noch ein Lu-Xun-Festival. Keine Ironie spaltete sie von Mao ab und schuf Distanz zur jüngeren Geschichte. Das Spektakel war vielmehr Teil einer politischen Ikonografie.

Auf der Rückfahrt war es im Ausländerbus ruhiger als sonst. Das Schauspiel hatte den meisten von uns die Sprache verschlagen. Nur die Ungarn, Rumänen und Franzosen unterhielten sich, doch als sie jetzt Soldofskys Bass vernahmen, hielt auch der Letzte den Mund und darum war es vollkommen unnötig, dass der Amerikaner das Mikrofon benutzte: »Der Drache ist nicht sehr gelenkig und kommt etwas langsam heran; aber kommen wird er, und wenn Ihr es einst fauchen hört, wie es noch niemals in der Weltgeschichte gefaucht hat, so wisst: der Drache hat endlich sein Ziel erreicht.«

Das war von Heinrich Heine. Der Donner der Zukunft. Der Amerikaner münzte die berühmte Vorahnung des deutschen Dichters kurzerhand auf China um. Soldofskys Assoziation ließ sich fortspinnen: »Es wird ein Stück aufgeführt werden in

China, wogegen alles Vorherige nur wie eine harmlose Idylle erscheinen möchte. Jetzt ist es noch ziemlich still: Es sind nur die kleinen Drachen, die in der Arena herumlaufen und fauchen und beißen, ehe die Stunde erscheint, wo dort die Schar der Gladiatoren anlangt, die auf Tod und Leben kämpfen sollen. Und die Stunde wird kommen. Wie auf den Stufen eines Amphitheaters werden die Völker sich um China herumgruppieren, um die großen Spiele zu betrachten.«

Es war nach Mitternacht. Nirgendwo in der Umgebung brannte noch Licht. Der Bus hielt vor dem Schlagbaum unterhalb der Anhöhe, auf der unser Quartier lag. Der Fahrer hupte zweimal. Der Posten schlenderte betont langsam von seinem Wachhäuschen zum Schlagbaum. Offenbar sollten wir nicht glauben, dass ihn die Hupe aus dem Schlaf gerissen hatte. Mit seiner Taschenlampe fuchtelnd ließ er uns passieren.

Einige Zeit später – ich war schon wieder nach Deutschland zurückgekehrt – las ich die Meldung, dass Wang Yings Kollege Gu Yue gestorben sei. Der alte Gu Yue war noch berühmter als Wang Ying. Er hatte Mao wesentlich häufiger verkörpert. Ein ausländischer Beobachter schrieb, das Land trauere, als wäre Mao zum zweiten Mal von ihm gegangen.

Es dauert nur noch eine sehr kurze Zeit, und in allen Provinzen Mittel-, Süd- und Nordchinas werden sich Hunderte Millionen von Bauern erheben; sie werden ungestüm und unbändig wie ein Orkan sein, und keine noch so große Macht wird sie aufhalten können. Sie werden alle ihnen angelegten Fesseln sprengen und auf dem Weg zur Befreiung vorwärtsstürmen.

Mao

Millionen auf dem Marsch

Die Beweihräucherung des toten Tyrannen – wie war das möglich? Angesichts der radikalen Umwälzung aller Verhältnisse, die schon mit Deng Xiaoping begann, grenzte der Kult um Mao an Absurdität. Zwar herrschte die Kommunistische Partei Chinas nach wie vor allein, und die Armee garantierte die Einheit des Landes, doch dessen ungeachtet war die Volksrepublik nicht mehr Maos Volksrepublik. Warum hatten Deng Xiaoping und seine Nachfolger den Kult bewahrt?

Als einziger Grund fiel mir die Leere ein, die sein Tod hinterlassen hatte. Seine Nachfolger öffneten dem Kapitalismus Tür und Tor. Sie ließen Wettbewerb auf dem Feld der Wirtschaft zu, nicht hingegen in der Politik.

Amerikas Versprechen war groß und seine Anziehungskraft hielt an. Es verhieß Freiheit, Wohlstand und Gerechtigkeit. Was konnten Chinas Funktionäre ihrem Volk bieten außer Wirtschaftswachstum und etwas mehr Wohlstand? Und wenn man den Handel beiseite lässt: Was hatte China der Welt anzubieten?

Die Zukunft ist immer die nächste Krise. Die Lehrer des chinesischen Volkes wussten das schon vor tausend und noch mal tausend Jahren. Was geschieht, wenn das Wachstum stockt?

Vielleicht war es dieser Gedanke, der Chinas Staats- und

Parteiführer am Mao-Kult festhalten ließ. Doch abgesehen von dieser Vermutung fiel es mir äußerst schwer, die Gründe zu verstehen. Ich fühlte mich gezwungen, in die Zeit früherer Nachforschungen zurückzuspringen. 1994, bei meinem ersten Aufenthalt im Land, hatte ich die Landflucht der Bauern mitverfolgt.

Anfang der neunziger Jahre, ein halbes Jahrhundert, nachdem Mao die Bauern zum revolutionären Sieg geführt hatte, erlebte China einen neuen langen Marsch. Rund zehn Millionen Bauern (genauere Angaben konnte niemand machen) kehrten jedes Jahr dem Dorf den Rücken und strömten Richtung Küste, unter anderem nach Guangzhou und in die Hafenstadt Schanghai. Dort expandierte zwar die Wirtschaft, aber die Binnenwanderung war gewaltig. Wenn die Landflucht so weiterging, würde sich die Stadtbevölkerung innerhalb von drei, wenn nicht zwei Jahrzehnten verdoppeln. Um der Bauernflut Herr zu werden, um sie zu kanalisieren, mussten Städte wie Schanghai Jahr für Jahr Millionen neue Arbeitsplätze schaffen und Jahr für Jahr ein Wirtschaftswachstum von mindestens zehn Prozent zustande bringen.

Lange war es nicht her, dass Deng Xiaoping Reformen eingeleitet und Sonderwirtschaftszonen eingerichtet hatte. Dafür achtete ihn die Welt als einen der großen Staatsmänner des 20. Jahrhunderts. Mit gemischten Gefühlen schaute die Welt jedoch auf die Bauernflut. Das Ausland und viele Chinesen begriffen seine Reformen auch als Startschuss für diese größte Wanderung in der Menschheitsgeschichte. Es hieß, Deng Xiaoping habe Maos Volkskommunen zerschlagen, die kollektive Wirtschaft auf dem Land. Ob die Behauptung zutraf oder nicht – Statistiken belegten, dass die Produktivität der Landwirtschaft bald nach Maos Tod um erstaunliche zwölf Prozent im Jahr wuchs.

Das Bild Chinas im Ausland war voller Widersprüche, aber im Großen und Ganzen waren Politiker und Manager sich einig: Jetzt hatte China ernsthaft zum großen Sprung angesetzt, jetzt betrieb die Zentralregierung in Peking einen gigantischen Aufwand, um mit aller Macht den Take-off zu schaffen.

Die Industrialisierung Chinas unumkehrbar machen! Bei diesem großen Vorhaben spielten die Investoren aus den Industrieländern eine wichtige Rolle. Aber das Vorhaben erforderte auch einen so hohen Arbeitseinsatz, dass niemand anderes in Frage kam als das Massenheer abwanderungswilliger Bauern. Und kurze Zeit später, Mitte der neunziger Jahre, mehrten sich Berichte, in denen davon die Rede war, dass sich der Produktivitätszuwachs in der Landwirtschaft schon verlangsamt habe. Auch das Einkommen der Bauern, die im Dorf geblieben seien, verringere sich. Sie würden leiden wie früher und hätten die Hoffnung aufgegeben.

Noch immer, trotz der ersten Abwanderungswellen, wohnten zwei Drittel aller Chinesen auf dem Land. Was, so fragte sich jeder, der die Entwicklung verfolgte, wenn die Landwirtschaft stagniert oder sogar zurückfällt? Wenn die Zentralprovinzen den Anschluss an die Boom-Regionen verlieren? Von der Not getrieben könnten noch gewaltigere Wogen armer Migranten auf die Küste zurollen.

Die Regierung in Peking war nicht zu beneiden. Um dem Volk weiterhin Lohn und Brot bieten zu können, war nicht nur die Industrialisierung Pekings und der Mündungsgebiete der großen Flüsse ein Muss, sondern auch die forcierte Entwicklung der Zentralprovinzen. Andernfalls drohten Bauernaufstände auf dem Land. Doch als ebenso gefährdend für die Herrschaft der Partei, den sozialen Frieden und die Stabilität Chinas könnten sich Aufstände arbeitsloser Zuwanderer in den Industriestädten erweisen.

Maos Erben steckten in einer permanenten Zwickmühle. Unterdessen stimmten die chinesischen Bauernmassen mit den Füßen ab. Es lag nahe, die Nachforschungen über die größte Völkerwanderung und den größten kapitalistischen Aufbruch aller Zeiten in einer zentralchinesischen Provinz zu beginnen.

Cai Shen reitet den Tiger

Das Krächzen der Krähen schien das einzige Geräusch zu sein, das der Schnee nicht verschluckte. Das Gebirge erstreckte sich über eine Länge von vierhundert Kilometern im Nordwesten der Provinz Hubei. Das eine oder andere Kloster auf den Gipfeln, einst dazu gebaut, dem Daoismus zu dienen, hatte die »Kulturrevolution« überstanden, jene sogenannte Revolution von 1967 bis 1976, die in Wahrheit eine von Mao losgetretene Kampagne war. Er wollte seine Macht in der Partei sichern, seine Kritiker und Konkurrenten ausschalten und im selben Zug Chinas Traditionen ausmerzen.

Die Krähen ließen sich nicht stören, wenn Fremde das Bergkloster betraten. Die Wudang-Berge waren für viele Chinesen ein heiliger Ort geblieben. Siebzehn junge Mönche atmeten gleichmäßig und ruhig. Sie wirkten wie Schlafwandler. Anstrengung war ihnen nicht anzumerken. Ihre rituellen Bewegungen waren schwerelos, ihre Augen geöffnet, doch ihr Blick schien nach innen zu gehen. Nur dann und wann quietschte ein nackter Fuß auf dem Holzboden. Dann neigte der alte Meister missbilligend seinen Kopf. In dieser Klosterhalle war China still.

Die Mönche führten einen Kampf im Zeitlupentempo und keiner bewegte sich vom Platz. Ihr alter Meister sprach kein Englisch. Als der Kampf zu Ende war, verwies er auf einen seiner Schüler. »Es ist kein Kampf«, übersetzte der junge Mönch. »Es ist Meditation. Das Ziel unserer Bewegungen ist der Aufschub von Gewalt. Wir beschwören einen Zustand.«

Er lief barfuß hinaus in den Schnee, um auf dem Klosterhof Wasser zum Teekochen zu schöpfen. Die Krähen am Brunnen hüpften nur einen kleinen Sprung zur Seite. Er lebte seit vier Jahren im Kloster. Englisch hatte er während seines Biologiestudiums an der Pekinger Universität gelernt. Das Massaker auf dem Platz des »Himmlischen Friedens« lag fünf Jahre zurück. War es der Grund, warum er sein Studium aufgegeben hatte?

Er wies auf die umliegenden Berggipfel: »Auch die anderen

Tempel sind Säulen, die in den Himmel steigen.« Er lächelte leise, als würde er sich über sein eigenes Rätsel freuen. »In diese Abgeschiedenheit sandte der Kaiser seine Beamten, damit sie von den Mönchen lernen.«

Hätte seine Stimme nicht so fest geklungen, hätte man ihn für jünger als neunundzwanzig halten können. Das Lächeln um seine Mundwinkel war verschwunden. Er sagte: »Hier ist der Himmel hoch, und der Kaiser ist weit.«

Yang Li, meine Dolmetscherin, war in der Stadt im Tal geblieben. Sie wollte Freunde besuchen, und sie war der Auffassung, dass ich ein Kloster auch ohne ihre Hilfe besichtigen könne. Der Minibus, der mich zum Tempel gebracht hatte, war längst wieder abgefahren. An einen langen Fußmarsch durch den Schnee mochte ich nicht denken. Der Mönch lachte über meine Verlegenheit. »Das Kloster bekommt nachher Gemüse aus dem Dorf«, sagte er. »Cheng, der Fahrer, kann dich in seinem Laster ins Tal zurückbringen.«

Die Statue des Reichtumsgottes Cai Shen im menschenleeren Tempelsaal hatte riesig ausgesehen und winzig daneben der blutjunge Fahrer des Gemüselasters. Der Reichtumsgott ritt auf einem Tiger. Cheng, der das Gemüse abgeladen hatte, kniete vor ihm und verbarg das Gesicht in den Händen. Der Qualm seiner Räucherstäbchen wirbelte um die eiserne Peitsche, die Cai Shen schwang, die Peitsche gegen den Fluch der Armut.

Auf der Serpentinenstraße lag Schnee. Cheng raste trotzdem wie ein Irrer ins Tal. Er konnte kein Englisch, was ihn aber wenig wie das unerhörte Fahrtempo und die glatte, verschneite Straße davon abhielt, angeregt mit Beifahrern zu plaudern. Mit der einen Hand sprach er, mit zwei Fingern der anderen lenkte er den Laster. Ich griff seine gestikulierende Hand und führte sie ans Lenkrad. Kurz danach steckte er sie in die Hosentasche, wühlte zwei enge unübersichtliche Kurven lang darin herum, bis er schließlich einige Münzen hervorkramte. Er gab zu verstehen, dass er dem Reichtumsgott geopfert hatte, weil er sich wie alle anderen Reichtum wünschte. »Alle anderen« – in seiner Behelfssprache bedeutete das ein großes Kreiseln mit der Hand, das auch meinen Kopf einschloss.

Cheng war ein Draufgänger, trotzdem konnte man ihm nicht absprechen, dass er sich für eine heile Ankunft im Tal ansatzweise verantwortlich fühlte. Er hupte vor jeder Kurve, deren Ausgang er nicht sah, lauschte, ob er das Hupen eines entgegenkommenden Autos hörte. Mir schoss eine chinesische Redewendung durch den Kopf: »Der älteste Mensch ist jünger als ein Neugeborener, der heute sterben soll.« Zum ersten Mal an diesem langen Tag fand ich es unverzeihlich, dass meine Dolmetscherin Freunde hatte. In China lebte weit über eine Milliarde Menschen. Warum musste Yang Li ausgerechnet in den Wudang-Bergen Freunde haben? Sie stammte aus Peking. Sie war fünfundvierzig, hatte eine zehn Jahre alte Tochter. Ihr Mann, sagte sie, arbeite in Peking für eine japanische Firma. Freunde hier? Die Frage beschäftigte mich. Es war ja unter Regimen wie dem chinesischen keine Seltenheit, dass Dolmetscher Berichte abliefern mussten über diejenigen, für die sie übersetzten.

Im Tal, auf dem Weg zum Gemeindehaus von Xiongjiawan, regnete es in Strömen. Endlose Kolonnen schwerer hellblauer Lastwagen benutzten den holprigen Dorfweg als Durchgangsstraße und bespritzten die Fußgänger mit Matsch. Die Bewohner mussten Weltmeister im Pfützenspringen sein. Den Matschspritzern zu entkommen war eine Kunst, die Yang Li und ich schlecht beherrschten. Yang Li ließ eine Schimpfkanonade auf Chinesisch los. Es fiel zunehmend schwer, in dieser schüchternen und zugleich kritischen Frau eine Zuträgerin des Regimes zu sehen.

Viele Häuser des Dorfes sahen neu aus, allerdings schlecht verputzt, ungestrichen. Manche Häuser standen in riesigen Wasserlachen. Das Dorf, die Anordnung der trostlos unfertigen Häuser – nichts ließ auf einen sozialistischen Plan schließen. Überall Bauschutt, Sandhaufen, Schubkarren, durchnässte Zementsäcke.

Es schien, als hätten die Bauern erst kürzlich und alle auf einmal ihre Schaufeln hingeschmissen.

Yang Li hob die Hände hoch. Triefende Haarsträhnen hingen ihr ins Gesicht. Ihr roter Pullover war klitschnass und ihre weiße Hose von Schlamm versaut. Sie sagte: »Viele Bauern haben aufgegeben! Sie sind auf der Suche nach Arbeit in ferne Städte gezogen.« Unterdessen schob sich die größte Stadt im Nordwesten immer näher auf das Dorf zu.

Die Empfangsdelegation wartete vor dem Gemeindehaus auf uns. Herr Pan Tianguo, der Dorfvorsteher, und Herr Xiong Jiaxin, der Dorfparteisekretär, waren ein denkbar ungleiches Paar. Der Parteisekretär trug einen schwarzen Anzug, der vor ein paar Minuten vermutlich noch trocken und nicht so rettungslos vom Lehm besudelt gewesen war. Ganz anders der Dorfvorsteher. Er hatte hohe Gummistiefel und einen dicken ockergelben Regenmantel an. Einen Schirm hielt er außerdem bereit. Der Schirm war aus durchsichtigem Plastik. So große Regenschirme gab es nur in China. Der bestens ausgerüstete Dorfvorsteher dachte überhaupt nicht daran, den Genossen Parteisekretär mit unter seinen Schirm zu nehmen, aber Yang Li ließ sich nicht zweimal von ihm bitten. Auch ich war für das Privileg dankbar, darunter Schutz zu finden. Xiong Jiaxin, dem düster dreinblickenden Parteisekretär, blieb nichts anderes übrig, als tapfer hinter uns herzulaufen. Die beiden Funktionäre – der Dorfvorsteher von den Bauern direkt gewählt, der Parteisekretär von den Parteigenossen – waren wirklich unverwechselbar. Der Dorfvorsteher zündete sich eine Zigarette nach der anderen an. Und immer hielt er auch Yang Li die Schachtel hin, obwohl sie ihm ständig versicherte, sie rauche nicht.

»Sämtliche Häuser des Dorfes stehen Ihnen zur Besichtigung offen«, sagte der Dorfvorsteher, »nicht wahr, Herr Xiong?« Der gequält lächelnde Parteisekretär hinter uns im Regen nickte beflissen. Aus Mitleid mit dem armen Funktionär wählten wir gleich das nächstgelegene Haus. Es war eines der wenigen Häuser, die nicht neu aussahen.

Die Tür war bloß angelehnt. Der Dorfvorsteher reckte seinen Kopf vor, dann trat unsere nasse Viererbande ohne zu fragen ein. Panisches Gegacker. Zwei Hühner flohen zwischen unseren Beinen hindurch in den Regen hinaus. Es roch nach Kohlenrauch. Im Nu brannten die Augen. Der Sekretär der Kommunistischen Partei strich sich das Wasser aus den Haaren, schnappte sich den einzigen Holzhocker, den es im Raum gab, und setzte sich sofort nah ans offene Kohlenfeuer. Die Schale mit den Kohlen stand in der Zimmerecke. So eine Heizung hatte ihre Tücken. Im Gesicht wurde man rot, im Nacken fror es.

Unser Überraschungsbesuch brachte den Bauern, einen dürren Mann, sichtlich in Verlegenheit. Er stand leicht gebückt da, fuchtelte mit den Händen und schaute sich ständig nach seiner Frau um.

Der Dorfvorsteher zeigte sich auch unserem Gastgeber gegenüber spendabel und munterte ihn mit einer Zigarette auf. Kurz darauf zauberte er außerdem eine Flasche Schnaps aus der Tasche. Es musste ein tonnenschwerer Stein gewesen sein, der dem Bauernpaar vom Herzen fiel, insbesondere der schüchternen Bäuerin. Die Schnelligkeit, in der sie jetzt weitere Hocker und eine Schar Nachbarn anschleppte, imponierte mir, aber die Hocker reichten nicht für jeden.

Es gab zwei Nebenzimmer mit Fenstern aus Plastikfolie. Die Folie wäre bestimmt noch immer so durchsichtig wie der Schirm des Dorfvorstehers gewesen, hätte sich nicht der Ruß des offenen Kohlefeuers auf ihr abgelagert. Das Wohnzimmer, in dem alle fortwährend anstießen, besaß kein Fenster, aber über dem Holztisch hing eine Glühbirne. Um Tageslicht hereinzulassen oder frische Luft, mussten unsere Gastgeber die Eingangstür öffnen. Die Toilette befand sich hinter dem Haus.

Unter Deng Xiaoping hatten sich die Volkskommunen auf dem Land nach und nach aufgelöst. Der Boden blieb zwar Volkseigentum, aber die Regierung überließ ihn nun wieder den Bauernfamilien zur Bewirtschaftung. Die Bauern mussten eine bestimmte Getreidemenge zu einem festgesetzten Preis an den Staat liefern. Es dauerte nicht lange, bis die Bauernfamilien Überschüsse erzielten. Diese Überschüsse durften sie an jedermann verkaufen. In China entstanden wieder Bauernmärkte, auf denen nicht der Staat die Preise bestimmte, sondern Angebot und Nachfrage.

Bald konnten sich etliche Familien aus dem Dorf sogar einen Kühlschrank und anderes elektrisches Haushaltsgerät leisten. Doch in der letzten Zeit nahm die Armut der Bauernfamilien wieder zu. Der allgemeine Preisanstieg im ganzen Land war so hoch, dass von Inflation gesprochen wurde. Hinzukamen Steuererhöhungen. Außerdem klagten die Bauern über den zu niedrigen Festpreis für das Getreide, das sie dem Staat abliefern mussten.

Unsere Gastgeber führten uns zwei Fahrräder und ein Radio vor, alles Anschaffungen aus der guten, aber kurzen Zeit. Auf einer Kiste hinter dem Holztisch stand ein kleiner Fernseher. Die Bäuerin nahm den hellgrünen Schonbezug ab, den sie für das Gerät genäht hatte.

Der Parteisekretär am Feuer rief etwas in die Runde. Yang Li übersetzte. »Seit 1980 ist das Leben besser!« Die Bauern verstummten. Nur der Dorfvorsteher erlaubte sich ein ironisches Lachen.

Der Bauer und seine Frau bewirtschafteten den siebenten Teil eines Hektars. Ein Kleingarten, mehr war es nicht. Er hatte sich um eine Stelle in der Stadt bemüht, aber bislang gab es für ihn nur Gelegenheitsarbeiten im Straßenbau.

Seine beiden kleinen Töchter kamen von der Schule nach Hause. Ein seltsames Schweigen breitete sich aus.

»Ich habe zwei Söhne!«, sagte der Dorfvorsteher. Er machte ein Gesicht wie jemand, der nichts Unschuldigeres im Sinn hatte, als das peinliche Schweigen zu brechen, aber Yang Li war sicher, er habe tatsächlich »Söhne« und nicht »Kinder« gesagt.

Einen Moment lang gewann man den Eindruck, dass sich unsere Gastgeber schämten, nur fröhliche Töchter vorzeigen zu können. Die Mädchen waren hübsch. Ich machte dem dürren Bauern und seiner Frau Komplimente. Ihr Vater begann, mit den Töchtern »Hoppe, hoppe Reiter« zu spielen, allerdings etwas zaghaft.

»Meine Söhne arbeiten in der Lastwagenfabrik!«, sagte der Ortsvorsteher. Yang Li und ich nickten anerkennend.

Ich fragte den Bauern, ob er Parteimitglied sei.

»Nein!«, rief schon wieder der stolze Vater von zwei Söhnen dazwischen. »Und ich auch nicht! Es gibt im ganzen Dorf nur dreiundzwanzig Parteimitglieder.« Mit einem Grinsen, so breit wie die Mündung des Jangtsekiang, blickte er in die Ecke, aus der die Rauchschwaden kamen. Dort war der Parteisekretär in der Zwischenzeit noch näher an die Glut gerückt. Bis zu diesem Moment hatten ihn alle ignoriert, und er hatte sich gefügt. Nun giftete er zurück: »Ich bin es, der deinen Söhnen die Arbeit in der Lastwagenfabrik verschafft hat!«

Seit 1985 hatte es wiederholt Meldungen über örtliche Bauernproteste gegeben. Anscheinend konnten oder wollten die Behörden in manchen Regionen die Ernte nicht bezahlen und stellten stattdessen nur Schuldscheine aus. Es hieß, im vergangenen Juni, im Juni 1993, seien in fünfhundert Orten der Provinz Sichuan Revolten ausgebrochen. Hongkonger Zeitungen berichteten, Bauern hätten Behördenbüros gestürmt und Beamte als Geiseln genommen. Nachrichten dieser Art tauchten erneut vor dem diesjährigen Neujahrsfest im Februar 1994 auf. Der Autoritätsverlust der Partei war auch hier, im Dorf Xiongjiawan, unübersehbar.

»Bei mir wohnen im Erdgeschoss die Schweine!« Der Dorfvorsteher spuckte nach verbreiteter Manier kräftig aus. Yang Li wendete das Gesicht ab. Seitdem uns der Parteisekretär verlassen hatte, zeigte sich Pan Tianguo noch fröhlicher und selbstsicherer. Sein Haus, vor dem wir jetzt standen, war eines der wenigen in Xiongjiawan, das zwei Stockwerke hatte. Alle Räume besaßen Fenster und sogar für den Stall hatte er sich Glasscheiben geleistet. Aber damit hatte die Liste der Errungenschaften noch kein Ende: »Mein Haus ist mit einem richtigen Wasserklosett ausgestattet.«

Yang Li rollte mit den Augen.

»Ja doch!«, sagte er. »Im zweiten Stock! Ich habe auch eine Badewanne installieren lassen.«

Eindeutig hatten sich die Klempner aus der Stadt in der Nähe schon bis nach Xiongjiawan vorgearbeitet. Pan Tianguo machte uns neugierig. Wir ließen durchblicken, dass wir uns über eine Einladung in sein Haus sehr freuen würden, aber mit dieser Idee konnte sich der erste Aufsteiger, dem ich in den Wudang-Bergen begegnet war, offenbar nur schwer anfreunden.

Yang Li blieb hartnäckig. Sie wollte herausfinden, ob er in seiner Badewanne baden konnte. »Die Dörfer verfügen zwar über Wasserpumpen«, sagte sie auf Englisch, »aber oft reicht der Druck nicht aus oder es gibt keinen Strom.« Sie wette, dass die Wanne im zweiten Stock trocken liege. Ihre Ahnung trog nicht. Pan Tianguo tippte sich an die Schläfe: »Bald werden wir vom Stadtnetz versorgt. Die Rohre sind schon verlegt.«

Wir unterhielten uns weiter im Stehen vor seinem Haus. Die Dolmetscherin sah mir die Enttäuschung an. »Der Dorfvorsteher kann nicht über seinen Schatten springen!« Sie spreizte die Hände. »Der Arme! Er hat so dick aufgetragen. Jetzt will er nicht, dass wir mit eigenen Augen die Pracht seiner Worte prüfen.«

Auf dem Dorfweg spielten Schuljungen Räuber und Gendarm. Es schien niemandem etwas auszumachen, dass sie dort spielten, links und rechts der Lastwagenkolonnen, inmitten des Motorenlärms und atemberaubender Abgaswolken.

Ich hatte mich die ganze Zeit schon über das Schaufenster neben Pan Tianguos Hauseingang gewundert. Darin lagen Woks, Kannen, pflasterfarbene Föhne aus chinesischer Produktion und Zeug dieser Art. Der Dorfvorsteher bestätigte, dass sein Dorf drauf und dran sei, von der nahegelegenen Stadt Shiyan geschluckt zu werden. Er wollte Nutzen daraus ziehen, wenn sich Xiongjiawan, wie er hoffte, in ein Schlaflager für die städtischen Fabrikarbeiter verwandelte. Deshalb die Haushaltsgeräte, das zweite Stockwerk, die sanitären Installationen. Pan Tianguo war auf Geschäfte aus, die ihn von der Feldarbeit befreiten. »Der

Haushaltsladen ist aber Sache meiner Frau«, sagte er. Sein Blick ließ darauf schließen, dass er auf ihre Geschäftstüchtigkeit so stolz war wie auf sich und seine Söhne.

Vor dem Haus parkte ein nagelneuer hellblauer Fünftonner. Er hatte kein Nummernschild. »Mein Ältester fährt den Laster«, sagte Pan Tianguo. »Er arbeitet als Fahrer in der Lastwagenfabrik!«

Ich fragte, wie es anging, dass ein Fabrikfahrer mitten in der Woche und mitten am Tag nach Hause aufs Land fuhr, noch dazu mit dem Fünftonner der Firma.

Der Dorfvorsteher sagte nichts, grinste aber und machte sich vor Stolz gut einen Kopf größer.

Zehn Kleine Dämme

Der Fabrikfahrer nahm uns mit nach Shiyan. »Unsere Lastwagenmarke heißt ›Ostwind‹«, brüllte er gegen das Röhren des Motors an. Sein heiseres Lachen war so rätselhaft wie alles, was Yang Li von ihm übersetzte: »Ostwinde sind stärker als Westwinde. Der Ostwind verdrängt den Westwind«. Auch Yang Li kicherte wie ein Kind über diese chinesischen wetterkundlichen Weisheiten. »Er macht sich über Losungen aus der Kulturrevolution lustig«, sagte sie schließlich.

Unser Fahrer war höchstens zwanzig. Zu Beginn der »Kulturrevolution« war er nicht mal geboren.

»Aber seine Eltern!«, sagte Yang Li. »Und ich auch.«

Der Fahrer trug eine Jacke in der hellblauen Farbe sämtlicher Lastwagen, die in den Wudang-Bergen unseren Weg kreuzten. Doch seine makellos weiße Jeans war keine Arbeitshose. Mir fiel ein, dass die Chinesen nicht den Sonntag feiern. Vielleicht hatte ich ihm unrecht getan, als ich ihm unterstellte, er habe den Ausflug aufs Land heimlich während der Arbeitszeit unternommen. Zweifellos gehörten die weißen altmodisch dünnen Tennisschuhe so wenig zur Ausrüstung eines Berufsfahrers wie die weißen Jeans. Aber es verlangte nach einer Erklärung, warum ihm während seiner Freizeit ein fabrikneuer Fünftonner zur Verfügung stand.

Als Yang Li die Frage übersetzte, erntete ich ein Lachen. Er lachte auch noch, als er nach der nächsten Kurve auf die Bremse trat. Er fuhr rechts ran und deutete verschmitzt auf den blechernen Adler, der auf der altertümlich vorgestreckten Motorhaube vibrierte. »Der Adler ist stark, fliegt sehr weit und sehr hoch«, sagte er und schaltete den Motor aus.

Die Straße abwärts lag die Stadt. Aus der Vogelperspektive sah sie aus wie ein Geschwür. Ein Geschwür, das sich bis in die letzte der vielen Gebirgsfalten hineingefressen hatte.

»Wer wissen will, wie das China des Vorsitzenden Mao war«, sagte Yang Li, »der muss Shiyan sehen.« Sie schien tatsächlich Freunde in der Gegend zu haben. Sie wusste eine Menge über die Stadt.

Ihrem Bericht zufolge war Shiyan vor fünfundzwanzig Jahren ein ganz gewöhnliches Bauerndorf von ein paar Hundert Familien gewesen. Anfang der sechziger Jahre beschloss die Pekinger Regierung, in Shiyan ein riesiges Lastwagenkombinat hochzuziehen. Mao fürchtete einen Angriff sowjetischer Truppen. Er und seine Strategen glaubten, dass sich jeder Aggressor an den Wudang-Bergen in Zentralchina die Zähne ausbeißen würde. 1970 entsandte die Regierung achtzigtausend Bauarbeiter nach Shiyan. 1986 betrug die Einwohnerzahl zweihunderttausend. Und jetzt, zehn Jahre später, wohnten hier vierhunderttausend Menschen.

»Jeder Zweite arbeitet bei ›Ostwind‹«, sagte unser Fahrer. Noch zählte er sich dazu, aber er machte Pläne. Er wollte den Wudang-Bergen und dem Ostwind-Laster mit dem Adler aus Blech den Rücken kehren. In Gedanken war er schon auf dem Marsch an die Küste. Er hatte vom Wirtschaftswunder gehört und träumte von Schanghai.

Bis vor zehn Jahren war Shiyan für Fremde eine verbotene Stadt gewesen. Der Besuch von Ausländern schien noch immer keine

Alltäglichkeit zu sein. Herr Liu Jinfu, der Vizebürgermeister, und Herr Gao Mingxiang, der Vizechef des Ostwind-Kombinats, luden uns ein, sie zu begleiten. Die beiden verfügten über ein Fahrzeug mit einem gläsernen Panoramadach. Äußerlich hatte das Fahrzeug Ähnlichkeit mit einem großen Bus für Stadtrundfahrten. Von innen betrachtet war es ein Wohnzimmer, ausgestattet mit schwarzen Ledersesseln, in denen selbst groß gewachsene Menschen versanken, und einem niedrigen, dunkelrot lackierten Couchtisch in der Mitte. Die Garnitur stand auf einem Teppich, dessen gemütliche Ausstrahlung weniger von seiner gelben Farbe als von seiner Dicke herrührte. Und in den Ecken standen Blumenvasen mit echten Blumen. Der Fahrerplatz war länglich. Tatsächlich, die Fahrerbank war dasselbe Modell wie in dem Fünftonner, mit dem Yang Li und ich nach Shiyan gekommen waren. Die Funktionäre hatten einen Ostwind-Laster für ihre Zwecke zu einem rollenden Salon umbauen lassen.

Der Vizebürgermeister fand, dass wir zu weit auseinander saßen, und schob seinen Sessel näher heran. Nicht mal die Sitze waren auf der Ladefläche verankert. Ausgeschlossen, dass dieses realsozialistische Panoptikum auf Rädern die von Gebirgszügen umgebene Stadt verlassen konnte.

Der Motor lief, doch wir bewegten uns noch immer nicht vom Fleck. Auch Yang Li fragte sich, worauf wir warteten. Sie übernahm es, uns Tee einzuschenken. »In Shiyan leben vierhunderttausend Menschen!«, sagte der Vizebürgermeister.

Irgendwann ging die Tür auf. Ein Fernsehteam stieg zu. Der Tonassistent hielt dem Vizebürgermeister die Tonangel über den Kopf und gab zu erkennen, dass er bereit sei. Auch der Kameramann nickte. »In unserer Stadt leben vierhunderttausend Menschen«, wiederholte der Vizebürgermeister. »Einhunderttausend Arbeiter stellen im Jahr hundertfünfundachtzigtausend Lastwagen her. In Shiyan ist das Sozialprodukt zwischen 1980 und 1993 um das Elffache gewachsen.« Yang Li sah mich an, als wollte sie sich für die Litanei ihres Landsmannes entschuldigen. »Das Pro-Kopf-Einkommen beträgt sechshundert Yuan im Monat, das Doppelte von vor zwei Jahren.« Es folgten Worte über Völkerfreundschaft und fruchtbare Zusammenarbeit mit Deutschland. Die Fernsehleute stiegen wieder aus. Der Salon fuhr an.

Langsam rollte er von einer langen Fabrikhalle zur nächsten. Durch manche Hallen fuhren wir sogar hindurch. Sie waren Teil eines einzigen Fabrikkomplexes. Die Stadt war nichts anderes als dieser Fabrikkomplex aus sechsunddreißig Einzelwerken und den Wohnblocks der Arbeiter. Die Planer hatten die Stadt in die Täler und Schluchten der Berge gepresst.

Durch das gläserne Wagendach sah man Balkone, überquellend von Plastiksäcken, Kartons und irgendwelchem gestapelten Hausrat. Die Häuser wirkten dünnwandig, trotz ihrer zehn bis zwölf Stockwerke, und machten den Anschein, als würden sie bald einstürzen, zermürbt vom Dauerbeben, das die Lastwagen verursachten.

Den Lastern fehlte der blaue Lack. Es waren fast nur unfertige, halbmontierte unterwegs. Manchen fehlte noch die Motorhaube, anderen der Auspuff, die Spiegel, die Scheinwerfer, die Frontscheiben, die Türen oder andere wichtige Teile der Kabine. Wieder andere fuhren Huckepack, weil keine Vorderreifen montiert waren, kein Lenkrad. Diese Bruchstücke von Lastwagen strömten kreuz und quer durch die Stadt wie von unsichtbarer Hand dirigiert. Sie mussten von einer Teile-Fabrik in die nächste gefahren oder geschleppt werden. »In nur zwei Jahrzehnten ist Shiyan auf fünfunddreißig Kilometer Länge und acht Kilometer Breite gewachsen«, sagte der Vizebürgermeister. Ein Deckel aus braungelbem Gas verschloss die Stadt. Nicht der leiseste Hauch von Ostwind regte sich.

Ich kam nicht nach, die Teile-Werke zu zählen, die wir streiften, und all die Hallen, die wir durchfuhren und nur flüchtig besichtigten. Mittlerweile mussten es Dutzende gewesen sein. Dort, wo wir anhielten und ausstiegen, empfing uns jedes Mal der Werksleiter. Und stets stand hinter ihm schon das Fernsehteam bereit. Vor laufender Kamera bestaunten wir schwedische Roboter beim Pressen der Bleche und lobten in der nächsten Halle die Geschicklichkeit, mit der chinesische Arbeiter Motoren von Hand auf ein Chassis montierten. Ein Ingenieur übte Kritik, natürlich in der Drehpause. Ihm machten die ständigen Stromausfälle zu schaffen, die Engpässe beim Material und die Unpünktlichkeit der Güterzüge. Das Material wurde aus allen möglichen Landesteilen über Tausende von Kilometern per Eisenbahn herangeschafft.

Das Fernsehteam hatte in der Zwischenzeit einen Laster ausgeleuchtet, dem gleich die Fahrerkabine aufgeschweißt werden sollte. »Kamera läuft! Ton läuft!« Der Vizedirektor des Kombinats machte ein ernstes, aber zufriedenes Gesicht. Und als hinter ihm auch die Funken lossprühten, gab er mir und den Fernsehzuschauern das Neueste vom Neuen bekannt: Die Schweiß- und Montagearbeit in dieser Halle würde neuerdings nur noch neunzig Minuten dauern. Fast an jedem Fließband des Kombinats werde jetzt in zwei Schichten gearbeitet; die Tagesproduktion an Ostwind-Lastwagen habe nun die Zahl von sage und schreibe zweihundertzweiundachtzig Stück erreicht.

Die meisten Maschinen waren veraltet. Oft standen die Arbeiter tatenlos herum. Natürlich zogen wir an ihnen vorbei. Der Kameramann drehte auch nicht, als ein anderer Ingenieur einräumte, an der Arbeitsdisziplin sei noch Vieles zu verbessern. Ich merkte Yang Li an, dass es ihr Spaß machte, nachzubohren. »Die fleißigen Arbeiter müssen besser bezahlt werden«, fand der Ingenieur. Und wo er schon in Fahrt war, regte er gleich noch andere Maßnahmen an: »Man sollte jeden entlassen können, der sich vor der Arbeit drückt.« Das hinderte den Vizechef des Kombinats nicht daran, mir in der nächsten Fabrik und direkt vor der Kamera zu versichern, er könne längst eigenständig über Entlassungen entscheiden.

Während wir von einer Eisengalerie in eine Halle hinunterschauten, in der Tausende von Blinkleuchten in der Dunkelheit getestet wurden, meldeten der Kombinatsvize und der Vizebürgermeister uns, aber in Wahrheit dem Fernsehpublikum, die Staatsfabriken in China stünden nur zum Neujahrsfest für mehrere Tage still. Zum Neujahrsfest solle nun jeder Werktätige einen Tag mehr Urlaub erhalten.

In der Reifenfabrik, angeblich war sie die »größte in Asien«, drängte man mich, auf einen Knopf zu drücken. Ich sagte leise »Cheese« in die Kamera. Der fertige, aber noch heiße Reifen rutschte ins Kühlungsbad. Dampf schoss hoch. Eine junge Arbeiterin gratulierte mir kurz und übernahm schnell meinen Platz am Knopf. Es war kaum zu bestreiten, dass ich in einem Werbefilm arbeitete. Wir eilten durch eine Halle, in der Motoren getestet wurden. Eine Einrichtung zum Absaugen der Abgase gab es nicht. Der Vizebürgermeister baute sich vor dem Stolz des Kombinats auf, der soeben vom Band rollte: einem Diesel-Sechstonner. Das Kamerateam forderte uns auf, dem Fahrer am Lenkrad die Hand zu drücken. Ich wünschte ihm Gesundheit und Glück und hoffte insgeheim, seine Fahrt möge ihn möglichst weit von Shiyan wegführen.

Nach der Sechstonner-Szene steckten wir wieder im Stau aus unfertigen Lastwagen. Ich wurde das Gefühl nicht los, dass wir dieselbe Straße heute schon mehrmals genommen hatten. Da waren sie wieder, die gestapelten Kartons auf den Balkonen und die Plastiksäcke. Man konnte glauben, die Bewohner jener Häuser seien soeben erst eingezogen. Oder hatten sie beschlossen, morgen auszuziehen?

Yang Li gab die Frage nicht weiter.

Auch die Logik des Produktionsprozesses blieb mir unverständlich. Ein Haufen Laster ohne Kabinen kämpfte um die Vorfahrt mit anderen, die lauter Kabinen hinter sich herzogen. Das Verkehrschaos brachte unsere Gastgeber nicht aus der Ruhe. Sie waren in eine Debatte verstrickt. Um genau zu sein: In eine dialektische Erörterung, die sie vermutlich ihres ausländischen Gastes wegen durchführten.

»Wir wollen weg von der planwirtschaftlichen Kontrolle«, sagte Herr Gao Mingxiang.

»In China arbeiten noch die meisten aller Beschäftigten im

Staatssektor«, ergänzte Herr Liu Jinfu. »Die staatlichen Fabriken produzieren die Hälfte aller Güter.«

Der Fabrikdirektor gab sich zuversichtlicher: »Wenn wir uns anstrengen, ist die Reform der Staatsbetriebe in fünf bis zehn Jahren abgeschlossen. Später können auch die Preise langsam freigegeben werden.«

»Aber was soll mit Shiyan geschehen«, fragte der Parteifunktionär, »wenn die Staatskombinate ohne Zuschüsse auskommen müssen und im Wettbewerb zusammenbrechen?«

»Die Zentrale in Peking ist arm, weil ein Drittel aller Staatsbetriebe Verluste macht und subventioniert werden muss«, konterte der Fabrikdirektor. »Die Zentrale kann nur noch die Besten subventionieren, wenn dafür die unrentablen und zur Modernisierung unfähigen Staatsbetriebe schließen.«

»Wir dürfen nur Schritt für Schritt modernisieren«, mahnte der Vizebürgermeister. »Wir müssen auf das Gleichgewicht der regionalen Entwicklung achten.«

»Die reichen Provinzen finanzieren die Zentrale, die mit diesen Mitteln auf eine gleichmäßige Entwicklung hinarbeiten kann«, sagte der Konzernchef.

»Die Zentrale wird von den reichen Provinzen entmachtet«, entgegnete der Stadt- und Parteifunktionär. »Vergessen Sie nicht, dass Shiyan ›Zehn kleine Dämme‹ heißt. Was passiert, wenn nicht nur die Bauern von hier wegziehen, sondern auch noch die Werktätigen, die aus Staatsfirmen wie unserer entlassen werden?«

»Shiyan wird nicht zerbrechen«, antwortete Herr Gao Mingxiang. »Ostwind wird in der Zukunft seinen Beitrag zur Beschäftigung der Bauern in der Industrie leisten. Aber die Landwirtschaft muss trotzdem stärker rationalisiert werden.«

»Wenn diese Dämme brechen«, sagte Herr Liu Jinfu, »dann bricht China auseinander.«

Mit flauem Gefühl im Magen, was die Festigkeit chinesischer Menschendämme anging, brachen Yang Li und ich auf, um unseren Marsch an die Mündung des Jangtsekiang bei Schanghai fortzusetzen. In Shiyan mussten wir auf den Nachtzug warten, der uns zunächst in die Millionenstadt Wuhan bringen sollte.

Am Bahnhof lagerten Pulks auffallend armer, junger Männer. Sie ruhten auf ihren Pappkoffern oder auf Säcken aus Plastik. Die meisten trugen blaue Arbeitsjacken, manche auch Anzüge aus grobem schwarzem Stoff. Ich näherte mich einer Gruppe, setzte mich zu ihnen auf den Boden und bot ihnen Zigaretten an. Die Dolmetscherin wollte stehen bleiben, wahrscheinlich, weil es sie störte, dass die Bauernjungen zerzaust und schmutzig aussahen. Aber dann half sie mir doch, mit ihnen ein paar Worte zu wechseln. »Bauern aus dem Westen«, sagte Yang Li knapp und mit leiser Stimme. »Sie sind schon seit zwei Tagen hier!« Es klang wie ein Vorwurf.

Die Bauern sprachen Dialekt. Yang Li hatte Mühe, sie zu verstehen, bekam aber heraus, dass sie dasselbe Reiseziel wie wir hatten. Allerdings nahmen sie einen späteren Zug. »Müssen sie!«, sagte Yang Li. »Ihnen ist das Geld schon fast ausgegangen.« Sie wollten in die Millionenstadt Wuhan. Wuhan war die Hauptstadt der Provinz Hubei, in der wir uns befanden. Von Wuhan aus wollten die Männer weiter nach Schanghai. Sie hätten von Kohlekähnen gehört, die von Wuhan den Jangtsekiang flussabwärts bis zum Mündungsdelta bei Schanghai führen. Als Gegenleistung für die Mitfahrgelegenheit müsse man auf dem Lastkahn arbeiten.

Ihre Fahrt würde noch Tage dauern, wenn nicht Wochen. Und mit jeder Station, der sie der Küste näher kamen, würden sie auf noch mehr Bauern treffen, die dasselbe Ziel vor Augen hatten.

Am Bahnhof von Wuhan waren die Polizisten vollkommen außer Atem. Polizisten bildeten Ketten und setzten gegen die Ankömmlinge Schlagstöcke ein. Man merkte den Polizisten die Routine an. Sie schlugen nicht wild und brutal zu, sondern dosiert. Die Menschenmasse war bedrohlich. Tausende drängelten und schoben. So viele Wanderarbeiter, wie aus dem Bahnhof herausströmten, wollten auch hinein. Scharen umlagerten den Bahnhof, schliefen tagelang unter Brücken, weil sie an den Schaltern keine Fahrkarten für die Weiterfahrt bekommen hatten. Straßenhändler boten ihnen Tickets zu überhöhten Preisen an. Wuhan, die Siebenmillionenstadt, war für die Masse der Bauern bloß Zwischenstation auf ihrem Weg in die fremde, neue Welt an der Küste.

An der Mündung des Langen Flusses

»Warum haben Sie diesen alten Krampen genommen? Sehen Sie, wie mein Kuli die Beine aus den Hüften wirft?« – »Ich schaue immer nur auf die Knöchel, wenn ich eine Rikscha nehme. Die mit dünnen Fesseln laufen am besten, auch wenn sie alte sind.« Mit diesen Worten hatte Egon Erwin Kisch 1932 das Gespräch zweier Europäer während einer Rikscha-Fahrt in Schanghai wiedergegeben. Nicht ausgeschlossen, ja plausibler als der Dialog, dass sich die Herren zum Bund ziehen ließen, der zu den sagenhaften Promenaden der Welt zählte. Und wenn sie schon am Flussufer waren, kehrten sie gewiss auf einen Drink ins Cathay ein, ins damals sehr angesagte Hotel an der Ecke, wo die Nanjing Lu auf den Bund stieß.

Es war Nacht, als Yang Li und ich in Schanghai landeten, und wir entschieden uns für die Fahrt vom Flughafen zum Cathay für einen VW-Santana. Ich hatte das legendäre Hotel, das jetzt Peace Hotel hieß, dem für uns Deutsche nicht weniger legendären Kisch zuliebe gewählt. In einem Reiseführer stand, er habe wie Emily Hahn und etliche Topjournalisten jener Zeit in der Bar des Cathay verkehrt, als er für sein Buch »China geheim« recherchierte.

Auf der Flusspromenade vor den Prachtbauten eines vergangenen Schanghai bummelte zu später Stunde nur der eine oder andere Tourist. Und auf dem Huangpu kein Schiffsverkehr, bis auf einen Schlepper weit drüben am anderen Ufer.

Es war ein langer Tag gewesen. Ich ging auf mein Zimmer. An die meisten Städtebilder, die ich mir in meinem Leben und vor Kurzem erst über diese mir unbekannte Stadt angelesen hatte, erinnerte ich mich gut. Sie machten den Anschein, als wären sie alle von derselben emphatischen Hand geschrieben worden. Ich war müde, konnte aber nicht einschlafen. Ich schlug Kischs Buch auf, eine vergilbte DDR-Ausgabe, und versuchte zu lernen, wie man Schanghai beschreibt. Er sah die Welt von unten. Der Krieg, der zu seiner Zeit in China wütete, war aus. Doch der soziale Friede war in diesem Land eine Sehnsucht geblieben.

Der Morgen graute noch längst nicht. Ich stand wieder auf, schrieb an der Rezeption eine Nachricht für Yang Li und nahm vor dem Peace ein Santana-Taxi. Ich bat den Fahrer, mich in irgendeinen Neubaubezirk Schanghais zu fahren.

Wir hielten in einer Siedlung, in der man weder fahrende noch parkende Autos sah. Die Straßen, die Häuser – ich schätzte das Alter der Siedlung auf zehn bis fünfzehn Jahre. Die ältesten Häuser hatten vier Stockwerke, die neueren um die zehn. Auf etlichen Baustellen schossen bereits Gebäude von mehr als zwanzig Stockwerken hoch. Die Kräne und andere große Baumaschinen waren gut beleuchtet, der Rest des Bezirks lag weitgehend im Dunkel, weil es kaum Laternen gab.

Damit ich mich nicht verirrte, lief ich geradeaus. Links und rechts der Straße standen große Holzwände. Sie waren mit Plakaten beklebt, die für Haartrockner und Waschmaschinen warben. An manchen Stellen gab es auch handgemalte Werbung. Die Holzwände schienen nicht nur Baustellen zu umgrenzen. Um einen Blick hinüberzuwerfen, musste ich mich an einer der wenigen Straßenlaternen hochziehen. Ihr Licht war schwach, und auf der anderen Seite des Zauns leuchtete keine einzige Glühbirne. Offiziell wurde es negiert; so etwas durfte es in Chinas Städten einfach nicht geben – aber es handelte sich um ein Elendsviertel.

Noch vor den ersten Strahlen des Tages ging die Laterne aus. Der Slum erwachte. Die Bewohner zündeten Feuer in Tonnen an, putzten sich die Zähne in den engen Gängen zwischen den Hütten und verrichteten ihre Notdurft im Freien.

Langsam wurde es etwas hell. Die Neubaublocks weiter die Straße hinauf blieben grau. Niemand hatte sie je gestrichen. Vor jedem Haus standen Massen von Fahrrädern. Nach einer Weile hörte ich Klänge. Ein Tohuwabohu verschiedener Melodien und Rhythmen. Sie kamen nicht aus den Wohnungen, sondern von einem einzigen Platz, einem Betonplatz. Er war voller Tanzender! Einige Frauen hatten weite bunte Röcke an, ihre Kavaliere dunkle Anzüge. Andere trugen Trainingsanzüge. Die Musik kam aus etlichen schwarzen Kassettenrekordern. Ich zählte sechs. Hier tanzten Paare Tango, dort Wiener Walzer. Wieder andere tanzten Marineeinheitsschritt zu chinesischen Schlagern. Weiter hinten war die Foxtrott-Zone. Altersunterschiede schienen keine Rolle zu spielen. Ich sah alte wie junge Tänzer. Sie mussten nicht besonders alt sein, nicht uralt jedenfalls, um die »Säuberungskampagnen« und die »Kulturrevolution« erlebt zu haben und sich an die »Tänze der Loyalität« erinnern zu können und an das Motto: »Tanzen bedeutet, Mao zu ehren!« Doch ob jung oder alt – jedes Tanzpaar beherrschte die Kunst, nach jener Musik zu tanzen, die es im Durcheinander der Stücke und Stile hören wollte. So viele Rekorder, aber sie hatten die Macht, den von Hauswänden und Mauern umzingelten Betonplatz in Dutzende, privatere Tanzflächen aufzuteilen. Diese Mauern waren musikalisch. Und doch war der frühmorgendliche Tanz im Land des Lächelns eine ernste Angelegenheit. Am stärksten beeindruckten mich die fast schon todernsten Tai-Chi-Anhänger: Streng genommen tanzten sie nicht, aber hier auf diesem Platz kamen mir die Bewegungen weicher vor, eleganter, noch erhabener als bei den Mönchen in den zentralchinesischen Wudang-Bergen.

Viertel vor sechs verstummten die Kassettenrekorder. Die Tänzer packten ihre Schuhe in Beutel. Es war Zeit, sich für die Arbeit umzuziehen.

Ich wollte den Bahnhof sehen. Ein Dutzend Rolltreppen führte zu den Bahnhofshallen hinauf. Fast konnte man glauben, dass es niemandem in Schanghai gelang, abzufahren. Stattdessen im Minutentakt der ankommenden Züge ein neuer Schwall von Wanderarbeitern, die jenen Massen den Platz streitig machten, die bereits angekommen waren und überall lagerten. Nur das Geschrei der Kinder übertönte hin und wieder den Krach aus den Lautsprechern, der in den turnhallengroßen Wartesälen widerhallte, einem Mix aus dem Gebell chinesischer Bahnhofsansager und den Beats der Videofilme. Hoch über den Wartenden, auf riesigen Videowänden, flogen Snowboarder im Hubschrauber auf schneebedeckte, menschenleere Gipfel, sprangen in den Tiefschnee ab und schossen am Rande des Abgrunds zu Tal; rasten Trucks um die Wette und rammten sich kurz und klein; suchten Surfer den Kick im Tunnel mörderischer Brandungswogen.

An einer Bahnhofswand, neben einer Mülltonne, wiegte eine Mutter ihr Kind. Es war vielleicht eineinhalb, höchstens zwei Jahre alt. Yang Li sprach mit der Mutter, nahm dann das Kind auf den Arm.

Wir sorgten offensichtlich für Unterhaltung, denn um uns bildete sich sofort eine Traube von Neugierigen. Die Frau und ihr Kind stammten aus der Provinz Shaanxi. Sie sagte, sie seien nach tagelanger Reise gestern in Schanghai angekommen und hätten die Nacht draußen verbracht. Die Frau trug einen hellen Anorak. Er war sehr sauber. Auch ihr langes Haar und ihr Gesicht waren sehr gepflegt. Sie sah jung aus, obwohl sie ein zweites Kind hatte, das schon fünfzehn war. »Einen Sohn!«, sagte Yang Li. »Sie haben ihn vor vier Monaten nach Schanghai geschickt, damit er sich hier Arbeit sucht. Er sollte die Eltern eigentlich vom Bahnhof abholen. Aber er ist nicht gekommen. Gestern nicht und heute auch noch nicht.«

Yang Li brachte mehr in Erfahrung. Die Eltern wussten, dass ihr Sohn bei einem Friseur arbeitet. Er hatte es ihnen geschrieben. Schon gestern war der Vater losgegangen, um den Friseurladen zu suchen. Er hatte den Laden auch gefunden, aber er war geschlossen gewesen, das Rollgitter heruntergelassen. Die Eltern hatten darauf vertraut, im Quartier ihres Sohnes schlafen zu können. Stattdessen mussten sie nun am Bahnhof nächtigen, neben der Mülltonne. Gleich nach Tagesanbruch hatte sich der Vater ein zweites Mal zum Friseurladen aufgemacht. Das war mittlerweile ein paar Stunden her.

Die Frau hatte heute noch nichts gegessen. Ich ging etwas kaufen. Die Schlange vor der Garküche war lang. Es stank nach Fisch und altem Fett. Als ich zurückkam, waren Vater und Sohn eingetroffen. Yang Li hatte sich schon mit der gesamten Familie angefreundet. Meine Dolmetscherin bestand darauf, dass ich auch von dem Fisch essen müsse, andernfalls würden sich unsere Freunde wie Bettler fühlen. Ich hielt die Luft an, während ich den widerlichen Fisch kaute. Yang Li schmeckte es. »Hübsches Bild! Sehr hübsch!«, sagte sie lachend. »Chinesische Familie mit Deutschem vor Mülltonne.«

Nach dem Imbiss fuhren wir unsere Freunde dorthin, wo der Sohn wohnte. Sein Zimmer war fast vollständig von drei Pritschen und ein paar Kartons ausgefüllt. Wir passten gerade so hinein. Der Friseurgehilfe hatte nie die Nachricht erhalten, wann seine Eltern ankommen würden. Deshalb hatte er sich auch nicht um eine Unterkunft oder wenigstens um einen Schlafplatz für sie kümmern können.

Leider waren alle drei Pritschen in dem Zimmer an junge Kellner vermietet. Und auf dem Bett des Sohnes würde die Familie bestenfalls im Sitzen schlafen können.

Der Junge tat mir leid. Er fühlte sich für die Lage verantwortlich, obwohl er nichts dafür konnte. Er sagte, er wolle mit den Eltern und dem Kleinkind zusammenbleiben, notfalls auch gemeinsam mit ihnen im Freien übernachten. Die gute Nachricht war: Er wusste, wo sein Vater vielleicht Arbeit finden konnte.

Yang Li und ich hielten ein Taxi an und begleiteten Vater und Sohn zu einer Brücke in der Nähe der Zhapu Lu. Der Vater reihte sich in eine Warteschlange ein. Sie war rund dreihundert Meter lang. Auf der gegenüberliegenden Straßenseite saß ein Trupp Soldaten auf großen grünen Holzkisten und ließ die Füße baumeln. In der Schlange auf unserer Straßenseite spürte man gegenüber den Soldaten so etwas wie Verachtung oder gar Wut. Die Arbeitssuchenden blickten manchmal abschätzig hinüber und verzogen auch dann noch das Gesicht, als die Uniformierten anfingen, sich als Friseure und als Messer- und Scherenschleifer zu betätigen. »Versöhnung!«, sagte Yang Li. Gratisdienste dieser Art sollten den Ruf der Volksarmee verbessern.

Nach einer Stunde war der Vater gerade mal fünf Meter vorgerückt. Alle paar Minuten lief ein Mann die Schlange ab und mahnte die Wartenden zur Geduld. Der Mann trug eine schwarze Lederjacke. »Ein kleiner Chef«, flüsterte Yang Li. »Er verspricht den Männern, sie würden Rohrgräben ausheben können und auf Baustellen eingesetzt werden.«

Einige Male stießen Gruppen neuer Männer zur Warteschlange. Sie kamen in Kleinbussen an. Der »kleine Chef« ließ sie vor. Er hatte zweifellos das Sagen. Und vorne, am Kopf der Schlange, standen Kerle von seiner Sorte zur Verstärkung bereit, falls irgendwer aus der Schlange aufmuckte. Sie gaben sich keine große Mühe, die Knüppel unter ihren Jacken gut zu verbergen. Frühkapitalistische Machenschaften wie an dieser Brücke in Schanghai und private Arbeitsbörsen für Tagelöhner waren illegal. Deshalb tauchten sie an einem Tag hier, am nächsten dort auf. Aber all die Stunden, die wir warteten, ließ sich kein einziger Polizist blicken, und die Soldaten auf der anderen Straßenseite schlugen nur die Zeit tot, schnitten nur Haare oder schärften Messer.

In der gesamten Umgegend rissen Baukolonnen alte Häuser ab. Und drüben am Ostufer, so hatte man mir gesagt, arbeitete eine halbe Million Männer im Hochhausbau. Es war Abend geworden. Die Zeit reichte nur für einen Abstecher. Auf den Baustellen sahen wir Schlaflager. Die Männer schliefen auf Pritschen unter Plastikplanen. Sie wurden geweckt, um ihre Plätze für die Männer freizumachen, die von der Tagesschicht kamen.

In der Schlange vor der Brücke hatte sich in der Zwischenzeit nichts getan. Nur die Soldaten gegenüber waren abgerückt. Schließlich gaben Vater und Sohn das Warten auf. Resigniert und müde fuhren wir wieder zum Quartier des Jungen, wo die Mutter mit dem Kleinkind wartete. Die Zimmergenossen ihres Fünfzehnjährigen, die Kellner, waren gerade nach Hause gekommen. Yang Li und die Mutter redeten auf sie ein, und plötzlich strahlten die beiden Frauen. Sie hatten die Jungen überreden können, im Restaurant zu nächtigen, in dem sie arbeiteten. Zumindest in dieser Nacht, in der zweiten, bot Schanghai den Fremden aus Shaanxi ein Dach überm Kopf.

Als Yang Li und ich zum Peace-Hotel zurückkehrten, hörte ich vor dem Eingang »Dollars, Dollars!« rufen. Und »Haschisch, Haschisch!«, »Girls, Girls!« Yang Li entschwand rasch ins Hotel. Die Rufe kamen von jungen Burschen. Sie verstellten ausländischen Hotelgästen den Weg, zerrten an einem herum. Ich schüttelte sie ab und überquerte die Uferstraße. Auf der Promenade schmuste ein Liebespaar. Der nasskalte Wind am Bund schien ihm gerade recht zu sein. Es war ein chinesisches Paar. Die Verliebten blickten einem Dampfer nach, einer schnittigen und weißen Majestät von Schiff. Es führte am Heck das Sternenbanner.

Auf ewig

Auf Leihrädern des Peace-Hotels fuhren Yang Li und ich in die Fahrradfabrik. Die Forever war 1940 während des Widerstands gegen die Japaner gegründet worden. Der normale Stadtverkehr führte quer durch das Fabrikgelände. Die alten Ziegelsteine bröckelten. Am Fabriktor hing ein Schaukasten, darin ein Foto von Mao. Es war vergilbt. Siebentausend Arbeiter stellten jeden Tag zehntausend Räder her. Jedes zehnte Rad in China kam aus dieser Fabrik. Forever gehörte neben Flying Pitchum und Phoenix zu den drei großen Fahrradherstellern des Landes.

»Als ich in der Fabrik anfing«, sagte Herr Dong Zicheng, »wurden die Fahrräder noch mit der Hand gebaut, nur ein paar Dutzend am Tag. Damals war ich ein ungelernter Fabrikarbeiter.« Jetzt war Dong Zicheng Chefingenieur von Forever. Wir saßen im Empfangsraum. Ich glaube, selten sah jemand so deplatziert in den altsozialistischen Repräsentationssesseln aus, so verloren, wie dieser Ingenieur, der Plastik-Latschen, Nietenhose und einen ausgeleierten Pullover trug.

Seine Bescheidenheit und sein nüchternes Auftreten beeindruckten mich. »1949 haben die Kommunisten die Fabrik übernommen«, sagte er, als spräche er von irgendeiner fremden Organisation anstatt von seiner eigenen Partei. »Ich hatte das Glück, studieren zu dürfen. Ich war stolz auf meinen Ingenieurstitel. Als ich hierher zurückkam, konnte man Forever nicht wiedererkennen.«

Yang Li hatte mir einen ausführlichen Lebensbericht angekündigt und die detailgetreue Geschichte der Fabrik, aber der Ingenieur kam zügig auf die Zukunft zu sprechen. »All die Jahre haben wir nur zwei Standardmodelle gebaut. Immer in Dunkelgrün. Seit den Reformen bauen wir fünf Grundmodelle und die auch noch in mehr als hundert Varianten: Fahrräder fürs Land, für die Stadt, Kinder- und Rennräder in unterschiedlichen Größen und Farben. Neuerdings achten wir auch auf Schönheit. Seitdem wir eine Verkaufsabteilung haben, kennen wir endlich die Meinung der Verbraucher. Vor den Reformen hat das niemanden interessiert. Bis vor zehn Jahren war es sehr schwer, guten Stahl zu bekommen. Jetzt dürfen wir Importstahl verwenden. In China wird das Fahrrad noch lange Zeit das wichtigste Verkehrsmittel sein. Wir brauchen jedes Jahr vierzig Millionen neue Räder.«

Jedes zehnte Forever-Rad wurde exportiert: nach Südostasien, Afrika und Amerika. Angesichts der gewaltigen Nachfrage zweifelte der Chefingenieur nicht daran, dass die Fabrik ewig bestehen könne. »Aber wir dürfen nie wieder aufhören, die Qualität zu verbessern. Nur dann werden wir es schaffen. In Deutschland hat jeder ein Auto, trotzdem kaufen die Leute weiterhin Fahrräder. 1985 habe ich eine Fabrik in Köln besucht. Das war eine sehr kleine Firma, aber die Qualität war besonders hoch. Ich habe dort auch Fahrräder gesehen, die mit Sonnenenergie fahren, sogar Räder, auf denen man im Liegen treten kann.«

Forever kooperierte seit Neuestem mit zwei taiwanesischen Firmen und mit einer Firma aus Hongkong. Im Zuge dieser Kooperation ist Forever in eine Aktiengesellschaft umgewandelt worden. Der Chefingenieur sagte, der Staat halte siebzig Prozent der Aktien, dreißig Prozent seien für Betriebsangehörige reserviert. »Arbeiter können dreihundert Aktien kaufen. Wer zum Beispiel vor einem halben Jahr dreihundert Aktien gekauft hat, ist jetzt schon doppelt so reich. Wer Aktien erwirbt, arbeitet fleißiger. Die Firma verdient dadurch so gut, dass sie in den letzten beiden Jahren vom Gewinn sogar Häuser für die Arbeiter gekauft hat.«

Ich fragte Dong Zicheng, ob er auch Aktien gekauft habe.

»Als Ingenieur mit vielen Verdiensten um die Fabrik durfte ich achthundert kaufen.«

Ein Mann kam herein. Er hatte eine dicke Brille auf. Sein Gesicht war voller Narben. Dong Zicheng stellte ihn vor. Er heiße Huang, sei Techniker, sechsunddreißig Jahre alt und arbeite auch schon sein halbes Leben bei Forever. Der Chefingenieur übertrug ihm die Aufgabe, uns durchs Werk zu führen.

Der Techniker hatte weiße Turnschuhe und Jeans an. Bei Forever gab es keine einheitliche Arbeitskleidung. Auch die Arbeiter an den Maschinen trugen ihre privaten Alltagssachen.

Auf dem Rundgang erzählte Herr Huang, er habe Englisch vor Jahren im Unterricht des taiwanesischen Radios gelernt. Seine Aussprache war extrem sonderbar. Sein Nuscheln, die Atemstöße und irgendwelche Schluckgeräusche – es klang, als hätte er die Interferenzen aus dem Transistorradio für eine Eigenschaft der englischen Sprecher gehalten. Den Störgeräuschen zum Trotz wurde deutlich, dass die Fahrradrahmen wie eh und je von

Hand geschweißt wurden, dass es inzwischen aber Schweißmaschinen für die Vorderradgabeln gab, automatisierte Tauchbäder zur Verchromung, Färbemaschinen aus den USA und Blechstanzmaschinen aus Deutschland.

Der Arbeiter an der Stanzmaschine legte das Blech unter. Die deutsche Maschine stanzte, dann, in irrwitzigem Tempo, zog der Mann das Blechstück weg, drehte es herum, warf es in einen Sammelbehälter und legte im selben Moment neues Blechteil unter.

Die Stanzhalle war Huangs Reich. Ihm unterstanden hundert Arbeiter. Seine Leute wirkten flinker und engagierter als in den vorigen Hallen. Dort hatten die Arbeiter viel herumgestanden und geraucht. Der Techniker lachte auf meine Frage nach den Unterschieden. »Vielleicht haben meine Leute Angst vor mir.« Er gab dem Arbeiter an der Maschine einen Klaps auf die Schulter. »Neuerdings dürfen Leute entlassen werden, wenn sie nicht gut arbeiten«, sagte Herr Huang.

Der Techniker verdiente achthundert Yuan im Monat. Für die Wohnung, in der er mit seiner Frau und seiner fünf Jahre alten Tochter lebte, gab er im Monat genau diesen Betrag aus, inklusive Strom und Gas. Aber seine Frau verdiente fast so viel wie er.

Der Chefingenieur Dong Zicheng hatte davon gesprochen, dass Forever für die Arbeiter Wohnungen erworben habe. Es handelte sich um zwei Wohntürme im Yangpu-Bezirk, einem Mischgebiet mit vielen Firmen, Geschäften und kleinen Restaurants. Im Schatten der beiden Wohntürme und inmitten von Matsch und Unrat standen Holzhütten, und auf diese Hütten blickten jene hinab, die in die Forever-Türme eingezogen waren. Bis in den zwanzigsten Stock hinauf sah man Licht in den Fenstern. Die obersten Stockwerke waren noch nicht fertiggestellt. Wir mussten im Hausflur lange warten, weil nur einer der beiden Fahrstühle funktionierte. Im Erdgeschoss hingen Elektrokabel lose von der Decke. Im Pförtnerkabuff saßen vier alte Frauen, die offensichtlich über uns tuschelten, während wir auf den Fahrstuhl warteten. Yang Li sprach nicht mit ihnen. »Vor den großen Reformen hatten die Haus- oder Blockkomitees große Macht«, sagte sie. »Heutzutage dürfen sie nur noch auf Ordnung und Sauberkeit achten. Aber sie mischen sich natürlich weiterhin ein, wenn Streit zwischen den Ehepaaren ausbricht oder zwischen den Schwiegermüttern und Schwiegertöchtern. Sie wachen auch darüber, dass die Baby-Quote im Wohnblock eingehalten wird.« Familien, die entgegen der Ein-Kind-Politik der Partei ein zweites Kind erwarteten, mussten eine Geldstrafe zahlen. Nicht selten wurden die Frauen von den Behörden zur Sterilisation gedrängt. Immer wieder war sogar von Zwangsabtreibungen im siebenten Monat die Rede.

Unsere Gastgeber wohnten im achten Stock. Das Erste, was in der winzigen Wohnung ins Auge fiel, war der grüne Kühlschrank. Er stand direkt gegenüber der Wohnungstür. Darauf ein Fernseher, der von einem blauen Überzug verdeckt war. Auf dem niedrigen Glastisch lagen Bananen, Apfelsinen und Nüsse. Wir machten dem Ehepaar Komplimente für die moderne Wohnung, die schöne Einrichtung, den Laminatboden und die vertäfelten Wände. »Als wir vor zwei Jahren in die Wohnung einzogen, haben wir zehntausend Yuan dafür ausgegeben«, sagte Herr Ma Yishu. Es sah alles so neu aus, es roch auch so neu, und es fiel schwer zu glauben, dass diese Wohnung schon seit zwei Jahren bewohnt sein sollte.

Die Wohnung war einunddreißig Quadratmeter groß. Das lag über dem Durchschnitt für einen chinesischen Drei-Personen-Haushalt. Die vorgeschriebene Wohnfläche im sozialen Wohnungsbau von Joint-Venture-Unternehmen wie dem Volkswagenwerk von Schanghai betrug etwa sieben Quadratmeter pro Person. Die Wohnung von Ma Yishu (rund zehn Quadratmeter pro Person) war also schon ein bescheidener Luxus. Es handelte sich zu meiner Enttäuschung nicht um die Wohnung eines einfachen Arbeiters. Ma Yishu war in der Fahrradfabrik Direktor für Sicherheit und Umweltschutz, und seine Frau leitete die Gewerkschaft.

Ich fragte ihn nach den Umweltschutzmaßnahmen der Fabrik. Er sagte, einige Leute, die in der Nähe der Fabrik wohnten, hätten sich über den Krach beschwert. »Der Lärm kommt hauptsächlich von den Lackiermaschinen. Wir untersuchen, wie man die Geräusche verringern kann.«

In der Küche hatte nur eine Person Platz. Ich fragte mich, ob die beiden Kochplatten, die Dunstabzugshaube und das Waschbecken jemals benutzt worden waren.

Um vom Balkon aus die Yangpu-Brücke über den Huangpujiang zu bewundern (sie war eine der größten Schrägseilbrücken der Welt und gerade erst eröffnet worden), mussten wir durch das Schlafzimmer. Als wir eintraten, stand dort ein junger Mann. »Unser Sohn!«, sagte seine Mutter, stellte ihn aber nicht mit Namen vor. Er hatte sich bereits vom Stuhl erhoben. Der Stuhl und ein winziger Tisch versperrten die Balkontür. Der Sohn schob rasch die Möbel zur Seite. Angeblich war er gerade am Lernen gewesen.

Nachdem wir ihn im Schlafzimmer wieder allein gelassen hatten, sagte die Mutter: »Wir treiben ihn an!«

Sie wartete genau ab, bis Yang Li ihre Worte zu Ende übersetzt hatte, und sagte dann: »Es ist schwer, einen Platz an der Universität zu bekommen!«

Ich sprach die Eltern auf die Studenten an, die friedlich auf dem Platz des Himmlischen Friedens protestiert hatten.

Der Direktor für Umweltschutz sah aus, als verstehe er nicht. Dabei waren diese Proteste und die blutige Niederschlagung in Peking noch keine fünf Jahre her, und zur selben Zeit wie in Peking hatten auch in Schanghai Studenten protestiert.

Yang Li lächelte verlegen. Anscheinend gab es für unsere Gastgeber grundsätzlich keine protestierende Jugend.

Die Ratlosigkeit, das allgemeine Schweigen – es wurde unangenehm.

Schließlich sagte die Frau: »Wir stimmen den damaligen Unruhestiftern überhaupt nicht zu. Unsere Produktion lag still. Wenn die Produktion gestört wird, sinkt unser Einkommen wieder. Das Volk vergleicht sein heutiges Leben mit früher. Das Volk versteht das besser als einige Aufwiegler unter Studenten.«

Was passiert, wenn aus Rationalisierungsgründen Entlassungen bei Forever vorgenommen werden müssen?

»In unserer Firma wird niemand entlassen!«, sagte Ma Yishu.

Wie lange werden die Arbeiter in der Stadt die Konkurrenz der Zugewanderten akzeptieren?

»Unsere Regierung wird eine Lösung finden!«, sagte die Gewerkschaftsfunktionärin.

Ich gab es auf. Diese Musterfamilie, die in einer Vorzeigewohnung lebte, würde kaum irgendwelche ideologischen Brüche zu erkennen geben. Als wir mit dem Fahrstuhl hinunterfuhren, sagte Yang Li, der Student sei nicht der Sohn der beiden. Ich wollte wissen, woraus sie das schloss. »Ach, ich dachte nur«, sagte sie wie zum Scherz.

»Eine leichte Bronchitis!«

»Nenne mich Zhan Quan!«, sagte der Student. Den Kontakt zu ihm hatte eine befreundete Journalistin vermittelt. Die Namensänderung war Bedingung. Der hagere junge Mann musste vorsichtig sein. Wir trafen uns vor einer Boutique zwei Blocks vom Peace-Hotel entfernt. Yang Li hatte ich mitgeteilt, ich würde einen Einkaufsbummel machen. Nachdem wir eine Weile gelaufen waren, nahmen wir ein Taxi. Zhan Quan wohnte in einer Einzimmerwohnung und besaß ein Bett, eine Holzplatte auf Alubeinen, ein Radio, einen kleinen Herd und ein halbhohes Regal. Im Regal standen Lebensmittel, chinesischer Schnaps und eine Flasche Whiskey. In einer Ecke auf dem Boden lag ein Stapel ausgerissener Seiten aus amerikanischen Magazinen. Ich erkannte Bilder vom Dalai Lama, Jimmy Carter, Bush und Clinton. Zhan Quan entschuldigte sich für seinen Husten. »Eine leichte Bronchitis!«

Er wirkte nervös. Der Besuch des amerikanischen Außenministers stand bevor und die ausländische Presse berichtete, die Polizei hätte in Peking mehrere Regimegegner verhaftet oder unter Hausarrest gestellt. »Einer meiner Freunde sitzt im Gefängnis«, sagte der Student. Er schenkte uns Whiskey ein. Ich wusste von ihm, dass er in Opposition zum Regime stand, und ich wollte wissen, wie er Chinas Entwicklung sah.

»Seit Maos Tod steht China vor dem Dilemma, zwischen wirtschaftlicher Modernisierung und sozialer Stabilität entscheiden zu müssen. Die Hardliner in der politischen Führung glaubten, sie hätten eine Antwort gefunden, als sie am 4. Juni 1989 die Protestbewegung zerschlagen haben. Aber dahinter steckt nichts als Angst vor dem Chaos und der Überlebenswille der Partei.«

Nur der Husten bremste hin und wieder das Gespräch.

Eines immerhin, fuhr er fort, sei ihm in den Monaten nach dem Massaker klar geworden: »Die Soldaten sind schlecht ausgebildet, die Offiziere korrupt. Nur Deng Xiaoping hält die Armee noch zusammen.«

Das kam mir überspannt vor, aber er kam von selbst auf die Ausgangsfrage zurück.

»Damit das Ausland investiert, pumpt der Staat Jahr für Jahr Unsummen in die Sonderwirtschaftszonen entlang der Küste!«

Gestern hatte ich Pudong gesehen, die Sonderwirtschaftszone am Ostufer des Huangpujiang. Der Fernsehturm und die Baustellen der Hochhäuser waren von Scheinwerfern beleuchtet gewesen.

Zhan Quans Ton wurde vorwurfsvoll. Und auch sein Blick. Als wäre ich das ausländische Kapital in Person. »Ein Fünftel der Mittel kommt aus Peking, den Rest zahlen Überseeinvestoren, Banken und die Stadt Schanghai. Die Investitionen Schanghais in die Infrastruktur belaufen sich auf etwa zehn Prozent des städtischen Sozialprodukts. ›Bereichert euch!‹, ruft Deng Xiaoping uns zu. Innerhalb weniger Jahre ist aus dem Flussdelta des Jangtsekiang der gierigste Schlund des chinesischen Drachens geworden. Im Namen des Kapitalismus verschlingt er Milliarden von Dollar, die ihm Taiwan-, Hongkong- und Singapur-Chinesen, Japaner, Amerikaner und Europäer in den Rachen werfen. Aber Peking benötigt mehr Kapital als nur für die Sonderwirtschaftszonen. Das Geld reicht bei Weitem nicht aus, um den Staatssektor zu stützen.«

Immer wieder hustete der Student, und bei manchen Attacken schoss ihm das Blut in den Kopf.

»Je erfolgreicher der Kapitalismus ist, umso schwächer wird das Regime. Das ist Dengs Tragik«, fuhr er fort. »Und je mehr Bauern herkommen, umso mehr werden enttäuscht sein. Sie werden helfen, das Regime zu stürzen.«

Wahrscheinlich mithilfe des freundlichen Alkohols war Zhan Quan etwas ruhiger geworden. »Ich glaube nicht«, sagte er sarkastisch, »dass die Generation, die Deng nachfolgen wird, aus Liberalen besteht, erst recht nicht aus Demokraten. Es ist nicht mal sicher, ob Dengs Wirtschaftsreformen wie bisher weitergeführt werden können.«

Zhan Quan holte eine Mundmaske hervor. Sie sei mal weiß gewesen, sagte er mit gequältem Lächeln. Der Dreck hatte sie braun gefärbt. Er begleitete mich vor die Tür, erklärte mir, wo Taxis standen, und zog sich die Maske an. Er benutzte sie beim Fahrradfahren.

Parkettgeflüster

»Eine große Wohnung willst du, ein Auto, aber ich kann nicht für dich stehlen. Bloß ein Fahrrad kann ich dir bieten. Und die Abendsonne. Ich habe ein quietschendes Bett und meine Zunge schmeckt gut. Die kannst du kosten.« Ein Junge und ein Mädchen sangen im Duett nach der Musikvorlage eines Schlagers. Der Gesang hallte durchs Restaurant. Yang Li kannte fast alle Texte auswendig. Die Videos zeigten chinesische Paare: lasziv, schmachtend, posierend; an menschenleeren Stränden, auf breiten Betten, vor schönen, großen Limousinen.

Wir waren in einem Familienrestaurant. An den Tischen saßen Kinder, Eltern, Großeltern, Onkel und Tanten. Die Frauen waren geschminkt, »europäisch geschminkt«, wie Yang Li sagte, und sie hatten ihre Mäntel anbehalten. Die Familienväter trugen Krawatten, ihre Söhne enge Jeans und Ringe an jeweils einem Ohr. Die üppig bemalten Lippen der Mädchen erinnerten an den Mund von Madonna. Der Saal war sehr groß, die Wände waren kahl, jedermann saß auf Blechstühlen, aber die roten Tischdecken waren aus Baumwolle und gebügelt.

Der Restaurantbesitzer bediente selbst und setzte sich zu uns. Liu Rongji war fünfunddreißig. Wegen seiner dicken Tränensäcke wirkte er älter. Er trug mehrere breite Ringe. Die dunkle Jacke und die weiße Hose waren ihm viel zu eng. Er stammte aus einer Bauernfamilie in Zentralchina. Vor zehn Jahren war es ihm und seinem jüngeren Bruder gelungen, nach Schanghai zu kommen. Das Restaurant, in dem wir saßen, gehörte damals dem Staat. Die Brüder arbeiteten hier als Kellner. Im vergangenen Jahr konnten sie das Restaurant kaufen.

Er hielt den Daumen hoch und zwinkerte. Der fälligen Frage nach der Quelle seines stolzen Wohlstands kam der Aufsteiger zuvor: »Das Geld für das Restaurant haben wir an der Börse gemacht!«

Am Vormittag waren Yang Li und ich in den engen Straßen der Altstadt auf eine Ansammlung von zwei- bis dreihundert Menschen gestoßen. Die Menge stand im strömenden Regen vor einem Haus. Das Schild am Eingang lautete: »Broker No 128, Shanghai International Security Co. Ltd«. Die Leute starrten auf eine Leuchttafel, die Börsenkurse anzeigte. Dicht vor der Leuchttafel fiel uns ein dünner Mann auf. Er wischte sich immer wieder die nassen Haare aus dem Gesicht. Der Mann sah niedergeschlagen aus, irgendwie verzweifelt. Nur widerwillig ließ er sich auf unsere Fragen ein. Er hieß Huo Yianying. Während wir sprachen, wanderte sein Blick immer wieder zur Leuchttafel.

Vor zwei Jahren habe er für hunderttausend Yuan Aktien gekauft. »In den ersten Wochen habe ich auch gut verdient«, sagte er. »Doch schon im vergangenen Jahr verlor ich die Hälfte meines Geldes. Ich bin jetzt fast pleite!«

Die Umstehenden bekamen mit, dass wir mit ihm sprachen. »Die Regierung macht Gewinn, wir verlieren alles!«, schimpften sie. Der glücklose Börsenspekulant sagte: »Die Fabriken behaupten immer, alles laufe gut. Aber sie lügen. Auch die Zeitungen lügen!«

Die anderen aus der Menge machten Handbewegungen als Zeichen für »Kopf ab!« Niemand kümmerte sich darum, dass Polizisten in der Nähe standen. »Es gibt schwarze Türen!«, übersetzte Yang Li. »Feste Regeln fehlen, nach denen die Aktien vergeben werden.«

»An die guten Papiere kommen wir nicht heran«, klagte Huo Yianying.

Liu Rongji, der Restaurantbesitzer, amüsierte sich über den Bericht von dem Unglücksraben, machte dann aber eine ernste Miene: »Im vergangenen Monat gab es in Schanghai Straßenunruhen. Wissen Sie warum?« Er fixierte uns eine Weile, bevor er wieder lächelte. »Es wurden Aktien gewisser Fabriken an der Börse angeboten. Aber nicht ausreichend viele. Nach wenigen Wochen waren ausgerechnet diese Papiere enorm gestiegen! Die Besitzer machten einen Riesengewinn.« Wieder hob der ehemalige Bauer und Kellner den Daumen. Er hatte wirklich einen erstaunlichen Weg hinter sich. Eigentlich hörte er sich eher wie ein Börsenexperte an als wie ein frischgebackener Restaurantbesitzer. »Ihr Ausländer habt es besser, aber auch langweiliger!«

Es dauerte einen Moment, bis Yang Li übersetzt hatte, und bis ich begriff, dass er auf die B-Papiere anspielte, die ausländischen Käufern vorbehalten waren. Internationale Banken und Investmenthäuser boten diese Papiere seit einiger Zeit im Rahmen von Anlagefonds an. Die Rendite war bei Weitem nicht so hoch wie die Gewinne, die Chinesen zumindest kurzfristig mir ihren Aktien erzielen konnten, aber dafür waren die B-Papiere sicherer. Die Auflagen waren strenger und die behördlichen Kontrollen schärfer.

Liu Rongjis unaufhaltsamer Aufstieg zum Restaurantbesitzer

begann vor zwei Jahren. Er sagte: »Ein Vetter arbeitete in der Buchhaltung einer Fabrik. Er arbeitet dort noch immer. Von ihm wusste ich, dass die Fabrik gut lief und moderne Maschinen besaß. Als die Firma an die Börse ging, wussten mein Bruder und ich genau, was zu tun war. Zwei Tage vorher haben wir uns in die Schlange gestellt und dann von den Ersparnissen unserer gesamten Familie Aktien gekauft.«

Yang Li stand auf, um die Rechnung zu bezahlen. Als sie zurückkam, strahlte sie. Wir waren Gäste des Hauses. Als ich meine Dankbarkeit ausdrückte, tat Liu Rongji es mit einer Geste ab und setzte seine Erzählung fort. »In kurzer Zeit stieg der Wert der Aktien so stark, dass einige aus unserer Familie übermütig wurden, vor allem mein Cousin. Meine Verwandten wollten jetzt noch Aktien anderer Fabriken kaufen. Aber wir hatten ja schon alle ihre Ersparnisse investiert. Also verkauften sie ihre Aktien an mich und meinen Bruder. Das war ein Fehler. Sie steckten das Geld in neue Aktien, hatten aber keine genauen Informationen über die Firmen. Sie verloren ihr ganzes Geld. Hingegen verdoppelte sich der Wert meiner und meines Bruders Aktien etwa alle zwei Monate. Nach knapp einem Jahr hatten wir genug Kapital, um einen Kredit anzahlen zu können. Von dem Kredit haben wir das Restaurant gekauft. Unsere ganze Familie, mein Cousin ausgenommen, arbeitet jetzt hier im Geschäft.«

Liu Rongji forderte uns auf, ihm die Treppe hinauf ins zweite Stockwerk über dem Restaurant zu folgen. Sieben Personen mussten mit zwei kleinen Schlafzimmern auskommen: er, seine Eltern, die Schwester seiner Mutter sowie sein Bruder und seine Schwägerin mit ihrer kleinen Tochter.

Yang Li mochte die Leute im Süden nicht. Sie sagte, besonders die Kantonesen würden sich gegenüber den Chinesen aus dem Norden stets als etwas Besseres vorkommen, was man daran erkenne, dass sie die kapitalistischen Hongkong-Chinesen imitierten. Die Schanghaier gefielen ihr auch nicht. Die Frauen würden sich so stark schminken wie die Taiwanesinnen und ihnen nacheifern, indem sie Miniröcke und Schuhe mit hohen Absätzen trügen. Kein Wunder, dass mir Yang Li jetzt zum ersten Mal mit aller Entschiedenheit eine Bitte abschlug. Sie weigerte sich, mich ins JJ zu begleiten, in die größte und bekannteste Diskothek Schanghais.

Die Videowände waren so riesig wie auf dem Schanghaier Bahnhof, aber diese Bilder feierten die Apokalypse. Zum ohrenbetäubenden Takt des Technorocks stürzten brennende Ochsenkarren von einbrechenden Flussbrücken, gingen Asiens Dörfer, getroffen von Brandbomben, in Flammen auf. Darunter in Wolken aus Dampfmaschinen und zerhackt von Laserlicht, der Tanz von tausend Discobesuchern.

An den Tischen saßen Geschäftsleute. Am Rand stand eine Gruppe sehr junger Mädchen und Jungen. Sie waren in Begleitung eines ältlich-jungen Mannes, der einen dunkelgrauen Seidenanzug trug. Jeder aus der Gruppe war auffallend stark geschminkt. Zweifellos waren sie Prostituierte. Ich ertappte mich dabei, dass ich sie mit den Augen von Yang Li betrachtete. Während ich weiter hinschaute, um den Anfang des Fleischhandels nicht zu versäumen, bemühte ich mich, ein freundlicheres Gesicht zu machen.

Der Mann im Seidenanzug sprach mich an. Trotz der Schminke wirkte er sehr männlich. Er konnte kaum dreißig sein. Ich erfuhr, dass er Tarn hieß. Seine Familie sei aus Vietnam geflüchtet. Er habe bis vor drei Jahren auf Taiwan gelebt.

Seine Schönheit war irritierend. Er wollte mir keines seiner Mädchen andrehen. »Auch die Jungs sind heute Abend fest gebucht«, sagte Tarn. Sein Lächeln war keineswegs anzüglich gemeint. »Ich bin Businessman!«, sagte er, und dass er nebenher Mädchen und Jungen anbiete. »Ich erkläre es dir später! Ich muss mich kurz um meine Geschäftsfreunde kümmern.«

Er setzte sich an einen Tisch. Die Männer am Tisch schienen ihn gut zu kennen. Die Mädchen und Jungen an der Wand warteten ab und wiegten sich zum Rhythmus der Musik. Tarns Tischnachbarn waren angetrunken. Er selbst trank Saft. Irgendwann winkte er, und kurz darauf saß sein Gefolge auf den Schößen der Geschäftsleute. Eine Weile später zogen sie gemeinsam ab.

Tarn lud mich an seinen leeren Tisch ein, und im Laufe der Nacht fasste er Vertrauen zu mir. Er nannte die Leute aus seinem Gefolge »Kids«. Die Kids sollten die taiwanesischen Freier aushorchen und Tarn berichten, mit welchen Schanghaier Firmen sie Geschäfte machten, ob diese Firmen Aktien ausgaben und so weiter. »Nur so kann ich erfahren, welche Firmen und Aktien gut sind. Wenn man keine Freunde in der Partei und in der Regierung hat, ist mein Trick die einzige Möglichkeit.«

Auch Tarn huldigte also Cai Shen, dem Reichtumsgott, nur dass Tarn, der Aktionär, nicht daran glaubte, ihn mit Räucherstäbchen beschwören zu können.

Ernte am Ostufer

Chen Youhua, den Chefingenieur vom Städtischen Büro für Stadtplanung, traf ich im alten Ausländerviertel Schanghais. Er trug Cordhose und Tweedjackett. Bevor wir in sein Büro gingen, führte er mich kurz durch den kleinen englischen Garten. Mauern und Bäume schirmten ihn von der Straße ab. Im Büro deutete Chen Youhua auf einen riesigen Stadtplan an der Wand. »Ein neues Schanghai ist dabei, sich wieder in die berühmten Metropolen der Welt einzureihen. Die Pudong-Entwicklungszone am Ostufer des Huangpujiang ist fünfhundertachtzehn Quadratkilometer groß. Sie wird schon bald die größte Freihandelszone des Landes sein und das größte Technologiezentrum für Computer-Software, Mikroelektronik, Biotechnik, Lichtfaser-Technik und neue Werkstoffe. Allein im Jahr 1992 haben wir eintausendfünfhundert Projekte genehmigt. Von denen werden tausend aus dem Inland finanziert, fünfhundert von ausländischen Investoren. Mehr als zwanzig multinationale Konzerne und etwa dreißig Banken aus dem In- und Ausland sind bereits in Pudong tätig. Für den Binnen- und Außenhandel entstehen moderne Einkaufs- und Handelsgebäude. Mehr als hundert Außenhandelsfirmen und fast zehntausend Binnenhandelsfirmen haben eine Geschäftserlaubnis erhalten.«

Der Stadtplaner erfüllte eine Pflicht, die er bis zum Abwinken beherrschte. Er benötigte für sein Werbereferat keinen Spickzettel. »Noch ist die Stadt die größte Baustelle der Welt, aber schon ist hier jedes Jahr ein Erntejahr des Städtebaus! Nehmen Sie allein die Infrastrukturprojekte: Ein neues Hafenterminal, ein Gaswerk, zwei neue Brücken über den Huangpu, unter dem Volksplatz im Stadtzentrum das größte elektrische Umspannwerk Asiens, die ›unterirdische Große Mauer‹ (eine dreißig Kilometer lange Kanalisation, die neun Bezirken zugutekommen wird), ein neuer zweispuriger Tunnel, ein Kraftwerk, Abwasserwerk, Wasserwerk, der Flughafenneubau, ein Telekommunikationszentrum, ein neuer Containerhafen, die Pudong-Strecke auf dem Schanghaier Außenring und etliche neue Tunnel unter dem Huangpu. An der Uferstraße gegenüber dem Bund entstehen mehr als hundert Wolkenkratzer. Den Fernsehturm nennen wir hier am Jangtse-Delta ›Juwel des Ostens‹! Er wird vierhundertachtzig Meter hoch sein – ein Rekord in der asiatischen Architektur. Obwohl erst halb fertig, ist das ›Juwel des Ostens‹ schon ein Symbol für den Anspruch unseres Landes geworden, zur größten Wirtschaftsnation der Welt aufzusteigen.«

Chen Youhua empfahl Yang Li und mir, dass wir uns die nagelneue Metro ansehen. Die Linie 1 sei gerade eröffnet worden.

Als sich die Zugtüren öffneten, sprangen zwei Männer heraus. Erst auf ihr Zeichen hin strömten die anderen Fahrgäste nach. Jeder hatte sich schick gemacht und alle Frauen waren geschminkt. Lächelnd liefen sie auf eine Fernsehkamera zu.

Wenn man üble Elemente und anderes Gezücht überall hervorkriechen lässt, wenn unsere Kader sich mit dem Feind zusammentun, von ihm korrumpiert, zersetzt und demoralisiert werden, dann wird unvermeidlich in nicht langer Zeit – in einigen Jahren oder in einem Dutzend Jahren, höchstens in einigen Jahrzehnten – die konterrevolutionäre Restauration das ganze Land erfassen, die marxistisch-leninistische Partei wird sich in eine revisionistische, in eine faschistische Partei verwandeln, und ganz China wird die Farbe wechseln.

Mao

Ströme im Untergrund – Diskrete Berichte über Geld

Nur ein Jahrzehnt später sah ich eine Metropole, die alle Grenzen sprengte. Praktisch über Nacht hatten die Chinesen Neu-Schanghai aus dem Boden gestampft. Es war, als hätte ein jahrzehntelanger Schlaf ihnen doppelte Kraft verliehen, um alles zu übertreffen, was Schanghai zu Anfang des Jahrhunderts gewesen war.

Tatsächlich war dieses Erwachen ein Phänomen, dessen Ursachen ich nicht oder nur teilweise verstand. Sicher, Deng Xiaoping hatte Sonderwirtschaftszonen eingerichtet und Auslandskapital nach China hineingelassen. Aber angesichts dessen, was ich sah, konnte es nur ein Beitrag sein, der berühmte Tropfen auf den heißen Stein. Wie also wurde der Neubau Schanghais wirklich ermöglicht? Woher kam all das Geld?

Neuerdings hörte man vielerorts, die Bauern hätten den Startschuss für Chinas Wiederaufstieg gegeben, schon als Mao in den letzten Zügen lag. Die Bauern hätten das Wunder erst möglich gemacht. Deng Xiaoping habe es lediglich verstanden, den Tiger zu reiten.

Das war keine Kritik an Deng. Niemand wollte die staatsmännischen Leistungen des Mao-Nachfolgers kleinreden. Und dennoch! Es hieß, die Bauern steckten dahinter, insbesondere jene, die Unternehmer wurden.

»Völker kann man nicht ändern«, hat ein berühmter Mann behauptet. Mao jedenfalls war es nicht gelungen, einen bestimmten Kern der chinesischen Tradition auszulöschen: die Familie. Mao hatte ihre Rolle nur für einen winzigen Moment der Geschichte unterdrücken können. Die Chinesen besannen sich auf diesen Teil ihrer Tradition. Die Bauernfamilien arbeiteten aufs Neue zusammen. Aber was folgte daraus? Wie genau stellten sie es an? Mit wessen Geld, über welche Kanäle und in welcher Form? Wie erreichte das Geld die Städte, wenn mehr oder weniger alles, was zu einer modernen Wirtschaft gehörte, illegal war oder schlicht nicht vorhanden, Dinge wie freies Unternehmertum, Eigentumsrechte, ein funktionierendes Bankwesen; wenn die Zentralmacht sogar banale Dinge wie freies Reisen verbot, die Eröffnung von Geschäftskonten erschwerte und die Registrierung einer Geschäftstätigkeit als klassenfeindlich bekämpfte?

Die Metropole Schanghai war ein zu gewaltiger Sprung. Zu viele Dinge und Einflüsse hatten sich vermischt: die Geschäfte der Bauern, die Modernisierung der Staatsfirmen und die Subventionen des Zentralstaats, die Rolle der Sonderwirtschaftszonen und der Zustrom an Auslandskapital. Inzwischen war kaum noch erkennbar, was bäuerlichen Ursprungs war und was nicht. Doch im Rücken Schanghais und im Süden der Meeresbucht lag Zhejiang. Und ein paar Fahrstunden weiter die Küste hinunter lag Wenzhous. Anders als in Schanghai, so hatte ich gehört, seien im Umkreis von Wenzhou noch viele Details erkennbar, die mit dem Aufbruch der Bauern im Zusammenhang stünden. Der interessanteste Aspekt war: In Wenzhou und Umgebung sollte all das begonnen haben, was auch Schanghai zu neuer Größe verholfen habe. Wenzhou allerdings habe ohne Staatsgelder aus Peking auskommen müssen und anfangs auch ohne Amerikaner, Japaner und Europäer und ohne die Anziehungskraft, die der Hafen Schanghais auf das Weltkapital ausübte.

Wenzhou sei der Ursprung, hatten mir ausländische Geschäftsleute gesagt, die seit Beginn der Öffnungspolitik in Schanghai und Umgebung Geschäfte machten. Die Bauern von Wenzhou hätten sich früher als die Bauern anderer Regionen auf die Socken gemacht. Und immer wieder hörte ich die Behauptung, nicht die chinesischen Bauern im Allgemeinen, sondern die Bauern Zhejiangs und insbesondere die Bauern aus der Gegend um Wenzhou hätten Deng Xiaoping vor sich hergetrieben.

Ich wollte nicht bei meinen Forschungen über die Quellen der Wertschöpfung und die Finanzierungswege der Bauern im allesverschlingenden Schanghai versinken. Ich stellte mir Zhejiang und Wenzhou als Labor des anarchischen, chinesischen Kapitalismus vor, oder besser: wie ein Brennglas, das vielleicht noch alle Schichten darbot, die der Megamoloch Schanghai unter sich begraben hatte.

Es war bekannt, dass die Staatsbanken fast ausschließlich zur Finanzierung solcher Unternehmen beitrugen, die ebenfalls in Staatsbesitz waren. Häufig hieß es auch, dass viele Kredite faul seien. Etliche Staatsunternehmen machten kontinuierlich Verluste. Die Ressourcen der Staatsbanken reichten gerade so aus, um dieses rundum prekäre System einigermaßen stabil zu halten.

Wie stand es um Kredite für Privatunternehmer? Bis auf den Tag spielten die Staatsbanken hinsichtlich der Finanzierung des chinesischen Privatsektors keine nennenswerte Rolle.

Wenn Staatsbanken als Option für Privatunternehmer ausschieden, blieb die Frage nach den Privatbanken. Doch als ich mir im Jahre 2005 vornahm, Zhejiang zu besuchen, stellte ich fest, dass auch die Privatbanken ihr Kreditgeschäft auf Staatsfirmen konzentrierten.

Privatbanken erklärten also ebenso wenig die rasante Entwicklung des Privatsektors wie Kredite von Staatsbanken. Trotz des Ausfalls dieser beiden möglichen Quellen waren allein in Wenzhou Abertausende von kapitalistischen Unternehmen entstanden, unter Bedingungen, die verwirrender kaum sein konnten. Die Privatunternehmer der Gegend mussten offenbar andere Quellen für Geld und Kredite gefunden haben. Von Pfandleihern war die Rede, von Sparklubs, Wucherern, Kreditzirkeln und Finanzgenossenschaften. Soviel ich verstand, handelte es sich durchweg um illegale Finanzierungsformen. Womöglich waren diese Gesetzesverstöße der Grund, warum es in Berichten über chinesische Kapitalisten auffallend häufig hieß: »Er lieh sich Geld von Verwandten.«

Kesselschlacht gegen die Trägheit

Zwischen den Helden im Kessel von Wenzhou und den schläfrigen Ausländern im Bus befanden sich noch bis zu tausendsechshundert Meter hohe Berge und Frau Jin vom Presse- und Informationsamt der Provinzregierung. Sie stand vorne im Bus und hielt einen Vortrag, obwohl die ausländischen China-Watcher zu schlafen schienen. Jin Dujuan hatte den Auftrag, uns mit Pionieren des Wirtschaftswunders von Zhejiang bekannt zu machen. Wir hatten schon Xu Wenrong getroffen, den alten Mann, der chinesische Straßenzüge und den Kaiserpalast nachbauen ließ und das Amphitheater finanziert hatte, auf dessen Bühne Mao weiterlebte, und wo Xu Wenrong auch sich selbst feiern ließ.

Wie stets bestand Jin Dujuans Vortrag aus einer Flut von Superlativen. Diese Angewohnheit war den meisten ihrer Gäste gleich am Anfang aufgefallen, in der Hauptstadt der Provinz, im sagenhaften Hangzhou. Dort war fast jeder von uns noch willens gewesen, den Superlativismus als etwas Angemessenes zu akzeptieren. Wer kannte nicht Marco Polos tausend Jahre alten Bericht? Schon der Venezianer schwärmte von Hangzhou in den höchsten Tönen. Zu seiner Zeit war es die größte Stadt der Welt, die reichste, die am besten verwaltete. Im Glanze Hangzhous machten Städte wie Venedig, Rom und Konstantinopel, ja sogar Peking einen kümmerlichen Eindruck.

Wenn es um Hangzhou ging, konnte sich Jin Dujuan auf den berühmtesten aller Chinareisenden berufen, aber schon in den ersten Tagen, nachdem wir die ehemalige Kaiserstadt hinter uns gelassen hatten, wurde klar, dass ihr Superlativismus weder eine Ausnahme noch eine persönliche Marotte war. Wieder und wieder bläuten sie und die Funktionäre uns Fakten ein, die für die Größe und Überlegenheit des alten, des ewigen China standen. Wir wurden der Sache langsam müde, und fast jeder von uns schaltete längst auf Durchzug, wenn sie zu einem Vortrag anhob, ins Mikro pustete und sagte: »I want you to know that …«

Ich horchte auf, als sie »American Dream«, sagte. Sie schien selbst zu glauben, was sie da vortrug: Dass so gut wie jeder in der Gegend hinter den Bergen den Traum vom Aufstieg und vom Reichtum wahr gemacht und nicht bloß geträumt habe.

In der Stadt und ihrer Umgebung lebten sieben Millionen Menschen.

Doch während Jin Dujuan das »Wunder von Wenzhou« besang, fiel mir der Bericht einer britischen Zeitung über die Provinz Zhejiang ein. Ich hatte ihn zwei oder drei Jahre zuvor gelesen. Jetzt erinnerte ich mich wieder, dass der Bericht einen Hinweis auf die Stadt enthielt, den ich damals so wenig verstand wie in diesem Augenblick. Dem Artikel zufolge hatten die Aufsteiger aus Wenzhou in ganz China Neid erregt und sogar in den Boom-Metropolen Schanghai und Peking war die Rede von der »Wenzhou-Mafia« und den »Juden Chinas«.

Kein Wort davon von unserer Reiseführerin. In ihren Vorträgen, wie lang sie auch sein mochten, war kein Platz für Untertöne, Konflikte, Schwierigkeiten oder Rückschläge. Wir hätten sie unterbrechen und ihr Fragen stellen müssen, aber das hieß für sie stets, man wolle ihre Berichte grundsätzlich in Zweifel ziehen. Und im Augenblick fiel es mir noch aus einem anderen Grund schwer, mich auf ihr Erfolgsgerede und die Pioniergeschichten zu konzentrieren. Auf der Straße tobte ein Kampf auf Leben und Tod.

Die Straße durch die Berge war schmal. Links die Bergwand, rechts der Abgrund und tief unten ein großer Fluss. Zwei Polizeiwagen mit Blaulicht eskortierten unseren Bus. Die Eskorte war dazu da, dem Regierungsbus freie Bahn zu verschaffen.

Es herrschte dichter Verkehr. Fußgänger, Fahrradfahrer, Mopeds, Autos, Lastwagen, Linienbusse. Das Überholverbot auf der kurvenreichen und nur zweistreifigen Passstraße war lebenswichtig. Der vorausfahrende Polizeiwagen missachtete das Verbot, aber wenigstens konnte das kleine Polizeiauto bei Gegenverkehr schnell wieder einscheren. Unser Reisebus war träge, gerade jetzt, als es permanent bergauf ging, trotzdem folgte der Busfahrer dem Polizeiauto und überholte sogar vor Haarnadelkurven.

Jin Dujuan sah die Gefahr nicht. Sie stand mit dem Rücken in Fahrtrichtung und hielt ihren Vortrag. Daraus ging hervor, dass die Hyperkonkurrenz zwischen Tausenden von Unternehmer-Pionieren inzwischen am Abflauen sei. Einige der stärksten Unternehmen Wenzhous, Überlebende aus der Phase der Hyperkonkurrenz, würde sie uns zeigen.

Nichts im Leben wünschte ich mir in diesem Augenblick mehr. Das Geschehen auf der Straße übertraf das alltägliche ruppige Verkehrsverhalten,

Der Blaulichtwagen hatte einen gelben Citroën überholt und verschwand in der nächsten Kurve. Unser Busfahrer wollte den Anschluss behalten. In der Einfahrt zur Kurve scherte auch er auf den Gegenstreifen aus. Wir waren Passagiere eines chinesischen Geisterfahrers, und plötzlich sah ich vor uns wild auf- und abblendende Scheinwerfer. Ein Tanklaster. Links die Felswand, rechts der Citroën, nur eine Handbreit neben dem Abgrund, und vor uns der Tanklaster, bergab fahrend, voll mit wer weiß was für Zeug, aber keiner der drei Fahrer macht Anstalten, auf die Bremse zu steigen. Alle Beteiligten vertraten offenbar die Ansicht, dass physikalische Gesetze nur für andere gelten.

Die Polizeieskorte wies unseren Bus als Regierungsbus aus. Wer sonst noch auf der Straße unterwegs war, hatte der Staatsmacht zu weichen, aber in diesem Moment war etwas hinzugekommen. Der Busfahrer hätte bremsen müssen. Es wäre angesichts eines Tankwagens die Ultima Ratio gewesen. Stattdessen drückte der Fahrer auf die Hupe und drohte mit der Faust, als hätte die Autorität, die er verkörperte, ihn und seine Passagiere unsterblich gemacht.

In letzter Sekunde und ohne zu bremsen riss er den Bus nach rechts – und als ich wenig später zum zweiten Mal über die Berge nach Wenzhou fuhr und diese Stelle passierte, wurde mir der Vorfall wieder gegenwärtig, der Anflug von Dankbarkeit gegenüber dem Busfahrer. In der Sekunde, als er den Zeitpunkt zum Bremsen verpasst hatte, war auch ich bereit, den gelben Citroën dranzugeben, der unschuldig auf dem rechten Fahrstreifen fuhr. Kaum vorstellbar, dass der kleine Wagen noch existierte, andererseits hätte man irgendetwas spüren müssen, aber keiner der Schlafenden im Bus rührte sich. Da war kein Ruck, kein Schrammen, nicht mal ein Quietschen, und von meinem Platz aus war nicht erkennbar, was rechts vom Bus oder hinter uns dem gelben Auto zustieß. Es gab nur die Aussicht nach vorne. Die Funktionärin sprach noch immer. Die Quintessenz ihres Vortrags lautete, dass die Firmengründer, die in Wenzhou die tausendfache Konkurrenz überlebt hätten, nun darauf lauern würden, den Sprung zum Weltmarktführer zu machen. Den stärksten Pionieren sei es in den letzten Jahren sogar gelungen, ganze Branchen anderer Länder ins Aus zu stürzen. Und als Jin Dujuan uns nach der geglückten Bergpassage durch Vorzeigebetriebe Wenzhous führte, bestätigte sich zumindest, dass viele sich einen Markennamen geschaffen hatten, dessen Klang über China hinaus reichte. Deshalb wollte ich erneut nach Wenzhou, dieses Mal nur in Begleitung meines Dolmetschers Fang Yu, und deshalb war ich wieder im Begriff, über die Passstraße zu fahren.

Fang Yu hatte auf dem Busbahnhof von Hangzhou ein Plakat entdeckt. Es zeigte Gasflaschen und andere Stahlkartuschen, die mit einem dicken roten Kreuz durchgestrichen waren. Die Provinzregierung hielt es für geboten, die Fahrgäste davon abzuschrecken, explosive Stoffe mitzuführen. Die Warnung wurde illustriert von verbrannten Gesichtern, zerquetschten Körpern, offenen Knochenbrüchen, abgerissenen Armen und Beinen. Die Bilder sollten gewiss niemandem das Busfahren als solches verleiden, aber Fang Yu und ich waren uns schnell einig, dass wir im Bus zu wenig vom Bergpanorama mitbekämen.

Fang Yu trieb einen jungen Mann auf, einen Verfahrenstechniker. Er wollte am nächsten Tag nach Wenzhou fahren und war bereit, uns für eine »Beteiligung« von vierhundert Yuan mitzunehmen. Vierzig Euro, umgerechnet, die Hälfte des üblichen Monatslohns in den Fabriken Zhejiangs. Wir gaben dem Fahrer das Geld frühmorgens bei der Abfahrt. Er sprach ein wenig Englisch. Da wir ihn schon bezahlten, bat ich ihn, sich Zeit zu lassen. Wir könnten damit leben, wenn wir statt nach vier Stunden erst nach fünf oder sechs Stunden an der Küste ankämen.

Er schien verdutzt zu sein, wechselte ein paar Worte mit Fang Yu, zuckte schließlich die Achseln, sagte »Okay!« und schnallte sich nicht an, bevor er Gas gab und losraste. Fang Yu, der die Rückbank vorgezogen hatte, lachte laut. »Er hat gefragt, ob du wirklich Deutscher bist.«

Fang Yu lebte seit vielen Jahren in Berlin und hatte die deutsche Staatsbürgerschaft angenommen. Seine Haupteinkommensquelle war die Schauspielerei. Er sagte: »Ich bin das Schlitzauge vom Dienst! Die deutschen Regisseure besetzen mich auch als Vietnamesen, Koreaner, Japaner oder Thailänder.«

Gleich nach der Abfahrt legte er sich hin, seine Reisetasche als Kissen nutzend. Er wollte erst in Wenzhou geweckt werden. Das Bergpanorama, von dem ich ihm vorgeschwärmt hatte, berührte ihn nicht.

In Deutschland hatte ich ihn umtriebig und meistens gut gelaunt erlebt. Doch seitdem wir zusammen durch sein Heimatland reisten, schlief er bei jeder Gelegenheit ein. »Meine chinesische Müdigkeit!«, sagte er. Allein die Ankunft in China, der Moment, in dem er Witterung aufnahm, musste ausgereicht haben, ein unwiderstehliches Schlafbedürfnis zu wecken. Doch wie nachvollziehbar oder interessant dieser Reflex auch sein mochte – ich war auf einen Dolmetscher angewiesen, der hellwach war. Mir gab auch zu denken, dass wir jetzt ausgerechnet in jene Stadt in China unterwegs waren, in der das *Chronische Müdigkeitssyndrom* chinesischen Studien zufolge ein epidemisches Ausmaß erreicht hatte. Als Ursache führten die chinesischen Wissenschaftler die Strebsamkeit ihrer Landsleute an, ihr tage- und nächtelanges Arbeiten und Lernen, den Konkurrenzdruck und insbesondere die rasche Veränderung aller Lebensverhältnisse. Hinter den Bergen, in der Hafenstadt im Südwesten Zhejiangs, litten sogar die Beamten darunter. Bei zwei Dritteln der Staatsangestellten Wenzhous war das *Chronische Müdigkeitssyndrom* diagnostiziert worden.

Unser Fahrer, der Verwaltungstechniker, wirkte aufgekratzt. Er fluchte nicht, aber das Trommeln seiner Finger auf dem Lenkrad zeigte an, dass er auf hundertachtzig war. Dabei konnte er ganz zufrieden sein. Zwei Stunden unterwegs, mit Tempo hundertvierzig, auf Straßen, die gerade erst fertiggestellt waren und um Ortschaften herum führten statt durch sie hindurch, auf Strecken, die vierspurig waren, und schließlich auf den brandneuen Abschnitten einer noch nicht ganz fertiggestellten Autobahn – viel schneller kam man nirgendwo auf der Welt voran. Als Mao herrschte, dauerte die Fahrt von Wenzhou in die Provinzhauptstadt Hangzhou fünfzehn Stunden, nicht nur vier wie heute. Und für eine Reise nach Schanghai benötigte man damals nicht fünf bis sechs Stunden, sondern vierundzwanzig. Jetzt konnten wir die Vorteile der Modernisierung genießen. Wir fuhren auf tadellosen Asphaltbahnen durch eine Landschaft, die von sehr sanften Hügeln geprägt war. Aus der Ferne wirkten die Hügel wie Weinberge, und aus der Nähe bestätigte sich, dass jeder Quadratmeter kultiviert war, allerdings nicht mit Weinreben bepflanzt, sondern mit Maulbeerbüschen. Die Häuser in den Tälern sahen neu aus. Die meisten waren zweistöckige, quadratische Ziegelbauten mit flach gegiebelten Ziegeldächern. Zumindest im Vorbeifahren deutete alles auf einen bescheidenen Wohlstand hin, und ich fühlte mich an eine Autobahnfahrt durch die Toskana erinnert.

Wir erreichten die Berge, die Wenzhou, unser Ziel, vom Landesinneren abriegelten. Vor uns lagen nur noch hundert Kilometer auf der steilen, alten Bergstraße, doch in höchstens zwei Stunden würden wir auch den Rest der Strecke geschafft haben. Trotz des Fortschritts war der Fahrer unzufrieden. Er hatte die ganze Zeit geschwiegen. Nun machte er sich Luft. »Sie bauen die Jin-Li-Wen-Autobahn schon seit drei Jahren. Drei Jahre für nur zweihundertvierunddreißig Kilometer! Und jetzt sagt die Regierung, dass die Strecke durch die Berge noch zwei Jahre länger als geplant dauert.«

»Fünf Jahre sind doch großartig!«, sagte ich, um ihn für die vor uns liegende Passstraße etwas versöhnlicher zu stimmen, aber ich dachte auch an die Jahre und Jahrzehnte, die ähnliche Bauvorhaben heutzutage in Deutschland dauern, an komplizierte Planfeststellungsverfahren, strenge Auflagen für den Landschafts- und Naturschutz, endlose Gerichtsverfahren, teure Tunnel- und Brückenbauten in unseren Mittelgebirgen … Ich fragte den Fahrer, ob der Bau des Bergabschnitts schon begonnen hatte. Er hob nur die Augenbrauen, als ginge es um ein Staatsgeheimnis.

Der Fahrer bremste jetzt häufig, weil viele Fußgänger und Radfahrer die alte Passstraße benutzten. Gerade noch hatten wir uns in der Geschwindigkeit einer neuen Zeit auf Wenzhou zubewegt, jetzt rückten die alte, enge Straße, die Fußgänger, die bergauf strampelnden Radfahrer, die Lastwagen und ihre Rußschwaden die Stadt jenseits der Berge wieder in die Ferne. Die Straße schlängelte sich durch Ortschaften, die von der Holzwirtschaft geprägt waren. Der Straßenrand war unbefestigt, und links und rechts der Straße standen Lagerschuppen, Sägewerke, Wohnhäuser und Werkstätten, alles verrottet, verrostet, bröckelnd und chaotisch. China war hier noch so grau, wie es mir fünfzehn Jahre früher fast überall vorgekommen war. In keinem sozialistischen Land, nicht einmal in der DDR, waren die Planer willens oder in der Lage gewesen, das Volk mit Farbe zu versorgen, in China hingegen kamen mir damals selbst die Gesichter der Menschen grau vor. Aber es war nicht allein das Grau des Sozialismus. Unter dieser Schicht lag das Grau einer früheren Zeit, in der es nirgendwo auf der Welt Persil gab, geschweige denn eine elektrische Waschmaschine.

In Kürze sollte die neue Autobahn durch diese Berge führen. Ein oder zwei Jahre für eine Autobahn durch ein Gebirge so groß wie der Schwarzwald? Wenigstens Teilstrecken oder eine Bautrasse mussten schon da sein.

Der Fahrer stieß mich an. Hinter der Kurve war die Schlucht. Tief unten floss der Oujiang. Das Wasser schäumte und glitzerte. Die Sonne stand schon hoch. Nicht weit von hier floss ein zweiter Fluss, der Nanxi.

Jin Dujuan hatte versichert, sie und alle Chinesen würden die Berge ringsum, die hiesigen Flüsse und ihre silbrigen Flusstäler verehren. Die Regierung Zhejiangs bemühte sich nach Kräften, mehr Touristen in die Provinz und auch in diese Bergwelt zu locken. »Chinesische Dichter besingen diese Berge seit tausendfünfhundert Jahren«, sagte Jin Dujuan. »Die Landschaft ist von nationaler Bedeutung! It's very Chinese!«

Nach der nächsten Kurve nahm der Fahrer den Fuß vom Gas und lenkte den Wagen bedenklich nah an den Straßenrand, nur damit ich über den Abgrund blicken konnte. Da unten war sie, die vierspurige Autobahntrasse. Ihr Bau war weit fortgeschritten. Ihr unberührter Asphalt flimmerte. Kilometer um Kilometer folgte sie den Biegungen des Flusses; sie folgte ihm auf schlanken weißen Stelzen, die in seinem Flussbett standen. Das konnte der Rhein nicht bieten.

Es hatte mehrere Vorteile, die Autobahn in den Oujiang zu

setzten, statt die alte Passstraße zu verbreitern: Der Verkehr von und nach Wenzhou konnte während des Autobahnbaus weiterfließen, und die Anwohner der alten Straße mussten nicht umgesiedelt werden. Umsiedlungen provozierten häufig Protest wegen zu niedriger oder ausbleibender Entschädigungen. Außerdem ersparte man sich Tunnel und Brücken. Es war die preisgünstigste Lösung, den Fluss als Autobahn zu nutzen.

Sowohl der Oujiang als auch der Nanxi strömten Richtung Wenzhou. Kurz vor der Stadt nahm der Oujiang den Nanxi auf. Ein paar Kilometer hinter der Stadt mündete er ins Ostchinesische Meer.

Nach vier Stunden Fahrt weckte ich Fang Yu. Der Fahrer hielt am Wenzhou International Hotel. In diesem Hotel abzusteigen war der Vorschlag eines Fabrikanten gewesen, mit dem ich mich verabredet hatte. Am Telefon bestand er darauf, die Zimmerreservierung zu übernehmen. Seine Fürsorge ging mir etwas zu weit, und es kam mir auch überzogen vor, als er sagte, dieses Hotel sei das einzig passable in der Innenstadt, aber Fang Yu betrachtete die Hotelempfehlung und die Zimmerbuchung des Unternehmers als einen normalen Ausdruck von Höflichkeit.

Er hieß Zhou Dahu. Dahu, sein Rufname, bedeutete »Großer Tiger«. Während der früheren Rundreise durch Wenzhou hatte ich ihn nur flüchtig kennengelernt. Jin Dujuan schleuste unsere Gruppe im Stundentakt von einer Firma zur nächsten. Das ging mehrere Tage so. Kaum hatten wir eine Fabrik besichtigt, im Konferenzraum die riesigen Blumenarrangements bewundert, die Imagefilme angeschaut und eilig ein paar Fragen gestellt, schlug die Bustür schon wieder hinter uns zu, und jeder aus unserer Gruppe war um einen Packen Prospekte, Bücher und DVDs reicher. Jin Dujuan lehrte uns, dass der chinesische Begriff für Feuerzeug »Da huo ji« laute: Schlagen-Feuer-Maschine. Als wir Zhou Dahus Fabrik verließen, waren wir auch Besitzer einer hellblauen Geschenktüte, gefüllt mit einem Dutzend feuerschlagender Maschinen, die den Schriftzug »Tiger« trugen.

Dreißig Jahre früher, als Mao starb, konnte man nirgendwo in Wenzhou ein Feuerzeug kaufen, und noch etliche Jahre nach seinem Tod war man auf Streichhölzer angewiesen – das sagte jeder, den wir fragten. Aber dann, nur dreizehn Jahre war das her, gab es in der Stadt und der Umgebung von einem Tag auf den nächsten so viele, dass wir unseren Ohren nicht trauten, als wir die Zahl hörten. Fünftausend Feuerzeuge? – Nein, fünftausend Feuerzeugfabrikanten! Und jetzt erzeugte Wenzhou mehr als zwei Drittel aller Metallfeuerzeuge auf der Welt. Zhou Dahu war die Nummer eins unter den Metallfeuerzeugfabrikanten, und zwar in Wenzhou und in ganz China. Außerdem gelang ihm etwas, das in China bisher nur wenigen Privatunternehmern gelungen war: Er hatte eine Marke etabliert.

Schon diese wenigen Details machten ihn zu jemand Besonderem. Er war ein Firmengründer, den die Funktionäre Wenzhous mit großem Stolz vorzeigten. Doch als ich wenige Tage vor dem Drachenbootfest erneut in seine Stadt kam, glaubte ich von einem bestimmten Augenblick an, dass Großer Tiger eigentlich ein Gedemütigter war. Ich gewann diesen Eindruck, bevor ich ihn wiedertraf.

Bei der Ankunft im Hotel stellte sich heraus, dass unsere Verabredung für dreizehn Uhr geplatzt war. Statt anzurufen hatte Zhou Dahu im Hotel eine Nachricht hinterlegt, in der er das Treffen verschob. »Termine, Stress!«, schloss Fang Yu daraus. Zhou Dahu entschuldigte sich in seiner Nachricht dafür, unseren Zeitplan durcheinanderzubringen, und kündigte an, er werde sich ganz bestimmt melden.

Aber wann? Uns beschlich das Gefühl, so bald nicht mit ihm rechnen zu können. Der Grund war eine Empfehlung, die er ebenfalls hatte notieren lassen: Wir möchten bitte noch heute, aber auf jeden Fall in den nächsten Tagen das Drehrestaurant besuchen. Es liege im obersten Stockwerk des Hotels. Falls es sich nicht drehe, solle ich den Restaurantchef fragen.

Fang Yu ging lieber auf sein Zimmer, um nach der vierstündigen Fahrt eine Runde zu schlafen.

Das Restaurant stand still. Es bot keinen Dreihundertsechzig-Grad-Panoramablick, sondern hatte nur Fenster auf einer einzigen Seite. Deshalb konnte man nicht die gesamte Stadt überblicken.

Der Restaurantchef begrüßte mich mit Namen. Er schien mich erwartet zu haben und zu wissen, wie ich aussah. Er wirkte sehr unterwürfig, bat um etwas Geduld, wies mir einen Tisch in der Mitte der Panoramafront zu und entfernte sich. Es gab nur vier weitere Gäste, Männer, Chinesen, die jeweils zu zweit am Tisch saßen. Nach wenigen Augenblicken kehrte der Restaurantchef mit einer Handvoll Fotos an den Tisch zurück. Er setzte sich ungefragt, aber mit spürbarer Verlegenheit mir gegenüber und deutete auf die Fotos: »Wenzhou, wie es früher war!«, sagte er.

Die Hotelempfehlung, die Zimmerreservierung, der Restaurantvorschlag und jetzt der Restaurantchef mit Fotos ... – mir schoss durch den Kopf, dass es nicht der Restaurantchef des großen Hotels war, der mir die Fotos zeigen wollte, sondern Großer Tiger.

Auf dem Tisch befand sich eine große chinesische Drehplatte. Der Mann legte die Fotos mit der Bildseite nach unten auf die Platte und drehte sie immer so weit, bis ein neues Foto bei mir ankam. So behielt er die Kontrolle. Ich sollte die Fotos erst wenden, nachdem er mir das Aufnahmedatum genannt hatte.

1982, 1984, 1989, 1997 – Bilder einer flachen Stadtlandschaft, aus der nichts als ein paar Strommasten hervorragen; Kabelgewirr in den Gassen; Fassaden, die fleckig sind; Dächer, die löchrig aussehen; Schutt an den Straßenecken; Staub, den die Lastwagen aufwirbeln; an öffentlichen Gebäuden rote Transparente mit politischen Parolen in gelber Schrift.

1987 – Ein Platz, voller Menschen zwar, aber dennoch dörflich und trostlos wirkend, weil Autos, Garküchen und Restaurants fehlen.

1984, 1985 – Menschenleer der Hafen; nur ein, zwei Frachtschiffe am Kai; rostende Kräne, die nichts heben; der Witterung ausgesetzte schmuddelige Säcke, Pappkartons und Holzkisten.

1970 – Holzkähne, verlassen und vergammelt, wie vor hundert Jahren am Flussufer Wenzhous gestrandet.

Obwohl die Fotos unterschiedliche Motive zeigten, obwohl manche in Schwarz-Weiß waren, manche in Farbe, ähnelten sie einander zum Verwechseln. Den Farbfotos fehlte das Farbige. Nirgendwo ein Turm oder Schlot, kein Licht und kaum mal ein Baum, ein Strauch, ein Blatt und ein Halm. In meinen Augen gaben sie Zeugnis von einer Welt, der jegliche Vorstellung von Lebendigkeit, von Charme und Größe vor langer Zeit abhanden gekommen war.

Maos Todfeind Chiang Kai-shek stammte aus Zhejiang, aus der Provinz, zu der Wenzhou gehörte. Schräg gegenüber lag die Insel, auf die Chiang am Ende des Bürgerkriegs geflüchtet war. Es heißt, Mao habe befürchtet, dass die Küstenprovinzen, insbesondere das an Schanghai grenzende Zhejiang, mit dem Feind auf Taiwan kollaborieren könnten. Unter der Nähe zum kapitalistischen Taiwan hatte die Stadt besonders zu leiden. Noch in der letzten Phase von Maos Herrschaft, während der »Kulturrevolution«, soll seine vierte Frau Jiang Qing der Stadt gedroht haben: »Dieser kapitalistische Schwanz muss abgeschnitten werden!« Dabei war Wenzhou ohnehin von drei Seiten von Bergen eingeschlossen. Die einzige gute Handelsverbindung zum Land hinter den Bergen war der Umweg über das Meer, über Schanghai. Doch seit langer Zeit schon hatte Maos Regime den Hafen Wenzhous praktisch stillgelegt.

Ein Ruck. Das Restaurant drehte sich. Zwischen der trostlosen Welt auf den Fotos und der Welt, die jetzt im Fenster vorüberzog, lag ein Wimpernschlag. Die geduckte, graue Stadt war verschwunden. An ihrer Stelle befanden sich Appartementblocks, viele große Gebäude aus Stahl und Glas und Dutzende Hochhäuser, die hier in ebenso kurzer Zeit emporgeschossen waren wie in Schanghai, der Stadt, die Chinas Erwachen in den Augen der Welt mehr als jede andere verkörperte. Auch in Wenzhou gab es nun Einkaufspassagen und Fußgängerzonen, hübsche Plätze mit Blumen und jungen Bäumen, weiter hinten Autobahnkreuze und Kleeblattringe aus Auf- und Abfahrten. Die Vorstädte grauweiß, ein Stadtrand nicht auszumachen. Flecken von Sumpfland hier und da und Reste von Reisfeldern ließen bloß ahnen, dass bis vor einigen Jahren noch eine scharfe Grenze zwischen Stadt und Land existiert hatte. Nur auf einer Seite blieb es flach, jenseits des Oujiang, zur Meeresküste hin. Überall sonst sah man ringsum Berge, Berge, Berge, die Kette der Donggong-, Kuocang- und Yandang-Berge, deren höchster Gipfel tausendsechshundert Meter hoch war. Im Kessel lebten 1,3 Millionen Menschen, weitere sechs Millionen hinter dem Gebirgshorizont, wo Hunderte Ortschaften, bis vor Kurzem noch Dörfer, nun zu jener einzigen urbanen, industrialisierten Zone verschmolzen, die »Wenzhou« heißt. Schräg unterhalb des Hotels, am diesseitigen Ufer des Oujiang: Sonnensegel! Riesig und weiß. Sie schienen zu schweben über der begrünten Promenade, die das Flussufer von der Uferstraße trennte. Mehr als alles wirkten diese strahlend hellen Segel wie Triumphbanner der Globalisierung.

Im Vergleich zu anderen Drehrestaurants war das Restaurant auf dem Wenzhou International Hotel eine Schleuder. Mir schwirrte im Kopf herum, was ich auf meiner früheren Rundreise oder in Broschüren und Presseberichten aufgeschnappt und über Wenzhou notiert hatte: *Höchste Wachstumsrate in China – Höchstes Pro-Kopf-Einkommen – Zweitreichste Stadt nach Shenzhen – Bank of China schätzt Privatvermögen auf dreißig Milliarden Euro – Eine von fünfzehn Küstenstädten, die zusammen ein Fünftel des chinesischen Bruttoinlandsprodukts erzeugen – Zentrum, Hochburg, Hauptstadt für Kunstleder und Lederartikel, für Schuhe, Kunststofffolien, Stoffe und Garne, Autoteile, Schlösser und Schlüssel, Feuerzeuge, Knöpfe und Reißverschlüsse, Schreibstifte und Marker, für Pumpen und Ventile und für Elektrogeräte wie Lichtschalter, Rasierapparate und Zahnbürsten – Wenzhou wurde ausgezeichnet als Produktionsort von sechzehn chinesischen Top-Produkten – Ein*

Dutzend bekannte Handelsmarken – Regierung zählt dreißig Firmen zu den besten in China – Chint Electric liegt auf Platz dreizehn der Top-fünfhundert-Unternehmen in China – Delixi Electric auf Platz fünfzehn – Vierzig Bekleidungsunternehmen erfüllen chinesische Qualitätsnorm – Wenzhou hat fünf von zehn chinesischen Top-Schloss- und Schlüssel-Unternehmen – drei von zehn chinesischen Top-Schuhunternehmen – Wenzhou ist zweitgrößter Schuhproduzent – Wenzhou produziert sechshundert Millionen Schuhe pro Jahr (fünfundzwanzig Prozent aller in China hergestellten Schuhe) – Die Stadt ist führend in China – Sie erzeugt sechzig Prozent aller chinesischen Elektrorasierer (vierzig Millionen pro Jahr) – fünfundsechzig Prozent aller in China hergestellten Schlösser und Schlüssel – achtzig Prozent aller Brillen (siebenhundertfünfzig Millionen Brillen pro Jahr) – Wenzhou: Nummer eins in der Welt – Der Bezirk hat siebenhundert Knopf- und Reißverschluss-Hersteller – Gemeinsamer Weltmarktanteil: sechzig bis achtzig Prozent – Die Welt läuft in Socken aus China – Jedes dritte Paar Socken kommt aus Wenzhou – Weltmarktanteil bei Metallfeuerzeugen: siebzig Prozent (fünfhundert Millionen pro Jahr) – Wenzhou – Leuchtturm der chinesischen Privatwirtschaft, Zentrum des unternehmerischen Mittelstands – Vier von fünf Firmen in privater Hand, mehr als irgendwo sonst in China – vierhunderttausend Wenzhouer leben in Übersee (in mehr als fünfzig Ländern und Regionen) – Sie betreiben dort rund fünfzehntausend Unternehmen – Wenzhou ist ein Modell – Ein Wunder – Wenzhous Exporte steigen seit Jahren um dreißig Prozent pro Jahr – Wenzhous Gesamtwirtschaftsleistung hundertmal größer als vor zweieinhalb Jahrzehnten – Statistisches Pro-Kopf-Einkommen der Landbewohner des Bezirks: hundertmal so hoch wie vor zweieinhalb Jahrzehnten – Pro-Kopf-Einkommen der Stadtbewohner: fünfunddreißigmal so hoch …

Zuerst die Fotos des alten Wenzhou, eine Apathie, die ansteckend war, jetzt der Taumel – jedenfalls fiel mir auf einmal ein, dass Zhou Dahu »Arbeitslager« gesagt hatte. Während er unsere Gruppe durch seine Fabrik geführt hatte, hörte ich, wie er einem der ausländischen Besucher gegenüber erwähnte, sein Vater sei in einem Arbeitslager gewesen.

Warum war sein Vater in ein Lager gekommen? Und wann? – Ich hatte nicht aufgepasst. Der Krach in der Werkshalle, das Gedränge bei der Führung oder irgendetwas anderes hatten mich abgelenkt. Außerdem blieb auf der Rundreise selten ausreichend Zeit für Fragen. Aber es konnte sein, dass etwas in den Notizen stand, die wir Ausländer untereinander ausgetauscht hatten, oder in den Büchern, Broschüren und Fotokopien, die uns die Firmengründer und Jin Dujuan mitgegeben hatten. Ich verließ das Drehrestaurant. Die Sonne knallte ins Hotelzimmer. *Hatte der Vater von Zhou Dahu Kritik an Maos Politik geübt?* Ich zog die Vorhänge zu, schaltete Nachttischlampe und Klimaanlage ein und kippte den Koffer mit dem gesammelten Material auf dem Bett aus.

Da war Zhou Dahus Firmenprospekt: nur ein paar Daten über die Entwicklung der Firma, Abbildungen von Feuerzeugmodellen, Aufnahmen der Fabrikgebäude. Aber auf den ersten Seiten gab es einige Fotos, auf denen ich Tiger wiedererkannte. Sein Gesicht hatte etwas Zerknittertes. Er trug ein schwarzes Sakko. Auf einem anderen Foto hatte er ein grünliches Sakko an, auf dem nächsten ein grau-weißes. Er kombinierte diese Jacken mit schwarzen und roten T-Shirts oder mit einem weißen Polohemd, dessen Kragen er über den Kragen der Jacke schlug. Die Jacketts waren ihm entweder zu eng oder zu weit, die Ärmel zu kurz oder zu lang. Anzug und Schlips waren erkennbar nicht seine Sache, und selbst in diesen weniger formellen Jacketts wirkte er wie in etwas Fremdes, Unbehagliches gesteckt, als würde er sie nur zu seltenen Anlässen tragen. Er schien nicht zu wissen, wohin mit seinen Händen. Der Unternehmer machte einen müden Eindruck. Anders als andere Herren, die etwas zu sagen haben, strahlte er keine Gelassenheit aus.

Auffällig auch, dass keine Einzelaufnahme von ihm dabei war. Sämtliche Fotos waren Gruppenfotos. Und selbst in der Gruppe vermittelte er nie das Gefühl, dass er sich in die erste Reihe schob. Eher konnte man den Verdacht gewinnen, als zöge es ihn an den Rand oder als würde er sich am liebsten im Hintergrund verstecken. Er war Mitte fünfzig, trotzdem sah er so schüchtern in die Kamera, wie jemand, der nicht willens oder nicht imstande war, mitzulächeln, oder wie ein Außenseiter, der nicht fassen konnte, dass er plötzlich dazugehören sollte.

Und noch etwas kam mir bemerkenswert vor: Alle Fotos waren jüngeren Datums. *September 2000* – Großer Tiger führt das Politbüromitglied Tian Jiyun durch die Fabrik. *Mai 2004* – Zhou Dahu in seinem Betrieb neben Jiang Zemin, der zu diesem Zeitpunkt bereits seine Ämter als Staats- und Parteichef und als Chef der Zentralen Militärkommission an Hu Jintao übergeben hatte. *August 2004* – Zhou Dahu stellt seinen Betrieb dem amtierenden Ministerpräsidenten Wen Jiabao vor.

Dann ein weiterer Aspekt, der merkwürdig war: Es handelte sich um eine Hochglanzbroschüre. Das Layout: professionell. Die Fotos von Zhou Dahus Fabrikanlagen und seinen Produkten: brillant in den Farben und gestochen scharf. Hingegen die Gruppenfotos vom Firmengründer und den chinesischen Staatsmännern: von erstaunlich schlechter Qualität, grobkörnig und häufig sogar unscharf.

Ich suchte nach Unterlagen über andere Firmengründer der Gegend, denen unsere Gruppe im Schlepptau Jin Dujuans begegnet war: Hu Chengzhong, Gründer von Delixi. Die Delixi-Gruppe stellte elektrische Schaltungen, Transformatoren und Messgeräte her. Er hatte gesagt, Delixi sei die einzige Privatfirma unter lauter Staatsfirmen, die Teile für die »Nummer 5« liefere, die bemannte chinesische Weltraumrakete. Hu Chengzhong hatte seine Firma 1984 gegründet. Dieser Firmengründer kleidete sich formeller als Zhou Dahu. Er trug dunkelblaue Anzüge und dunkle Krawatten. Außerdem schien er darauf Wert zu legen, dass er auf den Fotos voll zur Geltung kam. Dennoch fand man auch in seinem Prospekt kein einziges Porträt von ihm. Er tauchte nur in Gruppenfotos auf: *Mai 2000* – Hu Chengzhong zeigt Jiang Zemin die Firma. *Mai 2001* – Der Chef neben Hu Jintao, dem Mann, der Jiang Zemin in den höchsten Staats- und Parteiämtern nachfolgte.

Biografische Informationen über die Firmengründer fehlten. Spärliche Daten – das war alles, was wir erhalten hatten. Das wurde mir erst jetzt bewusst, vermutlich, weil wir auf der Rundtour durch die Provinz zu viele Firmen besucht hatten. Es standen mehr Betriebe auf dem Programm als nur *Tiger Lighters* und *Delixi*, der Elektrogerätehersteller *Feihue* und die Autofabrik *Geely*. Wir besichtigten große und kleine Unternehmen, und die Vielzahl der Betriebsführungen, der Zeitdruck oder die schiere Menge an Informationen schufen die Illusion, etwas zu erfahren. Aber das Wenige, das ich jetzt über das Leben und die Herkunft der Vorzeigeunternehmer las, klang so, als wären es Angaben über zwei, allerhöchstens drei Personen, Verwandte gar oder Kameraden, und nicht ein gutes Dutzend unterschiedlicher Menschen mit sehr unterschiedlichen Erfahrungen: *Harte Kindheit ...; Eltern waren Bauern ...; es gab nur Gemüsestängel mit etwas Salz zu essen ...; fing als Schuhmacher an ...; immer ein Ziel vor Augen ...; konnte sich nur von selbst ausgegrabenen Süßkartoffeln ernähren ...; die Eltern wollten, dass er bei einem Schneider lernt ...; der Beste der Schule ...; seine Eltern leben noch immer als einfache Leute auf dem Land ...; musste mit vierzehn die Schule aufgeben, weil die Eltern zu arm waren ...; nichts zu essen, außer ein wenig Reis ...; fast erfroren ...*

Alles nur Andeutungen. Offenbar hielt es keiner der Unternehmer für angebracht, dass dieser gemeinsame Aspekt ihrer Vergangenheit genauer zur Sprache kam. Dafür konnte es mehrere Erklärungen geben.

Unsere Gruppe bestand aus Ausländern in Begleitung chinesischer Funktionäre. Unter Umständen wollten oder durften die Firmengründer unseren Blick auf China nicht trüben, indem sie uns von ihrer früheren Misere erzählten.

Vielleicht hatte es auch nichts mit uns Ausländern zu tun. Denkbar war, dass in ihrem Selbstbild nur das Heutige zählte, der Erfolg, der für sich selbst sprach, wenn man ihre Fabriken sah, ihre Maschinen, die Arbeiter, die Produkte und die Statistik.

Möglicherweise schleppten die Firmengründer aber auch die Reste eines Minderwertigkeitsgefühls mit sich herum. Die Pioniere, die wir kennenlernten, kamen durchweg aus kleinen, wenn nicht sogar bäuerlichen Verhältnissen. Es wäre nicht das erste Mal, dass sich Aufsteiger bemühten, den Stallgeruch endlich loszuwerden, der ihnen aus früherer Zeit anhaftete. Doch in Gänze waren Hinweise auf Armut und Not nicht zu verheimlichen, weil die Parteifunktionäre wiederum ein Interesse daran hatten, aller Welt den Erfolg ihrer Politik vorzuführen. Wenzhou, der einst so verrufene kapitalistische Schwanz des Drachens, schien für die Mächtigen in Peking unwiderstehlich zu sein. Sie kamen fast jedes Jahr nach Wenzhou.

Oder spielte eine ganz andere Art von Scham hinein? Zerrissenheit oder gar Vorsicht? Aus kleinen Leuten waren Kapitalisten geworden. Eine Tatsache, aber sie mussten das Wort noch immer vermeiden. Unter Mao stand auf Flirt mit dem Kapitalismus der Tod. Jetzt fotografierte man sie Arm in Arm mit Maos Erben.

In gewisser Hinsicht waren beide Seiten Abweichler, aber die Machthaber bezogen ihre Legitimation weiterhin aus Maos Herrschaft. Sie hatten nach Maos Tod nur vereinbart, die Macht zu ihrem eigenen Schutz auf eine größere Gruppe aufzuteilen. Die Institutionen und das politische System bildeten keinen Schutzwall gegen neue Exzesse des Machtmissbrauchs. Wären die Zeiten demokratisch, könnten erfolgreiche Pioniere wie Zhou Dahu eine Partei gründen. Die Menschen könnten ihn wählen: auf Zeit zum Bürgermeister der Millionenstadt oder zum Gouverneur von Zhejiang. Sein Land war jedoch weiterhin im Griff von Maos Partei. Ob die Pioniere des Kapitalismus wollten oder nicht, ob sie so etwas wie ein schlechtes Gewissen besaßen oder nicht, sie mussten sich mit der Partei verbrüdern.

Jemand klopfte an die Tür. Fang Yu oder der Hotelservice konnten es nicht sein. Ich hatte das Schild »Do not disturb« an den Türknauf gehängt. Es klopfte wieder. Ich ging hin. Zwei Mädchen strahlten mich an. Sie hielten Luftballons in der Hand. Eine von ihnen streckte mir eine Champagnerflasche entgegen und fragte, ob sie mir eine Freude machen könnten. In ihren hellgrünen Röcken, die Flasche und die lilafarbenen Luftballons in den Händen sahen sie aus wie Zwillinge auf dem Weg zu einer Kinderparty. Ich schloss schnell die Tür, um mich weiter auf das Treffen mit Tiger zu konzentrieren, aber kaum saß ich wieder im Bett, klopfte es erneut. Ich rührte mich nicht, und nun tauchten unter dem Türschlitz auch grüne und rote Zettel auf. Auf einen Haufen bunter Zettel mit Telefonnummern zu treten, wenn man in ein chinesisches Hotelzimmer zurückkam, war gang und gäbe wie die lustvollen Stimmen der nächtlichen Anruferinnen, doch eine Umwerbung wie heute und Lockrufe vor der Hoteltür hatte ich noch nicht erlebt.

Die jungen Frauen klopften jetzt vermutlich an Fang Yus Tür. Falls er allerdings schlief, konnte ihn nichts so leicht stören, selbst dann nicht, wenn er wie heute schon fast den ganzen Tag geschlafen und dabei vieles verpasst hatte: die alten Fotos, den Stolz des Restaurantchefs über das aufstrebende Wenzhou, die neuen, tadellosen Schnellstraßen und die Passstraße aus der alten Zeit, jenes Nadelöhr, das die einstige Abgeschiedenheit Wenzhous noch immer spürbar machte. Er hatte auch nichts von der Berglandschaft mitbekommen und von der Bereitschaft der Funktionäre, die Schönheit der Flüsse der Motorisierung zu opfern. Sie führten eine Schlacht gegen die Trägheit. Ich dachte an die vielen, die dem Schlaf entsagten, getrieben von der Gewissheit, dass China sich keine allmähliche Entwicklung erlauben durfte. Das Tempo der Beschleunigung ließ Alt und Neu in ein und derselben Provinz nebeneinander bestehen: die schmale graue Passstraße und die breite Stelzenautobahn im Fluss; Tiger, den Privatunternehmer, der scheu wie ein kleiner Angestellter in die Kamera blickt, Seite an Seite mit Jiang Zemin, dem Elder

Statesman und Landesvater einerseits, Studentenschlächter andererseits. V. S. Naipaul schrieb aus Indonesien: »Geschichte ist hier in Schichten präsent.« Die Beschleunigung sei so groß, dass die meisten Menschen »nur zwei oder drei Generationen vom einfachen, dörflichen oder bäuerlichen Leben entfernt sind.« Von China aus indes, oder jedenfalls von dieser aufstrebenden Gegend aus, mutete alles, was anderswo auf der Welt geschah, wie himmlische Ruhe und Schlichtheit an.

Das Anpflanzen von Blumen ist ein Überbleibsel aus der alten Gesellschaft, ein Zeitvertreib für die feudale Gelehrtenklasse, die Bourgeoisie und andere Nichtstuer. Wir müssen das jetzt ändern. Werdet die meisten Gärtner los.

Mao

Eine Hand wäscht die andere

Wang Xiucheng kannte sich in Botanik aus. Er hatte eine Firma gegründet, die Bäume und Zierpflanzen züchtete. Mittlerweile besaß er mehrere Baumschulen, verstreut in der Gegend um Wenzhou, in ganz Zhejiang und auch in anderen Provinzen. Eines Tages besuchte ich ihn außerhalb des Stadtzentrums im Bezirk Ouhai. Man sah die langen Reihen kleiner Bäume schon von der Straße aus.

Bevor er zu einem Gespräch bereit war, bestand er auf einer Führung. Eine Baumschule ist eine Baumschule, ich hatte schon oft welche gesehen, aber statt dorthin zu gehen, wo die größeren Bäume unter freiem Himmel standen, brachte er mich sofort ins Gewächshaus. Auf den Gängen zwischen den Pflanzenbehältern lag kein Krümel Erde, kein Blatt, kein Stück Ast lag dort, und die Gewächse links und rechts der Gänge standen in gerader Linie und in gleichmäßigen, zentimetergenauen Abständen voneinander. Hier zog Wang Xiucheng die Sprösslinge groß, die empfindlichsten seiner Gewächse, die Zukunft des Betriebs. Er züchtete Orangenbäume und weitere Obstbäume sowie Dutzende, wenn nicht Hunderte Arten von Bonsais und anderen Zierpflanzen. Die Obstbäume hatten ihn groß gemacht, aber er sagte: »Ich liebe die schönen Bäume!« Keine Nutzbäume in Zukunft also, sondern Zierbäume und nichts als Zierbäume. Und während er mir einige der Arten zeigte, die der Zierde dienten, sagte er, er sei drauf und dran, das Geschäft seines Lebens zu machen. Die Stadtverwaltung Wenzhous plante, zehn Millionen Bäume pflanzen zu lassen. Zehn Millionen, damit die Stadt grün und schön werde.

Wang Xiucheng hatte diesen Großauftrag so gut wie in der Tasche. Wenn alles glatt lief, würde seine Firma anschließend auch für die Pflege des städtischen Baumbestandes zuständig sein. Er würde mehr Mitarbeiter einstellen müssen. Zurzeit beschäftigte er etwas mehr als hundert Bauern, zumeist Wanderarbeiter aus anderen Provinzen. »Nur dreißig meiner Angestellten kommen von hier!«, sagte er. »Sie sind richtig gut ausgebildete Gärtner! Ich habe ihnen alles beigebracht!« An den Schulen ausgebildete Fachkräfte waren teuer, und genau solche Leute würde er nun vermehrt einstellen müssen. Offenbar war das die letzte Bedingung, die Wang Xiucheng zu erfüllen hatte, bevor die Stadt grünes Licht für den Vertragsabschluss gab. Aber es fiel ihm schwer, auf dem Arbeitsmarkt wissenschaftlich qualifizierte Botaniker zu finden.

Er trug ein kurzärmeliges, gestreiftes Hemd von Lacoste und eine helle Baumwollhose. Seine Fingernägel, sämtliche Fingernägel, waren lang. So lange Fingernägel hatte ich noch nie bei einem Mann gesehen.

Er sagte, er habe sich schon als Kind in den Bergen für Blumen und Bäume interessiert. »Meine Mutter erzählt immer, ich hätte von klein auf gesagt: ›Eines Tages werde ich diese schönen Pflanzen verkaufen!‹«

Ich schätzte Wang Xiucheng auf Anfang fünfzig. Er hatte

nicht gezählt, wie viele Obstbäume er im Laufe seines Lebens an die Bauern verkauft hatte, aber er konnte exakt angeben, wie viele Zierbäume an diverse Stadtverwaltungen kleinerer Gemeinden: »Zwei Millionen und zweihunderttausend! Vornehmlich für Zhejiang, aber auch für andere Provinzen.«

Wir schlenderten weiter durch das Gewächshaus. »Ich habe eine jüngere Schwester und einen jüngeren Bruder. Meine Eltern waren sehr arm. Wir hatten nicht mal genug zu essen. Wir Kinder haben davon nichts gemerkt, wir waren immer satt, aber meine Eltern haben uns später erzählt, dass sie selbst oft nicht gegessen haben.

Irgendwann sagte mein Vater, dass es so einfach nicht weitergehen darf. Im Garten gab es ein paar Orangenbäume. Mit Orangen hat alles angefangen, Mitte der siebziger Jahre. Meine Mutter und mein Vater brachten die Früchte auf den Markt. Damals gab es hier die ersten Straßenmärkte. Diese Märkte waren mal hier, mal dort, nichts Festes, weil sie offiziell verboten waren, aber wer wissen wollte, erfuhr immer, wo der Markt gerade war. Meine Eltern verkauften alle Früchte, die wir nicht selbst aßen. So konnten sie das erste Mal im Leben etwas Geld sparen.«

Er machte eine Pause. Dann sagte er: »Wie mein Vater musste auch ich überlegen, wie ich mein Ziel am besten erreiche!«

Nach der Schule verdiente er Geld auf Baustellen in der Provinz. »Hilfsarbeiten! Ich habe auch nachts gearbeitet.«

Manchmal musste er auf Arbeit warten. In solchen Leerlaufphasen fuhr er in die Berge zu den Eltern. »Meinen Eltern stand wie allen Bauern inzwischen wieder das Nutzungsrecht für eine begrenzte Fläche Land zu. Ich sah, dass ihre paar Orangen zu nichts Großem führten. Ich sagte: ›Wir müssen mehr daraus machen!‹ Ich wollte meinen Traum verwirklichen!

Am Anfang waren mein Bruder, meine Eltern und ich die Einzigen weit und breit, die Bäume extra für den Verkauf aufzogen. Aber wenige Bauern wollten sie kaufen. Nur acht Prozent waren ein bisschen interessiert! Aber ich habe nicht aufgegeben. Mein Bruder und ich fuhren in die Dörfer und redeten immer wieder mit ihnen: Unsere Pflanzen sind besser. Sie wachsen schneller. Unsere Obstbäume tragen mehr Obst, größeres Obst, schöneres. Sie sind nicht so anfällig gegen Kälte und Parasiten. Und irgendwann hatten ganz viele Bauern Interesse.«

Mitte der achtziger Jahre übertrugen die Eltern Wang Xiucheng als ältestem Sohn die Verantwortung für das kleine Stück Land und die Orangenbäume, und 1987 gelang es ihm, fünfhundert Quadratmeter Land von anderen Bauern zu pachten. »Meine Eltern gaben mir das ganze Geld, das sie gespart hatten.«

Er berichtete, dass alle Bauern der Gegend das Gleiche taten wie seine Eltern und er: Die Bauern wurden wieder zu Unternehmern und erzielten kleine Überschüsse. »Jeder hatte sich auf etwas anderes spezialisiert, in der Landwirtschaft selbst, aber auch in anderen Geschäftszweigen.« Sie produzierten zu Hause in ihren Häusern Socken, Knöpfe und Reißverschlüsse, sie nähten Ledertaschen, Schuhe aus Stoff und solche Dinge. »Die Alten hatten das alles nicht vergessen. Die Bauern dieser Gegend machten das schon vor tausend Jahren so.« Und ihre Produkte verkauften sie auf den Bauernmärkten, die es inzwischen überall gab. »Die Parteileute in den Dörfern taten nichts mehr dagegen! Sie schauten weg, weil es allen besser ging. Ihren eigenen Familien auch.«

Wang Xiucheng beschrieb eine Entwicklung, die den Reformen Deng Xiaopings vorausging, also nicht von Peking initiiert wurde. Die Bauern entwickelten Eigeninitiative, und die örtlichen Funktionäre ließen es zu.

»Hier bei uns wurde jeder Bauer zum Kunden und zum Lieferanten des anderen. Mein Bruder und ich führten die Firma inzwischen gemeinsam. Wir verzichteten bald darauf, zu den Bauern zu fahren, um ihnen Obstbäume anzubieten. Sie kamen nun hierher und wählten die Bäume bei uns aus. Auch das Geschäft mit den Behörden entwickelte sich.«

Die Firma florierte im Sinne des Wortes. Wang Xiucheng bezeichnete sich als reich.

Wir verließen das Gewächshaus und überquerten den Hof.

Das Wohnhaus hatte ein mannshohes, fensterloses Fundament, darauf zwei Stockwerke. Schon nach europäischen Maßstäben, aber erst recht in China, wirkte es geräumig, allerdings ohne protzig zu sein. Es bot Platz für eine Großfamilie. Vor dem Haupteingang war eine Veranda. Dort servierte er Tee aus einer Thermosflasche.

Seine Schwester war mit einem Franzosen verheiratet und lebte in Paris, wo sie eine Textilfabrik leitete. Wang Xiucheng sagte: »Sie produziert ausschließlich für den europäischen Markt.« Anders als sie fasste er schon den Weltmarkt ins Auge: »Ich exportiere bald Bäume nach Europa und Indien. Das ist mein nächster Schritt!«

Er hatte einen zweiundzwanzigjährigen Sohn, der seit drei Jahren Gartenbau in Paris studierte.

»Ich beobachte die internationalen Märkte schon lange! Die Zierbäume! Ich will die Zierbäume exportieren, nicht die Obstbäume. Im Ausland soll man wissen, dass es in China nicht nur Bauern gibt, die aufs Feld gehen und Reis pflanzen! Schreiben Sie das!«

Er legte seine Hand auf meinen Arm.

Ich glaubte, diese Vertraulichkeit nutzen zu können, um mich nach seinen Finanzierungsmethoden zu erkundigen. Ich wollte das von Anfang her erfahren und sprach ihn erneut auf das Dorf in den Bergen und auf die ersten Bäume an, die Orangen seines Vaters. Er hatte zu verstehen gegeben, dass die Eltern viele Jahre lang Selbstversorgung betrieben hatten und dass sie es nebenher taten, neben der Arbeit in der Volkskommune. Als es schließlich möglich war, der Volkskommune, der Brigade, Unterbrigade und Produktionsgruppe den Rücken zu kehren, widmeten sie sich ganz ihrem eigenen Garten, wie es die Bauern vor Maos Sieg und noch am Anfang seiner Herrschaft getan hatten. Sie erzielten Ernteüberschüsse. Sie brachten die Orangen auf den Bauernmarkt und konnten ein wenig Geld zurücklegen. Ich fragte mich, ob das Ersparte ausgereicht hatte, um davon die fünfhundert Quadratmeter Pachtland zu finanzieren, die Setzlinge, die Gerätschaften, diverses Saatgut, den Transport.

»Bekamen Sie auch Geld von der Bank?«

Er lachte über die Frage.

»Die Banken! Die gaben niemandem Geld. Man kam damals nicht mal auf die Idee, an Banken zu denken. Als wir anfingen, nach meinen Methoden systematisch zu pflanzen, zu züchten und zu verkaufen … das war alles nicht wirklich erlaubt. So dumm war kein Mensch. Sollte ich zur Bank gehen und sagen, ich hätte eine Firma? Auch das war verboten. Zu den Banken konnte man nicht mal die Ersparnisse bringen. Die Geldentwertung war in manchen Zeiten, über lange Zeit, zehn Mal höher als die Bankzinsen. Es war viel besser, die Verwandten zu fragen, ob sie etwas übrig hatten. Der eine hatte ein wenig Bargeld, wie mein Vater, und eine Tante besaß vielleicht ein Schmuckstück aus Gold, das man zum Pfandleiher bringen konnte.«

Wang Xiucheng sagte, Pfandleihe sei ebenfalls verboten gewesen, aber selbst in den Zeiten der Volkskommunen habe es Bauern gegeben, die als Pfandleiher tätig waren, hinter Maos Rücken.

»Und Bauern, die sich auf Darlehen spezialisiert hatten? Wucherer?«

»Nein!«, sagte er. Die Antwort kam sehr schnell. Dann, zögernd, fragte er: »Sie wissen von den Geldverleihern?«

Ich nickte.

»Sehen Sie, ich kann doch nicht …«

Aus dem Haus kam kein Geräusch. Außer uns schien niemand da zu sein.

»Aber jeder weiß«, fuhr er fort, »dass es so etwas gab. In jedem Dorf gab es plötzlich Geldverleiher, obwohl das streng verboten war! Ich persönlich hatte nicht vor, mich zu verschulden. Ich wollte nur mit dem Geld arbeiten, das ich verdiente. Ich glaubte, es sei nicht notwendig, zu solchen Leuten zu gehen. Mein Betrieb würde auch so wachsen. Aber er wuchs schneller und schneller. Am schnellsten in den neunziger Jahren.«

Sein Blick schweifte hinüber zu den Bergen. Es war eine Mittelgebirgskette, die abrupt aus der Ebene aufschoss und sich über den gesamten Horizont erstreckte. Auf den Gipfeln standen

Starkstrommasten – so monströs schwarz wie hundert Jahre alte Rohölfördertürme.

»Aber was ich tun kann: Ich kann Ihnen sagen, wie es andere gemacht haben und wie das funktionierte!«

Seinem Bericht zufolge lief es so: Sagen wir, zwei, drei oder meinetwegen mehr Familien schließen sich zusammen. Sie nähen Ledertaschen. Die Ledertaschen verkaufen sich gut: zuerst auf dem Bauernmarkt hier, dann auch auf einem Bauernmarkt in einer anderen Provinz. Die Frauen nähen, die Männer verkaufen, ein Bruder transportiert die neuen Waren zu den Männern auf dem Markt, ein anderer besorgt das Leder in der Fabrik in Wenzhou … Dann kommt der Tag, an dem sie mehr Maschinen brauchen.

Jetzt tun sich nicht nur drei, sondern zehn Familien zusammen. Die Oberhäupter treffen sich. Sagen wir, jeder legt tausend Yuan in einen Topf. Macht zehntausend. Jetzt verabreden sie, dass einer nach dem anderen für jeweils einen Monat das gesamte Geld bekommt, das im Topf ist. Er darf mit diesem Darlehen einen Monat lang tun, was er will. Er kann davon eine Maschine kaufen. Dann muss seine Familie schnell nähen und verkaufen. Das muss sich in einem Monat rentieren! Am Ende legt er die zehntausend Yuan in den Topf zurück. Er ist das Geld wieder los, aber seine Familie hat jetzt eine Maschine zusätzlich, mehr Aufträge und mehr Kunden. Jetzt bekommt die zweite Familie den Topf. Und so geht das weiter.

»Das ist schon gut!«, meinte Wang Xiucheng. »Und es hat funktioniert! Aber es ging auch noch besser.« Viele Leute investierten das Geld, also die Summe seines Rechenbeispiels, nicht in eine Maschine, sondern legten die zehntausend Yuan aus dem Topf mit den zehntausend Yuan eines anderen Bauern zusammen, der auch gerade über einen solchen Topf verfügte. Macht zwanzigtausend. Dieses Geld bringen sie zu einem dritten Bauern. »Das ist der Typ Bauer, von dem Sie gehört haben!« Dieser Bauer ist schon ein spezialisierter Händler. Er tut nichts anderes mehr, als Geld zu sammeln und es zu verleihen. Er nimmt das Geld für einen Monat.

Ich erkundigte mich bei Wang Xiucheng, wie die Beträge transferiert wurden.

»Es muss Ihnen verrückt vorkommen!«, sagte er. »Ich spreche immer von Geldscheinen. Von Bargeld.« Wenn die beiden Bauern aus seinem Beispiel das Geld wieder abholten, das sie dem Händler geliehen hatten, kassierten sie Zinsen. Die Höhe der Zinsen hing von der Höhe der Einzahlung ab und von der Einlagefrist, die vereinbart wurde. Wang Xiucheng konnte nicht sagen, wie es im Einzelfall genau funktionierte, oder es interessierte ihn nicht, aber jedenfalls waren die Zinsen riesig. Darauf kam es an. »Um die dreißig, vierzig Prozent Zinsen«, sagte er.

»Im Jahr?«

»Ach was! Sagen wir, die beiden Bauern holten ihr Geld nach einem Monat wieder ab. Es gab Zeiten in den achtziger Jahren, da bekam man auf zwanzigtausend Yuan im Monat fünftausend Yuan Zinsen. Machte zweitausendfünfhundert Yuan für jede der beiden Familien. Das war damals sehr viel Geld! Bedenken Sie, dass wir jetzt mit kleinen Beträgen gerechnet haben. Manchmal waren die Summen viel höher, die im Topf lagen, und die Anzahl der Bauern viel größer, die eine solche Gemeinschaft bildeten.«

Wang Xiucheng hatte beschrieben, wie die Bauern von Wenzhou ihre Unternehmen gründeten: Mithilfe rotierender Kreditvereinigungen, die auf familiären Kontakten basierten. Er hatte gleichzeitig erklärt, wie sich in der Gegend aus illegalen Geldverleihern ein privates Finanzsystem herausbildete. Die Bauern konnten ihr Geld schon aus ökonomischen Gründen nicht zur Bank bringen.

Nun kam er auf bürokratische Hindernisse zu sprechen, die noch mit der Knechtschaft der Bauern aus der Mao-Zeit zu tun hatten. Solange Mao lebte, durften sie kaum etwas in Eigeninitiative produzieren. Nach seinem Tod taten die Bauern das zwar, aber es blieb illegal. Sie konnten auch nicht zur Bank gehen und sagen: »Ich betreibe hier ein Geschäft und benötige ein Konto.« Sie besaßen keinen Identitätsnachweis, keinen Personalausweis mit Passfoto. Der Volkskongress führte Personalausweise erst viele Jahre später ein. Die Bauern waren zwar registriert, aber das nutzte ihnen bei der Bank so wenig wie auf Reisen. Das staatliche Registrierungssystem, das sogenannte Hukou-System, zwang sie zur Immobilität. Sie durften nicht einfach das Dorf oder den Bezirk verlassen, in dem sie gemeldet waren und wo ihnen die Rationsmarken für Lebensmittel zugeteilt wurden. Jahrzehntelang verhinderte das Hukou-System die Landflucht und die Entstehung von Elendsvierteln in den Städten. Aber für Bauern stellte die Wohnsitzkontrolle eine Fessel dar, die sie auf immer und ewig in ihrem Dorf festhalten sollte. Trotzdem machten sich die Ersten eines Tages auf – ohne eine Aufenthaltserlaubnis für die Gegenden, in die sie kamen. Wang Xiucheng sagte: »Wir wurden oft kontrolliert und mussten die Polizei dann bezahlen, damit sie uns in Ruhe ließ.«

Wenn die Bauern auf Bauernmärkten ihre Produkte anbieten wollten, mussten sie gegen mehrere Verbote zugleich verstoßen. Was sie auch unternahmen und in welche Richtung sie sich bewegten – ihr Tun war illegal. Ihre Existenz als Menschen, die zu wirtschaften gezwungen waren, wurde negiert. Also umgingen sie die offiziellen Banken und den Staat. Was sie benötigten, organisierten sie nun selbst. Sie gingen zu Pfandleihern, Geldverleihern und Wucherern und schufen und speisten ein Schattensystem aus miteinander verbundenen Existenzgründungszirkeln, Schwarzmarktfonds und Hinterhofbanken. Es lag auf der Hand, dass ein solches System nur funktionierte, solange alle Beteiligten den Mund hielten. Peking durfte nichts erfahren.

Ich bat Wang Xiucheng, mir zu erklären, warum ein kapitalistisches Schattensystem in dieser Gegend hatte entstehen können, in anderen Bauernregionen aber nicht. Er sagte: »Ich bin nur der beste Baumzüchter der Gegend. Wie soll ich das wissen?«

Ihm war anzumerken, dass ihm meine Frage zu weit gegangen war.

Er wollte nicht reden, er wollte doch reden. Er suchte nach

einer Lösung, die ihm Deckung gab. Endlich sagte er: »Es ist ja kein Geheimnis! Jeder wusste, dass Deng Xiaoping die Einheit Chinas und die Macht der Zentrale im Zweifel stets wichtiger waren als die sinnvollsten Reformen. Unser Chaos hier war das Eine. Es erlaubte uns, zu leben. Aber wenn China auseinanderbricht? Deng war weise! Das Wichtigste zuerst. So muss es sein! Zuerst die Einheit! Aber gleichzeitig wartete Deng ab. Der Rest ergibt sich dann schon! Mir kann keiner erzählen, dass ihm nicht doch irgendwie zu Ohren kam, was sich bei uns in Zhejiang abspielte. Er tat nur so, als wüsste er von nichts.«

Wir sprachen über die Funktionäre auf lokaler Ebene. Was Wang Xiucheng erzählte, deckte sich mit den Berichten anderer: Die Funktionäre in Wenzhou, in ganz Zhejiang – sie duldeten nicht nur das Spiel der Bauern. Nein, nach kurzer Zeit setzten sie sich ins gemachte Nest. Gegen Schmiergeld übersieht die Polizei einen illegalen Bauernmarkt. Für eine Gewinnbeteiligung drückt der Dorfparteichef ein Auge zu – zum Beispiel, wenn einige Familien in ihren Bauernhäusern Ledertaschen produzieren. Irgendwann will er sich auch selbst an einem Sparklub beteiligen, in dem reihum jedes Mitglied in den Genuss des Darlehens kommt. Der Funktionär kommt auf die Idee, dass seine Frau oder sein Sohn oder ein anderer zuverlässiger Verwandter Gründungskapital für eine eigene Firma erhält.

Dann die Funktionäre der Bezirksverwaltung: Auch sie wollten ein besseres Leben. Warum sollen sie die Dummen sein und ihr Geld zur Bank bringen, wenn der Geldverleiher so viel höhere Zinsen zahlte? Und warum sollten sie den Geldverleiher verraten, wenn er sie für ihr Stillschweigen mit einer regelmäßigen Rente versah?

»Aber wie war es in anderen Provinzen?«, fragte ich Wang Xiucheng.

Er sagte, in dieser Gegend habe es nur wenige Staatsfabriken gegeben. Große Kombinate gar nicht. Anderswo in China fänden die Funktionäre ihr Auskommen in den Fabriken. Dort sei auch alles Bestechung. Dort gehe es sogar um viel größere

Beträge! Dort seien die Funktionäre auf die Bauern nicht angewiesen. »Sie verachten sie. Aber hier war fast jeder Bauer. Arme Bauern, sonst nichts. Unsere privaten Tätigkeiten waren die einzige Quelle für das Glück der Funktionäre. Deshalb konnte es bei uns … Sehen Sie, eine Hand wäscht die andere! Es ist ärgerlich, wenn man jemanden bestechen muss. Aber wir Bauern können schließlich rechnen!«

Die Bauern konnten für einen Monat die zehntausend Yuan aus dem Gemeinschaftstopf benutzen. Bei guten Zinsen bekam man nach einem Monat zweitausendfünfhundert Yuan heraus. Wenn man davon zweitausend Yuan für Geschenke ausgeben muss … »Dann macht das nichts«, sagte er.

»Würgt das nicht jede Initiative ab?«

»Überlegen Sie doch! Mit fünfhundert Yuan kann ich gut leben, und mein Geschäft kann weiterlaufen. Zunächst habe ich ja die zweitausendfünfhundert Yuan noch. Jetzt suche ich den Parteisekretär auf und sage zum Beispiel: ›Ich habe neulich in einer Staatsfabrik Nähmaschinen bekommen. Fast geschenkt. Sie waren Ausschuss, aber wir haben sie repariert. Sechs Leute arbeiten schon für mich, im hinteren Zimmer meines Hauses. Aber ich muss vier weitere einstellen, und ich müsste anbauen.‹

Ihm ist klar und mir ist klar, dass dies eine Privatfirma ist. Ich bin Arbeitgeber. Ich verstoße gegen tausend Gesetze. Ich bin Ausbeuter! Kapitalist!

Der Parteisekretär sagt: ›Genosse, du weißt, ich darf das nicht erlauben! Zu gefährlich. Du wirst verhaftet, ich werde verhaftet!‹

Ich lege die zweitausend Yuan auf den Tisch.

Er sagt: ›Morgen ist Vorstandssitzung. Ich werde was tun, versprochen, Bruder!‹«

Genau das hat der Bauer aus Wang Xiuchengs Beispiel beabsichtigt: dass der Parteisekretär sich bereit erklärt, die Sache einzufädeln. Der Parteisekretär ist nämlich zugleich, sagen wir, zweiter oder dritter Vorsitzender einer Landwirtschaftskooperative. Die Kooperative ist legal. Die Funktionäre an ihrer Spitze sind Herren über Lagerhallen und Werkstätten. Sie haben Lkw und Trecker, sie produzieren Zement, sie erhalten Material aus Staatsfabriken. Das Wichtigste ist: In der Kooperative haben sie Büros, Telefone, Stempel und, wenn es unbedingt sein muss, sogar ein Konto bei der Staatsbank. Als bäuerlicher Unternehmensgründer interessieren mich vor allem die Stempel. Die Kooperative erweitert sich um meinen Betrieb. Nach außen hin gehöre ich nun dazu. Ich habe nun Schutz, obwohl ich in Wahrheit weitermache wie bisher. Also privat. Das ist Fassade, Tarnung, wenn man so will, oder auch, nach Wang Xiuchengs Worten, eine »Rote Mütze!« Das sei der Begriff, den man in der Gegend benutze. »Ich setze mir eine Rote Mütze auf.« Der Bauer zahlt dem Funktionär sogar das Gehalt, obwohl der Funktionär nichts weiter für sein Geschäft tut. Es gibt tausend Strickmuster für die Roten Mützen. Wang Xiucheng wollte sie nicht alle aufzählen. »Ein Menschenleben ist zu kurz dafür.«

»Gab es Funktionäre, die höchst persönlich Geld verliehen oder eine Schwarzbank führten?«

Er wich aus.

Es unternehme eben jeder das, was seinen privaten Beziehungen und seinem Rang entspreche. »Nehmen wir mal an, in meiner ersten Baumschule treten plötzlich Schädlinge auf. Das ist nicht passiert. Aber wenn doch, muss ich Schädlingsbekämpfungsmittel sprühen. Dafür braucht man die Genehmigung vom Amt für Gesundheit.«

Dieser Funktionär hat Macht. Wenn er »Nein« sagt, wäre das Vorhaben verloren. Man muss ihn irgendwie ins Boot holen. Das geht nur, wenn man ihn ständig bezahlt, regelmäßig. Denn seine Unterschrift ist die Erste, die man braucht. Ohne seine Unterschrift kann man nicht zur Kooperative gehen, die Pestizide verkauft. Ohne seine Unterschrift sagen die nächsten Funktionäre: Dies ist nicht erlaubt, jenes ist nicht erlaubt. Hat man aber die erste Unterschrift von einer Behörde, dann kann einem auch die zweite Behörde eine Genehmigung geben, dann die dritte. Sagen wir: für eine Baugenehmigung. Oder für die Anstellung von Arbeitern. Auf diese Weise versteckt sich eine Behörde hinter der anderen und ein Funktionär hinter dem vorigen. Sie benötigen selbst Schutz. Der Schlüssel ist also die erste Behörde, der erste Funktionär. Das ist der Funktionär, der auf der Ebene der Bestechung bereit ist, beide Augen zu verschließen.

Nun sprang Wang Xiucheng eine Ebene höher. »Wir sprachen schon über die Bauern, die Sparzirkel gründeten. Später gab es auch Leute, die nichts anderes taten, als eine ganze Reihe von Sparzirkeln zu managen. Dabei handelte es sich schon um riesige Summen. Nur Bargeld, wie gesagt.«

Diese Sparzirkel-Manager konnten ihr Geld nicht zur Staatsbank bringen. Außerdem sollte sich das Geld ja vermehren. Es musste irgendwie in andere Formen transferiert werden. Diese Leute brauchten jetzt Deckung von Funktionären, die mit Finanzen und Infrastruktur zu tun hatten, also von den Beamten der Bauämter, den Beamten in der Stadtverwaltung von Wenzhou, in den höheren Gremien der Partei, in der Provinzregierung in Hangzhou und so weiter. Solche Funktionäre hatten keine Kontakte zu den Bauern mehr, aber sie hatten Beziehungen nach Peking und Schanghai. Dort konnten sie Türen öffnen. Welche Geldanlage war einigermaßen sicher? Aktien bestimmt nicht, aber Immobilien hatten zumindest den Ruf, sicher zu sein, und Wang Xiucheng sagte: »Bei denen war die Rendite sehr hoch.«

Die Manager der diversen Fonds und Schwarzbanken investierten das Geld in Wohnungen und Häuser, und zwar dort, wo die allerhöchsten Renditen lockten, also im Zentrum von Städten wie Wenzhou, Hangzhou und Ningbo. »Noch besser in Schanghai«, sagte Wang Xiucheng. »Sie sind nach Schanghai gefahren. Sogar nach Peking. Sie fuhren mit großen Koffern und Kisten voller Bargeld und haben gekauft, gekauft, gekauft. Überall schossen die Hochhäuser aus dem Boden, Hochhäuser zum Wohnen, Geschäftshäuser, Bürohäuser. Deshalb sagt man anderswo in China, dass wir Wenzhou-Leute schlechte Menschen sind: eine große Verbrecherbande, Immobilienhaie, skrupellos, eigensüchtig, kriminell.«

Der Pfad, den das Geld nimmt, ist der Pfad der Verbindungen. Auf so einem Pfad traf ich Chen Xiuxian. Sie wollte, dass ihr Name geändert wird. Sie war vor Kurzem in die Partei eingetreten und manches von dem, was sie erzählte, konnte ihr Unannehmlichkeiten bereiten. Es sei eine Sache, dass jeder in Wenzhou davon wisse, eine andere, ob man mit Ausländern darüber spreche.

Gleich zu Anfang erkundigte ich mich, ob sie aus einer Bauernfamilie stammte. Sie stutzte. Es war unübersehbar, dass die Frage sie störte. Schließlich stellte sie mir mit ernster Miene eine Gegenfrage: Sie möchte den sehen, der von sich behaupten könne, er habe keine Ahnen, die Bauern gewesen seien.

Chen Xiuxian lebte in der City von Wenzhou. Das Viertel bestand aus achtstöckigen Häusern. Keine Wohnsilos, kein Plattenbau, vielmehr solider Backstein. Die Häuser waren mit hellen, glasierten Ziegeln gedeckt und hatten breite Balkone mit Blumenkästen voller weißer und roter Geranien. Das Viertel erweckte dasselbe Gefühl von hoher Lebensqualität wie Stadtbezirke gut situierter Beamter und Angestellter in Westeuropa.

Chen Xiuxian hatte eine erwachsene Tochter. Im Korridor hing ein Hochzeitsbild von ihr. Das Mädchen war eine Schönheit. Ihre Mutter bemerkte wohl, dass mein Kompliment nicht nur höflich gemeint war, und so zeigte sie mir im Laufe des Besuchs noch weitere Hochzeitsfotos. Außerdem war die Heirat noch nicht lange her.

»Sie hat einen Beamten geheiratet!«, sagte Chen Xiuxian. Ihren Erzählungen zufolge hatte die Tochter ihren Mann nicht in Wenzhou kennengelernt, sondern weit entfernt im Norden Chinas. Die Tochter und ihre Familie besaßen eine Eigentumswohnung. »Die haben wir ihr zur Hochzeit geschenkt!«

Ihr jüngstes Kind war ein Sohn. Er hatte sich für acht Jahre bei der Volksbefreiungsarmee verpflichtet. Die Armee bildete den Sohn zum Elektroingenieur aus. Er diente in Ningbo, der

Stadt mit dem größten Hafen der Provinz. Chen Xiuxian hatte eine Karte zur Hand. Von Wenzhou die Küste aufwärts lag die Bucht von Hangzhou. Auf der hiesigen Seite der Bucht lag Ningbo, auf der gegenüberliegenden Schanghai. Chen Xiuxian schwärmte von der Brücke und von den Weltrekorden im Hinblick auf Brückenlänge und Kürze der Bauzeit. Schon sehr bald, wenn die große Meeresbrücke fertig sei, würden nicht nur Schanghai und Ningbo enger zusammenrücken, vielmehr auch Schanghai und Wenzhou.

Chen Xiuxian war ungefähr so alt wie Wang Xiucheng, der Besitzer der Baumschule. Ende der siebziger Jahre hatte sie eine Stelle in einem Staatsbetrieb in Wenzhou gefunden. Der Betrieb stellte Transformatoren, Spulen und Kabel her. »Er lieferte nur an andere Staatsfabriken. Kein sehr großer Betrieb. Wir waren etwa dreihundert Arbeiter.«

Der Personalchef steckte Chen Xiuxian ins Warenlager. Oft gab es im Lager nichts zu tun. Dann wurde sie als Springerin eingesetzt, als Hilfskraft in den unterschiedlichen Abteilungen der Fabrik. »Ich bin nicht dumm! Ich habe ein gutes Gedächtnis«, sagte sie. »Es dauerte nicht lange, dann wusste ich besser über die Details unserer Produkte Bescheid als die anderen Arbeiter, besser sogar als die Vorarbeiter der Abteilungen. Noch wichtiger wurde für mich, dass ich sah, wie die Produktion im Ganzen organisiert war. Ich saugte das alles in mich auf.«

Sie berichtete vom Ausschuss. »Niemand hat sich um Qualität gekümmert. Die schlechten Teile stapelten sich im Lager. Zweimal im Monat kam ein Mann, der das ganze Zeug auf einen Schlag mitnahm. Er bekam es zum Schleuderpreis. Es war immer derselbe Mann.« Sie fand heraus, dass er die Teile in die Berge schaffte. Dort haben die Bauern sie repariert, verbessert und zusammengesetzt. »Ich dachte: ›Was der kann, kann ich auch. Warum sollte ich diesen Zwischenhandel nicht selbst machen?‹«

In den meisten Dörfern und Orten der Gegend ging es den Menschen schon besser. Die Landwirtschaft lief sehr gut, aber die Flächen waren klein. »Die Bauern hatten sehr viel Zeit. Alle waren dabei, andere Dinge in ihren Häusern herzustellen. Aus den Häusern waren Werkstätten geworden. Sie arbeiteten Tag und Nacht. Die Maschinen liefen ständig. Licht musste brennen. Jeder Haushalt hatte bald einen Fernseher. Die Dörfer waren nun elektrifizert, aber all diese Installationen waren provisorisch und gefährlich. Die Dörfer und die Verwaltungen brauchten immer mehr Kabel, eben alles, was zur besseren Versorgung mit Elektrizität gehörte. Allerdings konnten die Staatsfabriken nicht genug liefern. Sie waren auch zu teuer.

Ich hatte von meinem Lohn ein wenig zurückgelegt, trotzdem reichten die Ersparnisse nicht, um anfangen zu können. Ich bin zu meinen Eltern und Verwandten gegangen und habe von ihnen Geld gesammelt. Davon mietete ich eine eigene Halle, besorgte mir den Ausschuss meiner alten Fabrik, und dann fuhr ich in die Dörfer. Dort sprach ich mit den Parteisekretären und Dorfvorstehern und mit den Familien, die mit elektrischen Geräten arbeiteten. Nach ein paar Tagen hatte ich sämtliche Ausschussteile verkauft.

Ich bemerkte auch, dass die Bauern und Dorfvorsteher Beratung nötig hatten. In einer Gegend arbeiteten alle Familien mit Nähmaschinen. Es gab zwei- oder dreitausend Nähmaschinen. Aber ständig fiel der Strom aus.

Ich nahm einen Techniker aus der Staatsfabrik mit. Der wusste genau, mit welchem Gerät, welchem Typ Kabel und welcher Sicherung ein bestimmtes Problem lösbar war. Und ich wusste, von welchem Typ er sprach, weil ich alle Modelle aus der Produktion und dem Lager kannte.«

»Stand denn überhaupt genug Strom zur Verfügung?«, fragte ich Chen Xiuxian.

»Es kommt immer zu Engpässen. Wir haben ja heute noch dauernd Stromausfälle. Aber die großen Hauptleitungen waren vorhanden. Es war schon eine Verbesserung, wenn der Strom in den Dörfern nicht auch dann ausfiel, wenn die Kraftwerke gerade lieferten.

Ich verdiente im ersten Jahr sehr schlecht. Es blieb fast nichts für mich übrig. Von zwanzig bis dreißig Yuan im Monat konnte ich kaum essen. Ich musste in der Lagerhalle schlafen. Aber im zweiten Jahr lief das Geschäft besser. In den Dörfern war ich jetzt die Kabelfrau! Es sprach sich herum: ›Eine Frau! Aber sie hat Ahnung und auf sie ist Verlass!‹

Als ich das erste Mal Gewinn erzielte, fühlte ich mich so reich, dass ich sofort dachte, ich könnte in meiner Lagerhalle auch selbst produzieren. Das Problem war, wer mir dabei helfen konnte. Ich brauchte Arbeiter. Vor allem Techniker. Von Technik verstand ich dann doch zu wenig. Aber man braucht auch Glück im Leben. Ich hatte schon meinen Mann kennengelernt. Er war Manager in einer anderen Staatsfabrik, und er war in der Partei. Er schickte mir Leute her, die abends und nachts etwas dazuverdienen wollten. Da sie in der Staatsfabrik angestellt waren, bekam ich keine Schwierigkeiten mit den Behörden. Alle zusammen taten wir so, als gäbe es meine Firma überhaupt nicht.

Über meinen Verlobten kam ich übrigens an noch mehr Material heran. Es ist ja auch so: Ausschussware ist nicht gleich Ausschussware. Das ist Auslegungssache!«

Chen Xiuxian lächelte vielsagend.

»Als Frau hat man auch Vorteile! Ich habe nun nicht mehr mit schlechter Ausschussware gearbeitet, sondern mit richtigen Teilen, die ich bestellte. Ich wollte anfangen, eigene Maschinen zu kaufen und eigene Produkte zu bauen. Mit den Maschinen war es wie mit den Elektroteilen, die ich anfangs als Händlerin verkauft hatte. Nur Staatsfabriken besaßen Maschinen. Nur sie konnten neue bestellen, falls alte Maschinen nicht mehr repariert werden konnten. Aber was heißt, nicht mehr reparieren können? Wenn man nur will, kann man alles reparieren! Das lernt man auf dem Dorf.«

»Haben Sie Ihrer alten Fabrik Konkurrenz gemacht?«

Sie schüttelte den Kopf. »Die belieferten nur dieselben alten Abnehmer, die Staatsfirmen von immer. Ich musste bloß aufpassen, dass ich möglichst schnell wachse, bevor eines Tages *sie* auf die Idee kommen würden, *mir* Konkurrenz zu machen.«

Auf die Finanzierungsquellen angesprochen sagte Chen Xiuxian, sie sei stets darauf bedacht gewesen, nur mit selbst verdientem Geld zu arbeiten.

»Niemals Schulden?«, fragte ich. »Ihre Eltern oder Verwandten haben Ihnen kein Geld für den Start geben können?«

»Betrachtet man das bei Ihnen in Deutschland als Schulden?«, fragte sie zurück und schüttelte den Kopf. »Nein, im Ernst, nach drei, vier Jahren war das ein bisschen anders. Da leitete ich schon eine richtige Fabrik mit Maschinenpark, Arbeitern und Angestellten. Ich glaube, es waren am Ende des vierten Jahres schon vierzig Leute.«

»Bauern?«

»Ja, die meisten, aber nicht aus Zhejiang. Wanderarbeiter. Wir arbeiteten ganz normal, also auch in Tagschichten. Man konnte nicht länger bestreiten, dass sie meine Angestellten waren.

Mein Mann und ich hatten ja geheiratet. Und da er Parteimitglied war, wurde die Sache heikel. Aber wir haben eine Lösung gefunden. Ich habe meine Firma offiziell aufgegeben und in die Staatsfabrik eingegliedert, ›Kollektivfirma‹ hieß das. Bei uns in Wenzhou waren die in den achtziger und neunziger Jahren vollkommen üblich!

So! Ich hatte bisher nur gespart und investiert, wieder gespart und investiert. Ich hatte im Prinzip mit selbst verdientem Geld gearbeitet. Das ging jetzt auch nicht mehr. Es wurde notwendig, dass ich Kredite aufnehmen konnte. Und ich brauchte ein Geschäftskonto. Das war nun alles kein Problem mehr.«

»Sie meinen, seitdem Sie unter das Dach der Staatsfirma geschlüpft waren?«

Sie rieb Daumen und Zeigefinger aneinander. »Meinen Mann musste ich für diesen Gefallen natürlich nicht bezahlen. Aber es gab ja in der Staatsfirma außer meinem Mann noch mehr Manager. Sie wurden durch die Eingliederung Verbündete, gute Freunde, sozusagen Beteiligte an meiner Firma. Sie hatten nun Interesse daran, dass es mir gut ging und meine Firma wuchs. Es war jetzt viel leichter für mich, an Maschinen und Material heranzukommen. Und jetzt konnte ich auch an große Kunden in der Stadt liefern. Ich konnte Geschäfte mit der Stadt Wenzhou machen und Kontakte zu hochgestellten Personen knüpfen.«

»Parteifunktionäre?«

»Auch, ja. Diese Leute wussten, was gerade möglich war und was nicht, bei welcher Bank ich am besten Kredite aufnehmen konnte.«

Ich vermutete, dass sie nicht von Staatsbanken sprach, sondern von privaten Instituten, die aus den Geldverleihhäusern hervorgegangen waren. Die Institute wurden in Wenzhou von den Behörden geduldet, obwohl sie nach chinesischem Gesetz illegal waren. Chen Xiuxian bestätigte meine Vermutung nicht ausdrücklich, sie blickte mich einfach nur lange an. »Nachdem meine Firma mit der Staatsfirma verbunden war«, sagte sie schließlich, »konnte ich auch in die Partei eintreten. Das war 1993. Mein Mann und ich waren nun beide Parteimitglieder.«

Anfang der neunziger Jahre hatten Privatunternehmer offiziell noch als Klassenfeinde gegolten. Die Kommunistische Partei beschloss erst ein Jahrzehnt später, dass Menschen aller Schichten des Volkes zur Partei Zugang haben durften. Privatunternehmer eingeschlossen. Seit 2003 konnte Chen Xiuxian als Kommunistin und erfolgreiche Unternehmerin zugleich auftreten, aber ihr Weg zum Erfolg blieb ein einziges Wirrwarr, das zumindest für Außenstehende niemals richtig durchschaubar war. Es entsprach dem Camouflage-Denken der Bauern. Sie hatten, wie mir schien, ganz Wenzhou ihren Stempel aufgedrückt.

»Die Firma gehört jetzt meinen Schwiegereltern«, sagte Chen Xiuxian.

Wie war das zu verstehen? Zuerst gehörte ihr die Fabrik, die sie selbst aufgebaut hatte, dann wurde sie Teil der Staatsfirma, und jetzt gehörte sie den Eltern ihres Mannes?

Die Unternehmerin schmunzelte.

»Wie es mit meiner ersten Firma lief, haben Sie aber verstanden, oder? Später habe ich eine zweite Fabrik eröffnet. Von dieser zweiten Fabrik bin ich die Vorsitzende gewesen. Nicht die

Besitzerin, aber die Vorsitzende, die Managerin. Jetzt haben wir beide Firmen zusammengelegt, das heißt meine frühere Fabrik samt einem großen Teil der Staatsfabrik meines Mannes und eben die neue Fabrik. So wurde ich Vorsitzende der gesamten Firma.«

Sie war nun Vorsitzende einer viel größeren Privatfirma, und alles, was sie erreicht hatte, verdankte sie ihrem Ehrgeiz, ihrer Bauernschläue und nicht zuletzt dem Verwandtenkreis. Geld, Familie, Beziehungen, Kommunistische Partei – gewissermaßen wurde alles eins. Reine Familiensache. Und wenn ein Fremder die Details nicht verstand, dann war ihr das wahrscheinlich gar nicht so unrecht.

Auf dem Balkon, inmitten eines Dickichts aus Bambus, Topfblumen, einer Art Schilf und kleinen birkenähnlichen Laubbäumen, standen zwei Liegen aus Teakholz. In den Ästen hingen Lampions. Die Wohnung hatte inklusive der Terrasse hundertfünfundsiebzig Quadratmeter. »Die Wohnung ist kreditfinanziert. Wir haben sie vor vier Jahren gekauft. Sie kostete – lassen Sie mich überlegen – vor vier Jahren waren das hundertachtzigtausend Dollar.«

»Abbezahlt?«

»Nein, noch nicht.«

Ich fragte, wo sie den Kredit aufgenommen hatte.

»Bei der Bank!«, sagte sie augenzwinkernd.

An der Wohnungstür fragte ich Chen Xiuxian, ob sie mir sagen könne, wie ich an eine Schattenbank komme.

»Ich bin Wohltäter«

Eines Morgens rief mich die Hotelrezeption an: Ob ich heute Mittag schon etwas vorhätte? Ein junger Mann werde mich abholen. Ich würde schon wissen, worum es sich handle.

Punkt elf stand der Mann in der Lobby. Er zeigte mir einen gelben Klebezettel. Darauf stand auf Englisch, er habe den Auftrag, mich zu Mr. Xiang zu fahren. Wir stiegen in einen kleinen japanischen Pick-up. Auf der Ladefläche lag Werkzeug, das beim Anfahren und Bremsen und in Kurven ein Riesengetöse machte.

Herr Xiang lebte in den Bergen. Oberhalb des Dorfes sah und hörte man Wasserfälle. Auf Dorfhöhe trieben die Bergbäche Wassermühlen an und speisten eine Anlage aus etlichen Teichen Xians Dorf war das kleinste, das ich unterwegs gesehen hatte, und das schönste, weil es noch ganz und gar aus alten Häusern aus Holz und Naturstein bestand und von Bambuswäldchen umringt wurde. Auch zwischen den Häusern stand der sattgrüne Bambus. Es roch sehr gut, wie nach Eukalyptus, aber ich sah keine Eukalyptusbäume.

Das Hoftor und der Haupteingang des Hauses, in dem ich Herrn Xiang traf, hatten die traditionell hohen Holzschwellen. Im Innenhof liefen Hühner herum. Zwei kleine braune Hunde dösten vor einer Seitentür im Schatten. Sie wedelten, als wir beim Eintreten über sie hinwegstiegen, blieben aber liegen und bellten nicht.

Herr Xiang saß mit dem Rücken zum Fenster an einem Holzschreibtisch. Er drückte mir warmherzig die Hand und erhob sich andeutungsweise. Ich sah, dass er seine Hose ohne Gürtel trug. Das Polohemd war grün und ungebügelt. Darüber trug er eine kragenlose dunkelblaue Jacke aus Baumwolle. Ein paar dünne, nach hinten gekämmte Haare waren Herrn Xiang geblieben. Gewiss war er weit über achtzig. Wie hatte ich mir einen Geldverleiher, Wucherer, Schattenbanker vorgestellt? Jedenfalls nicht wie Herrn Xiang.

»Dear friend, es fehlt mir hier an nichts!« Er sprach mit einem britischen, stark versnobten Akzent. »Sie können sich ruhig alles notieren!«

Auf die Frage, ob ich ihn auch zitieren dürfe, sagte er: »Selbstverständlich. Hier nennt man mich Mr. Xiang. Aber wenn ich Sie bitten dürfte, die Adresse für sich zu behalten? Ich bin sicher, Sie verstehen! Zu viel Werbung in meinem Geschäft – ich fürchte, das macht keinen guten Eindruck.«

Ich folgte seiner Geste, auf dem Stuhl ihm gegenüber Platz

zu nehmen. Das Zimmer war unmöbliert, abgesehen von den beiden Stühlen und dem dunklen Schreibtisch, auf dem sich ein Rechenkasten befand, ein Block gelber Haftzettel, ein Einwegkugelschreiber sowie ein Telefon aus grünem verblichenem Plastik. Telefon und Notizblock lagen in direkter Linie vor ihm auf dem Tisch. Er musste geradeaus greifen, wenn er den Hörer abnehmen wollte. Nur der Rechenkasten stand schräg versetzt und bequemer erreichbar zu seiner Linken. Als Beleuchtung genügte ihm die Deckenlampe. Sie hing an einem kurzen Messingstab und einem mit bronzefarbenem Stoff ummantelten Stromkabel. Die Glühbirne wurde von einem Tellerschirm aus weißem undurchsichtigen Porzellan verdeckt. Vielleicht stammte die Lampe aus der Kabine eines alten Schiffes.

»Sie sind kein Bauer«, sagte ich.

»Eigentlich nicht! Aber mein Vater war es. Ja, durchaus, so könnte man sagen. Mein Vater besaß Land.«

Es entstand ein Schweigen.

»Sie sind aus Hamburg, habe ich gehört!«, sagte er schließlich.

Ich erinnerte mich, der kommunistischen Elektrogerätefabrikantin auf ihrem Balkon erzählt zu haben, wo ich studiert hatte.

»Ich war mal da!«, sagte er. »Von Dover aus mit dem Dampfer! Wunderbare Stadt! The Jungfernstieg!« Er winkte ab. »Lassen wir das! Das Leben ist kurz!«

Es dauerte eine Weile, ihm mein Anliegen zu schildern und ihm davon zu berichten, was ich bisher über die Gegend erfahren hatte. Während er geduldig zuhörte und auch später, als er selbst sprach, wurden wir immer wieder unterbrochen. Mal kam der junge Mann herein, der mich abgeholt hatte, mal ein anderer, der aber ebenso jung war, zwischendurch auch ein junge Frau. Sie durften ohne anzuklopfen eintreten, und sie wechselten nie mehr als ein paar Worte mit ihm. Seine Stimme klang stets sehr sanft. Herr Xiang schrieb eine Notiz, riss den Zettel ab, und die Mitarbeiter verließen wieder den Raum. Das Telefon klingelte seltener. Auch dann sprach er nur wenig. Das Misstrauen dem Telefon gegenüber, die Laufburschen, der karge Raum – mir kamen Mafiafilme in den Sinn. In den besten Filmen dieses Genres wirkten Bosse durchaus gütig, fast liebevoll.

Irgendwann zwischen den ständigen Unterbrechungen fragte ich ihn, wie sein Geschäft ablaufe. Und er gab mir zu verstehen, er vertrete andere Leute, ja, aber er sei nicht der Wucherer. Vielleicht wären die anderen Wucherer. Das wisse er nicht. Oh, er sei natürlich jemand, der Kredite ermögliche. Er hob den Finger: »Ich arrangiere. Verstehen Sie das richtig! Die Besitzer sind andere.«

Ich fragte: »Über welche Beträge sprechen wir?«

»Oh, so kurzfristig geht es immer um viel Geld. Um viel Geld!

»Zu welchem Zinssatz?«

»Ach, das ist verschieden. Das kommt darauf an. Sagen wir mal: So um die fünfzehn Prozent.«

»Pro Jahr?«

»Wo denken Sie hin! Es geht nie um ein Jahr! Was kann in einem Jahr alles geschehen? Höchstens sechs Monate. Das ist schon eine Ewigkeit!«

»Was tun Sie, wenn jemand einen Kredit nicht zurückzahlen kann?«

»Lieber Freund! Das ist bei uns undenkbar. Man muss nichts tun. Vollkommen unmöglich. In dieser Gegend machen wir alle gute Geschäfte!«

Ich hörte auf zu fragen. Ich verstand ihn ja. Vielleicht würde er von selbst erzählen, was er für erzählenswert hielt, wenn ich eisern schwieg. Den Versuch war es wert, aber ich machte mich darauf gefasst, gleich wieder in die Stadt gebracht zu werden.

Die Zeit verging nicht. Zum Glück kam erneut sein Helfer herein. Herr Xiang schrieb auf den gelben Zettel und sah mich dabei an. Schwer zu sagen, was dieser Blick zu bedeuten hatte.

»Ich bedaure!«, sagte er. »Ich würde Sie gern zum Mittagessen einladen! Leider ist meine Schwester heute beim Arzt. Normalerweise kocht sie für mich. Man kann nicht sagen, dass es ihr besonders schlecht geht. In unserem Alter! Aber an Schmerzen gewöhnt sich der Mensch nie!«

Er lehnte sich zurück.

»Ich würde mir wünschen, dass Sie Folgendes verstehen: Meine Dienste sind ehrenwert! Ich beschäftige mich mit Geld. Jeder Mensch beschäftigt sich mit Geld. Jeder kann über Nacht in Not geraten. Dann kann jemand eben mal nicht zahlen. Was soll die Aufregung? Bei uns heißt es: ›Einen Hund, der ins Wasser gefallen ist, schlägt man nicht.‹ Man redet. Ich will dann keine Anteile an Firmen. Das ist ganz und gar nicht mein Interesse. Aber ganz selten, ich kann mich kaum daran erinnern, wann zuletzt so ein Fall eintrat – bitte ich ihn um Sicherheiten. Das können Maschinen sein. Nur, was bedeuten Maschinen? Wenn es denn sein muss, sind mir Immobilien lieber. Aber meistens sage ich mir: ›Irgendwann zahlt er schon!‹ Hier bei uns geht es schlimmstenfalls um Verzögerungen. Wir suchen gemeinsam nach einer Lösung. In meinem Haus geht es um Kompensation. Ich meine, wenn es denn sein muss, gewähre ich ihm einen Aufschub. Falls der Mann das nicht hinkriegt – was soll ich groß tun? So jemand taugt nicht fürs Leben. Aber ich kann Ihnen versichern: Dies ist eine Gegend, wo die Menschen etwas taugen! Man muss ihnen vertrauen. Darum dreht sich doch alles! Mein Geschäft ist Vertrauen.«

Ich spürte: Einzelheiten würden ihm noch weniger über die Lippen kommen als Chen Xiuxian. Niemals Details! Herr Xiang würde niemals über konkrete Summen sprechen, geschweige denn Einzelfälle beschreiben. Es nahm mich sogar für ihn ein. Auf seine Art war er überaus glaubwürdig und vertrauenerweckend. Hätte ich Geld oder bräuchte ich Geld, und unter anderen Umständen, in seiner Welt und nach den Maßstäben der Gegend, ich würde ihm vielleicht mehr vertrauen als manchen deutschen Bankberatern, denen ich begegnet war. Andererseits hatte ich mittlerweile vom großen Crash in Wenzhou gehört, von der Finanzkrise Mitte der neunziger Jahre.

Seitdem die illegalen Finanzierungswege entstanden waren, geschah es hin und wieder, dass der eine oder andere Beteiligte den Überblick verlor. Viele Verwalter bäuerlichen Sparzirkel kontrollierten nicht einen Topf, sondern eine Vielzahl. Die Rede war von Dutzenden, im Extremfall sogar von Hunderten von Töpfen. Wenn ein Topf platzte, retteten sich diese Finanzjongleure über die Runden, indem sie den Verlust mithilfe anderer Töpfe ausglichen. Lange Zeit ging das gut. Die kommunistischen Funktionäre spielten mit.

In Wenzhou entstand die erste große Privatbank der Volksrepublik. Ein Herr namens Fang Peilin eröffnete sie. Er hatte Geschäftsräume, Tresore, Schalter. Die Schalter waren vierundzwanzig Stunden am Tag geöffnet. Er bot Zinsen nach Marktlage. Er stellte fest, dass die Bauern am dringendsten Geld zu Tagesbeginn brauchten, bevor ihre Geschäfte begannen. Morgens schraubte Herr Fang die Zinsen hoch. Mittags hatten die ersten Bauern ihre Abschlüsse gemacht. Aufgrund der hohen Zinsen zahlten sie augenblicklich zurück. Abends, wenn die Mehrheit vom Markt kam, waren die Einlagen am höchsten und die Nachfrage nach Darlehen am geringsten. Entsprechend sanken abends die Darlehenszinsen in der Bank von Herrn Fang auf das niedrigste Tagesniveau. Es waren Geschäfte von Stunde zu Stunde und, solange es gut ging, nützlich für beide Seiten. Aber eines Tages platzen viele Töpfe zugleich.

Es kam zur Krise. Unter den Folgen litt fast jede Familie Wenzhous. Das Schattensystem basierte auf sozialen Bindungen. Enge persönliche Kontakte lagen in seinem Wesen und waren zugleich sein Erfolgsgeheimnis. Schwarze Finanzierungskanäle bildeten nicht nur das einzig verfügbare System für die bäuerlichen Kleinunternehmer, vielmehr war es das ideale System, perfekt angepasst an ihre Bedürfnisse.

Beim Ausbruch der Krise schlug Vorteil in Nachteil um. Die Menschen, die nicht zahlen konnten, verloren das Gesicht: vor den Verwandten, den Nachbarn, der Dorfgemeinschaft. Einer zog den anderen ins Unglück. Die Illegalität hatte die Menschen in ein Schattensystem gedrängt und es in ein System organisierter Kriminalität verwandelt. Alle Klassen und Schichten der Gegend waren darin verstrickt, auch die Beamten, Parteibonzen und Direktoren von Staatsbetrieben. Zugespitzt gesagt: In Wenzhou war die Mafia Staat geworden. Und in dem Moment, als das System in die Krise schlitterte, war kein Staat da, der mäßigend eingriff.

Die Häufung von Gewalttaten wie Entführungen und Geiselnahmen wurde Stadtgespräch. Aber brach tatsächlich eine Mord-und-Totschlag-Welle über Wenzhou herein, wie eine ausländische Zeitung schrieb? Die Offiziellen in Wenzhou und alle, die ich außerdem fragte, bestritten das. Ich fand ihr Argument stichhaltig. Kein Bauer bringt die Kuh um, die er melken will, und kein Gläubiger tötet seinen Schuldner – von seltenen Ausnahmen abgesehen. Einerseits war die Mordwelle also wenig plausibel. Andererseits lag es in der Natur dieses Schattenreichs, dass wenig ans Licht kam. Allseits bekannt und unbestritten war allerdings, dass es massenhaft zu Entführungen kam. Um die Schuldner zu erpressen, griffen die Gläubiger nach deren Angehörigen.

Die Lage begann sich ein wenig zu beruhigen, bald nachdem ganz China von den kriminellen Zuständen in Wenzhou erfuhr. Sogar die Staatspresse berichtete, was in der Gegend los war. Schließlich griff Peking ein. Die Regierung schickte Hundertschaften von Beamten und Finanzexperten. Sie zerschlugen die Geldhäuser und steckten jene Privatbankiers ins Gefängnis, die sich allzu weit ans Licht gewagt hatten.

Nach einer Weile zog Peking seine Leute wieder ab, und in Wenzhou liefen die Geschäfte weiter wie gewohnt. Möglicherweise war die Vorsicht etwas größer. Insofern betrachtete ich Herrn Xiang nicht als Ausnahme. Ich sah ihn in tausendfacher Ausführung: illegal und deshalb kriminell, jedoch unabdingbarer Teil der Wirtschaft; Hai, aber kein Menschenfresser. Doch er sollte selbst sagen, als was er sich bezeichnete. Geldverleiher? Schattenbankier?

Er stand auf, kam um den Tisch und legte mir die Hand auf die Schulter. »Ich bin Wohltäter. Förderer der Industrie.«

Er brachte mich zum Hoftor, und auf dem Weg über den Innenhof fragte ich ihn, ob er hier geboren worden sei.

»Ich in Schanghai, meine Schwester hier. Meine Mutter auf Taiwan, mein Vater in Hangzhou. Das letzte Jahrhundert, die Kriegsherren, die Gräuel … Ach, wissen Sie, das ist längst nicht mehr ›my cup of tea‹.«

Bevor ich ins Auto stieg, berichtete ich ihm von meinem bevorstehenden Treffen mit »Tiger«, dem Feuerzeugproduzenten.

»Der Mann hat Zähne!«, sagte er sehr gedehnt. Er kniff die Lippen zusammen und starrte nach unten ins Leere wie jemand, der über etwas nachsinnt.

»Der Bauernmarkt!«, sagte er endlich und drehte mehrmals die Hand, als schlösse er eine Tür auf. »Ich glaube, bevor Sie Zhou Dahu treffen, sollten Sie wissen, wie in Zhejiang alles angefangen hat.«

Er winkte seinem Burschen zu, der schon am Steuer saß. Er musste wieder aussteigen. Er reichte Herrn Xiang einen Stift und den kleinen gelben Zettelblock. Der Alte kritzelte etwas auf den Zettel, riss ihn ab, knickte ihn um und verschärfte den Knick, indem er mit Daumen und Zeigefinger darüberfuhr. Er gab ihn mir mit den Worten: »Hier ist der Plan! Ich rate Ihnen, sich diesen Ort anzusehen.«

Manche Leute sagen, Armut sei schlecht, doch in Wirklichkeit ist Armut etwas Gutes. Je ärmer die Menschen sind, desto revolutionärer sind sie.

Mao

Das innere Lachen der Bauern

Auf dem gelben Zettel von Herrn Xiang war eine dürftige Skizze von einem Tor und einem Gelände. Oder war es ein Gebäude? Darunter hatte der alte Herr in penibler Schrift geschrieben: *YIWU / Futian International Market / 7914 / D-Zone / 3F / 7556–7557 / C-Zone / 3F / Mr. Yu Wenqi.* Weil ich nicht wusste, wie lange »Tiger« auf sich warten lassen würde, entschloss ich mich, dem Plan des Geldverleihers zu folgen.

Ein Jahrzehnt zuvor hatte ich mir in Schanghai eine Landkarte von China gekauft. Sie war so groß, dass sie auf keinen Schreibtisch passte, und selbst, wenn man sie auf einem Doppelbett ausbreitete, reichte der Platz nicht aus. Chinas Nachbarländer hingen schlapp von den Bettkanten herunter. Auf der Karte machten sie ohnehin keinen Sinn. Diese Länder waren vollkommen leere, weiße Flächen. Flüsse, Seen, Berge, Wälder, Städte und Dörfer – all das gab es auf meiner Generalkarte nur in China. Jede chinesische Provinz hatte eine eigene Farbe, wie auf einer politischen Weltkarte. So unhandlich die Karte sein mochte – sie hatte mich in den vergangenen Jahren nie enttäuscht. Ihre imperiale Größe erweckte den Eindruck von Genauigkeit. Ich war mir sicher, mich mit ihrer Hilfe innerhalb Chinas gut orientieren zu können. Doch jetzt stellte ich fest, dass Yiwu auf der teuren Generalkarte nicht vorkam. Dabei war sie von 1993, also keineswegs uralt. Auf den mickrigsten Touristenkarten, die in jedem Hotel der Gegend kostenlos auslagen, war Yiwu hingegen vermerkt. Es gab auch Flyer und Yiwu-Broschüren. Später fiel mir auf, dass diese Yiwu-Flyer nicht nur in den Hotels Wenzhous und Zhejiangs verteilt wurden, sondern auch in vielen Hotels von Schanghai und Xian.

Yiwu befand sich in der Mitte Zhejiangs – von jedem Punkt der Provinz aus leicht zu erreichen. Es lag auf der Hand, dass der Ort vor zwölf Jahren für die chinesischen Kartografen zu klein gewesen war, nicht wert, in ihre wunderbare Karte aufgenommen zu werden.

Mao im Sack

In Yiwu wollte ich im Hotel einen Reisescheck wechseln. Die junge Frau, die an der Rezeption des Yihe-Hotels Dienst hatte, bedauerte: Das Yihe lehne die Einlösung ab. In der Nähe war ein zweites großes Hotel. Auch dort sagte man mir, Reiseschecks würden nicht akzeptiert. Kein Hotel in Yiwu nehme sie an, ich solle es bei der nächsten Bank versuchen. Eine Filiale der Industrial and Commercial Bank of China sei gleich um die Ecke, in der Huangyuan Lu.

Es waren eine Menge Ecken, aber schließlich fanden Fang Yu und ich die Straße, und pünktlich, als die Bank öffnete, standen wir in einer langen Schlange vor dem Schalter. Es dauerte fast eine halbe Stunde, bis wir an die Reihe kamen. »Leider nein! Sie können hier Bargeld tauschen, aber Reiseschecks nehmen wir nicht an! Versuchen Sie es in der Binwang Lu.«

Fang Yu war verärgert. Wenn er nach China flog, tauschte er bei der Ankunft auf dem Flughafen Bargeld um. Er benutzte in China weder Reiseschecks noch seine Kreditkarte. Die Kreditkarte war ihm zu riskant. »Du gibst sie eine Sekunde aus der Hand, und zack, sie ist kopiert!«

Er war in den letzten Jahren öfter als ich in China gewesen. Ich nahm seine Warnung ernst und trug meine Kreditkarte nur für den Notfall bei mir. Aber große Summen Bargeld durch die Gegend zu tragen, fand ich zu riskant. Auf Travellerschecks hatte ich deshalb nicht verzichten wollen. Bisher lief es gut. In

Schanghai, in Hangzhou, in Wenzhou, in Taizhou – nirgendwo war es nötig gewesen, extra eine Bank zu suchen. Überall konnte man die Reiseschecks bequem in den Hotels einlösen.

Unseren nächsten Versuch machten wir in der Binwang Lu. Es handelte sich um die örtliche Hauptfiliale der Agricultural Bank of China, der staatlichen Landwirtschaftsbank. Wieder eine lange Schlange. Fang Yu zwängte sich durch die Menge bis zum Schalter durch. Er wollte wissen, ob sich das Schlangestehen lohne. Die Frau am Schalter schnauzte ihn an. Er habe gefälligst hinten zu warten, bis er an die Reihe komme. Als wir endlich zu ihr vorgerückt waren, hieß es wieder »Nein!«. Die einzige Bank, die Reiseschecks einlöse, sei die Bank of China.

Zu weit für einen Fußweg. Wir mussten ein Taxi nehmen.

Die Schalterhalle machte den Eindruck, seit Maos Zeiten nicht renoviert worden zu sein. Sie war voll wie die Schalterhalle eines Bahnhofs zur Hauptreisezeit. Allein der versiffte Anblick trieb mir kalten Rauch in die Nase. Pure Einbildung. Tatsächlich rauchte niemand. or den Schaltern: dunkelhäutige und schwarze Gesichter, Leute aus Pakistan, Afrika, Iran, Indien, Arabien und Südamerika. Etliche Kunden hatten kleine Rollpaletten dabei, manche auch diese Taschen auf Rollen, die alte Menschen in Europa hinter sich herziehen, wenn sie zum Einkaufen auf den Wochenmarkt oder in den Supermarkt gehen.

Es war heiß. Falls es eine Klimaanlage gab, lief sie jedenfalls nicht, aber wir kamen zügig voran. Die Kunden legten ein Dokument vor. Daraufhin verschwanden die Schalterbediensteten hinter Kunststoffbahnen, die von der Decke bis zum Boden hingen und die Wartehalle von den hinteren Hallen oder Räumen trennten. Solche Bahnen gibt es häufig in Schlachthöfen und in großen Supermärkten mit Kühlhallen für Fisch und Fleisch. Für gewöhnlich sind die Bahnen transparent. In der Bank of China hatten sie sich im Laufe der Zeit in speckige gelbliche Schwarten verwandelt. Wenn die Schalterbediensteten wieder auftauchten, öffneten sie die Trennscheiben am Schalter und reichten Dutzende von Geldbündeln hindurch. Jedes Bündel war enorm, so dick wie die Länge einer ganzen Hand. Auf jedem einzelnen Geldschein war Mao drauf. Manchmal öffneten die Schalterleute auch die große Tresenklappe und hievten Säcke in die Schalterhalle, schwarze Sechzig-Liter-Plastikmüllsäcke von fast einem Meter Höhe. Und so, Mao zigtausendfach im Sack, rollte und schleppte die halbe Dritte Welt ihn wie Beute aus der Bank.

Schon nach wenigen Minuten war die Reihe an mir. Der Bedienstete machte ein Gesicht, als hätte er noch nie im Leben einen American-Express-Travellerscheck gesehen. Fang Yu wurde laut und gestikulierte heftig. Der Mann am Schalter schob sich durch den Schlitz in den Plastikbahnen. Statt mit Geld tauchte er mit einer Frau wieder auf, mit seiner Vorgesetzten.

Fang Yu erklärte ihr die Lage: Dass wir vorhaben, auf den Bauernmarkt zu gehen. Dass wir nicht verstehen, warum man uns keine Schecks wechseln will. Ob sie uns sagen kann, was wir tun sollen, da wir keinen Cent mehr in der Tasche haben.

Keine Ahnung, welcher Teil der Schimpftirade ihr Herz erweichte. Sie rief einen Kollegen, der augenscheinlich eine Stufe über ihr stand, und beriet sich mit ihm. Er blickte zu mir rüber. Dem Blick und der Mimik nach hielt er mich für einen Scheckfälscher oder Schlimmeres, aber dann nickte er. Die Frau verlangte meinen Reisepass, gab mir einen Stoß Formulare und schlüpfte mit meinem Pass durch die Speckschwarte.

Ich hätte gewettet, Blaupapier sei schon vor langer Zeit von der Erde verschwunden. Es waren sieben ellenlange Formulare, zweisprachig und mehrseitig. Ich machte mich ans Ausfüllen. Natürlich wurden die Personalien verlangt – Name, Alter, Familienstand, Beruf –, aber auch das Einreisedatum nach China, das voraussichtliche Ausreisedatum, der Zweck der Reise, die Reiseziele und die Route, die bisherigen Aufenthaltsorte, die Hotels, die ich besucht hatte, und die Firmen. Die Dritte Welt hinter uns scharrte mit den Füßen. Die Hitze und dass es auf einmal nicht mehr weiterging – es strapazierte die Geduld der Leute. Die Nächsten in der Reihe, ein paar Schwarze, rückten uns so nah auf die Pelle, dass ich spürte, wie verschwitzt sie waren. Einer lugte mir beim Ausfüllen der Formulare über die Schulter. Er wirkte nicht aggressiv, einfach nur extrem wissbegierig.

Ich sagte etwas von Bank, von vertraulichen Angaben und dass ich auf Diskretion bestehe. Er verstand Englisch, aber er grinste. Er glaubte an einen Scherz.

Ich fragte ihn, woher er kam.

»Ghana. Accra!«

Ich musste ihn sachte schieben, damit er wieder einen Schritt zurück trat.

Schließlich war ich mit den Formularen durch. Ich gab sie der Frau, die sich vor einer Weile meinen Pass geschnappt hatte. Die Bank of China besaß tatsächlich einen Fotokopierer! Die Frau heftete an jedes Formular und an jeden Durchschlag eine Kopie des Passes. Vierzehn Kopien. Dann händigte sie mir das Geld aus.

Der Ghanaer und die anderen lachten schon wieder.

Es waren fünfzig Scheine à hundert Yuan. Ich hatte einen Fünfhundert-Euro-Scheck eingelöst und größere Scheine als den Hundert-Yuan-Schein gab es in China nicht. Ich fand diese Menge an Scheinen lästig, aber im Vergleich zu dem, was die anderen abholten, war mein Bündel jämmerlich.

Draußen vor der Tür warteten wir auf den Mann aus Accra. Er kam mit einem prall gefüllten Plastiksack heraus. Jesus, ich habe jetzt wirklich viel Zeit verloren, plauderte er drauf los, der Tag ist halb verloren, aber danke für die Zigarette! Ich lebe jetzt hier. Als registrierter Ausländer. Ha! Ich kann bleiben, so lange ich möchte. Ich liebe diese Leute. Die sind nicht wie die anderen Chinesen. Vor drei Jahren bin ich das erste Mal hergeflogen. Ich habe Stoffproben mitgebracht, mit Figuren drauf, ihr wisst schon: solche Muster, wie unsere Frauen in Afrika sie mögen. Die Gegend hier ist das Paradies! Die Leute machen dir alles. Was immer du willst. Du gehst auf den Markt, fragst dich durch und – so Gott will – sie tun es! Schneller als sonst wo auf der Welt. Besser als bei uns. Die Stoffe halten länger und die Muster bleichen nicht beim ersten Waschen aus. Trotzdem sind die Sachen billiger als bei uns in Afrika. Ha! Die Container mit den Stoffen schicke ich meinem Bruder. Er verkauft die Stoffe nicht nur in Accra. Er verkauft sie inzwischen an der gesamten Küste. Und so Gott will jetzt auch weiter rauf und weiter runter, von der Elfenbeinküste bis zum Golf von Guinea. Die Stadtverwaltung hilft uns Ausländern bei den Formalitäten, beim Zoll, mit den Abgaben. Diese Chinesen sind wirklich schlau. Viele können Englisch, aber jetzt wird's Zeit, dass ich ihre Sprache lerne. Die Stadt bietet Kurse an. Ich heiße Yoofi! Yoh-Oh-Fee! Die Chinesen haben so ähnliche Namen. Ihr wisst, was Yoofi bedeutet? Freitag. Geboren am Freitag.

Ich zeigte ihm den gelben Zettel mit den kryptischen Zeichen des Geldverleihers: Ha! Dem Mann von der Goldküste war nichts ein Rätsel. Als er von dannen zog, den schweren schwarzen Plastiksack überm Buckel, stellte ich ihn mir als Sonntagskind vor.

Wenn wir auch nur ein klein wenig in der politischen Arbeit unter den Bauern nachlassen, kann sich diese Tendenz zum Kapitalismus zu einer Sturmflut auswachsen.

Mao

»Erschafft den grössten Markt unter dem Himmel!«

Der Markt hieß offiziell »Futian International Market«. Er bestand aus Hallen von einer Gesamtfläche, die selbst die Mega-Malls Amerikas übertraf, und er hatte fünf Stockwerke, Parkplätze auf dem Dach, im Keller und auf dem Gelände rundum. Er war der größte in Yiwu und er befand sich im neuesten Gebäude, aber in der Stadt verteilt gab es zwei weitere Märkte dieser Größe sowie diverse kleinere in älteren Hallen. Der Markt wurde aufgeteilt in Zonen, Unterzonen, Stockwerke und Gänge (A-Zone, B-Zone, 1C, 2B, 3F und so weiter). Die kleinste Einheit waren die Messestand-Module. Sie hatten die Größe einer Garage und waren mit vierstelligen Ziffern gekennzeichnet. Die Module waren verkoppelt, aber die Trennwand ließ sich herausnehmen. Auf diese Weise konnte man die Fläche des Standes verdoppeln. Ein einfaches Modul trug zum Beispiel die Nummer 4793, ein doppelt so großer Stand erhielt eine doppelte Nummer, also 4793–4794. Der gelbe Zettel von Herrn Xiang, dem alten Geldverleiher, der es vorzog, dass man ihn trotz seines illegalen Tuns als »Wohltäter« und »Förderer« bezeichnete, stellte sich demnach als perfekter Wegweiser zu Yu Wenqi heraus: *YIWU / Futian International Market / Mr. Yu Wenqi*. Und ich begriff, dass Herr Yu auf diesem Markt mehrere Stände haben musste: *7914 / D-Zone / 3F / 7556–7557 / C-Zone / 3F*. Aber an seinen Ständen hieß es, Herr Yu sei heute nicht da, Herr Yu habe zu tun.

Wenn man der Visitenkarte von Yu Wenqi Glauben schenken durfte, besaß er ein Konto bei der Agricultural Bank of Yiwu. Und wenn man Jin Yongyan glaubte – er diente uns seit einigen Minuten als Marktführer –, hatte Yu Wenqi außer dem Bankkonto auch einen Sohn, der in Neuseeland *Finance* studierte. Jin Yongyan rief Yu Wenqi für uns an. »Herr Yu bittet um Bedenkzeit«, sagte uns der Marktführer nach dem Telefonat. »Er muss es sich überlegen, ob er euch empfängt.«

Auch Yongyan hatte sich geziert. Fest angestellt? Ja, aber nur für halbtags oder so … Gehalt? Ja, ein festes Gehalt, aber es variiert …

Er drückte sich undurchsichtig aus, vermutlich, weil er auch »freiberuflich« tätig war, als jemand, der seine Dienste Leuten anbot, die sich auf dem Markt nicht auskannten. Wahrscheinlich hatte er deshalb nicht nur ein Handy dabei, sondern zwei und dazu noch ein Walkie-Talkie. Man konnte leicht erraten, dass die Verknüpfung beider Tätigkeiten nicht ganz koscher war. Außerdem rief Yongyan ein hohes Entgelt auf, ein sehr hohes. »Nur Bargeld!«

Wir hatten keinen Sack voll Geld. Auch das war wohl ein

Grund für Yongyans ausgiebige Bedenkzeit. Das gehörte genauso zum Feilschen wie sein Kopfschütteln über die Prinzipien, die ich ins Feld führte: Rechercheprinzipien, berufliche Grundsätze. Er brauchte es nicht zu sagen, es sprang ihm aus dem Gesicht, dass wir uns so weltfremdes Zeug nur ausdächten, um ihn in den Ruin zu treiben.

Unser letzter Trumpf war die Reisescheck-Geschichte. Wir machten Yongyan klar, dass uns keine zehn Pferde ein zweites Mal in die Bank of China bringen würden. Dafür hatte er volles Verständnis, und lachend willigte er in eine Aufwandsentschädigung ein, die mir günstig und vertretbar vorkam.

Yongyan erzählte, dass es von den ausländischen Einkäufern, die wir in der Bankfiliale gesehen hatten, eine Menge Unterarten gibt: Zum Beispiel den Typ, der nur Zwischenhändler ist und sonst nichts. Er kauft hier Produkte ein, wickelt den Transport ab und verkauft die Waren an Einzelhändler im Ausland.

Immer wieder klingelte es, mal auf diesem, mal auf jenem seiner Handys.

Dann gibt es Leute vom Schlag dieses Yoofi, fuhr er fort, die selbst Einzelhändler sind und für sich selbst oder für ihre Familie einkaufen. Andere haben eine Fabrik in ihrem Heimatland, lassen aber zusätzlich hier in China produzieren. Entweder bauen sie hier eine Fabrik auf oder sie beteiligen sich an einer bestehenden Firma, die Chinesen gehört.

Händler, die viele Geschäfte bei uns machen, sagte Yongyan weiter, kommen nicht umhin, ein Konto bei einer Staatsbank zu führen. Es ist ja verboten, den Renminbi im Ausland zu handeln. Zwar gibt es immer Wege, Geld rein und raus zu bringen, also hinter dem Rücken des Staates, aber für Ausländer ist das viel zu gefährlich. Es ist inzwischen auch unnötig. Die Regierung und die Verwaltung tun alles, damit es die Ausländer leicht haben. Die Händler erhalten hier offizielle Dokumente, die sie berechtigten, Kapital einzuführen. Mit diesem Dokument können sie bei der Bank ein Konto einrichten, Renminbi abheben und die chinesischen Fabrikanten bezahlen. Die Stückelung des Renminbi ist sehr klein. Der größte Schein ist der Hunderter. Deshalb rennen hier so viele Leute mit Geldsäcken herum.

Häufig gerät man an Falschgeld, sagte Yongyan. Nicht mal die Scheine der Banken sind sicher. Aber Banknoten kann man prüfen. Es gibt hier überall Prüfgeräte mit speziellen Leuchten und Scannern. Falls man falsche Scheine erwischt hat, ist das allerdings kein Drama. Hin und wieder das eine oder andere Bündel falscher Hunderter im Sack – was macht das schon? Der Sack ist immer noch voll; der Schaden hält sich in Grenzen. Schecks hingegen akzeptiert hier niemand. Nicht bei Geschäften mit Ausländern. Kreditkarten auch nicht. Erstens gibt es zu viel Kartenbetrug und zu viele Fälscher. Zweitens – und das ist noch wichtiger – will jeder bei seinen Geschäften so dünne Spuren wie möglich hinterlassen. Also Bargeld.

Ich erkundigte mich bei Yongyan, warum nicht mal Touristen in den Hotels Reiseschecks wechseln konnten, wie überall sonst in China?

»Welche Touristen? Es heißt immer, dass wir ein Volk von Nachahmern sind, von Fälschern und Raubkopierern. Stimmt! Aber was ist mit euch Ausländern? Ihr tarnt euch als Touristen, kommt mit einer Bosch-Bohrmaschine und fragt uns, ob wir so etwas für fünf Euro pro Stück nachbauen! In unserer Gegend sind einfach zu viele ausländische Anstifter und Betrüger unterwegs! Dagegen kommen die Banken und Hotels nicht an!«

Yongyan musterte meinen kleinen Rucksack. Ich besaß den schwarzen, unverwüstlichen Rucksack seit rund zehn Jahren.

»Von Bree«, sagte er mit Kennerblick.

Markenzeichen hasse ich. Wenn immer möglich, trenne ich sie ab.

»Was hast du da drin?«

Karten, Tickets, Dokumente, Schlüssel; ein Bree-Lederportemonnaie; Zigaretten, Feuerzeug; Wechselwäsche für zwei Tage (Socken, Unterhosen, T-Shirts); Nylon-Regenjacke von Nike; Knirps-Regenschirm; Reisezahnbürste, Zahnpasta, Gillette-Rasierer; zwei Notizblöcke, Vierfarbstift von Rotring, einen uralten, aber zuverlässigen Sony-Kassettenrekorder, Kassetten und Ersatzbatterien von Philips; ein Vielzwecktool von Leatherman mit Messer, Feile, Säge, Schraubenzieher; eine kleine Mag-Lite-Taschenlampe; ein paar Medikamente.

»Die Medikamente, hmm, die lassen wir mal«, sagte Yongyan.

Er griff sich den Kassettenrekorder. Abschätziger konnte ein Blick nicht sein. Analogtechnik, Kassetten, Bandsalat – Yongyan fand, dass sich kein Mensch mehr mit so etwas abgibt. »Wir hier in China machen das alles digital!« Das meiste andere Zeug – laut Yongyan kein Problem: »Willst du fünftausend Rucksäcke in Auftrag geben, die aussehen wie deiner? Oder einen Container Taschenlampen? Probier es mit der Mag-Lite aus! Aber ich bleibe im Hintergrund! Man kennt mich hier. Sie dürfen mich nicht sehen!«

»Wer darf dich nicht sehen?«

»Die Bauern.«

Alles war blitzsauber. Putzkolonnen überall und Kärchermobile, die summend die Gänge wischten. Doch ich sah kein Obst, keinen Salat, keine Lebensmittel, keine Blumen, kein Fleisch, keinen Fisch. Und weit und breit keinen, der Dreck unter den Fingernägeln hatte oder Gummistiefel trug. Niemand hier musste schwitzen oder frieren. Die Hallen waren klimatisiert. Der Markt war eine Art permanente Weltpublikumsmesse für Güter des täglichen Bedarfs.

Ich fragte Yongyan nach Zahlen. »Wir Marktführer erzählen immer, dass es eine halbe bis eine Million verschiedener Waren sind, unterteilt in tausend Warensorten.«

Es gab riesige Ausstellungsflächen für Büroartikel, für Taschen- und Lederartikel, Hallen, Stockwerke und Abteilungen für Lederprodukte und Textilien, für Haushalts-, Küchen- und Badezimmerwaren, für elektronische Produkte, für Spielzeug, für Freizeit-, Camping-, Garten- und Heimwerker-Bedarf, Abteilungen für Brillen, für Kosmetikartikel, Weihnachtsschmuck und Modeschmuck. Dann Modul an Modul, in denen Nuckelflaschen und Thermosflaschen angeboten wurden, Stand an Stand voller Anglerstühle, Sonnenschirme, Regenschirme, Badelatschen, Schlauchboote, Wasserbälle, Luftmatratzen, Kugelschreiber, Filzstifte, Radiergummis, Federtaschen, Schnellhefter, Töpfe, Feuerzeuge, Kerzen, künstliche Blumen, Diktiergeräte, MP3-Player, Ohr- u. Kopfhörer, Mikrofone, Socken, Handtücher, Schuhe … – einfach alles, was man überall auf der Welt wiederfand, auf Straßenmärkten in Santiago de Chile, in den Kaufhäusern Tokios, auf den Basaren Islamabads, auf römischen Grabbeltischen, in venezianischen Nippesgeschäften, in polnischen, rumänischen, türkischen und russischen Ramschläden und in Deutschland etwa bei Aldi und Lidl, bei Karstadt, Woolworth, Tchibo und Metro.

Mir fiel der Markt ein, den Elias Canetti in »Die Stimmen von Marrakesch« beschrieben hatte. Wie auf seinem marokkanischen Markt fand man auch hier alles, und man fand es ebenfalls immer vielfach. Nach Auskunft von Yongyan gab es siebzigtausend Module. Du gehst durch einen Gang, dann durch den nächsten – und siehst auf fünfzig, hundert, zweihundert Metern nur Anbieter von Rucksäcken. Dann kommen die Gänge mit den Regenschirmen. Im nächsten Moment hast du Lust, unter die Socken zu gehen, dann unter die Haarklammern, die Wischmobs, Werkzeugkästen und Wäscheständer. Wie wär's mit Hausschuhen, Radios, Teddybären, Kamerataschen, hölzernen Soldaten zum Nüsseknacken? Oder steht dir der Sinn nach Gummi- und Plastikpuppen? Es gibt ordentliche amerikanische Basketballstars aus Gummi, da hinten Bimmelbammel-Porno-Puppen für die Lastwagenkabine, dann Barbies, die das ganze Kamasutra rauf und runter praktizieren, sitzende, hockende, kniende, aber stets weit gespreizte Barbies, Barbies, denen Schlangen in die Scheide schlüpfen, Ken beim Onanieren, die Jungfrau Maria beim Onanieren, als peitschenschwingende Domina, von hinten genommen von einem Engel. Auch der Papst steht im Angebot: als Hartgummibüste, als Schlüsselanhänger, in vollem Ornat aus

Gummi, in Lederkluft und in purpurrotem Latex beim Lecken einer schamhaarlosen Maria.

Der Taschenlampenbezirk. Wie viele Aussteller-Module? Yongyan konnte uns die genaue Zahl nicht sagen. Ich versuchte sie zu zählen, gab es aber bald wieder auf. Da waren Module, in denen Taschenlampen aus Plastik angeboten wurden, Module mit kleinen Plastiklampen, mit großen Taschenlampen, wieder andere, in denen die Plastiklampen in Form bunter Comicfiguren für Kinder ausgestellt wurden, batteriebetriebene Lampen, Generatorlampen, die leuchteten, wenn man mit der Faust zurückdrückte, Akkulampen, die man an Steckdosen aufladen konnte. Dann die Pavillons mit den Metalltaschenlampen, erneut große und kleine Lampen, runde, eckige, flache, einfarbige, mehrfarbige. Die Aluminiumtaschenlampen: Stände voller Lampen, die lange Batteriestäbe hatten, wieder welche mit kurzen Stäben, hier mit normalen Birnen, dort mit Halogenleuchten, im nächsten Pavillon mit glänzendem Lack, im nächsten auch, im übernächsten nur matt lackierte, andere im Metallic-Look, rote, blaue, violette, schwarze, grüne, pink-, chrom- und silberfarbene.

Ich sah keine Lampe, die so einfach, so schlicht, so streng, so funktional und elegant aussah wie meine schwarze amerikanische Markentaschenlampe. Die chinesischen Lampen hatten ein paar Zierrillen hier, ein paar Griffnoppen da. Manche besaßen Batteriestäbe mit wellenförmigen Verdickungen, damit sie sich gut in die Hand schmiegten, andere hatten schräg oder spitz zulaufende Batteriestäbe und sahen eher aus wie Apolloraketen fürs Kinderzimmer. Es war eine Welt, die keine Spielerei ausließ, und alle Lampen kamen mir hässlich vor, aber Yongyan bestand darauf, dass ich am nächsten Stand die Mag-Lite vorzeigte. Fang Yu kam mit, Yongyan wartete abseits.

Am Stand war eine junge Verkäuferin. Ihre Taschenlampen lagen in Glasvitrinen und unter dem gläsernen Fronttisch. Ich holte meine Mag-Lite aus dem Rucksack und deutete auf eines ihrer Stücke von vergleichbarer Größe. Die junge Frau schaltete die Lampe ein und reichte sie mir. Sie fühlte sich dünn und leicht an.

Die Verkäuferin sprach nur einige Brocken Englisch. Wir behalfen uns mit Handzeichen. Was kostet die? – Kommt drauf an. Wie viele wollen Sie? – Eine! – Nur eine?

Sie schüttelte den Kopf. Sie war verwundert, ratlos, fassungslos. Sie wandte sich hilfesuchend an Fang Yu, damit er übersetzte.

»Wenn du 5000 bestellst, kostet das Stück 4 Yuan, also 40 Cent.«

Wir rechneten nach: 5000 Taschenlampen kosteten 20.000 Yuan beziehungsweise 2000 Euro.

Es kommen noch die Kosten für die Verpackung hinzu, gab die Verkäuferin zu verstehen. Einfache Verpackungen sind billig, schönere sind teurer, dafür aber verkaufsfördernd. Dann ist die Frage, ob Batterien und eine Ersatzbirne dabei sein sollen oder nicht. Ferner die Transportkosten: Schiff oder Flugzeug? Schließlich Steuern und Zölle. Als Faustregel kann man sagen, dass sich die Kosten für den Einkäufer noch einmal verdoppeln. Am Ende, hochgerechnet, gibt der Einkäufer 2 Euro pro Stück aus. Die Verkäuferin blätterte in einer Liste. Aha, in Italien, Frankreich und Deutschland kann man dieses Modell zu einem Preis verkaufen, der irgendwo zwischen 5 und 8 Euro liegt. Wie gesagt, es macht viel aus, wenn man sie hübsch verpackt.

Ich wies noch einmal auf meine Mag-Lite und deutete an, dass ich sie für besser hielt. Sie war schwer, absolut zuverlässig selbst bei Regen, kein ausgeleierter Drehschalter, immer noch die erste Birne. Ich hatte sie vor Jahren gekauft, meiner Erinnerung nach für fünfundvierzig Mark.

»Moment!«, sagte sie. Sie bückte sich unter den gläsernen Ladentisch, wo ein weißer Rollschrank aus Blech stand, und zog die Schubladen auf. Dort lagen sie: elegant und schlicht, zur Auswahl in Mattschwarz, in Metallic-Rot und Mattchrome und solide wie meine Mag-Lite. Es fehlte nur die Aufschrift. 5000 Stück à 12 Yuan (1,20 Euro) kosteten 6000 Euro. Bei einer Bestellung von 10.000 betrug der Stückpreis 9 Yuan.

Ich wollte nur eine einzige, rein zum persönlichen Gebrauch.

Die Verkäuferin legte den Kopf schief. »100 Yuan!«
Fang Yu musste seinen ganzen Charme einsetzen.
Wir landeten bei 50 Yuan, bei 5 Euro.

Es war Mittagszeit. In einem Sektor des Marktes dienten die Standmodule als Kochbuden. Wie überall in den Schnellküchen von City-Passagen, Messezentren, Bahnhöfen oder Flughäfen musste man sich selbst bedienen, aber diese Kantine bot Weltküche, ausgerichtet auf die Vorlieben und den Geschmack der Einkäufer. Hier konnte man arabische Dishes bestellen, dort Pakura und indische Currys, am nächsten Standmodul Biryani, anderswo Pizza und maghrebinische Hühnchenschmorgerichte, Pizza, Pasta, Tortillas und frittierte Hühnchenstücke …

Weshalb hatte Herr Xiang, der Geldverleiher, diesen Ort aufgeschrieben? Nur der Bauern wegen war ich seinem Plan gefolgt. Wo waren sie?

Unser Marktführer schien die Frage nicht zu verstehen: »In den Sommermonaten, in der Hitze, kommen nicht so viele Kunden!«, sagte er. »Dann ist es hier nicht so voll!«

Fang Yu bemerkte, dass wir aneinander vorbeiredeten, und wiederholte meine Frage auf Chinesisch.

»Viele Bauern müssen jetzt auch bei der Ernte helfen!«

Einen Moment später legte Yongyan seine Stäbchen hin, fasste mich am Arm und bedeutete mir, an den Rand des Kantinensektors mitzukommen. Er zeigte auf eine Stelle, wo zwei Gänge des Marktes sich kreuzten. Dort stand ein Junge. Ich schätzte ihn auf vierzehn oder fünfzehn. Seine Haare waren ungewaschen, zerzaust. Seine nackten Füße steckten in Badelatschen. Aber er trug einen Anzug aus dünnem grauen Stoff. Der Anzug war ausgebeult, die Hose schmutzig, zu lang, an den Füßen ausgefranst. Er hielt ein paar Krawatten in der Hand und bot sie Marktbesuchern an: »Real silk! Real silk!«

Arme Menschen wie ihn hatte ich schon während des Streifzugs durch die Etagen gesehen. Ein Mädchen wollte Seidenblumen verkaufen, eine Frau Gummibänder, ein anderer Junge bot Uhren an und ein alter Mann hatte zwei Holzmarionetten in einer Tragetasche dabei. Es gab auch Menschen, die nichts verkauften, die einfach nur bettelten.

Während Yongyan in sein Walkie-Talkie sprach, sah ich dem Jungen auf der Marktkreuzung eine Weile zu. Niemand blieb bei ihm stehen, niemand, der sich seine Krawatten wenigstens flüchtig anschaute. Es dauerte nicht lange, dann kamen zwei Ordner in Uniform und führten ihn ab.

Yongyan war Anfang dreißig. Er war ein kleiner Junge gewesen, als Mao starb. Er sagte, er wolle nicht über sich reden, aber er könne uns mit der Geschichte des Marktes und mit Zahlen dienen. Bisher hatte es auf Englisch einigermaßen geklappt, aber jetzt genügte es nicht mehr, dass Fang Yu nur sporadisch aushalf. Yongyan wechselte ins Chinesische.

Als ich zur Welt komme, erzählte er, gibt es hier keinen Bauern, der selbständig ist und irgendwelche Waren anbietet. In ganz China müssen die Bauern im Kollektiv arbeiten. Der Chef entscheidet, was du anbaust und was nicht. Er bestimmt, wann du säen und wann du ernten musst. Es ist verboten, dass du aus dem Gebiet weggehst, in dem du lebst und arbeitest. Nur dort, wo du registriert bist, bekommst du Lebensmittelkarten, und nur dort kannst du die Marken einlösen, um zu essen. Mao will, dass ein Bauer an dem Ort bleibt, wo die Ahnen begraben sind. Das ganze Leben. Deshalb ist bei uns alles anders. Die Inder, die ich kenne, sagen, dass in Indien schon immer jeder gehen kann, wohin er will. Deshalb gibt es dort Slums in den Städten. Aber unser Registrierungssystem und die Kontrollen – das ist auch schlimm. Als Bauer darfst du ohne Sondererlaubnis nicht einmal Verwandte besuchen, die in weiter entfernten Orten leben.

Die ersten Märkte tauchen Anfang der siebziger Jahre auf. Ich kann mich daran nicht erinnern. Ich weiß das auch nur aus Erzählungen und weil ich Fotos gesehen habe. Es sind wilde Märkte, einen Tag an dieser Ecke, an einem anderen Tag an jener. Die

Bauern gehen zu Fuß. Keiner hat ein Fahrrad. Zum Tragen benutzen die Männer noch Stangen mit Körben an jedem Ende. Die Frauen und Kinder hocken unter Bäumen im Schlamm, warten auf Kunden vor Mauern und in Hausecken. Sie haben nur dünne Kleidung an. An kalten Tagen wärmen sie sich an Feuertonnen. Ihre Waren liegen auf Tüchern am Boden: eine Strickjacke vielleicht, Socken, ein Paar Handschuhe, in der Erntezeit ein Kürbis, ein paar Knollen Knoblauch, Orangen, Äpfel, Bambussprossen, manchmal auch ein Huhn und ein paar selbst gefangene Fische und Vögel. Es hat zwar mit Tauschhandel begonnen, aber bald schon ist auch Geld im Spiel gewesen. Sie bringen alles auf den Markt und tauschen und verkaufen alles, woran es in jener Zeit mangelt. Heute fragt man sich: Ein Knopf oder ein Topf? Was ist das schon! Aber wenn der einzige Topf im Haus ein Loch hat, dann ist ein neuer Topf wie ein neues Leben!

Fang Yu, der aus Zentralchina stammte, ergänzte: »Die Kulturrevolution ist auch noch nicht zu Ende. Das Schlimmste ist, wenn die Funktionäre jemanden als Kapitalisten einstufen, als Rechtsabweichler, Ausbeuter, Klassenfeind, Konterrevolutionär und so weiter. Das ist lebensgefährlich.«

Die fliegenden Händler, fuhr Yongyan fort, geraten oft in Kontrollen. Die Polizei greift sie auf, weil sie ihren Bezirk verlassen haben. Aber bei uns in der Gegend lassen sie sich nicht aufhalten. Sie fangen an, selbst Dinge herzustellen. Privat, bei sich zu Hause.

»Heimlich! So halb heimlich!«, übersetzte Fang Yu.

Was hieß das denn?

»Wie ich sage: heimlich und auch wieder nicht! Wie soll es im Dorf Geheimnisse geben?«

Yongyans Geschichte ging weiter. Fang Yu ergänzte vieles durch eigene Kenntnisse. Und manches konnte auch ich beisteuern.

In den Dörfern Zhejiangs – und auch in Orten wie Yiwu und in den Städten Hangzhou, Wenzhou, Taizhou und Ningbo – sind nicht nur die Bauern arm. Auch die Parteifunktionäre sind arm.

Die ganze Gegend ist es, denn seit man denken kann, leiden die Bauern an Bodenknappheit. Die Revolution und die Veränderungen auf dem Land bringen keine Besserung. Die Bauern leiden wie zuvor. Eigentlich noch mehr. In China gibt es nichts anderes als Staatsindustrie. Aber hier wird keine nennenswerte Staatsindustrie angesiedelt. Es gibt kaum Geld aus Peking. Provinzen wie Zhejiang und Fujian stehen an letzter Stelle, weil sie als Frontgebiet gelten, weil sie Taiwan gegenüberliegen. Die Kommunistische Partei Chinas überlässt die Menschen hier sich selbst. Deshalb wenden sich nicht nur die Bauern von Mao ab. Auch die hiesigen Funktionäre wenden sich ab. Hier ist jeder ein Habenichts. Weggehen? Keine Chance! Was hast du zu verlieren? Kein Leben ist das! Und in dem Moment, als die Bauern in ihrer Not wieder selbst Gemüse und Obst anbauen, in ihrer freien Zeit wieder Hühner und Schweine züchten, Fischteiche anlegen und alles tauschen und verkaufen, was sie nicht selbst essen, und wie in früheren Zeiten, aber ohne viel zu reden, auch kleine Waren in Hand- und Heimarbeit herstellen, Socken, Knöpfe, Schuhe, Büroklammern – in dem Moment machen es die Funktionäre der Gegend wie die drei weisen Affen: Nicht sehen, nicht hören, nicht sprechen.

Als Mao 1976 stirbt, hat sich Yiwu schon in einen Flecken mit Hunderten von Bauernmärkten verwandelt. Noch immer sind es wilde, provisorische Märkte, aber es gibt jetzt schon Stände aus Holz. Und bald nach Maos Tod sind sie nicht mehr mobil, nicht mehr an einem Tag hier, am anderen dort. Wochen später, oder vielleicht nur Tage später, besitzen die Stände Schutz vor Regen. 1977 gibt es Märkte, deren Stände Dächer haben. Alle Stände haben sogar die gleichen Dächer, standardisierte Stände mit standardisierten Dächern. Die einzelnen Märkte besitzen nun einen Anfang und ein Ende, Tore, vor denen die Fahrräder der Bauern und Kunden abgestellt sind, ordentlich in Linie aufgereiht. Ein Aufpasser bewacht die Räder. Es existiert ein Ordnungssystem und eine Organisation. 1977 handelt es sich bei manchen der hiesigen Märkte um stationäre Märkte. Die Bauern und die örtlichen

Funktionäre der Gegend haben den Markt schon etliche Jahre vor Deng Xiaoping zu ihrer Sache gemacht. Nun fördert auch Deng Xiaoping den Markt. Endlich soll in China die Nahrungsmittel- und Konsumgüterproduktion Vorrang vor der Schwerindustrie haben. 1979 genehmigt er die Bauernmärkte im ganzen Land. Von diesem Tag an ist der Bauernmarkt kein Schwarzmarkt mehr. Aber der Bauer ist immer noch Schwarzhändler.

Warum? Er darf nur Produkte verkaufen, die er selbst herstellt. Peking will das so. Er muss seine Ware selbst verkaufen. Kein Zwischenhandel! Das wäre reinster Kapitalismus. Der Bauer darf auch nur im Haushalt produzieren. Er darf auch keine Arbeiter beschäftigen. Alles andere wäre Ausbeutung! Später darf er Arbeiter einstellen, jedoch nicht mehr als acht. Aber darf man keinen Erfolg haben? Und wie soll man all die Aufgaben alleine bewältigen, die ein Geschäft mit sich bringt? Kann ein Mensch zur selben Zeit Saatgut einkaufen, das Feld bestellen und Lederreste von einer entlegenen Fabrik besorgen? Und kann er dabei gleichzeitig hinter dem Haus die Hühner schlachten, sie ausnehmen und rupfen, und an der Nähmaschine Schuhe nähen? Im selben Moment die Sachen auf die unterschiedlichen Märkte bringen, auf Märkte, die sich spezialisiert haben, von denen der eine an diesem Ort liegt, der andere an jenem? Soll man sich vierteilen, um gleichzeitig Einkäufer, Produzent und Transporteur zu sein und dabei den ganzen Tag als Verkäufer auf dem Marktstand herumstehen? Und wie soll ich mit meinen Waren handeln, wenn ich das Gebiet nicht verlassen darf, in dem ich registriert bin? Hat der hochverehrte Genosse Deng daran gedacht? Bestimmt hat er! Er ist schlau! Er kann nur nicht so, wie er will. Es gibt Widerstand. Er muss aufpassen. Er ist ein gebranntes Kind. Wer weiß, ob nicht ein neuer Mao lauert? Er kann nur einen Schritt nach dem nächsten machen. So ist das mit Reformen! Lieber später als nie. Die Welt ist, wie sie ist. Es hilft nichts. Als Bauer musst du einfach machen. Aber errege bloß kein Aufsehen! Marschier einfach los!

1982 setzt sich Xie Gaohua, der Ortsparteisekretär, über das

Pekinger Verbot hinweg und erlaubt den Zwischenhandel. Er fasst die vielen Märkte zusammen und sorgt für eine übersichtliche Struktur. Er will aus den Märkten ein Geschäft für ganz Yiwu machen. Die örtliche Partei nennt Yiwu jetzt »Die Stadt der einfachen Konsumgüter«! Eine richtige Stadt soll entstehen. Die Partei lässt in der ganzen Gegend Transparente anbringen: »Erschafft den größten Supermarkt unter dem Himmel!«

Indem die Bauern und die Funktionäre aus Zhejiang die Widersprüche der Pekinger Regierung ausnutzen, bringen sie Maos System der Bauernsklaven ins Wanken: Das Verbot des Zwischenhandels – nur noch ein Papiertiger; die Abriegelung der Städte vor den Bauern, die Hukou-Registrierung, die Lebensmittelkarten und Essensmarken – Papiertiger, Papiertiger, Papiertiger!

Erst einige Jahre später, 1985, bewilligt der Volkskongress das Recht jedes Chinesen auf einen Personalausweis. Selbst der letzte Mao-treue Funktionär muss jetzt einsehen, dass China ein Land von Millionen fliegenden Händlern und Abermillionen Wanderarbeitern ist, ein Land von Bauern auf Geschäftsreise.

Yongyan erzählte, dass der »Futian International Market«, das riesige Gebäude, in dem wir uns aufhielten, vor drei Jahren fertig gestellt wurde. Für viele Bauern, die damals hier ihre Module einrichten, ist es der fünfte Umzug, die fünfte Verlagerung des Marktes, aber bereits die achte Erweiterung. Längst haben die Märkte eine Dachorganisation erhalten, die »Zhejiang China Commodities City Group Co., Ltd.« Schon seit 1991 ist Yiwu der größte Marktplatz für Kleinwaren in China. Seit 1995 gibt es nicht nur den stationären, permanenten Markt, sondern zusätzlich eine jährliche Konsumgütermesse. Sie steht inzwischen auf Platz zwei hinter der Kanton-Messe, der Messe von Guangzhou. Zur Yiwu-Messe kommen außer den Produzenten aus Zhejiang auch Tausende von Produzenten aus anderen Teilen Chinas.

Aus dem Kaff ist eine der wohlhabendsten Mittelstädte Chinas geworden und eines der Auffangbecken für Bauernmigranten aus armen Provinzen. Siebenhunderttausend Menschen sind als »ständige Einwohner« registriert. 1,2 Millionen Menschen sind Wanderarbeiter, von der Verwaltung als »vorübergehende Einwohner« klassifiziert. »Aber die Stadtregierung kann nicht jeden zählen«, sagte Yongyan. »Vielleicht ist Yiwu schon eine Dreimillionenstadt.«

Daten dieser Art hatte Yongyan mehr auf Lager. Er wusste, wie groß die Marktflächen insgesamt waren (eineinhalb Millionen Quadratmeter), wie viele Unternehmen es in Yiwu gab (zwischen fünfundzwanzig- und vierzigtausend), in welchen Branchen Yiwu Nummer eins in der Welt war (Strohhalme, Socken, Modeschmuck, Reißverschlüsse), er wusste, wann der Flughafen, die Hangzhou-Jinhua-Autobahn, die Yong-Jin-Autobahn und die Zhejiang-Jiangxi-Bahnstrecke fertiggestellt worden waren, er wusste, wie viele Reiseverbindungen und Passagiere es pro Tag gab (Flüge, Züge, Busse), wie lange die Reise nach Hangzhou dauerte, nach Schanghai, Peking und Guangzhou, er kannte das Bruttoinlandsprodukt der Stadt, die jährlichen Wachstumsraten seit eineinhalb Jahrzehnten, das verfügbare Durchschnittseinkommen der als »Städter« und der als »Landbewohner« klassifizierten Personen, die Anzahl der Container, die Yiwu täglich verließen. Im Einzelnen besagten die Daten wenig. Es kam auf das Gesamtbild an: Alles, was geschehen war, war jüngst geschehen, alles was wuchs, wuchs zu märchenhafter Größe.

War Yiwu ein Sesam-Öffne-Dich oder gar ein Paradies, wie Yoofi, der Händler aus Ghana gesagt hatte?

Yongyan hatte noch nie ans Weggehen gedacht. Sein Wissen über die Zeit vor dem Markt gründete auf Erzählungen und Fotografien, nicht auf Erfahrung. Es fiel ihm schwer, sich eine Welt ohne Markt überhaupt vorzustellen. »Aber meine Eltern«, sagte er, »hätten nicht mal im Traum daran gedacht, was hier entstehen würde.«

Seine Stelle auf dem Markt war Gold wert. Nicht des festen Gehalts wegen, sondern weil sie ihm half, in anderer Weise erfolgreich zu sein. Seine Haupteinkommensquelle war sein

Zweitjob in einer Import-Export-Agentur. Yongyan gehörte einer neuen Schicht von Dienstameisen an. Leute wie er eilten eifrig durch die Stockwerke, Bezirke und Gänge und brachten die Bauern der Gegend mit den Einkäufern und Zwischenhändlern aus zweihundert Ländern der Welt zusammen. Denen, die von außen kamen, boten sie Wissen an. Sie wussten, welche Papiere zu besorgen waren, und sie ersparten den Kunden das Schlangestehen. Sie buchten ihnen Flüge und Hotelzimmer, ließen sie von den Flughäfen in Schanghai, Hangzhou und Yiwu abholen, engagierten für sie Chauffeure und Dolmetscher, halfen ihnen bei der Suche nach geeigneten Fabrikanten und berieten sie in Vertragssachen und bei finanziellen Transaktionen. Neuerdings vermittelte Yongyans Agentur auch Lagerräume. Als Nächstes wollte die Agentur zusätzlich anbieten, den Transport der Fracht in die Wege zu leiten.

Heute fand Yongyan nur deshalb Zeit für uns, weil er Leerlauf hatte, weil es nicht so voll war, weil viele Kunden die Hitze scheuten und viele Bauern bei der Ernte aushalfen. Die Bekanntschaft mit ihm war flüchtig geblieben. Trotzdem repräsentierte er für mich bereits diesen Markt. Er lebte in einer globalisierten Welt und schien sich in ihr zurechtzufinden. Aber mich ließ der Gedanke nicht los, dass die Zeit schon wieder abgelaufen war, in der ein Mensch sich einfach hierhin stellen konnte, um die Ware anzubieten, die er sich ausgedacht und angefertigt hatte, die Frucht – wenn man so wollte – seines Könnens und seiner Arbeit. Die leisen Unternehmungen der Bauern hatten Maos Ordnung ausgehöhlt, und jeder dieser Eigensinnigen hatte dazu beigetragen, dass sie zerstört wurde. Am Anfang war ihr Bauernmarkt anarchisch gewesen, aber in gewisser Weise – gemessen an dem, was vor ihrem Aufbruch existierte und was später daraus wurde – enthielt dieser Markt auch ein demokratisches Element: Er bot so viele Chancen und schloss im Prinzip niemanden aus. Dann begannen die örtlichen Funktionäre, den Markt zu ordnen. Ein Marktstand kostete auf einmal schrecklich viel Geld. Jahr um Jahr stieg die Gebühr. Und wieder musste man registriert sein. Die Kontrolle der Lizenzen zählte zu Yongyans Pflichten als Angestellter des Marktes. Schwarzhändler und Blumenmädchen, alte Männer mit selbst geschnitzten Marionetten und bettelarme Jungen mit drei, vier Seidenschlipsen im Angebot meldete er dem Wachdienst.

Wie Silber, Gold und Perlen

»Selbst Bettlern geht es heute besser als uns damals!«, sagte Yu Wenqi. Er hatte sich überlegt, uns persönlich abzuholen und gleich am Nachmittag aufs Land mitzunehmen. Er war einfach gekleidet, mit einem goldbraunen Pulli und einer Hose aus dünnem braunem Stoff. Seine helle Stimme klang matt. Er hatte gerötete Augen und sah körperlich verbrauchter aus als die meisten Männer seines Alters. In der Erinnerung kam er mir leicht untersetzt vor, aber auf den Schnappschüssen, die ich mir erst einige Wochen später in Europa wieder ansah, hatte er keinen Bauch. Es war seine Haltung, die diesen Eindruck erweckte, seine Müdigkeit, und möglicherweise die Tatsache, dass er mit Anfang fünfzig schon auf dem Rückzug war, jedenfalls aus den ganz großen Geschäften, die anstanden und die mit einem bestimmten Ereignis der kommenden Tage zu tun hatten.

Ihm machten die Finanzen zu schaffen! Er sagte, er habe eine eiserne Regel. Doch aus irgendeinem Grund war die eiserne Regel nicht länger durchzuhalten: »Ich investiere nur eigenes Geld, Geld, das ich gespart habe. Andere – die gehen zur Bank, nehmen einen Kredit auf und kaufen, was sie brauchen. Aber ich bin doch nicht blöd!«

Wir hatten die Innenstadt längst hinter uns gelassen und den Stadtrand erreicht. Die Straßen, Ampeln und Schilder waren neu. Auch die Häuser auf dem Land machten keinen alten Eindruck. Die Gegend war zersiedelt. Die Siedlungen hatten nichts Dörfliches mehr. Ich sah keine großen Felder, kein Vieh, nur einige Male Chinesen am Straßenrand, die Schlangen verkauften. Dass keine Bauern zu sehen waren, nicht einmal auf den verbliebenen Parzellen zwischen und hinter den Gebäuden, konnte an der Mittagshitze liegen. Aber offenbar war es nicht mehr der Acker allein, von dem die Menschen hier lebten. Es war ihnen gelungen, aus der Landwirtschaft Wohlstand zu generieren und dem Land eine moderne Infrastruktur zu geben. Die Infrastruktur und bessere Dienstleistungen hatten das Dorf aus der Isolation geführt und mit dem Markt verbunden.

Für das Hupen der Autos hinter uns schien Yu Wenqi taub zu sein. Er fuhr einen blassbraunen Hyundai Coupee Automatik, einen Drei-Liter-Sechszylinder, also warum diese Schleichfahrt mit dreißig Stundenkilometern? Eigentlich war es wie in einem Trecker dahinzutuckern. Glaubte er noch, ein Neuwagen müsse schonend eingefahren werden? Oder hatte er Angst, bei etwas mehr Druck aufs Gas die Maschine zu entfesseln und in den Fängen der Polizei zu landen? Am Innenspiegel baumelte ein achteckiger grüner Drache, der böse Geister hoffentlich so gut vertreiben konnte wie das *Liquid fresh green* auf dem Armaturenbrett schlechte Düfte.

Nach dem Einsteigen hatte sich Yu Wenqi erkundigt, was Fang Yu und ich von dem Markt hielten, und gleich darauf hatte er zu erzählen begonnen. Als wir ans Ziel kamen, kannten wir mehr als nur den Anfang seiner Lebensgeschichte.

»Wir mussten immer hungern. In unserem Dorf waren alle arm. Wir waren drei Brüder. Ich erinnere mich. Meine Eltern arbeiteten in Bauernbrigaden. Ich kam nach der Schule ebenfalls in eine Brigade. Meine Brigade hat aber nicht auf dem Feld gearbeitet, sondern auf dem Bau. Das ging drei Jahre lang so. Im dritten Jahr arbeiteten wir in Hangzhou. Da war ich schon ein guter Maurer! Aber es gab kaum Maschinen, keine Kräne. Wir mussten alles mit der Hand machen. Sehr hart! Besonders das Tragen! Wir haben immer überlegt, wie wir reich werden könnten.

Dann war der Bau in Hangzhou fertig. Die Baubrigade wurde aufgelöst, und ich ging zurück ins Dorf. Zu Hause hatten wir nicht viel zu tun. Wir nahmen Klebreis und Zucker, unsere eigenen Rationen und was Verwandte und Bekannte erübrigen konnten, und kochten. Aus dem Klebreis formten wir Figuren.

Es gab hier ein staatliches Kaufhaus. Mit den Süßigkeiten sind mein Vater und ich zu dem Kaufhaus gelaufen und haben uns vor den Eingang gestellt. Manchmal verkaufte das Kaufhaus Knöpfe, Fäden, Nadeln und Gummibänder. Wir konnten uns diese Dinge nicht leisten. Es gab sie auch nicht immer. Man wusste nie, wann das Kaufhaus eine neue Lieferung erhielt. Also standen wir dort und warteten ab. Wenn das Kaufhaus eine neue Lieferung erhielt, kauften die Leute, die Geld hatten, so viel wie möglich. Wir haben dann versucht, mit ihnen zu tauschen. Süßigkeiten aus Klebreis gegen Knöpfe, Haargummis und so. Wenn es sich lohnte, wenn wir genügend Ware zusammenhatten, packten wir sie in Körbe und zogen los, zu Fuß, mit einer Tragestange über der Schulter. Meistens waren wir eine Woche unterwegs, manchmal auch länger. Mein Vater fragte die Leute immer, wo es Märkte gab. Die Leute waren sehr unfreundlich zu uns, besonders in den Nachbarprovinzen. Dort verspotteten sie uns. Heute kann ich verstehen, wie sich die Menschen fühlen, die aus weit entfernten Provinzen herkommen und Arbeit suchen. Ich behandle sie gut! Wie die eigene Familie! Dann arbeiten sie auch besser! Aber damals, als ich mit meinem Vater umherzog und mit ihm Geschäfte machen musste, da schämte ich mich. Ich schämte mich so sehr, dass ich nicht mehr mit ihm zusammen umherziehen wollte.

Ich war ja noch jung. Und es war diese Zeit. Die Kulturrevolution. Aber schon vorher war es ein Verbrechen, Geschäfte zu machen. Dann war man verdächtig! Märkte waren auch verboten. Man konnte dafür ins Gefängnis gesteckt werden.

Dann gab es diesen Staatsbesuch von Präsident Nixon. Ich glaube, das war 1972. Er traf Mao und Zhou Enlai und es hieß, Nixon würde auch nach Zhejiang kommen, Hangzhou besuchen. In dieser Zeit verhafteten sie meinen Vater. Er hat damals auch mit einem Freund zusammen Geschäfte gemacht. Der Freund hatte was mit dem Kaufhaus zu tun. Der kam nicht ins Gefängnis. Später wurde er Direktor der Industrie- und Handelskammer unseres Bezirks.

Als mein Vater im Gefängnis saß, ist es uns sehr schlecht gegangen. Wir haben nicht gewusst, wohin man ihn gebracht hatte. Wir kannten viele Familien mit Angehörigen, die verhaftet wurden. Wenn sie zurückkamen, waren sie andere Menschen. Oft sind sie krank gewesen. Manche sind nie wiedergekommen. Meine Mutter hatte große Angst und ich habe eingesehen, dass mein Verhalten falsch war. Bevor er ins Gefängnis kam, schämte ich mich so sehr, dass ich nicht mehr mit ihm zusammen umherziehen wollte. Jetzt musste ich an den Bauernspruch denken, den er uns ständig gesagt hatte: ›Wenn du reich und mächtig werden willst, verlässt du das Dorf und wirst Kaufmann.‹

Ich dachte: ›Jetzt musst du alleine marschieren!‹ Er hatte ja recht. Und was sonst sollte man auch tun?

Außer der Schulterstange habe ich noch eine Trommel mitgenommen, so eine kleine Einhandtrommel mit einem Stielgriff. An der Trommel baumelten zwei Kugeln, und wenn man die Trommel hin- und hergedreht hat, machte sie Krach. Außerdem benutzte ich jetzt auch einen Bauchladen. Es ist ganz schön viel Gepäck gewesen, aber das war hinzukriegen. Schwieriger war es mit dem Geld, das ich verdient habe. Meistens hat man ja keinen Schlafplatz gefunden, keine Unterkunft. Oder ich bin zu spät gekommen, wenn alle Plätze schon belegt waren. Dann musste ich auf dem Gang oder im Freien schlafen. Das ist sehr gefährlich. Oder man liegt im Bett, manchmal bei sehr warmem Wetter. Dann habe ich mich trotzdem mit einer Decke zugedeckt, damit man das Geld nicht sieht. Ich habe das Geld auch als Gürtel zusammengebunden und es mir um den Bauch gewickelt, damit es keiner sieht. Von dem Geldgürtel und der Hitze hat sich meine Haut entzündet.

Nach einem Monat ist mein Vater aus dem Gefängnis entlassen worden. Danach ist er noch größere Risiken eingegangen als vorher. Unsere Gegend war damals der Schrottplatz für ganz China. Was bei uns ins Kaufhaus kam, waren Restwaren, zu schlecht für die Leute in Peking und in den anderen Provinzen. Im Kaufhaus gab es feste Preise. Da musste man nicht handeln. Aber was helfen feste Preise, wenn die Waren knapp sind und immer sofort ausverkauft? Der Freund meines Vaters hat angefangen, mit diesen Restwaren, die eigentlich fürs Kaufhaus bestimmt waren, größere Geschäfte zu machen. Mein Vater brachte diese Sachen auf den Markt. Auf dem ersten Markt verkaufte er sie. Auf dem zweiten Markt kaufte er für das Geld neue Ware ein. Damit ging er auf den nächsten Markt und hat sie wieder verkauft.

Dann ist mein Vater gestorben. Er ist bald nach Mao gestorben, genau in dem Moment, als Deng die Marktwirtschaft erlaubt, als es auf einmal heißt, dass man jetzt Geschäfte machen darf. Mein Vater wollte, dass jeder von uns drei Brüdern etwas bekommt. Aber wir stellen fest: Er hat dreihundert Yuan Schulden hinterlassen.

Auf der Trauerfeier spricht mich ein Verwandter an: ›Machen wir ein Ritual! Du trinkst diesen Schnaps mit mir! So. Von nun an bin ich dein Meister! Ich nehme dich mit!‹

Und ich sage: ›Ja, das mache ich!‹

1979 war ich fünfundzwanzig. Ich hatte gerade geheiratet. Meine Frau hatte auch auf dem Markt gehandelt und zweihundert Yuan gespart. Mein Schwiegervater lieh mir zusätzlich fünfhundert. Er hatte nur ein paar Schweine, aber als ich mit meinem Meister das erste Mal losgezogen bin, hatte ich dank der Schweine genug Geld. Wir sind gleich in eine andere Provinz gefahren, haben Waren in einem Kaufhaus gekauft und sie hierher auf den Markt gebracht. Jeder von uns trug vier Taschen, zwei auf dem Rücken, zwei mit den Händen. Ich war schon auf dem Bahnhof halbtot. Nun mussten wir mit dem ganzen Gepäck in den Zug gelangen. Und im Zug mussten wir uns ein Abteil erkämpfen. Es ist eine harte Zeit gewesen! Aber hier auf dem Markt haben wir dann tausendfünfhundert Yuan Gewinn gemacht! Ich habe die Schulden schnell wieder zurückgezahlt.

In diesem Jahr gab es bei uns schon Leute, die zehntausend Yuan verdienten. Diese Leute wurden von der Partei beglückwünscht! Sie haben eine Papierblume erhalten und großes Lob! Wir hörten unterwegs davon. Wäre schön, sagten wir uns, wenn wir das auch schaffen!

Zuerst konnten wir es selbst nicht glauben, aber ein halbes Jahr später hatten wir es geschafft. Das war 1980. Zehntausend Yuan Gewinn!

Ich habe gesagt: ›Ich mache jetzt, was ich immer schon wollte! Ich brauche bald ein richtiges Geschäft, einen eigenen Laden.‹

Ich mietete einen kleinen Raum als Lager für die Waren. Dort haben wir auch gekocht und gegessen. Meine Frau und die Kinder. Die beiden sind noch Babys gewesen. Sie haben meistens geschlafen. Auf dem Markt hatten wir so einen Rollstand für die Ware. Auf dem haben wir auch die Babys schlafen gelegt. Und abends haben wir alle in dem Lagerraum geschlafen.

Meine Tochter ist jetzt fünfundzwanzig, aber noch nicht verheiratet. Sie ist Buchhalterin bei der Autobahnverwaltung, sechzig Kilometer entfernt von hier. Mein Sohn ist vierundzwanzig. Er ist fleißig und ordentlich und bringt gute Leistungen. Er studiert *Finance* in Neuseeland, in Auckland.

Anfang der achtziger Jahre ist es nicht so richtig vorangegangen. Ich habe ja nur Waren verkauft, die aus den staatlichen Läden und Fabriken ausgestoßen wurden. Die waren zweite und dritte Wahl, und ich verdiente nur zwanzig- bis dreißigtausend Yuan im Monat. Ich wolle diesen Schrott nicht mehr haben und bin in die Provinz Guangdong (Kanton) gegangen, nach Guangzhou, um mir meine Ware dort zu besorgen. Die Provinz grenzt an Hongkong. Deng Xiaoping hatte dort eine der ersten Sonderwirtschaftszonen eingerichtet. Das war der Grund, warum die schon viel besser waren als wir. Aber die Kantonesen, die gehen tanzen, die geben Geld für Vergnügungen aus. Verkauft habe ich die Waren dann hier auf unserem Markt. Hier sind wir nicht so. Wir wissen noch, wie hart es ist, hundert Yuan zu verdienen. Wenn wir Gewinn machen und Geld haben, investieren wir es sofort, um uns zu vergrößern.

1991 habe ich meine erste Immobilie ersteigert. Es war das

erste Mal, dass Immobilien versteigert wurden. Das erste Haus auf der ersten Auktion ist meins gewesen.«

Er nannte eine Summe. Fang Yu konnte es kaum glauben: »Zu der Zeit war das ein riesiges Vermögen in China. Aber vierundvierzig Quadratmeter – das ist doch kein Haus!«

»Nein, eine Wohnung«, sagt Yu Wenqi. »Häuser kamen später. Aber nie Aktien! Dafür bin ich nicht schlau genug. Es kostet sehr viel Zeit, bis man begreift, wie das läuft. Selbst dann kann man sich nie sicher sein. Lieber Immobilien, da weiß ich, was ich habe. Meine Mieteinnahmen betragen jährlich zweihunderttausend Yuan, zwanzigtausend Euro.«

Ein junger Mann, den Yu Wenqi als seinen Assistenten vorstellte, empfing uns vor der Haustür. Die Siedlung bestand aus rund einem Dutzend Mehrfamilienblöcken. Sie grenzte hinten an eine Hügelkette und links und rechts zur Straße an Bauernparzellen. In der Mitte war ein Platz. Wie die meisten Häuser der Siedlung war Yu Wenqis Haus vierstöckig, und wie die anderen besaß es über die ganze Front verlaufende Balkone auf jedem Stockwerk. Auch der Grundriss sämtlicher Häuser kam mir identisch vor. Aber dann gab es Abwandlungen. Manche Häuser hatten ein Flachdach, manche ein Giebeldach, mal mit roten, mal mit glasierten blau-grünen Dachziegeln. Die Fassade von Yu Wenqis Haus war mit weißen geriffelten Fliesen verklinkert und seine Balkonbrüstungen besaßen kegelförmige Säulen. Die Neubausiedlung auf dem Land war schon seit Jahren fertig, aber der Platz in der Mitte war ungepflastert geblieben. Um die Häuser herum: Bauschutt und Gestrüpp. An keiner Stelle hatte jemand Bäume gepflanzt oder Rasen gesät.

Irgendwann vielleicht würden in den Häusern Familien wohnen. Man würde ihre Kinder auf dem Platz spielen sehen, Basketball, Tischtennis oder Fußball, und Vater und Mutter würden abends von der Arbeit aus der Stadt kommen, ihre Wagen vor dem Haus parken und mit den Kleinen spielen, bevor sie das Abendessen machen. So wie man das aus den Familienfilmen kennt, die den amerikanischen Traum zeigen. Aber einstweilen diente das Mehrfamilienwohnhaus, in das wir hineingingen, ausschließlich als Fabrik.

Yu Wenqi hatte eines Tages beschlossen, den Zwischenhandel aufzugeben und Fabrikant zu werden. Zwischenhandel war nichts Sicheres. Und Sicherheit war wichtig. Was er verdiente, reichte für ihn und seine Frau aus. Sie hätten mit dem Kaufen und Wiederverkaufen weitermachen können und irgendwann wahrscheinlich genug Geld für ihren Lebensabend gehabt. Aber er wollte, dass es auch den Kindern zeitlebens gut geht, egal was passiert und wie erfolgreich sie sind. Natürlich sollten sie lernen. Und zumindest der Sohn sollte auch studieren. Das würde viel Geld kosten – so ein Studium im Ausland. Nicht in Deutschland. Auf keinen Fall! Yu Wenqi hatte Unternehmerfreunde. Sie hatten ihm von einer ehemaligen Angestellten erzählt. Die Frau heiratete einen Deutschen, zog nach Deutschland und begann dort ein Studium. Es kostete fast nichts. Aber sie war mit der Universität unzufrieden. Ihr Urteil deckte sich mit den Berichten einiger Mitschüler von Yu Wenqis Sohn, die ebenfalls in Deutschland studierten. Auch sie waren von Deutschlands Universitäten enttäuscht. Yu Wenqi wollte, dass sein Sohn auf höchstem Niveau studierte, in Neuseeland, auf der besten Uni dort.

Die Kosten dieses Studiums waren sehr hoch. Er sagte, dass man sich so etwas nur leisten kann, wenn man sich nie mit dem zufriedengibt, was man schon erreicht hat, wenn man nachdenkt und immer neu nachdenkt.

Und so hatte Yu Wenqi überlegt, wie man Schrott zu Gold machen konnte oder anfangs wenigstens zu Silber: Versilberung würde sich nur lohnen, wenn man ein Material wählte, das ein Mindestmaß an Festigkeit besaß. Die Silberschicht würde sonst abblättern. Es gab mehrere Methoden der Versilberung: Man könnte die Gegenstände galvanisch behandeln, aber dazu würde man viel Strom verbrauchen. Wenn man ohne viel Strom arbeiten wollte, müsste man sie in eine Mischung aus Cyanid und Silbernitrat tauchen. Aber Cyanid zu beschaffen wäre schwierig, wenn nicht unmöglich. Man könnte sie auch in ein Bad aus Silbernitrat, Ammoniak, Hydrazinsulfat und Natriumhydroxid legen. Das wäre eine Möglichkeit. Aber wer wusste, welche Mengen und wie viele Bestandteile man exakt benötigte?

Er kannte Bauern, die Ahnung davon hatten. Sie rieten ihm ab. Sie wussten aber, wie man es früher gemacht hatte, wie man Becher, Schalen und Armringe per Aufdampfen versilberte. Man würde dafür allerdings spezielle Öfen benötigen.

Aber im Grunde genommen brauchte man gar kein echtes Silber. Eisen, Kupfer, Zinn und Zink, Blei und Nickel – daraus konnte man etwas machen, das Silber ähnlich sah.

Wenn man also Gussteile aus Zink herstellen würde, oder besser gesagt: aus Legierungen von Zink, Nickel und Kupfer? Kein Land der Welt hatte größere Zinkvorkommen als China. Zinkdruckguss ist gut! Wie wurden denn Regenrinnen gemacht, Haushaltsgegenstände, kleine Figuren, Modelle und bestimmte Autoteile? Na eben! Mit diesem Verfahren kannten sich doch viele aus. Der Druckguss eignete sich außerdem am besten für große Stückzahlen. Große Stückzahlen – das wäre es doch!

Aber alles hatte Vor- und Nachteile. Es gab ja auch noch Schüssel-Zinn als Möglichkeit, weil man daraus seit eh und je Behälter, Gefäße und vieles mehr machte, was zur Zierde gut war. Auch Schmuck, Modeschmuck. Wenn man Zinn verwendete, benötigte man zwar noch Kupfer, Blei und Antimon, aber es wäre am Ende besser als Zink. Der Schmelzpunkt von Hartzinn war so niedrig, dass es nicht viel Aufwand machen würde, daraus schöne Stücke zu formen. Diese Stücke, also Zinnlegierungen, hätten den Vorteil, dass sie weich genug wären (um sie gut bearbeiten zu können), andererseits hart genug für die eigenen Zwecke. Außerdem glänzte das Zeug so schön. Nicht nur, dass es dem Silber irgendwie nahe käme, es wäre ihm zum Verwechseln ähnlich. Würde man es eine Weile der Luft aussetzten, oder besser noch, würde man gleich richtig Sauerstoff zuführen, sähe es aus wie altes Silber. An Sachen aus Gold könnte man sich später wagen. Dafür müsste man dann doch wieder auf Zink und zusätzlich auf Kupfer zurückgreifen. Wo ist der Unterschied? Messing sieht wirklich aus wie Gold.

Was die Beschaffung anging – auf dem größten Schrottplatz von China kannte Yu Wenqi sich aus. Er wusste, wo er die notwendigen Dinge bekommen konnte: Maschinen aus zweiter Hand, ausgemusterte Öfen, Rohstoffe, Farbe, Scharniere und Magnete für den Klappverschluss. Und eines Tages lief die Produktion an. Zuerst waren es einfache Modelle, dann schönere, vielfältigere und aufwendigere. Zu sechst, mehr Leute waren sie am Anfang nicht, entwarfen sie ein Muster und mehrere, aufeinander abgestimmte Gussformen. Dann gossen sie die Metallstücke, schliffen, polierten und montierten sie zu Kästchen. Aber ob sie nun wie Gold oder wie Silber aussahen – so eine Dose für Schmuckstücke musste selbst geschmückt werden. Sie bemalten sie und verzierten sie. In der Preisklasse, die Yu Wenqi für seine Dosen vorschwebte, kamen weder Edelsteine noch echte Perlen in Betracht, aber Hunderte von Bauern der Gegend hatten Yiwu zu einer der weltweit größten Ansammlungen von Firmen gemacht, die Zirkonia-Steine und Modeschmuck herstellten. Kein Laie konnte ihre gut gemachten CZ-Steine im Wert von ein paar Yuan von einem Edelstein unterscheiden, der ein paar Hundert oder ein paar Tausend Dollar wert war. Sogar Edelsteinexperten benötigten Instrumente und spezielle Analyseverfahren. Also kaufte er künstliche Steine und Perlen von Zulieferern ein, ließ sie auf die Dosen kleben und brachte die Muster auf den Spartenmarkt für Modeschmuck und Geschenkartikel. Später, in den neuen Hallen des Futian International Market, mietete er einen der Standard-Pavillons.

Im Erdgeschoss seiner Fabrik war ein etwa fünfzig Quadratmeter großer Raum. Auf drei Seiten waren Schiebefenster mit Rahmen aus braunem Holz. Die Fenster standen offen. Jedes Fenster besaß grüne Vorhänge, die man zur Seite gezogen und verknotet hatte, damit sie nicht wehten. Die weißen Wände zeigten noch keine Schrammen, und die Keramikfliesen glänzten. An der Decke des Raumes führten im Abstand einiger Meter dicke

Trägerbalken entlang. Es würde leicht sein, unter diesen Trägern gute Wände einzuziehen und den Raum in drei bis vier Zimmer zu unterteilen. Jedes Zimmer hätte dann sogar ein Fenster. Aber jetzt diente der Raum als Arbeitsplatz. An den Wänden hingen Feuerlöscher, eingewickelt in durchsichtige Folie. Acht Männer packten kleine Kartons in größere Versandkartons, auf denen »Made in China« stand.

Im zweiten Stock erfolgte die Endfertigung der Ware. Auch das war Handarbeit. Fünfundzwanzig Arbeiterinnen saßen dort auf Hockern, tief über die Tischplatten gebeugt, und bemalten die Dosen mit feinen Pinseln. Während der Arbeit hörten sie Schlager. Die Musik fördere die Konzentration, meinte der junge Mann, den Herr Yu als seinen Assistenten vorgestellt hatte. Wenn die Frauen von ihrer Arbeit aufblickten, sahen sie große Schriftzeichen, die auf zwei der Deckenträger gemalt waren. »Wir haben uns die Sprüche selbst ausgedacht!«, sagte Yu Wenqi. *Qualität entsteht durch Arbeit, nicht durch Kontrolle.* Und: *Wer heute nicht fleißig arbeitet, muss morgen fleißig nach Arbeit suchen.*

Als ich mit meinem Handy ein paar Fotos machen wollte, wurde er nervös und drängte zur Eile. Er wollte uns augenblicklich in den dritten Stock führen. Auch dort hingen rote Feuerlöscher unter durchsichtiger Folie, und zwar überall, in mehreren kleinen Büros und im Showroom. Der Showroom war voller Metallregale und Glasvitrinen, in denen Hunderte unterschiedliche Produkte lagen, verschieden nach Form und Größe, nach Farbe und Art der Verzierungen. Es waren rechteckige Kästchen, runde, ovale, flache und hohe, dann Tierfiguren (Schildkröten, Löwen, Schmetterlinge, Elefanten, Hühner, Krokodile, Frösche und Affen), daneben religiöse Figuren, Buddhas und Engel, außerdem Kugeln, Modelle des Eiffelturms, Handtaschen.

Sämtliche Figuren und Modelle waren Dosen. Sie hatten einen Deckel, ein Scharnier und einen Magnetverschluss. Dosen bildeten das Kerngeschäft. Aber QiFu, so hieß Yu Wenqis Firma, produzierte auch Bilderrahmen, Pokale, Kronen und Armreifen. Alles spiegelte, glitzerte und funkelte silbern und golden und in jeder erdenklichen Farbe. Und dann gab es Ostereier, Fabergé-Eier.

Ich wollte die Schatzkammer fotografieren und bat jetzt vorsichtshalber um Erlaubnis. »Ist das denn nötig?«, fragte Yu Wenqi. Es war ihm unangenehm, mir das Fotografieren zu verwehren. Er blickte verlegen zu Boden.

Der junge Mann sprang ihm zur Seite: »Trinken wir doch etwas auf dem Balkon!«

Aber Yu Wenqi kam noch einmal auf das Fotografieren zurück. Auch auf dem Markt, wo er leider nichts dagegen tun könne, gehe es ihm gegen den Strich. Wenn ihn Leute am Stand fragten, ob sie die Fabrik sehen dürften, gab er vor, keine eigene Produktion zu besitzen.

Sein Assistent, der fast die ganze Zeit nur schwieg, sagte: »Die wollen uns alles nachmachen. Besonders Chinesen. Wenn die etwas bestellen, für wenige tausend Yuan – dann weiß man gleich Bescheid. Wir bevorzugen Auslandskunden, obwohl die auch kopieren!«

Yu Wenqi winkte ab. »Sollen sie doch! Das stört uns weniger. Wir haben bemerkt, dass die im Ausland schnell wieder aufgeben. Es lohnt sich gar nicht für sie. Sie zahlen zu hohe Löhne. Unsere Löhne bleiben noch lange niedrig, weil China groß ist. Es wird dauern, bis alle Dörfer in China so reich sind wie unsere Dörfer hier. Deshalb legen wir Wert darauf, dass wir bei Ausländern bekannt, in China aber möglichst unbekannt sind. Hier müssen nicht alle auf uns aufmerksam werden. Das ist schlecht wegen der Steuern und all der Kontrollen.«

Langsam kam ich dahinter, dass die Nachahmer und Konkurrenten nicht das waren, worauf er hinaus wollte. Das Fotografierverbot war nur ein kleiner Schild in einem umfangreichen Arsenal bäuerlicher Abwehrmittel gegen die Anmaßungen der Partei. Er sagte: »Wir auf dem Dorf mussten immer auf der Hut sein, dass uns niemand kontrollieren konnte.«

Es genügte, einmal an den Falschen zu geraten. Wenn der nicht mit sich reden ließ, war es aus. Die Bauern hatten verinnerlicht, ja nie ins Blickfeld von Funktionären zu kommen, die sie nicht sehr gut kannten. Mittlerweile hatte die allgemeine Heimlichtuerei auch viel mit Umweltauflagen, Sozialgesetzen und den besagten Steuern zu tun, aber Yu Wenqi gab zu verstehen, dass Erpressung und Willkür jeder Art fortbestanden, weil kein Unternehmer in China in der Lage war, alle Gesetze einzuhalten. Sein Vater, in den Fängen der Polizei gelandet, habe ein Lied davon singen können.

Mit einem Bein stand auch Yu Wenqi stets im Gefängnis.

Er vertiefte das Thema beim Tee auf dem Balkon. Dabei erwähnte er, dass diese Fabrik nicht seine erste sei, und ich erinnerte mich, was er auf der Herfahrt gesagt hatte: Anfang der achtziger Jahre sei es nicht so richtig vorangegangen. Nun stellte sich heraus, dass er seinen ersten Versuch, vom Zwischenhandel auf Eigenproduktion umzustellen und Fabrikherr zu werden, schon 1980 unternommen hatte, in dem kleinen Lager in Yiwu, in dem er mit seiner Frau und den Kindern wohnte.

Auf die Frage hin, was er damals fabriziert habe, reagierte er zerknirscht und meinte, das sei unwichtig, fügte aber an, er habe damals Schulden gehabt. »Ich konnte mich im Dorf und auf unseren Märkten erst mal nicht sehen lassen.« Das war also der Hauptgrund, warum er nach Guangzhou ging, nach Kanton. Es war eine Flucht.

»Ihre Frau und Ihre Kinder blieben zurück?«

Er nickte. »Ich habe nur kurze Zeit die Schule besucht. Es gab damals keine Noten. Man kam nur auf eine höhere Schule, wenn man empfohlen wurde, das heißt, wenn man politisch zuverlässig war. Es ging nicht anders. Ich war nichts als ein Bauer ohne Land. Ich hatte keine andere Wahl. Meine Familie musste hierbleiben. Der Fehler war nun mal passiert. Aber ich habe aus meinen Fehlern gelernt!«

Es ging um Geld und Risiko, darum, woher er das Geld nahm und wie er es einsetzte. Was er sagte, stand für mich im Widerspruch zu seiner eisernen Regel, doch für ihn zählte zu dem ersparten oder dem »eigenen« Geld auch das Geld von Verwandten.

Er sagte: »Anfangs, wenn wir Geld benötigten, haben wir es uns von den Verwandten geliehen.« Einen Atemzug später gab er zu: »Zum Glück nicht nur von Verwandten!«

Ihm fiel wohl ein, wer mich zu ihm auf den Markt geschickt hatte. Ich hatte ihm gleich zu Beginn unseres Treffens den gelben Zettel mit der Skizze gezeigt.

»Damals, als die Sache hier heiß wurde, wegen der Schulden, kamen meine Frau und die Kinder in einem Dorf in den Bergen unter. Bei einem alten Bekannten meines Vaters. Und er war auch wie ein Vater zu uns. Ich erzählte ihm von meiner Idee, nach Guangzhou zu gehen, um neue Geschäfte zu machen, und er fand sofort, dass sich das lohnen könnte.

Er regelte das mit der Registrierung und half mir, dass ich wieder auf die Beine kam. Er sagte: ›Ich schlage keinen Hund, der ins Wasser gefallen ist.‹ Als ich ging, wusste ich, dass meine Familie bei ihm sicher war.«

Vom Balkon aus übersah man die Siedlung noch besser. Auf dem Platz lag ein kleiner Hund. Schon die ganze Zeit hatte er gewimmert. Er musste Schmerzen haben, und seines Gejauls wegen fiel es mir schwer, mich auf das Gespräch zu konzentrieren.

Direkt gegenüber stand ein Backsteinbau, der ebenfalls Yu Wenqi gehörte. Es war das Wohnheim seiner Arbeiter. Er zeigte mit dem Arm nach rechts und links. »Das Haus dort und das andere da – die gehören Verwandten! Als ich später Geld verdiente, habe ich es gut unter den Verwandten verteilt. Jetzt achten wir immer darauf, das Risiko klein zu halten, indem wir es auf viele verteilen.«

»Wohnen die Verwandten in den Häusern?«, fragte ich.

»Nein, nein. Ich wohne ja auch nicht hier.«

Die chinesische Familie, die Sippe, der Clan – es war die uralte Geschichte, eine Geschichte mit tausend guten Seiten, aber auch eine Welt der Pflicht und des Zwangs, der am ehesten entkommen konnte, wer reich wurde. Maos Wahn, diese Welt auszulöschen, wirkte auf sie wie eine Verjüngungskur.

Die halbe Siedlung gehörte Yu Wenqi und seinem Verwandtenkreis, und in dem Haus, in dem wir uns aufhielten, war bloß ein Teil seiner Fabrik untergebracht. In den anderen Häusern befanden sich die Maschinen und Öfen zur Herstellung der Rohlinge, außerdem Räume, in denen die Lackierungen trockneten, und weitere Lagerräume.

Nach dem Desaster mit der ersten Firma war er Zulieferern gegenüber misstrauisch gewesen. »Manche Leute produzieren Schund und machen sich dann aus dem Staub!« Lange Zeit kaufte er lediglich die Rohstoffe, die Schmucksteine, die Scharniere und Magnete ein. Der Qualität wegen sollte seine Firma so viel wie möglich selbst herstellen. Nach und nach fand er aber Zulieferer, auf die Verlass war, und die er seither mit dem Schmelzen, dem Gießen und Zuschneiden eines großen Teils der Rohlinge beauftragte. Seine Firma war dabei gewachsen und sein Sortiment umfasste nun tausendfünfhundert Modelle – Dosen, die er jederzeit reproduzieren konnte, sobald ein Auftrag einging.

Ich hatte den Showroom gesehen und das Sortiment auf dreihundert, höchstens fünfhundert Modelle geschätzt. Er lachte, als ich meine Verwunderung über die große Zahl von tausendfünfhundert ausdrückte. »Nein, kein Wunder!«, sagte er.

Technisch gesehen und vom Produktionsablauf her handelte es sich um wenige Grundmuster. Man konnte diese immer gleichen Grundmuster mit einer großen Zahl einfacher Zusatzkomponenten variieren. Eine Dose blieb eine Dose, aber wenn seine Leute sie verzierten und bemalten, sah jedes Stück wie ein handgemachtes Unikat aus.

Yu Wenqi hatte zweihundert Arbeiter. Er sagte: »Sie verdienen im Durchschnitt etwas mehr als tausendfünfhundert Yuan (hundertfünfzig Euro).«

»So viel?«

»Aber es ist doch harte Arbeit! Sie arbeiten im Akkord. Und je nach Überstunden …«

Die reguläre Arbeitszeit (von halb acht morgens bis sechs

Uhr abends, dazwischen eineinhalb Stunden Mittagspause) war ohne Belang. Er sagte: »Wir machen seit der Gründung jeden Tag Überstunden, weil wir so viele Aufträge haben. Deshalb stelle ich nur Leute ein, die gesund sind und zwischen siebzehn und fünfzig Jahre alt. Leute, die älter als fünfzig sind, schaffen die Überstunden nicht. Wir kommen oft nicht hinterher, und dann ärgern sich die Kunden. Neulich hat mich mein bester Kunde gefragt, warum ich bei so hoher Auslastung nicht zusätzliche Arbeiter einstelle. Er ist Russe. Ich sagte: ›Versteh mich doch!‹ Neun von zehn unserer Arbeiter kommen nämlich aus anderen Provinzen. Hier sind wir schon reich, aber im Rest von China, dort, wo es keine Industrie gibt, sind die Menschen arm. Bei normalen Arbeitszeiten verdienen sie zu wenig. Sie bedrängen uns, Überstunden zu machen und im Akkord zu arbeiten. Wenn wir ihnen das bieten können, dann bleiben sie. Dann hauen sie nicht gleich wieder ab.«

Die Fluktuation war für Yu Wenqi ein ernstes Problem. Je weiter entfernt die Heimatprovinz eines Wanderarbeiters, umso lieber stellte er ihn ein. »Wenn das Heimatdorf leicht zu erreichen ist, wollen die Arbeiter oft hinfahren, zu Besuch. Dann kommen sie zu mir und wollen plötzlich Urlaub haben, einfach so, zwischendurch. Und im Heimatdorf hören sie dann von den anderen: ›Wir gehen hierhin oder dahin, da verdienen wir mehr!‹«

Weil jede Heimreise bedeuten konnte, dass Yu Wenqi den betreffenden Arbeiter verlor, musste er sich besonders um die Leute kümmern, die schon länger bei ihm arbeiteten. »Die kennen sich aus. Ich bin auf sie angewiesen! Deshalb geben wir ihnen zum Neujahrsfest drei Tage früher frei. Außerdem bestellen wir ihnen seitens der Firma Bahnfahrkarten – fünfzig Fahrkarten in eine Nordprovinz, zwanzig in eine Provinz im Westen und so weiter. Dann müssen sie sich nicht am Bahnhof um Fahrkarten prügeln. Unseren Leuten aus schwer erreichbaren Orten stellen wir zusätzlich unser großes Auto zur Verfügung. Da passen zwanzig Personen rein. Der Wagen bringt sie hin, kommt wieder zurück, und fährt die nächsten nach Hause. Daran verdiene ich nichts. Die Arbeiter müssen sich nur an den Unkosten beteiligen. Wir haben jetzt zwei Limousinen und zwei Transporter. Ich gebe den großen Wagen auch für Besuchsfahrten von drei-, viertausend Kilometern frei. Voraussetzung ist, dass mindestens zwei der Leute, die mitfahren, einen Führerschein haben. Die Fahrer müssen sich abwechseln. Nach einem Tag und einer Nacht sind sie da. Einer der Fahrer darf den Wagen das Fest über mit nach Hause nehmen. Nach dem Neujahrsfest sammelt er alle wieder ein und bringt sie zurück. Dann sind sie dankbar und bleiben gern bei mir.

Außerdem achte ich darauf, dass meine Leute den Lohn pünktlich erhalten. Woanders verspricht man ihnen oft höhere Löhne, aber dann kommt es vor, dass man ihnen das Geld einfach nicht auszahlt.

Prämien sind auch sehr hilfreich. Wenn zum Beispiel eine eilige Bestellung im Wert von einer Million eintrifft, berufe ich am Abend eine Versammlung ein und stelle allen so und so viel Prozent vom Auftragsumsatz in Aussicht. Ich sage dann: ›Je größer die Produktion und der Umsatz, umso besser für alle! Schafft ihr das?‹

Solche Versammlungen und die Prämien stärken ihr Pflichtgefühl. Die Prämie kriegen sie aber erst am Jahresende.«

Er hatte sich noch mehr einfallen lassen: »Unsere Arbeiter sind ja zur Hälfte Frauen und zur Hälfte Männer. Sie haben getrennte Schlafräume im Wohnheim. Aber die Leute lernen sich bei mir kennen, kommen sich näher und manche heiraten eben. Dann fangen sie an, eine eigene Wohnung zu suchen. Das ist nicht gut. Aber nun gibt es wohl eine Lösung. Ab nächster Woche haben wir Zimmer für verheiratete Paare. Hoffentlich gefallen sie ihnen. Es wird noch mehr dazu beitragen, dass weniger Leute abhauen.«

Der Nachmittag war fortgeschritten. Auf dem Platz jaulte wieder der Hund. »Er leidet schon lange. Es ist wohl bald aus mit ihm!«, sagte Yu Wenqi. Man merkte ihm an, dass ihm der Hund nicht gleichgültig war. Er stand auf und beugte sich übers

Geländer. »Ach«, sagte er, »noch etwas! Wichtig ist auch das Essen! Es muss frisch sein und schmecken, damit die Arbeiter sich bei mir wohlfühlen. Wir bekommen es aus einem Dorf. Die Bauern dort haben immer gut für uns gekocht und das Essen hierher geliefert. Das wird sich nun ebenfalls ändern. Aber sie haben im Dorf ein Restaurant. Wir holen meine Frau vom Markt ab und dann essen wir alle dort.«

Zwischen Shi Guixian und Yu Wenqi bestand kaum ein Altersunterschied, aber ich fand, dass sie vitaler wirkte als er. Vielleicht lag es an ihren ungewöhnlich roten Haaren und dem kurzen Schnitt. Sie trug einen schwarzen Plisseerock und einen rotbraunen Pulli, der ihr gut stand und zur Haarfarbe passte. Ich dachte, wie glücklich er sein muss, eine so gut aussehende, stilsichere Frau zu haben.

Als wir zum Markt kamen, betreute sie den Stand alleine und bediente gerade zwei spanische Kundinnen, die in ihrem Alter waren. Die Spanierinnen, Pilar und Isabel Buendía, waren Schwestern. Sie wurden von einer chinesischen Dolmetscherin begleitet. Sie wohnten im selben Hotel wie Fang Yu und ich. In Yiwu wollten sie Damenschuhe bestellen, Sommer- und Strandschuhe, geeignete Billigware für spanische Strandboutiquen, Promenadenstände und Drogerieshops. Am Schmuckdosenstand von QiFu waren sie zufällig hängengeblieben. Sie verhandelten den Preis für Dosen, die so aussahen wie die berühmten Fabergé-Eier. Pilar Buendía fand, die Ostereier wären etwas für die Russen und Araber an der Costa del Sol. »Auch die Engländer lieben diesen Ramsch!«, sagte die Dolmetscherin zuerst auf Spanisch, dann auf Chinesisch. Es war der Moment, in dem Yu Wenqi seine Frau beim Verkaufsgespräch unterstützte. »Fabergé-Eier mögen doch alle!«, beteuerte er. Auch sein junger Assistent schaltete sich ein: »Abgesehen von Russland kommen die meisten Bestellungen aus Polen, Ungarn und Italien.«

Aber Pilar und Isabel konnten sich nicht einigen. Sie wären noch einige Tage hier und würden lieber erst in »Alibaba« nachsehen. Alibaba war die erfolgreichste chinesische Verkaufsplattform im Internet, die mit der amerikanischen Internet- und Suchmaschinenfirma Yahoo zusammenhing.

Pilar sagte: »Jeder Händler in Yiwu ist bei Alibaba.«

Yu Wenqi nickte: »Yiwu und Alibaba – das gehört zusammen.«

Pilar wandte sich an Shi Guixian: »Wenn wir Ihre Dosen auf Alibaba mit anderen Dosen verglichen haben, kommen wir vielleicht wieder.«

Shi Guixian hatte das verständnisvollste Lächeln der Welt. Es kam wirklich von Herzen.

Nachdem die Spanierinnen den Stand verlassen hatten, fuhren wir mit der Rolltreppe nach oben. Yu Wenqi hatte den Wagen auf dem Dach des Marktes geparkt. Dort wartete schon die Frau seines jungen Assistenten. Sie betreute den zweiten Stand von QiFu, der sich in einer anderen Abteilung des Marktes befand. »Der Markt ist zu groß. Wir wollen möglichst vielen Kunden begegnen. Deshalb haben wir mehrere Stände!«

Yu Wenqi verlangte, dass ich vorne einstieg, seine Frau sollte sich hinten zu seinem Assistenten, zu dessen Frau und Fang Yu quetschen. Gegen diese Anweisung war nichts zu machen.

Auf dem Weg zum Dorfrestaurant nahmen wir eine andere Straße als auf den beiden Fahrten zuvor. Durch die Stadt führte ein Fluss. Zu beiden Ufern lagen breite und kilometerlange Parks mit vielen kleinen Bäumen. Mir fiel erst jetzt auf, wie grün die Stadt war. »Die Parks sind alle neu!«, sagte Yu Wenqi.

Wir fuhren an einer großen Schwimmhalle und einem Sportstadion vorbei. Die Tribünendächer, aufgehängt an einem Ring aus Pfeilern, ließen an Hängebrücken denken, ein Ensemble schwebender Hängebrücken. Yu Wenqi betonte, diese Sportstätte habe Olympia-Niveau. Ihm gefiel die Konstruktion besser als das Pekinger Vogelnest, das er aus dem Fernsehen kannte. Die Provinzen legten sich ins Zeug, um nicht hinter Peking zurückzustehen.

Am Stadtrand kamen wir in ein Gebiet, in dem sich links

und rechts der Straße Baustelle an Baustelle reihte. Es sah nicht danach aus, dass es hier Giebeldächer, rote Ziegel und Balkone geben würde. Das Gebiet war von der Regierung geplant worden. Es hieß »Yidong Industrial Zone«. Yu Wenqi sagte: »Wer einen Gewerbeschein und genügend Kapital hat, kann hier ein Grundstück pachten und bauen.« Der Bau der Fabriken folgte den Straßen, die längst fertig waren; vierstreifige Straßen, mit Bremsschwellen alle hundert Meter, damit die Fahrer sich an die Geschwindigkeitsregeln hielten, und mit vielen nagelneuen Ampeln, die auch anzeigten, bei welchem Tempo man grüne Welle hatte. Es gab kaum Verkehr, und die Ampelanzeige stand auf fünfzig Stundenkilometer, aber Yu Wenqi musste ständig bei Rot halten, weil er mit dreißig dahinschlich.

»Die Polizei kontrolliert hier sehr oft!«, sagte er.

Seine Frau schmunzelte. »Früher hätten wir nicht mal davon geträumt, ein Motorrad zu haben!«

»Dann habe ich es zu einem gebracht!«, sagte Yu Wenqi. »Ein japanisches!«

»Das Motorrad kostete zweiunddreißigtausend Yuan!«, sagte seine Frau. »Das war damals so teuer wie heute ein Auto!«

»Viele Leute«, sagte er, »machen sich keine Gedanken beim Geldausgeben. Die sind verschwenderisch. Aber ich rechne immer, ob es sich lohnt.«

An einer Ampel bog er ab, und nach ein paar Hundert Metern hielt er vor einem Bauzaun. Ein riesiges, hallenartiges Gebäude mit fünf hohen Stockwerken war noch im Rohbau, ein zweites befand sich kurz vor der Fertigstellung.

Die Gegend war menschenleer. Bisher hatte hier kaum eine Fabrik die Arbeit aufgenommen. Außerdem hatten die Bauarbeiter am Samstag frei und um diese Zeit, freitagabends, ruhten die Bauarbeiten schon.

»Ich will mal aufs Dach!«, sagte er. »Aber wir müssen Treppen steigen. Einen Fahrstuhl gibt es noch nicht.«

In der Mitte des Daches – es hatte die Fläche eines halben Fußballfelds – lagen zwei große rote Schilder. Auf einem stand »IFO«, auf dem anderen »FUROIDA«. Fang Yu erkundigte sich nach der Bedeutung und meinte dann, es habe mit Glück zu tun, mit Beten um gutes Omen oder Segen, und mehrere Namensvarianten seien registriert oder patentiert worden.

Mir wurde nicht ganz klar, um was es sich genau handelte, ob es Firmennamen oder Markennamen waren, und ich fand es in dem Moment auch nicht wichtig, weil Yu Wenqi auf einmal von Klimaanlagen sprach. Sein Wagen war mit einer ausgestattet. Ansonsten hatten sie in seine Welt kaum Einzug gehalten. In dieser Fabrik gebe es eine Klimaanlage, sagte er, allerdings nicht in den Schlafräumen und den Werkhallen, sondern vorerst nur im vierten Stock, der Büroetage, und auch dort nur in den Büros der leitenden Angestellten und dem großen Sitzungsraum.

Und dann erklärte er uns auch den Zweck der restlichen Stockwerke. Er tat es hier auf dem Dach, vermutlich, weil die Etagen bisher nur mit weißen Marmorfliesen ausgelegt waren, ansonsten aber noch vollkommen roh: In den dritten Stock kommen die Schlafräume für die Arbeiter, jetzt noch als Achtbett-Zimmer konzipiert, wie in seiner Siedlung auf dem Land, damit auch genügend Platz bleibt für die Ehepaar-Zimmer und für einen großen Gemeinschaftsraum, in dem man Billard und Tischtennis spielen kann. Die Fläche muss für fünfhundert Arbeiter reichen, solange jedenfalls, bis das Wohnheim steht, das zweite große Gebäude nebenan, das noch im Rohbau ist. Die Endfertigung wird im zweiten Stock untergebracht: also Verzierung, Bemalung und Trocknung in der fünfzig Grad warmen Trockenhalle. Der erste Stock (das Erdgeschoss) ist Werkhalle für die Herstellung der Rohlinge, und zusätzlich gibt es dort einen richtigen Empfang. Auf das Gelände kommt ein Basketballplatz. Die Belegschaft liebt Basketball. Und wenn die Fabrik gut läuft, wird ein drittes großes Gebäude gebaut. In ein paar Jahren stehen dann hier ein Produktionsgebäude, ein Verwaltungsgebäude und das Wohnheim mit Kantine und Lager. »Dann haben es alle besser!«, sagte er. »Aber der Umzug muss schnell gehen, sonst verlieren wir Kunden. Mehr als zwei Tage Ausfall verkraften wir nicht. Noch vierzehn Tage, dann ist es so weit.«

Yu Wenqi und sein Assistent gingen zum Rand des Daches. Unten war ein Bach, gefüllt mit einer unbeweglichen, schwarzen Brühe. Das stank zum Himmel. Und es gab doch etwa zwanzig Bauarbeiter, die hiergeblieben waren. Sie hockten am Bach und aßen im Schein der Abendsonne. Ein paar Meter rechts von ihnen stand eine Bretterbude. Ein Laden? Eine Küche? »Kein Laden!«, sagte Yu Wenqi. »Sie kochen dort nur. Wanderarbeiter wollen sich nichts kaufen. Sie wollen ihr Geld für zu Hause sparen.«

Wie so viele Orte Zhejiangs lag auch Yiwu in einer von Bergen umringten Tal-Ebene. Vom Dach der neuen Fabrik sahen wir zu, wie die Sonne unterging. Sie färbte die Ebene rot, und aus den Strommasten, Kränen und Bauwerken wurden Schattenrisse. Hinten in den Bergen, wo die Bauern lebten, gingen die Lichter an.

Das Restaurant lag etwas abseits eines Dorfes auf einem Hügel. Die Dorfhunde streunten ums Restaurant herum. Das Restaurant hatte nur sechs Tische, aber drei Türen, die alle offenstanden. Hin und wieder traute sich ein Hund herein, bettelte an den Tischen oder schlich um die Glaskästen in den Ecken herum und um die Plastikwannen, in denen Schlangen, Kröten und Fische gefangen gehalten wurden. Zur familiären Runde von Yu Wenqi, seiner Frau Shi Guixian, dem jungen Assistenten und dessen Frau, war noch Yu Chenhu hinzugestoßen, der Bruder des Fabrikanten. Er kam in einem schwarzen Buick angefahren. General Motors produzierte diese Limousinen in China. Er trug einen dunkelblauen Anzug, darunter ein weißes Hemd und einen weinroten Schlips, und auch die schwarzen Schuhe waren vom Feinsten. Im Unterschied zu Yu Wenqi deutete bei ihm nichts auf eine bäuerliche Herkunft hin, davon abgesehen vielleicht, dass er in dieser Kaschemme Stammgast war. Er rief die Hunde mit Namen, streichelte sie, ließ ab und zu ein paar Brocken für sie fallen und scheuchte sie danach mit großem Getöse wieder hinaus. Er fingerte auch ständig an dem goldverzierten Osterei herum, dem Fabergé-Ei, das Yu Wenqi mitgebracht und auf den Tisch gestellt hatte. Die Dose gefiel ihm. Er selbst machte in Socken. »Wussten Sie das?«, fragte er. »Yiwu ist die Sockenhauptstadt. Die ganze Welt trägt unsere Socken!«

Ihm lief der Schweiß, doch er zog weder seine Anzugjacke aus noch lockerte er den Krawattenknoten. Es herrschte eine schwüle Hitze, was nicht nur an der Jahreszeit, sondern auch an der offenen Küche lag. Die vier großen Ventilatoren richteten wenig aus. Sie brachten nur die Papiertischdecken zum Flattern und wehten die Pergamentblätter vom Tisch, die als Servietten dienten. Zur Hitze kam der Krach. Der Fernseher war so laut, dass man sein eigenes Wort kaum verstand.

»Seht, welche Kraft in China steckt, wenn die Provinzen zusammenhalten!«, sagte der Sockenfabrikant unvermittelt. Es lag etwas Beschwörendes in diesem Motto, anders als in der Parole auf einer Mauer, die wir vor wenigen Minuten auf der Fahrt zum Restaurant erblickt hatten. Die einst rote Farbe war ausgeblichen und manche Zeichen waren ganz verschwunden, doch als die Scheinwerfer des Wagens sie anstrahlten, erinnerte Fang Yu sich auf Anhieb: »Auf die richtige Linie kommt es an!«

Die Parole stammte aus der »Kulturrevolution«. Yu Wenqis Assistent kannte sie nicht. Wang Zhen war dreißig. Jetzt, zu Tisch am Ende des Tages, wurde er endlich gesprächiger. Er sagte, dass er auch *Finance* studiert habe, dasselbe Fach wie Yu Wenqis Sohn, aber leider habe er selbst nicht im Ausland studieren können. Deshalb müsse er sich jetzt anstrengen, noch mehr Englisch zu lernen. Sein Vater, ein Agrarwissenschaftler, war Delegierter im Volkskongress einer anderen Provinz. Die beiden Familien, die Familie des Funktionärs und die Familie von Yu Wenqi, waren verwandt, wenn auch um mehrere Ecken.

Im Laufe des Abends hörte Wang Zhen, dass ich seine Frau

fragte, ob sie schon Kinder hätten, und er kam ihr mit der Antwort zuvor: »Einen Sohn!«

»Ein liebes Kind!«, merkte Shi Guixian an.

Fang Yu und ich erkundigten uns nach ihrem eigenen Sohn; ob sie und Yu Wenqi ihn schon einmal in Neuseeland besucht hätten.

Sie schüttelte den Kopf. Sie überließ es ihrem Mann, ausführlicher zu werden: »Ich bin ja kein Angestellter im Büro. Und ich bin keiner, der nach acht Stunden aufhört. Ich arbeite das ganze Jahr. Nur in den zehn Tagen zwischen dem 28. des zwölften Monats und dem 8. des ersten Monats habe ich weniger zu tun. Aber selbst dann muss ich ans Geschäft denken. Deshalb können wir nicht so einfach mal nach Auckland.«

Ich fragte, wessen Wunsch es gewesen war, dass der Sohn *Finance* studierte?

»Er ist sehr fleißig!«, sagte Yu Wenqi. »Sein Professor ist sehr zufrieden mit ihm.«

Ich versuchte es anders herum. Sollte der Sohn die Firma nach dem Studium übernehmen?

»Wir sind zu klein für ihn. Er denkt in größeren Maßstäben.«

»Wann kommt er zurück?«

Yu Wenqi zuckte die Achseln. »Er ist ja erst im zweiten Semester.«

»Er kommt nicht zurück!«, sagte Shi Guixian.

Ich hätte gern mehr erfahren, doch Fang Yu riet mir, das Thema auf sich beruhen zu lassen. Er meinte, wir hätten einen wunden Punkt berührt. Um das Schweigen zu lösen, erzählte ich von meiner eigenen Familie und wandte mich dann wieder dem Assistenten zu.

»Wie alt ist denn Ihr Sohn?«

Wang Zhen druckste herum, sagte dann aber: »Er ist sieben oder acht.«

Seine Frau errötete bei der Antwort. Der Rest der Runde amüsierte sich.

»Er ist schon zehn!«, schob Wang Zhen nach. »Ich sage nicht gern, dass wir sehr früh geheiratet haben!«

Yu Chenhu, der Bruder Yu Wenqis, sagte laut und mit gestrecktem Finger: »Mao hat stets gemahnt: Spät heiraten!«

Jetzt lachten auch Wang Zhen und seine Frau.

Yu Wenqi erhob sich und griff nach dem Fabergé-Ei, das er mitgebracht hatte. Der extrem lange Daumennagel der einen Hand stach hervor wie ein Dolch. Er bedeutete: Ich habe es geschafft! Ich bin kein Bauer mehr, der auf dem Feld arbeiten muss.

»Die Regierung achtet neuerdings darauf, dass die Qualität stimmt. Sie schicken sofort die Polizei, wenn sich ein Kunde über schlechte Qualität beschwert. Davor müssen wir keine Angst haben. Einer will Pyramiden haben, der andere Weihnachtsmänner, der nächste Pharaonen. Das hier ist ein Osterei! Für uns hat das keine Bedeutung. Aber für die Ausländer! Wir machen alles, und wir machen alles gut.

Die Kunden wundern sich manchmal über uns. Vor Kurzem haben zwei Kunden aus der Schweiz ein paar Muster von diesen Eiern gekauft. Sie haben sie in ihre Taschen gesteckt und sind nach Schanghai zum Flughafen gefahren. Vom Flughafen riefen sie mich an. Sie waren vollkommen aufgelöst. Sie sagten: ›Die Ostereier haben ja echtes Gold!‹ Die haben geglaubt, das sei Messing. Jetzt hatte sie der Zoll aufgehalten und ihr Flugzeug war weg!

Wer mit Gold durch den Zoll will, muss es vorher melden!

Wir werden im nächsten Monat nicht mehr zweihundert Arbeiter haben, sondern fünfhundert. Wir stellen jetzt auch Manager ein, aber in der neuen Fabrik hat Wang Zhen das Sagen. Ich setze große Hoffnung in ihn. Er macht seinem Namen Ehre! (Fang Yu sagte: Sein Rufname Zhen bedeute Wahrheit.) Er ist zuverlässig und verantwortungsvoll. Er ist nicht arrogant, sondern höflich. Ich bin der Ältere und er ist der Jüngere. Er respektiert mich sehr. Deshalb verstehen wir uns. Ich konzentriere mich jetzt wieder auf den Handel und den Markt, er ist für die Produktion zuständig. Wir müssen den Markt besser erschließen. Wir sind schon der größte Produzent von Schmuckdosen in Yiwu, aber wir müssen auf Platz eins in Zhejiang kommen! Und dann auf Platz eins in

China! Dafür benötigen wir neues Kapital. Wang Zhen hat Finanzwesen studiert. Er versteht mehr davon als ich.

Und noch etwas: Von nun an wird die Regierung ein schärferes Auge auf uns haben. Auch deshalb müssen wir zusammenarbeiten. Wang Zhen und ich sind jetzt Partner. Zusammen werden wir alle noch reicher!«

Wang Zhen war ebenfalls aufgestanden und verbeugte sich nun: »Herr Yu hat den ersten Eimer voll Gold geschaffen. Inzwischen besitzt er viele Immobilien – ein Millionenvermögen. Dafür bewundere ich ihn. Es ist ein großes Glück, dass er mich ausgewählt hat. Ich werde ihn nicht enttäuschen.«

Mir wurde deutlich, dass sich beide in Wirklichkeit wie Vater und Sohn benahmen.

Zu Beginn des Abends hatten Yu Wenqi und sein Bruder, der Sockenfabrikant, wiederholt, dass die Restaurantbesitzer genau wie sie Bauern seien. »Sie haben meine Arbeiter über die Jahre mit Essen versorgt«, sagte Yu Wenqi. Zu seinem Bedauern – wegen des Umzugs in die neue Fabrik und wegen der eigenen Kantine dort – sei es mit dieser alten Geschäftsverbindung nun vorbei.

Sein Bruder hatte dazu eine Bemerkung gemacht, von der mir Fang Yu erst später erzählte. Dem Sinn nach sagte der Bruder etwas wie »einmal Bauer, immer Bauer«.

Sprach daraus Abfälligkeit?

Fang Yu meinte ja, aber ich war mir weniger sicher. Im Unterschied zu Yu Wenqi hatte der Bruder sich nicht entschieden, das Management an Jüngere zu übergeben. Bei Tisch wurde auch deutlich, dass der Bruder in der Lage war, die Zollpolitik der Europäischen Union zu erläutern und die Vor- und Nachteile des Beitritts Chinas zur Welthandelsorganisation. Es gab einfach Themen, bei denen er mitreden konnte, während sein Bruder passen musste. Mit seinem Geschäft, den Socken, war er schon tiefer in den Weltmarkt verstrickt. Mir kam er schlicht weltläufiger vor als Yu Wenqi, jedoch keineswegs arrogant, und deshalb vermutete ich, dass die Bemerkung über seinen Bruder nichts weiter als ein Scherz gewesen war und dass er auch sich selbst noch immer ein Stück weit als Bauern sah.

Wenn überhaupt so etwas wie Distanz zum Ausdruck kam, dann bei Yu Wenqi. Vielleicht warf er seinem Bruder vor, ein Städter geworden zu sein. Er betonte Fang Yu und mir gegenüber mehrmals, dass er die vertraute Atmosphäre des Dorfrestaurants schätze, die Einfachheit. Im Unterschied zur Stadt, mit ihrer unüberschaubar großen Zahl von Hotels und Restaurants, den Karaokebars und Massagesalons und all den Ausländern könne er in seinem Stammrestaurant sicher sein, kein Geld zu verschwenden oder ausgenutzt zu werden. Hier hatte er den Überblick. Er sagte, im Dorfrestaurant würden nur Chinesen sein, die sich nach dem Abendessen wieder an die Arbeit machten. Und tatsächlich: Um neun, halb zehn, als wir das Restaurant verließen, war es leer; die Türen wurden hinter uns geschlossen und Yu Wenqi kündigte an, er fahre noch ein paar Stunden ins andere Dorf, in seine Fabrik. Er sagte »Dorf«, obwohl wenig in der Mehrfamilienhaussiedlung darauf hindeutete, dass sie aus einem Bauerndorf hervorgegangen war.

Solche Dinge waren es, über die Fang Yu und ich am selben Abend noch einmal in unserer Hotelbar sprachen. Ich hielt ich es für denkbar, dass es Yu Wenqi zuwider war, bei jedem Auswuchs des Marktbetriebs mitzumischen. Vielleicht spielte sein Bruder Yu Chenhu darauf an, als er sagte, Yu Wenqi sei ein Bauer geblieben: So wenig es ihm lag, sich persönlich an moderne Kreditformen heranzuwagen und mit den Banken ins Geschäft zu kommen, so wenig riss er sich darum, wie sein eleganter Bruder im Interesse der Kundenbetreuung und auf der Jagd nach Aufträgen nächtens durch die Etablissements der Stadt zu ziehen.

Für den Fall einer konterrevolutionären Restauration sagte Mao die Verwandlung der marxistisch-leninistischen Partei in eine faschistische Partei voraus. Immer wieder trat Mao Säuberungskampagnen los. Sie richteten sich vor allem gegen Schriftsteller, Intellektuelle und Parteimitglieder, die es wagten, seine Politik zu kritisieren. Mao ließ Hunderttausende »Rechtsabweichler« in Arbeitslager stecken. Viele kamen in den Lagern um. Die Ehepartner von Rechtsabweichlern verloren ihren Arbeitsplatz und die Kinder mussten die Schule verlassen. Es galt das Prinzip der Sippenhaftung. Wer einmal das Stigma eines Rechtsabweichlers trug, wurde es zu Maos Lebzeiten nicht mehr los. Viele wurden es niemals los. Und wie ich in Zhejiang immer wieder bemerkte, trugen viele dieses Stigma mit einer Spur von Stolz. Ironischerweise bestand Maos Erbe gerade in Zhejiang aus diesem stolzen Trotz.

Mao wollte ein Volk wie eine Armee, die auf seinen Befehl hin in den Tod gehen würde. So stellten ihn Jung Chang und Jon Halliday in ihrer Mao-Biografie dar. Jedes andere Loyalitätsverhältnis stand diesem Ziel entgegen. Wie so vieles andere zerstörte er die ökonomische Basis der Bauernfamilien. Die Bauern durften nicht mehr für die eigene Sippe arbeiten. Er machte sie zu Arbeitssklaven seines Regimes.

Kaum war Mao tot, kamen das »Gezücht« und die von ihm bekämpften »üblen Elemente« hervor, doch siehe da, es waren keine Schriftsteller, Intellektuelle und organisierte Gruppen, die ein politisches Banner schwenkten. Aus dem Schatten traten Bauern aus Zhejiang und einigen anderen Provinzen. Sie machten ganz China zu einem Land von Rechtsabweichlern.

Niemand gab ihnen den Befehl, und sie baten niemanden um Erlaubnis. Sie arbeiteten noch fürs Landwirtschaftskollektiv und lieferten ihre Getreidequote, aber in wachsendem Maß arbeiteten sie schon wieder für die Familie, wie es im alten China üblich gewesen war. Bevor Maos Nachfolger auf den Plan traten, untergruben die Bauern das System der kollektiven Landwirtschaft. Über Nacht entstanden große Bauernmärkte. Ein Heer fliegender Händler setzte sich in Marsch.

Ein paar Jahre später staunten sie, als die Kommunistische Partei ihnen mitteilte, Deng Xiaoping, Maos Nachfolger, habe ihre Ketten gesprengt. Na gut, eine Art nachträgliche Erlaubnis war besser als nichts, aber wer konnte schon sicher sein, ob die neue Linie der Partei Bestand hatte? Sie blieben misstrauisch. Sie hielten den Mund, ließen den Daumennagel zum Dolch anwachsen und unternahmen jetzt alles auf einmal: Sie machten Schulden und verliehen Geld, sie ahmten nach und erfanden neu, sie bestachen Funktionäre und stellten Arbeiter ein, sie kauften Maschinen und bauten Werkhallen. Wenn Aufträge fehlten, konnten ihre neuen Firmen so schnell verschwinden, wie sie aufgetaucht waren. Aber Yiwu blieb weiterhin ein Markt voller riesiger Lücken. Wer mit der Produktion eines bestimmten Produkts pleiteging, fing mit einem anderen Produkt von vorne an. Nach wenigen Jahren standen die erfolgreichsten Bauern als Industrielle da und boten Bauernsprösslingen, die der Drache Jahr für Jahr und zu Millionen ausspie, Arbeit und Brot. Sie legten an den Tag, was Mao, der Bauernsohn, in ihnen erkannt hatte, was er sozusagen in ihren Genen vermutete und auszumerzen trachtete: ihre »Tendenz zum Kapitalismus«. Mit rasender Geschwindigkeit – als hätte Mao heraufbeschwört, was er bekämpfen wollte – wuchs diese Tendenz tatsächlich »zu einer Sturmflut« an. Der Drache wechselte die Farbe.

Zigtausende Showrooms, Myriaden von Warenmustern, die Kuckucksuhren, Haarspangen und fickenden Plastikpuppen – sie machten aus dem Bauernmarkt von Yiwu nun die Kitschhauptstadt der Welt. Ich sah im Kitsch das innere Lachen der Bauern.

An seinem Stand präsentierte Yu Wenqi stolz seine Schmuckdosen, doch der Markt als Ganzes trumpfte auf mit jener ungeheuren Vielfalt an Produzenten und Waren, die China, die Provinz Zhejiang und Yiwu der Welt anzubieten hatten.

Yiwu war demnach eine Besonderheit. Das organisatorische Prinzip (die Art der Warenanordnung und der Ablauf der Preisverhandlung) war dem orientalischen Basar vergleichbar. Das Angebot (industriell gefertigte Musterware) und die Infrastruktur (mehrstöckige Hallen, Showrooms und so weiter) entsprachen einer modernen Industrie- und Handelsmesse. Die soziale Herkunft der Hersteller und Anbieter glich noch immer dem auf Familienproduktion basierenden Bauernmarkt.

Firmengründer wie Yu Wenqi verhielten sich weiterhin wie Kleinbauern. Sie mussten nicht mehr aufs Feld gehen, trotzdem fuhren sie wie früher Tag für Tag zu ihrem Marktstand. »Showroom«, sagten ihre ausländischen Kunden dazu. Was machte das für einen Unterschied? Statt Gemüse, Kohl oder Knöpfe verkauften sie jetzt eben Schmuckdosen aus ihrer Fabrik. Und wie am Anfang warteten sie geduldig auf Einkäufer, die durch die Markthallen streiften und mehr oder weniger zufällig auch an ihrem Stand vorbeikamen. Hin und wieder fiel der Blick eines Einkäufers auf ihre Muster. Mit etwas Glück gewann Yu Wenqi dann einen Kunden, der ein paar Container Schmuckdosen bei ihm in Auftrag gab. Glück gehörte weiterhin dazu. Deshalb hatte er nicht nur einen Stand, sondern zwei. Yu Wenqi musste dem Glück auf die Sprünge helfen.

Bauernmarkt, Basar, Handelsmesse! Die Bauern Zhejiangs hatten in Yiwu einen Markt erschaffen, der inzwischen die Module dreier Marktformen miteinander kombinierte, die auf der Welt vorkamen. Ihre Fähigkeit, moderne und fremde Einflüsse mit alten chinesischen Gewohnheiten zu verknüpfen, versetzte sie in die Lage, nicht nur China, sondern die ganze Welt mit Haushaltswaren und Dingen des täglichen Bedarfs zu beliefern. Die günstigen Lohnkosten allein erklärten nicht den Erfolg. Nur alles zusammen – die besondere Organisationsform des Marktes, die immer bessere Infrastruktur und die schiere Masse an Produzenten – konnte die ausländische Konkurrenz aus dem Feld schlagen. Aber das bot dem Einzelnen keine Sicherheit. Die Masse der Binnenkonkurrenten war in der Geschichte ohne Beispiel. Die bäuerlichen Unternehmer Yiwus befanden sich noch in einem Stadium, in dem nun jeder gegen jeden kämpfte. Wer die Massenschlacht überleben würde, war nicht entschieden. Yu Wenqi fehlte etwas, womit er sich gegen die Masse wappnen konnte. Wer aus dem Kampf als Held hervorgehen wollte, musste zum Markenkrieger werden.

Innerhalb von fünf Jahren müssen wir eineinhalb Millionen Konterrevolutionäre verhaften.

Ich bin sehr für weitere Verhaftungen. Unser Schwerpunkt lautet: Verhaftet im großen Stil, im gewaltigen Stil.

Mao

Grosser Tiger

Zhou Xiaohu, Zhou Dahus Sohn, wartete in der Hotellobby, um Fang Yu und mich abzuholen. Wie so viele Chinesen seines Alters benutzte er im Umgang mit Ausländern einen westlichen Namen. Er nannte sich Alex, aber sein chinesischer Rufname gefiel mir mehr. Xiaohu bedeutete »Kleiner Tiger«. Er war jüngst aus Toronto zurückgekehrt, wo er studiert hatte.

Ich erkannte ihn auf Anhieb, obwohl er eine schwarze Sonnenbrille trug. Er machte den Eindruck, als wäre er vor ein paar Minuten aus der Dusche gestiegen und sich nur flüchtig mit den Fingern durchs kurze Haar gefahren. Er benutzte Gel, damit es aufrecht stehen blieb. Seine Kleidung war ganz in Schwarz-Weiß, wie bei unserer ersten Begegnung. Das weiße kurzärmelige Hemd war auch heute ein paar Nummern zu groß. Die beiden oberen Knöpfe hatte er offen gelassen, sodass man die Kette auf seiner nackten Brust sehen konnte. Das Hemd hing über der Hose. Er trug die schwarze GAP-Hose wie manche Teenager ihre Bluejeans, im Gefängnis-Look, extrem weit im Schritt und mit Hosenbeinen, die über den Boden schleiften. Sein Aussehen entsprach nicht im Geringsten dem Klischee vom strebsamen Juniorchef von fünfundzwanzig Jahren. Anders als sein Vater, der die drahtige Figur eines Langstreckenläufers hatte, war er ein wenig pummelig.

Er führte uns auf den Hotelparkplatz zu einem weißen Toyota-Jeep mit fast schwarzen Scheiben. Der ganze Wagen glänzte. Auch innen kein einziges Staubkorn. Das Auto roch nach frischem Kunststoff. »Es gehört mir!«, sagte Xiaohu auf Fang Yus Frage hin. Seinen Stolz auf den Neuwagen erkannte man daran, dass er die technischen Details aufzählte und unser Interesse für solche Dinge voraussetzte. Es war kalt. Die Klimaanlage lief, dabei war der Tag weder heiß noch schwül. Trotz der getönten Scheiben behielt Xiaohu die Sonnenbrille auf. Er fuhr den Automatikwagen wie beiläufig, als müsste er der Straße keine besondere Aufmerksamkeit schenken. Er lenkte mit zwei Fingern; fehlte nur der Kaffeebecher. Sein Cruiser-Stil nach Art der Nordamerikaner war im chinesischen Verkehr schwer durchzuhalten. Dennoch so zu tun als ob, hatte etwas Rührendes.

Nach einer halben Stunde Stop-and-Go und noch immer im Kessel von Wenzhou erreichten wir das Industriegebiet, von dem Xiaohu sagte, dass sich dort die Fabrik befinde. »Unsere dritte Produktionsstätte innerhalb von vierzehn Jahren.«

Sämtliche Fabriken waren Neubauten, überwiegend weiße, von Metallzäunen umgebene Flachdachgebäude, deren Schlichtheit im Kontrast stand zu den verschnörkelten Einfahrtstoren aus Chrom oder Schmiedeeisen. Links und rechts der Fabriktore sah man junge Bäume und Rasenflächen, die besprengt wurden. Die Schilder mit den chinesisch-englischen Firmennamen waren entweder aus Kupfer oder aus Messing. Überall standen Scheinwerfer. Obwohl sie nicht strahlten – es war Nachmittag –, fielen sie ihrer Größe wegen auf. Vielerorts waren Videokameras installiert. Sobald sich ein Wagen einem Tor näherte, öffneten sich die Tore automatisch. Die Straßen waren breit und sauber, die Bordsteine schnurgerade. Strom- und Telefonkabel verliefen unterirdisch. Das Industriegebiet glich Hightech-Gebieten in Kalifornien, hier zurückgestutzt auf das örtliche Maß. Die Küste Chinas, fruchtbar und dichter besiedelt, bot weniger Raum.

Zhou Dahus Fabrik war knapp zwei Jahre in Betrieb, aber trotzdem schon zu klein. Der nächste Neubau war in Planung. Er sollte außerhalb der Stadt liegen. Spätestens in zwei Jahren würde Zhou Dahu also wieder umziehen, der vierte Umzug des Betriebs innerhalb von fünfzehn Jahren. Sein Büro ließ darauf schließen, dass er bei seinem Einzug nicht geahnt hatte, wie schnell selbst diese neue Fabrik schon wieder an die Auslastungsgrenze stoßen würde. Der Raum hatte das Ausmaß eines Volleyballfelds, allerdings war er unsymmetrisch, leicht geschwungen und er wurde von Säulen unterteilt. Ein glänzender dunkelbrauner Edelholzboden. Rechts ein Schreibtisch, sehr breit, halbrund, die Platte in der Farbe des Holzbodens. Eine schwarze Schrankwand deckte die gesamte der Fensterfront gegenüberliegenden Seite ab. Links drei tiefe schwarze Ledersofas, gruppiert um einen weiß-grünen Teppich, auf dem ein flacher Tisch aus Glas und Chrom stand. Und dann war da das Bildnis eines Tigers, drei Meter lang und mehr als einen Meter hoch. Der Tiger beherrschte den Raum. Er wachte auf einem kupferfarbenen Felsen vor einer kupferfarbenen Bergsilhouette.

Zu Beginn des Treffens gab »Großer Tiger« nur die Version zum Besten, die er jedem seiner Gäste und den vielen Tag um Tag eintreffenden Besuchergruppen erzählte, und er sprach gleich über 1991, das Jahr, in dem er seine Firma gegründet hatte. Damals sei seine Frau arbeitslos geworden. Sie habe eine Abfindung erhalten. Das Geld sei das Startkapital für die Feuerzeugproduktion gewesen.

Das Aufsagen der offiziellen, in der ganzen Stadt und der Provinz bekannten Pioniersaga war mir vom ersten Besuch her in Erinnerung geblieben, aber heute schien es Teil einer umfassenderen Prozedur zu sein.

Noch während Zhou Dahus Sohn Fang Yu und mich durch die Eingangshalle die Treppe hinauf in den ersten Stock geführt hatte, waren wir davon ausgegangen, den Firmengründer im kleinen, eher vertraulichen Kreis zu begegnen. Aber dann, als wir Zhou Dahus Büro betraten und er uns begrüßte, standen wir im Schein von Kameralampen. Unser Besuch bot ihm die Möglichkeit, für sich und sein Unternehmen zu werben. Großer Tiger hatte die örtliche Presse und das Fernsehen benachrichtigt, und die Journalisten tanzten an. Sie kamen nicht auf den Gedanken oder es störte sie nicht, dass es selbstreferentiell ist, wenn Journalisten den Besuch eines Journalisten als Aufhänger nehmen. Im Interview bestätigte ich höflich, was sie mir als Fragen in den Mund legten: Ja, Wenzhou mache einen wohlhabenden Eindruck; doch, das Tempo der Entwicklung sei zum Staunen; tatsächlich, Zhou Dahus Fabrik komme mir als Paradebeispiel des Fortschritts vor.

Der öffentlich inszenierte Empfang roch nach dem Muff der Mao-Zeit. Die Abschottung Chinas durch Mao hatte ein Ausmaß an Provinzialität hinterlassen, das mich stets aufs Neue überraschte. Obwohl Wenzhou ein Glied in der Weltproduktionskette geworden war und von Isolation keine Rede mehr sein konnte, hielt man an den Gewohnheiten aus der sozialistischen Zeit fest. Offenbar fühlten sich die Honoratioren und Funktionäre weiterhin darauf angewiesen. In meinen Augen war das ein Zeichen ihres Misstrauens, vielleicht sogar Ausdruck eines verborgenen Schwächegefühls. Die wirtschaftliche Modernisierung und der Wachstumsschub allein waren nicht imstande, dem Regime und seinen Repräsentanten eine Legitimationsbasis zu liefern, auf die Verlass war. Trotz der Kontinuität der Formen hatte sich allerdings der Inhalt gewandelt. Früher stellten Parteibonzen die Produktionsrekorde des Staates und der volkseigenen Betriebe zur Schau, heute konnte auch ein Privatunternehmer wie Zhou Dahu seinen Erfolg herausstellen. Früher täuschten die Funktionäre ihre Bereitschaft zur Völkerfreundschaft vor, heute demonstrierte ein Fabrikant, wie eng er mit der Welt vernetzt war und dass er sich im internationalen Wettbewerb behaupten konnte. Selbst ein Besuch wie der von Fang Yu und mir galt als

Beleg für Zhou Dahus internationalen Erfolg. Er hatte die Presse informiert, damit sich das Ansehen, das er in der Welt genoss, auf seine Stadt und deren Menschen übertrug. Das Aufgebot an Medienleuten brachte Fang Yu und mich jedoch in eine heikle Lage. Wir wollten wie Touristen frei von Regierungsaufpassern durch Zhejiang reisen und hätten es lieber gesehen, wenn unser Besuch noch eine Weile vertraulich geblieben wäre.

Die Fernsehteams verabschiedeten sich nach wenigen Minuten. Zwei Zeitungsreporter und ein Fotograf hatten keine Eile. Bis Redaktionsschluss sei noch ausreichend Zeit. Sie setzten sich zu uns an einen großen Tisch, der vor dem Bürofenster stand, und schrieben mit, was sie wahrscheinlich hundertfach in ähnlichem Wortlaut in ihren Redaktionsarchiven finden konnten. Zhou Dahus Referat lief darauf hinaus, dass *Tiger Lighters* nach vier oder fünf Jahren als Musterfirma galt und er selbst seitdem als Musterbürger Wenzhous und als vorbildliche Unternehmerpersönlichkeit dastand, als »Großer Tiger«.

Fang Yu gab sich keine Mühe, Zhou Dahu Satz für Satz zu übersetzen, und mit den Zusammenfassungen etliche Minuten später konnte ich wenig anfangen. Ich musste abwarten, bis uns die Journalisten allein ließen.

Schließlich fand auch Zhou Dahu, dass es an der Zeit sei, jedenfalls schaute er wichtig auf seine Armbanduhr, eine schlichte, flache Uhr mit Chromgehäuse. Die Journalisten sprangen auf. Der Sohn begleitete sie die Treppe hinunter. Zhou Dahu blieb im Büro, öffnete aber das Fenster und lehnte sich hinaus. Als die Journalisten unten vor dem Haupteingang zum Verwaltungsgebäude auftauchten, rief er hinunter: »Wie kommen Sie in die Stadt zurück?«

Sie würden sich ein Taxi bestellen.

»Ach was!«, sagte Zhou Dahu. Ein Angestellter würde sie fahren. Er lief hinunter, um die Sache zu regeln und ließ Fang Yu und mich allein.

Das einzige Telefon im Raum stand falsch herum an der Außenkante des sonst leeren Schreibtischs. Fang Yu warf einen Blick ins Vorzimmer. »Wirkt seltsam«, sagte er. »Auch leer. Keine Sekretärin. Nichts.«

Als Zhou Dahu zurückkehrte, fragte er, ob wir Tee trinken wollten. Bisher hatte er uns nur Wasser angeboten. Sein Sohn brachte kurz darauf den Tee, und der Chef selbst schenkte uns ein. Ich bat ihn, seine Geschichte mit der Kindheit zu beginnen.

Zhou Dahu machte ein besorgtes Gesicht. »Mein ganzes Leben! – Weiß das Presse- und Informationsamt von diesem Termin?« Ich verneinte und wartete ab, was geschehen würde. Zhou Dahu griff nach einigen Blättern, die links von ihm auf dem großen Tisch lagen, und zeigte sie Fang Yu. Es waren Behördenfaxe. Sogar die einheimischen Journalisten, die soeben in die Stadt zurückgefahren waren, mussten ihre Interviews bei der Behörde anmelden. Danach hatte jeder Einzelne dem Unternehmer die behördliche Genehmigung des Interviewtermins ins Büro gefaxt.

»Ich möchte kein Interview führen, sondern Sie kennenlernen!«, sagte ich. Er wiegte den Kopf. Ich war mir nicht sicher, aber sein wissendes Schmunzeln hatte beinahe etwas Komplizenhaftes, als hätte ich eine subversive Ader berührt oder zumindest seinen Sportsgeist angesprochen, den er schon in der Art, in der er sich kleidete, herausstellte. Wie beim ersten Mal, als ich ihn sah, trug er weiße Jeans, weiße Socken, weiße Sportschuhe mit fünf roten Streifen und ein knallrotes T-Shirt. Er machte den Eindruck eines Seglers, der soeben von Bord seiner Rennjacht kam.

Er schien so etwas wie Geschmack daran zu finden, dass ich meinen Besuch den staatlichen Stellen vorenthalten hatte, mich auf frühere Einladungen berief, dem Treffen ein privates Etikett verpasste. Sein Duktus änderte sich. Er überlegte länger, und manche Sätze begann er neu, wenn ihm eine treffendere Formulierung einfiel. Fang Yu übersetzte nun Satz für Satz und erläuterte zusätzlich, was in Zhou Dahus Worten mitschwang. Deshalb konnte ich die Mimik und Gestik des Unternehmers mit dem, was er sagte, in Verbindung bringen.

Seinen Großvater Zhou Liang bezeichnete Zhou Dahu als wohlhabend. Er musste nachdenken, wann sein Großvater geboren worden war, war sich dann aber sicher. »Ja, es war 1900. Er war ein sehr guter Schüler und hatte später das Glück, an einer großen Universität in Japan studieren zu können. Nur wenige Chinesen konnten Anfang des Jahrhunderts im Ausland studieren. Unsere Familie ist deshalb noch immer sehr stolz auf ihn. Als er aus Japan zurückkehrte, wurde er Rechtsanwalt. Er machte sich nach kurzer Zeit in Wenzhou einen Namen. Kurz bevor die Japaner Wenzhou besetzten, ist er aufs Land geflohen. Er versteckte sich bei Bauern. Er wusste, dass sie zuerst die Leute zur Kollaboration gezwungen haben, die Japanisch konnten. Er wollte auf keinen Fall zum Verräter werden! Mein Vater hat ihn mir immer als Patrioten geschildert!«

Zhou Dahus Vater lebte noch. Zhou Zhenzhong war Jahrgang 1929. Zhen enthielt die Bedeutung von stabil, stark, befestigend. Und die Silbe Zhong heißt »Mitte«. »Er schloss sich als Schüler der kommunistischen Untergrundbewegung an. 1947, da war er achtzehn, trat er in die Volksbefreiungsarmee ein.« Zwei Jahre später endete der Bürgerkrieg zwischen Maos Truppen und den Truppen Chiang Kai-sheks. Mao rief die Volksrepublik China aus. »Als Wenzhou befreit wurde, kehrte mein Vater hierher zurück. Er kam als Militärvertreter auf das Post- und Telegrafenamt. Bald darauf wurde er Erster Direktor.«

Ich hatte geglaubt, dass Zhou Dahu wie der Schmuckdosenfabrikant Yu Wenqi aus einer Bauernfamilie stammte. Pioniere gleich Bauern, Bauern gleich Pioniere – irgendwie hatte sich das festgesetzt. Doch zum Zeitpunkt von Maos Tod befand sich Zhou Dahu in einer anderen Ausgangslage als Yu Wenqi. Zhou Dahus Vorfahren gehörten höheren Kreisen an.

Seine Mutter hieß Ye Di. Fang Yu sagte: »Di bedeutet: ein Gedanke – und zack! Flink im Kopf.« Auch sie stammte aus einer Familie, der es materiell gut ging. Ihr Vater besaß eine Firma. »Er war Kapitalist!«, sagte Zhou Dahu. »Meine Mutter und mein Vater waren Schulkameraden.« Sie gingen etwa zur gleichen Zeit in den Untergrund und in die Armee. Nach dem Sieg der Revolution arbeitete sie ebenfalls bei der Post. Außerdem übernahm sie eine leitende Funktion im kommunistischen Jugendverband der Stadt.

1952 brachte sie Zhou Dahu zur Welt. »Mein Vater war zu dieser Zeit auch Chef der Tigerjagdgruppe.« Mao hatte die Kampagne zur Bekämpfung der »Fünf Übel« in Gang gesetzt. Sie richtete sich gegen Korruption, Verschwendung, Bürokratie, den Verrat von Staatsgeheimnissen und Steuerhinterziehung.

»Tiger – damit waren Steuerhinterzieher gemeint«, sagte Zhou Dahu.

Fang Yu fügte auf Deutsch hinzu, dass in diesen Jahren jeder Geschäftsmann als Konterrevolutionär, Volksschädling und eben als »Steuerhinterzieher« verdächtigt wurde. »Nach chinesischer Tradition geben manche Eltern ihren Kindern schlechte Namen, um sie vor Dämonen zu bewahren. Deshalb gibt es Namen wie ›Hundesohn‹.«

Fang Yu wollte mehr Beispiele aufzählen und sprach mit Zhou Dahu. Die Sitte war in ganz China verbreitet und beiden seit eh und je bekannt, aber jetzt versetzten sie sich in einen Fremden hinein und amüsierten sich. »Eine Tochter ›Hässliches Ei‹ oder ›Kleines Kalb‹ zu nennen«, sagte Fang Yu wieder auf Deutsch, »drückt den Wunsch aus, sie möge zu einer schönen Frau heranwachsen.«

»Großer Tiger« sollte also davor bewahrt werden, dass eines Tages jemand mit dem Finger auf ihn zeigen würde: Dieser Mann ist ein Steuerhinterzieher, Volksschädling, Kapitalist, Klassenfeind! – Sein Vater, der Tigerjäger, wusste aufgrund seiner revolutionären Tätigkeit, wie gefährlich das für den Beschuldigten war.

Zhou Dahu sprach nun über seine Schulzeit. Zuerst glaubte ich, dass er es gern tat, weil er das erste Mal seit unserer Ankunft seine Reserviertheit aufgab. Außerdem tippte er sich mit dem Feuerzeug auf die Brust. Er sei der Beste gewesen, in sämtlichen Unterrichtsfächern, auch im Verhalten und im Sport. »Im Tischtennis konnte mich keiner schlagen. Ich war Kapitän der Fußballmannschaft. Die Leichtathletikmannschaft habe ich ebenfalls geleitet. Ich war überall dabei. Der Beste sein – das wollte ich dann später auch bei der Arbeit. Ich dachte nie daran, eine eigene Firma zu gründen. Ich wollte nur gut arbeiten. Aber 1991 ergab sich dann eine Gelegenheit.«

Ihm war ein Zeitsprung von drei Jahrzehnten geglückt. Beinahe triumphierend schob er sich eine Zigarette zwischen die Lippen und lauerte jetzt auf Interviewfragen. Als die nicht gleich kamen, klappte er sein Feuerzeug auf, ein flaches, eckiges Gerät, dessen Klappdeckel so knackig klickte wie ein Zippo-Klassiker, *das* Feuerzeug der amerikanischen Soldaten. »Ein echtes Zippo«, sagte er, »hat den Ruf, unverwüstlich zu sein. Und seine Flamme geht auch bei Regen und Sturm nicht so leicht aus. Um Feuerzeuge dieser Marke ranken sich Kriegsgeschichten. In der Brusttasche soll die schwere Metallhülle dem einen oder anderen Soldaten das Leben gerettet haben. Ein Zippo wurde mit Benzin gefüllt. Selbst später, im Vietnamkrieg, als es schon Gasfeuerzeuge gab, bevorzugten die amerikanischen Soldaten das Original. Benzin war leichter zu beschaffen als Gas. Kennen Sie das Wort ›zippoing‹? Er bezeichnete das Anzünden vietnamesischer Dörfer, die als Stützpunkte des Feindes galten.

Aber nicht einmal im Vietnamkrieg hat die Marke Zippo an Glanz verloren, obwohl der Feind den Benzingeruch, der dem geöffneten Feuerzeug entströmte, selbst aus großer Distanz riechen konnte.«

Zhou Dahus Tonfall war technisch-nüchtern, aber er machte eine verschmitzte Miene.

»Unter den Bedingungen des Dschungelkriegs konnte sich auch der Klappmechanismus des Zippos als verhängnisvoll erweisen. Manche Menschen kauen auf den Nägeln, wenn sie angespannt oder gelangweilt sind, andere zerpulen alles, was ihnen zwischen die Finger kommt. Selbst wenn Rauchen auf Posten verboten war, verführte das Zippo manchen Besitzer zu der nervösen Angewohnheit, die große, schwere Metallklappe unaufhörlich zu öffnen und mit einem kurzen Schwung aus dem Handgelenk wieder zuschnappen zu lassen. Der Feind lauerte im Busch, hörte das Klicken, und wusste, wo sich sein Ziel befand.«

Zhou Dahus Modell war etwas kleiner als ein Zippo, braungold lackiert statt silber- oder chromfarben, und es wurde mit Gas betrieben. Man konnte nicht behaupten, er habe das amerikanische Feuerzeug eins zu eins kopiert. Die Konstruktion des Ventils ließ die Flamme allerdings ähnlich weich lodern wie die Benzinflamme des Zippo. Und wirklich gelungen hörte sich der Klick an: nach schwerem, soliden Metall.

Xiaohu nahm es ihm aus der Hand und ging quer durch den ganzen Raum zum Schreibtisch seines Vaters. Er zog eine Flasche Nachfüllgas aus der Schublade. Nervös hatte er beobachtet, wie die Flamme des Zippo-artigen Tiger-Brenners immer schwächer wurde. Zhou Dahu hatte gesagt, er produziere pro Jahr zehn bis fünfzehn Millionen Feuerzeuge, also mindestens siebenundzwanzigtausend am Tag. Sämtliche Feuerzeuge waren aus Metall.

Zippo aufzukaufen, zog er offenbar nicht in Betracht.

»Denken Sie schon an andere Produkte als Metallfeuerzeuge?« Ich stellte die Frage in diesem Moment eher scherzhaft, aber er nahm sie ernst: »Ich muss daran denken! In der Marktwirtschaft gibt es keine Ruhe. Man muss sich ständig neu erfinden.«

Ich wollte auf seine Schulzeit und Jugend zurückzukommen. Aus seinem Kopfnicken konnte ich schließen, dass er damit gerechnet hatte. Jetzt räusperte er sich viel und stockte oft. »Wenn ich meinen Vater charakterisieren soll, dann fällt mir zuerst seine Strebsamkeit ein. Auch ich wollte immer der Beste sein. Ich war der Beste! Am Anfang in der Schule. Aber dann, in der dritten Klasse … Mein Vater kam ins Arbeitslager. Ich habe meinen Status verloren. Ich habe alles verloren.«

Mitte der fünfziger Jahre hatte Mao die Kampagne für mehr Gedanken- und Meinungsfreiheit begonnen. Es hieß »Lasst hundert Blumen blühen und hundert Gedankenrichtungen miteinander wetteifern!« Nur so könne China wachsen.

»Mein Vater ist ein aufrichtiger Mensch«, sagte Zhou Dahu. »Er konnte nicht den Mund halten.«

Bald nach Beginn der Hundert-Blumen-Kampagne schnappte die Falle zu. Wer Kritik geäußert hatte, war in Maos Augen als Schlange und Feind entlarvt. Die sogenannten Rechtsabweichler wurden zur Umerziehung in Lager gesteckt und mussten Zwangsarbeit leisten. Auch ihre Familienangehörigen erlitten Schikanen. Großer Tiger, ein Kind, war plötzlich ein Ausgestoßener. Er spürte es jeden Tag in der Schule. Es sei aus gewesen mit dem Traum, auf eine höhere Schule gehen zu dürfen.

Seine Mutter, nun die Frau eines Rechtsabweichlers, verlor ihre Arbeit bei der Post in Wenzhou. Sie wurde verbannt, auf ein Dorfpostamt weitab in den Bergen. Dahu und seine beiden Schwestern blieben in Wenzhou zurück. »Meine Großmutter nahm uns auf. Aber mein Großvater war tot, und meine Schwestern waren noch jünger als ich. Deshalb musste ich schon als Kind für mich selbst sorgen.«

Stolz war ein Begriff, der in diesen ersten Stunden am häufigsten fiel. »Rechtsabweichler haben immer gute Leistungen! Ich blieb die Nummer eins in der Schule. Aber nach dem Unterricht oder wenn es Feiern gab, dann habe ich mich zurückgezogen. Außer im Unterricht und beim Sport wollte ich nicht mit den anderen zusammen sein. Ich wollte nicht dabei sein, wenn sie Fotos machten, von der Klasse oder so. Ich bin auch nicht auf den Klassenabschlussfotos.«

Er beschrieb seine Reaktion auf die Demütigung als aktives Verhalten. Er war derjenige, der handelte! Das wollte er deutlich machen. Vielleicht bildete er sich ein, er könnte seine Umwelt, die ihn stigmatisiert hatte, seinerseits strafen, indem er sich zusätzlich absonderte und sie Verachtung spüren ließ: Ihr seid es nicht wert, dass ich mit aufs Foto komme! So plausibel diese Haltung war, es lag darin auch eine Spur von Beschönigung oder Verklärung seiner damaligen Ohnmacht. Deshalb fragte ich ihn, ob er die Distanz wirklich selbst gesucht hatte.

»Ich musste nicht, ich wollte!«, sagte er.

Sieben Jahre Wanderschaft – »Am vierten Tag kotzt du!«

Nachdem Mao die »Kulturrevolution« losgetreten hatte, wurde Zhou Dahu wie viele Kinder seiner Generation zu Bauern aufs Land geschickt. Die Bauern waren gefesselt an ihr Dorf, genau wie er jetzt. Dahu wurde einer von ihnen. Er sagte, er habe keine Ahnung gehabt, was Armut heiße. »Die Jahre bei den Bauern waren sehr, sehr hart. Andere Kinder bekamen Geld von ihren Eltern geschickt, aber nachdem mein Vater aus dem Arbeitslager entlassen worden war, fand er keine Arbeit. Also bekam ich nie Geld. Mein Vater half mir dennoch auf andere Art.«

Eines Tages, Zhou Dahu war sechzehn, erhielt er einen Brief von einem Freund seines Vaters. Der Freund war ebenfalls ein Rechtsabweichler. Er schlug ihm vor, sich einer Montagebrigade anzuschließen. Die Brigade sollte in einer Chemiefabrik in Zentralchina eingesetzt werden. »Ich war ja auf dem Land registriert. Wenn man in die Stadt wollte oder wenn man überhaupt das Dorf verließ, wurde man dauernd kontrolliert: ›Hast du deinen Arbeitsausweis? Hast du deine Wohnberechtigung? Wenn du die nicht vorweist, wirst du verhaftet!‹ Also stimmte ich zu. Auf dem Land konnte ich nichts Sinnvolles tun. Wir waren den Bauern keine Hilfe. Sie mussten dumme Befehle befolgen und waren schlimm dran. Ich wollte in eine andere Provinz gehen. Die Brigade bot diese Möglichkeit. In Xian konnte ich arbeiten. Wir fuhren so weit, um arbeiten zu können.

Es gab keinen Zug. Wir mussten zuerst mit dem Schiff nach

Schanghai. Wir konnten nur die fünfte Klasse nehmen, ganz unten im Schiff. Es war nass und stickig. Ich weiß es noch genau. Überall Dreck. Man konnte nicht atmen. In Schanghai warteten wir tagelang auf eine Zugfahrkarte. Fahrkarten waren sehr knapp. Es war damals nicht üblich, dass man einen Schlafplatz in einem Hotel hatte. Ständig musste man alles mitschleppen, seine Decke, das Gepäck und so. Man musste auf der Straße schlafen. Man konnte sich nirgendwo waschen. Die Flöhe und all das! Im Zug bekamen wir dann nur Stehplätze. Die Zugfahrt dauerte sechsundzwanzig Stunden und die gesamte Reise von Wenzhou nach Xian ungefähr eine Woche.«

Zhou Dahu reichte mir seine Zigarettenpackung über den Tisch. Die Packung war dünn und billig, keine feste Schachtel, aber rot. Er bestand schon die ganze Zeit darauf, dass ich seine Zigaretten rauchte, und weigerte sich beharrlich, eine von meinen anzunehmen, einer Sorte aus Zhejiang, die ich gekauft hatte, weil die Hardbox in Navy Blue und die goldfarbene Schrift einen anständigen Inhalt versprachen. Aber die Dinger kratzten, glimmten ungleichmäßig ab, und oft gingen sie einfach aus. Als Zhou Dahu mir jetzt erneut seine Zigaretten anbot – Filter King, Zhonghua, China, »die beste Marke«, wie er mehrmals sagte –, fielen mir seine Fingernägel auf. Der Nagel des kleinen Fingers war länger als die anderen Nägel, aber das hatte ich schon häufig bei chinesischen Firmengründern in Zhejiang gesehen. Das Besondere an Zhou Dahus Händen war die Verfärbung sämtlicher Nägel und Fingerkuppen. Sie waren braun-gelb wie vollgesuppte Zigarettenfilter. Er bemerkte meinen Blick.

»Frost und schlechtes Essen!«, übersetzte Fang Yu.

»Unser Montagetrupp arbeitete auf dem Gelände einer Chemiefabrik«, fuhr Zhou Dahu fort. »In Xian ist der Winter sehr kalt. Ich war dieses Klima nicht gewohnt. Wir arbeiteten bei fünfzehn Grad Kälte. Überall Frostbeulen, erfrorene Hände und Füße – das war ganz normal.«

Hinzukam die Schwierigkeit, satt zu werden. Trotz seiner

Wanderschaft war Zhou Dahu dem von Mao eingeführten Hukou-System nicht entkommen. Das Hukou-System erfasste jeden Chinesen, fesselte ihn an sein Dorf, an sein Viertel, seine Brigade oder Arbeitseinheit. Ohne Genehmigung durfte niemand den Ort und die Arbeitsstelle wechseln. Zhou Dahu konnte als Angehöriger einer Montagebrigade zwar bis nach Xian gelangen, aber die Lebensmittelrationierung, die an das Registrierungs-System gekoppelt war, machte ihm das Leben zur Qual.

Es war nur fünfzehn Jahre her, dass die Regierung die Rationierung von Nahrungsmitteln und anderen Konsumgütern aufgehoben hatte. Ohne Marke erhielt man kein Getreide, kein Mehl, nichts. Jede Provinz hatte eigene Lebensmittelmarken. Es gab zwar auch überregional gültige Marken für bestimmtes Getreide, aber die musste man extra umtauschen, und man musste den Grund dafür angeben. »Meine Verwandten hier in Wenzhou haben das für mich getan und immer versucht, mir Marken nach Xian zu schicken, damit ich mir etwas zu Essen besorgen konnte. Du gehst mit der Getreidemarke zu einer Ausgabestelle und kannst dir dann etwas wählen, was aus Getreidemehl ist. Du kannst so viel Geld haben, wie du willst, du kriegst nichts, wenn du keine Getreidemarke hast. Mit Geld kannst du nur illegal etwas kaufen, auf dem Schwarzmarkt. Dort braucht man Geld und weiter nichts. Dafür sind die Sachen dort natürlich teuer! Aber damals gab es noch keinen Schwarzmarkt, jedenfalls nicht in Xian.

Eines Tages sprach ich mit jemandem über die Entstehung der Schwarzmärkte und ihre weitere Entwicklung. Das war ja sehr interessant!«

Die Geschichte der Schwarzmärkte kannte ich schon von Yongyan, der mich in Yiwu über den Markt geführt hatte. Aber Zhou Dahus Exkurs ging in eine politische Richtung. In Provinzen wie Zhejiang tauchten die ersten Schwarzmärkte schon zu Maos Lebzeiten auf. Hier konnten die Bauern früher als anderswo das Rationierungs- und das Hukou-System unterlaufen, weil die hiesigen Funktionäre eher bereit gewesen waren, sich von den Bauern bestechen zu lassen. Der Grund war, dass Zhejiang und auch die Nachbarprovinz Fujian zu den vernachlässigsten und ärmsten Provinzen gehörten. In Zhejiang bestand Mangel an großen städtischen Industriekombinaten und einer großen städtischen Arbeiterschaft. Aber zugleich war auch die Funktionärskaste, die ihre Macht aus solchen großen Industriekombinaten schöpfen konnte, sehr klein. Wenig Industrie – wenige Industriefunktionäre. Es fehlten also starke Interessensgruppen, die den Status quo verteidigten. Der Mangel an Industrie hatte noch eine weitere Konsequenz. Je ärmer die Provinz und je ärmer die Orte, umso ärmer die lokalen Kaiser, die Brigadeführer, Partei- und Ortsvorsteher, und umso größer die Bereitschaft aller, illegale Geschäfte zu machen. Zhou Dahu lachte: »Funktionäre ficken! So sagen die Bauern. In der Mao-Ära hatte jeder Angst, aber gleich danach waren sie wie entfesselt.«

Er fand die Haltung der Bauern und kleinen Leute nicht verachtenswert, sondern schlau.

Xian hingegen, die Hauptstadt der Provinz Shaanxi, war eine Stadt der Fabriken und Kombinate. Die dortigen Funktionäre lebten von ihren Posten in der Industrie, und die Bauern hatten weniger Spielraum. Deshalb kamen die Reformen Deng Xiaopings in Shaanxi erst später und auf andere Weise zum Tragen.

Aber als Großer Tiger auf Montage in Xian war, lebte Mao noch. Zhou Dahu sah weder Straßenmärkte noch Garküchen, geschweige denn private Restaurants oder Hotels. Er war auf seine Verwandten von der Küste angewiesen.

»Oft kamen keine Marken aus Wenzhou bei mir an. Meine Verwandten konnten nicht ständig welche schicken. Sie hatten selbst zu wenig zum Leben. Oft gingen die Marken auch auf dem Postweg verloren. Dann konnte ich tagelang nichts essen, obwohl ich Geld verdient hatte. Das Geld half mir nichts. Wenn ich den Hunger nicht mehr aushalten konnte, habe ich mir Kaki-Früchte besorgt. Dafür benötigte man keine Getreidemarke. Die

Früchte waren getrocknet und gepresst. Wenn dich der Hunger quält, schmecken sie, aber nur am ersten Tag, am zweiten schon nicht mehr. Am dritten Tag kriegst du sie nur noch mit Mühe hinunter. Am vierten Tag kotzt du. Anfangs habe ich geheult, später war ich selbst dafür zu verzweifelt.«

Zhou Dahu arbeitete drei Jahre in Xian. Dann zog er weiter nach Wuhan, in die Hauptstadt der Provinz Hubei, wo der Jangtsekiang und der Hanjiang zusammenfließen, und wo Mao wenige Jahre zuvor gebadet hatte. Maos öffentlich inszeniertes Jangtse-Bad galt als Auftakt zur »Kulturrevolution«.

Zhou Dahu arbeitete auch in Wuhan auf dem Bau. »Ich habe die Kälte, die Schufterei und den Hunger überlebt, weil ich jung war. Ich war in unserer Brigade der Jüngste.« Anschließend verschlug es ihn nach Jiangxi, in die landeinwärts gelegene Nachbarprovinz Zhejiangs. »Immer heben, tragen, frieren, hungern. So bin ich sieben Jahre durch China gezogen. ›Wie Konfuzius!‹, sage ich immer.«

Ein bitterer Scherz – »Ich zog meine neue Uniform an!«

Als er in seine Heimatstadt zurückkehrte, hatte sein Vater noch immer keine Arbeit gefunden. Seiner Mutter Ye Di war allerdings die Rückkehr aus den Bergen erlaubt worden. Sie durfte wieder auf dem Postamt der Stadt arbeiten. Zhou Dahu war vierundzwanzig. »Ich habe hier und da etwas angenommen. Nichts Beständiges! Es ist dasselbe gewesen wie vorher. Montage, Bau. Du musst schleppen, tragen, heben. Sehr hart. Manchmal habe ich auch Klempnerarbeiten erledigt.«

In dieser Zeit, 1976, starb Mao.

Ich wollte wissen, was ihm bei Maos Tod durch den Kopf gegangen war, ob und in welcher Weise die Nachricht ihn bewegt hatte. Er zögerte mit der Antwort, und noch bevor Fang Yu übersetzte, wurde klar, dass er manches zurückhielt, was ihm auf der Zunge lag. »Ich war jung«, wiederholte er, obwohl er keineswegs mehr so jung gewesen war. »Und ich war naiv!«

»Empfanden Sie Trauer?«, fragte ich. – Schweigen. Und schließlich: »Normal. Normal. Ich war jung. Ich konnte das alles nicht beurteilen.«

Die einst von Mao protegierte »Viererbande« wurde gestürzt. Ihr Sturz war das Ende der sogenannten Kulturrevolution, und Deng Xiaoping wurde rehabilitiert. Doch niemand wusste, welche Richtung die Partei einschlagen würde.

Zhou Dahu wollte nichts sagen, was über solche Allgemeinheiten hinausging. Fang Yu bohrte nach, um ihn aus der Reserve zu locken, und er bemühte sich dabei, Zhou Dahus Augenmerk auf praktische Dinge zu lenken.

»Die Lage wurde etwas lockerer«, sagte Zhou Dahu. »Du wurdest nicht mehr sofort auf der Straße verhaftet, wenn du keine Wohnberechtigung hattest. Aber meine Jugend war vorbei. Die beste Zeit, die man im Leben hat. Ich hatte bis jetzt nur ums Überleben gekämpft, um meine Existenz, zwanzig Jahre meines Lebens. Ich hatte keine Registrierung, war illegal, wurde immer verachtet. Ich war ein Niemand!«

Bald nach seiner Rückkehr in die Stadt ließ seine Mutter sich pensionieren. »Damals gab es diese Politik: Einer räumt seine Stelle frei, ein anderer aus der Familie darf sie annehmen.« Zhou Dahu war nun Mitte zwanzig.

Er beschrieb eine Art von Sonderbewusstsein, das er entwickelt hatte. Es war ihm trotz der Stigmatisierung seiner Familie als »Rechtsabweichler« gelungen, sich durchzuschlagen. Das hatte seinen Stolz genährt, aber er fühlte sich weiterhin erniedrigt und gedeckelt. Er musste hinnehmen, dass er vielleicht niemals die Möglichkeit erhalten würde, etwas aus sich zu machen. Als Ye Di ihrem Sohn nun den Platz räumte, damit er dort unterkam, brach seine Wut an die Oberfläche. »Jetzt kann ich es allen zeigen! Ich bin ein Mensch mit Selbstbewusstsein! Ihr müsst mich anerkennen!«

Ihm ballte sich noch heutzutage die Faust, und sie donnerte auf den Tisch. Dann kniff er die Lippen zusammen und bremste sich.

Jüngst hatte ich auffallend häufig Wutanfälle miterlebt, Ausbrüche auf offener Straße. Ich dachte mir nicht viel dabei, aber Fang Yu war entsetzt. Er sagte, öffentlich Jähzorn zu zeigen, sei in China mehr als nur schlechtes Benehmen. Es sei ein Affront. Die Zerstörung von Harmonie.

Zhou Dahus Anfall beschäftigte mich. Ich sah die Quelle seiner Wut in der Identitätslosigkeit, in der Zeit, als die Chinesen keine Individuen sein durften. Viel davon wohnte den Chinesen weiterhin inne. – Wie dem auch sein mag, Zhou Dahus Wut war jedenfalls alt. Sie hatte sich in ihm angestaut und war immer noch vorhanden. Als Kind und Jugendlicher hatte er die Stigmatisierung seines Vaters und seiner Familie nicht politisch deuten können. Er spürte eine persönliche Ohnmacht, auf die er mit Trotz reagierte, aber auch mit Selbsterziehung.

Er räusperte sich lautstark, als wäre er allein unter Chinesen, die es nicht so eklig finden, wenn sich jemand seines Schleims entledigt. Und ohne groß hinzusehen, schälte er eine Apfelsine mithilfe der langen Kralle des kleinen Fingers. Er vergaß sich wohl, weil er in Gedanken war.

Die Stigmatisierung als Kind eines Rechtsabweichlers, die Trennung von seinen Eltern, das Leben bei den Bauern, die Jahre als Wanderarbeiter – die schwere Zeit und das Zurückstehen wollten nicht vergehen, und dann, nach der Rückkehr von seiner Wanderschaft, stellte er fest, dass die besten Jahre verloren waren. Aber auf einmal soll er Postbeamter werden. Der Staat nimmt ihn an. Ein Postbeamter – das ist schon etwas. »Ich werde es allen zeigen!«, sagt er sich. »Jetzt ist Tiger wieder da!« Man sieht es ihm auf der Straße an, wenn er zum Dienst geht. »Ich trage eine Uniform!«

Mit einem Apfelsinenstück in der Hand klopfte er sich auf die Brust, und sein Gesichtsausdruck änderte sich. Das wissende Lächeln von vorhin, die verschmitzte Miene! »Ich habe diese Postuniform. Sie ist verwaschen und schon ganz abgenutzt. Die Ärmel und der untere Rand der Hose sind mehrmals geflickt worden. Jemand anderer hatte sie vor mir getragen. Ein wenig später besorge ich mir eine zweite Uniform, eine ganz neue. Tagsüber ziehe ich natürlich die alte an. Die neue trage ich abends oder an Feiertagen.« Er lachte laut. »Das habe ich ein Jahr lang so gemacht!«

»Sie wollten eine Frau finden!«

Er wehrte meine vorlaute Bemerkung ab, sagte dann aber in der Übersetzung von Fang Yu: »Möglich! Vor allem wollte ich zeigen, dass ich einen Posten habe! Ich muss jetzt anerkannt werden! Keine Verachtung mehr!«

Ich habe Zhou Dahu immer nur in seinen rot-weißen Segler-Sachen gesehen, und nicht einmal auf den Fotos in seiner Firmenbroschüre präsentierte er sich besonders statusbewusst.

»Ich war ein gut aussehender Mann!«, sagte er. »Die Frauen wollten etwas mit mir anfangen. Schon bevor ich die Uniform bekam. Aber ich wollte nicht. Bis ich siebenundzwanzig Jahre alt war, hatte ich nichts mit Frauen zu tun. Bei meinem Familienhintergrund! Ich habe das abgelehnt! Sie müssen wissen, es gibt in China die Ansicht, dass manche Familien nicht so gut zueinander passen. Es geht um den Familienhintergrund, ob man in der Partei ist und so weiter. Damals, sobald man eine Frau traf, sobald man zusammen war oder wenn etwas derartiges bekannt wurde, haben die Eltern sofort nachgeforscht: ›Aus welcher Familie? Was sind das für Leute? Passt ihr zusammen? Passt er zu uns oder nicht? Ist er in der Partei oder nicht?‹ Deshalb habe ich immer Nein gesagt! Keine Frau! Noch nicht!

Aber eines Tages kommt ein Freund meines Vaters zu mir. Er sagt: ›Ich stell dir eine Frau vor! Ihr passt gut zusammen!‹«

Ich hatte den Eindruck, dass Zhou Dahu Tränen unterdrückte.

Fang Yu ergänzte: »Dieser Spruch: ›Ihr passt gut zusammen!‹ Ich bin so alt wie Zhou Dahu. Ich weiß genau, wovon er spricht.«

Fang Yu wiederholte es auf Chinesisch, um Zhou Dahu zum Weitersprechen zu bewegen, aber es kam nur ein Lächeln, das qualvoll wirkte. Ich glaube, das Schweigen brachte uns alle ein bisschen in Verlegenheit.

»Dann sagt der Freund meines Vaters: ›Sie ist die Tochter eines Rechtsabweichlers. Ihr Vater ist Rechtsabweichler wie dein Vater! Ihre Familie passt also zu deiner Familie!‹ – Scherze unter Rechtsabweichlern! Der Freund meines Vaters war auch ein Rechtsabweichler. Das war ein bitterer Scherz!«

Jetzt ging es nicht mehr anders. Zhou Dahu musste sich die Augen trocknen.

Er war nun bei der Post, dennoch spielten bei der Brautwahl weiterhin Umstände eine Rolle, auf die er keinerlei Einfluss besaß, doch ich fragte mich, ob es der alleinige Grund für seine sentimentale Aufwallung war. Ich wollte Fang Yus Meinung auf Deutsch hören. Er sagte: »Der bittere Scherz hat ihm bewusst gemacht, dass er auf ewig als – wie sagt man? – als Spross, als Ausgeburt von Rechtabweichlern gelten würde. So sehe ich das. Solange ihm dieses Etikett anhaftet und solange Mao auf diese Weise weiterlebt, gibt es etwas, das er besiegen muss.«

Zhou Dahu fuhr fort: »Ich zog meine neue Uniform an. Auf dem Weg zu dieser Familie stellte ich mich vor eine Scheibe, um mich zu betrachten. Man wird ja beobachtet, wenn man woanders hinkommt. Die Nachbarn passen genau auf, wer ein- und ausgeht. ›Wer kommt da? Was hat der vor?‹ Ich sah mich in der Scheibe an und dachte: ›So bin ich! Kein Nichts!‹ Zur ersten Begegnung erschien ich also in meiner besten Postuniform. Die Uniform sagte den Nachbarn: ›Ich bin jemand! Ich habe eine Anstellung. Ich komme von der Arbeit. Ein Mann mit Charakter!‹«

»Haben Sie sich sofort verliebt?«

Mir war klar, dass er die Frau nie zuvor gesehen hatte und dass es sein erstes Treffen dieser Art war, aber ich wollte die Stimmung etwas heben. Er kratzte sich am Kopf. Er schien nicht zu wissen, wie er reagieren sollte. Dann nickte er kurz, suchte aber weiter nach Worten. Als er die Lösung fand, lachte er derb: »Sagen wir mal so: Niemand war bei diesem Geschäft benachteiligt! Beide kamen wir aus schlechten Familien.«

Die Eltern hatten ihre Tochter Yanxian genannt. Das bedeutete wohlerzogen, gepflegt, weiblich. Sie war drei Jahre jünger als Zhou Dahu, Jahrgang 1956. Im Unterschied zu ihm wurde sie nicht während der »Kulturrevolution« von den Eltern getrennt und aufs Land geschickt. »Sie war noch zu jung, als die Kulturrevolution anfing«, sagte Zhou Dahu. Vor der Befreiung habe es in Wenzhou acht zugelassene Buchprüfer gegeben. Einer von ihnen war ihr Vater. »Nach der Befreiung arbeitete er in der Finanzbehörde. In der Folge der Hundert-Blumen-Kampagne wurde er ebenfalls abgesetzt. Aber er hatte Glück. Er galt als kleiner Fisch. Er musste nicht ins Umerziehungslager wie mein Vater.«

Ihre Eltern stimmten der Heirat zu. Die Zustimmung war bloß noch Formsache, denn im Grunde war alles, was diese Verbindung betraf, zuvor mit dem Heiratsvermittler geregelt worden. Man musste nicht einmal darüber sprechen, dass die Eltern zu arm waren, um eine Mitgift aufbringen zu können. Yanxians Vater fand als Rechtsabweichler keine Arbeit. »Sie war arm, ich war arm. Trotzdem gab es ein Problem: Wenn man verlobt wurde, musste man sich Geschenke machen. Das war wichtig für das spätere Familienleben: Also ein Transistorradio, eine Nähmaschine, ein Fahrrad – zu der Zeit die üblichen Anschaffungen, ohne die es einfach keine Hochzeit geben konnte. Diese modernen Geräte gehörten zu einem neuen Haushalt. Von all dem hatte ich nichts zu bieten.«

Das Paar stand vor der Aufgabe, seine Hochzeit alleine zu finanzieren. Das bedeutete, warten zu müssen. Aber als Angestellter der Post konnte er das erste Mal in seinem Leben etwas Geld beiseitelegen. Außerdem teilte ihm die Post eine Wohnung zu. Er ging hin und sah sie sich an. Vierundzwanzig Quadratmeter. Versifft und feucht. Es würde einiges kosten, um dort leben zu können, und auch eine Menge Arbeit machen: mauern, verputzen, streichen. Die Einzimmerwohnung war ein Loch.

»Meine Verlobte fragte: ›Ist das nicht alles viel zu bescheiden? Die Nachbarn werden uns auslachen!‹ Ich sagte: ›Mach dir keine

Sorgen! Jetzt habe ich nichts, aber später werden wir es schaffen. Später werde ich dir Ansehen verschaffen.‹

Die Post gab mir endlich eine Chance! Ich war nicht wie die anderen. Ich habe mich angestrengt. Die anderen waren faul. Sie wussten nicht, wie das ist, wenn man durchs ganze Land ziehen muss, wenn man ein Niemand ist und keine Arbeit hat. Ich war schon immer fleißig, aber vorher hatte ich keine Registrierung und keine Chance. Neun Jahre lang musste ich auf diese Chance warten, deshalb schätzte ich die Arbeit viel höher ein als meine Kollegen. Ich musste Pakete sortieren. Das habe ich sehr sorgfältig gemacht. Die anderen lebten noch ganz im Sozialismus. Keiner fühlte sich verantwortlich. Die hatten keine Ahnung, dass ein Mensch verhungern kann, wenn seine Post nicht bei ihm ankommt, wenn sie schlampen oder betrügen. Ich war fleißig, weil ich diese Vergangenheit hatte und meine Chance ergreifen wollte, aber ich bin auch vom Charakter her ein ehrgeiziger Mensch. Ich wollte schon immer alles sehr gut machen!«

Das Zimmer wurde fertig, er war mittlerweile ein Jahr verlobt, aber sein Gehalt erlaubte nur kleine Rücklagen.

»Im Dienst habe ich freiwillig diese großen Pakete getragen. Und diese schweren Säcke. Alle haben getuschelt: ›Warum macht der das? Er bekommt doch deshalb keine Gehaltserhöhung! Wir kriegen alle gleich viel Geld und eine gleich hohe Prämie. Ist er ein Idiot?‹«

Das gesparte Geld reichte noch immer nicht aus, um die notwendigen Anschaffungen bezahlen zu können und eine Familie zu gründen.

»Das Getuschel meiner Arbeitskollegen wurde lauter, und irgendwann schimpften sie: ›Wozu strengst du dich so an? Wir werden nach Dienstzeit bezahlt.‹ – Ich habe nichts gesagt. Ich wollte das. So bin ich. Und dann haben sie plötzlich alle dumm geguckt. Kein Mensch konnte Auto fahren. Auto zu fahren war das Größte! Aber wer durfte das schon? Weil ich so gut war, hat mich die Post zum Fahrer befördert. Von

Tausenden Postleuten sollten nur ich und noch ein anderer plötzlich Autofahren lernen. Das war eine große Ehre! Ich habe gut gelernt. Dann wurde ich Autofahrer und konnte heiraten. Von der ersten Begegnung bis zur Hochzeit 1979 waren zwei Jahre vergangen.«

Im Dezember des folgenden Jahres wurde Xiaohu geboren.

Nützliche Transporte – »Weil ich die Welt gesehen hatte!«

Die Stelle bei der Post, die Uniform, die Verlobung, die Wohnung, der Führerschein, die Beförderung zum Fahrer an allen anderen vorbei – darüber sprach er von sich aus. Die Geburt seines Kindes, zudem eines Sohnes, erwähnte er nur mit einem Satz. Etwas anderes war ihm jetzt wichtiger.

»Es ist egal, ob eine Katze schwarz oder weiß ist, Hauptsache, sie fängt Mäuse.« Deng Xiaopings berühmter Satz wurde im Ausland häufig missverstanden. Der starke Mann der Nach-Mao-Ära hieß damit nicht private Unternehmer willkommen. Es war nur das Signal für die Rückkehr zu einer rationaleren Politik. Deng wollte das Entwicklungstempo der chinesischen Wirtschaft erhöhen. Die Staatsfirmen sollten wirtschaftlicher arbeiten und besser als früher die Bedürfnisse der Menschen befriedigen. Zhou Dahu sagte: »Die Staatsbetriebe gründeten Nebenfirmen, die Sinnvolles taten. Man musste nur eine Idee haben, eben für nützliche Produkte und Dienstleistungen. Diese Nebenfirmen sollten zusätzliche Arbeit für die Belegschaft und die Familien schaffen, für die Ehefrauen zum Beispiel. Die Post in Wenzhou gründete auch eine Nebenfirma. Ich war so fleißig. Die Leute hatten bemerkt, dass ich viele Fähigkeiten besaß. Also schlug man mich als Direktor vor.«

Ich wollte wissen, wer ihn vorschlug.

Fang Yu sagte: »Die gesamte Belegschaft!«

Das kam mir fragwürdig vor, weil Zhou Dahu erzählt hatte,

dass seine Arbeitskollegen ihn als Streber betrachteten. Fang Yu erkundigte sich noch einmal.

»Die Chefs der Post!«, sagte Zhou Dahu. »Sie wollten mich zum Direktor machen, weil ich die Welt gesehen hatte.«

Großer Tiger war auf seiner sieben Jahre dauernden Wanderschaft zwar dem Kessel von Wenzhou entflohen, aber die Umstände hatte ihn während Maos letzter Phase in die Mitte des Reiches getrieben. Hinterher hieß es, er habe die Welt gesehen. Schwang in dieser Äußerung Ironie mit? Machte er sich über seine Postkollegen lustig? Fang Yu verneinte. Nicht mal heutzutage, als Exportunternehmer, empfand Zhou Dahu diese Formulierung als komisch. Fang Yu sagte: »Ach, wer China kennt, kennt die Welt! Das glauben die Leute.«

»Ich wollte, dass die Post in den unterschiedlichsten Branchen tätig wurde«, sagte Zhou Dahu. »Wir boten zum Beispiel Transporte an. Das lag nahe. Bei der Post weiß man, wie das geht. Wir produzierten auch Taschen für alle möglichen Zwecke, Reisetaschen und so. Wir machten alles. Wir konnten selbst entscheiden. Die Hauptsache war: Wir sollten Geld verdienen. Nützliche Nebenfirma hieß ja auch, jedem, der dort angestellt war, zu nutzen! Jeder war Angehöriger eines Postbeamten. Je nach Auftragslage hatten wir zwischen hundert und dreihundert Beschäftigte. Die Leute wussten: ›Ich bekomme nur dann Gehalt und Prämien, wenn die Firma gut läuft.‹ Wenn es schlecht lief, durfte ich Leute entlassen. Allen war klar: Diese Firma darf sich keine Verluste erlauben, sonst geht sie pleite. Das war alles ganz neu. Ich musste meinen Kopf benutzen: Wie kann die Firma funktionieren? Wie verdient sie Geld? Das war eine gute Übung für mich. Ich konnte üben, wie man ein Unternehmen führt und wie man es immer noch besser macht.«

Alles konnte jederzeit schiefgehen. Ein falscher Schritt und die Firma würde abstürzen und die Beschäftigten mit sich reißen. »Das war jedem Einzelnen klar. Ich habe es Tag für Tag deutlich gesagt!«

Sein eigenes Risiko war geringer, zumindest drohte ihm keine existenzielle Gefahr, während er herumprobierte und sich auf den Markt vortastete. »Als Direktor der Nebenfirma der Post war ich der Einzige, der gleichzeitig auch noch bei der Post angestellt war.« Nach all den Jahren als Wanderarbeiter verachtete er das Fallnetz nicht, zumal er jetzt verheiratet war und ein Kind hatte. »Was ich sagen will: Eigentlich konnte es mir persönlich gleichgültig sein, ob die Nebenfirma gut lief oder nicht. Das war der Unterschied zu den anderen. Ich musste nicht befürchten, plötzlich keine Arbeit und kein Einkommen zu haben. Trotzdem verhielt ich mich sehr verantwortungsvoll.«

Er stellte sich als einen der Ersten dar, die umdenken mussten – weg von der Planwirtschaft, hin zur Marktwirtschaft – und als einen der wenigen, die zu diesem Umdenken in der Lage waren und ihr antimaoistisches Handeln mit ethischen Grundsätzen vereinbaren konnten. In den achtziger Jahren, in denen die chinesischen Kommunisten die ersten Schritte in Richtung eines kapitalistischen Marktes nicht nur verstohlen tolerierten, sondern offen zuließen, leitete Gorbatschow in der Sowjetunion politische Reformen ein. Dort verloren die Kommunisten die Macht. Den chinesischen Funktionären war das Lektion. Sie hielten das Zepter fest in der Hand, während sie die Wirtschaftspolitik änderten. Doch damals, behauptete Zhou Dahu, hätten solche Systemdebatten für ihn keine Rolle gespielt, nicht der Fall des Eisernen Vorhangs, nicht die Weltpolitik im Allgemeinen. »Das war Sache der Partei.«

Schöpferische Zerstörung – »Dann bin ich der Chef!«

Während dieser Zeit, die gesamten achtziger Jahre hindurch, arbeitete seine Frau in der Vertriebsabteilung einer Staatsfabrik. »Die Fabrik stellte Getränke her«, sagte Zhou Dahu. Fang Yu suchte nach der richtigen Übersetzung: Alkoholfreie Getränke, Brause, Limonade. Zhou Dahu sagte: »Damals war es Gold wert, wenn jemand in einer Staatsfabrik angestellt war. Man hatte ein sicheres Einkommen und für die Zukunft war gesorgt – ein Leben lang.«

Seine Frau und er – und somit seine Familie als Ganzes – zählten zu den Glücklichen. Jedem seiner Generation war die Möglichkeit neuer Hungersnöte gegenwärtig, und um den Wert noch deutlicher zu machen, den eine staatliche Stelle zu jener Zeit besaß, führte Zhou Dahu Beispiele an: »Familien, in denen beide Ehepartner beim Staat angestellt waren, hatten es am besten. Aber man war schon glücklich, wenn nur der Mann oder die Frau in einer Staatsfabrik arbeitete. Es ging einem dann immer noch wesentlich besser als denen, die in nicht-staatlichen Kollektiven auf dem Land arbeiteten.« Man müsse immer bedenken, dass es in Wenzhou und in der Provinz Zhejiang weniger Industrie gegeben habe als anderswo in China.

Ende der achtziger, Anfang der neunziger Jahre machten Maos Erben Druck auf die Staatsbetriebe. Die Fabriken sollten ihre Produktivität steigern und Gewinne erwirtschaften. Zu diesem Zweck durften die Löhne und Gehälter wieder stärker nach Leistung und Qualifikation gestaffelt werden. Trotzdem stellte sich heraus, dass viele Staatsfabriken unter marktwirtschaftlichen Bedingungen keine Chance hatten, aus eigener Kraft zu überleben, am wenigsten in Zhejiang, wo sie noch vernachlässigter, noch maroder waren als anderswo. Sie verfehlten plötzlich die neuen Kriterien der Mao-Nachfolger. Die Zentralregierung in Peking gab viele dieser Fabriken auf und konzentrierte sich auf die Unterstützung von Schlüsselindustrien und Firmen von strategischer oder militärischer Bedeutung. Allen anderen kürzten die Planer das Geld oder strichen es ganz. Sie verwehrten ihnen sogar den notwendigen Nachschub an Rohstoffen und Ersatzteilen. »Sie nannten das schöpferische Zerstörung!«, sagte Zhou Dahu. »Das klang für die meisten Leute irgendwie nach Mao.«

In Wahrheit stammte der Ausdruck von dem österreichischen Wirtschaftstheoretiker Joseph Schumpeter. Für Schumpeter war schöpferische Zerstörung ein Wesensmerkmal des Kapitalismus, ein revolutionäres Paradoxon und Hintergrund dessen, was als ständiges Auf und Ab der Konjunktur sichtbar wurde. Schumpeter schrieb diesen Vorgang dem Wirken innovativer Unternehmer zu. In einer kapitalistischen Volkswirtschaft handelte es sich um Willens- und Investitionsentscheidungen vieler. Maos Nachfolger hingegen agierten wie ein einziger Unternehmer, wie ein Monopolist. Sie zerstörten Bestehendes per Beschluss, indem sie einen großen Teil der chinesischen Staatsindustrie in die Krise trudeln ließen. Zigmillionen Chinesen wurden arbeitslos.

1991 kam die Brausefabrik in Schwierigkeiten, in der Zhou Dahus Frau arbeitete. Er sagte: »Als sie dort anfing, musste sie am Fließband arbeiten, in der Abfüllung der Brausefabrik. Später schaffte sie es in die Vertriebsabteilung. Eines Tages kommt sie nach Hause und sagt, dass sie auf der Straße steht. Das war 1991. Wir sind gerade zwölf Jahre verheiratet. Es geht uns endlich gut. Auf einmal stehen wir wieder schlecht da. Was nun?«

Sein Sohn hatte das Büro nach Beginn des Gesprächs verlassen, schaute aber immer mal wieder herein, um uns Tee anzubieten. Einmal legte er seinem Vater ein Blatt vor, auf das ein Foto geheftet war. Zhou Dahu entschuldigte sich für die Unterbrechung: »Mein Sohn führt gerade Einstellungsgespräche!« Er warf einen Blick auf das Blatt, starrte dann eine Weile aus dem Fenster und schüttelte schließlich den Kopf. Der Personalvorschlag seines Sohnes war abgelehnt. Kleiner Tiger nahm die Entscheidung hin und schlenderte wieder hinaus. Für einen Chinesen bewegte er sich auffällig lax. Die obercoole Tour, den Schaukelgang, hatte sich Xiaohu wahrscheinlich während seines Studiums in Nordamerika angewöhnt.

Als seine Mutter 1991 arbeitslos wurde, war er zehn Jahre alt. Sein Vater sagte: »Wir mussten eine Entscheidung treffen. Ein schwieriger Moment! Mit der Arbeit in der Brausefabrik war es aus, aber die Fabrikleitung bot den Entlassenen eine Entschädigung an. Meine Frau konnte zwischen drei Möglichkeiten wählen. Die erste Möglichkeit war es, Rentnerin zu werden und eine monatliche Rente zu bekommen. Die zweite Möglichkeit war eine monatliche Arbeitslosenunterstützung von der Fabrik, so lange, wie sie eben arbeitslos war. In dem Fall hätte sie die lebenslange Rente verloren. Die dritte Möglichkeit war eine Abfindung: fünftausend Yuan auf einen Schlag. Für dieses Geld würde sie dann jedoch auf alle anderen Ansprüche verzichten.

Wir saßen unten am Tisch und grübelten. Unsere Wohnung war jetzt sehr groß. Wir wohnten ganz oben im Haus, und nach der Geburt unseres Sohnes hatten wir die Erlaubnis bekommen, ein zweites Geschoss aufs Dach zu bauen, sodass wir achtundvierzig Quadratmeter hatten.«

Noch heute beträgt die Durchschnittsgröße einer Wohnung in Zhejiang gerade mal fünfundzwanzig Quadratmeter.

»Ich habe zu meiner Frau gesagt: ›Jetzt sind wir Mitte dreißig, in den besten Jahren, voller Energie. Wir haben ja noch nicht mal richtig angefangen. Wieso Rentner werden?‹ Sie antwortete, die Mehrheit ihrer Kollegen sei mit der monatlichen Rente oder der Arbeitslosenunterstützung zufrieden. Aber ich sagte: ›Das ist zu viel zum Sterben und zu wenig zum Leben! Wir nehmen die fünftausend! Wir stellen Feuerzeuge her!‹«

»Das sind heute etwa fünfhundert Euro«, unterbrach ich ihn.

»Ja, aber in China und besonders damals … Ein Abteilungsleiter in der Provinzregierung, einer, der studiert hatte, verdiente um die zweitausend Yuan im Jahr. Fünftausend Yuan waren vor fünfzehn Jahren eine riesige Summe. Wir haben dann gleich ein Zimmer in der Wohnung frei gemacht, zur Werkstatt gemacht, um meiner Frau Arbeit zu beschaffen, und sofort drei Leute eingestellt. Nach ein paar Tagen noch zwei. Dann wurde die Produktion schon größer. Wenig später waren es sieben Leute, schließlich noch mehr. Von der Abfindung haben wir Werkzeug gekauft und Feuerzeugteile. Feuerzeuge waren 1991 ein gutes Geschäft. Ich hatte schon vorher ein Auge darauf!«

Zhou Dahu tippte sich an die Schläfe.

»Was Feuerzeuge anging, war Wenzhou damals schon ziemlich weit. Es gab hier um die hundert Werkstätten, die Teile herstellten, und noch mal so viele, die sie montierten. Ich ging zu den Leuten, die Teile machten, und kaufte ihnen ab, was ich benötigte. Dann haben wir die Teile zusammengebaut, alles in unserer Wohnung. Es war reine Montage. Das ging ohne Maschinen. Wir mussten nur Werkzeug beschaffen. Ich habe mir überlegt, wenn ich neun Einzelteile zum Preis von einem Yuan kaufe, und wenn es mir gelingt, das zusammengebaute Feuerzeug für zehn Yuan zu verkaufen, dann bringt mir ein Feuerzeug einen Yuan. Pro Tag so und so viele Feuerzeuge – dann bekomme ich die Löhne für die Leute zusammen, die in unserem Zimmer arbeiten, und für meine Frau auch. Und wenn ich später hundert Stück pro Tag herstelle, ja – dann bin ich Chef!«

Die Formulierung, »dann bin ich Chef«, fand ich seltsam, genauer gesagt unpassend als Abschluss seiner Kalkulation. Ich hatte damit gerechnet, dass er sagte, »dann wäre unser Lebensunterhalt gesichert« oder »dann hätten wir es geschafft«. Er verließ jedoch die materielle Ebene. Oder hatte Fang Yu allzu frei übersetzt? Fang Yu bestätigte, Zhou Dahu habe »Chef« gesagt. Die Möglichkeit, wohlhabend zu werden, war zumindest in seinem ersten Jahr als Unternehmer nachrangig. Er strebte vor allem danach, den Hierarchiesprung zu schaffen. Er wollte sich nicht mehr von anderen vorschreiben lassen, was er zu tun oder zu lassen hatte, und wie man jetzt aus seinen Worten schließen konnte, war diese Freiheit der Hauptgrund, warum er das Wagnis einging, die Abfindung seiner Frau von fünftausend Yuan sofort wieder auszugeben. Unternehmer zu werden, war damals ein Lebensentwurf, den die Partei nur inoffiziell tolerierte. Und nach den Studentenunruhen von 1989 war es ungewiss, ob die Pekinger Führung die Wirtschaftsreformen weiterverfolgen würde oder ob ein Rückfall in den Klassenkampf der Mao-Zeit bevorstand. Offiziell galt weiterhin jeder, der mehr als acht Angestellte hatte, als Kapitalist und Ausbeuter.

Sie arbeiteten jetzt zu zehnt auf fünfundzwanzig Quadratmetern und zwar – wie Zhou Dahu mehrfach sagte – von früh morgens bis spät in die Nacht, jeden Tag, auch am Wochenende und an Feiertagen. Privatsphäre gab es nicht mehr. Einige seiner Leute übernachteten stets in der Wohnung, weil ihr Nachhauseweg zu lang war oder weil sie als Wanderarbeiter aus anderen Provinzen überhaupt noch keine eigene Unterkunft in Wenzhou hatten. Die Umstände erzwangen diese Nähe. Genau genommen dienten jetzt beide Geschosse als Wohnwerkstatt. Es ging familiär zu. Zhou Dahu kannte seine Arbeiter seit Längerem. Sie waren Bekannte oder Freunde oder Freunde von Freunden. »Alles sehr fleißige Leute!«

Trotz der Anstrengung, die jeder auf sich nahm, hob er die Details seiner eigenen Leistung hervor: »Ich habe meiner Frau geholfen, weil sie eine Frau war. Sie brauchte meine Unterstützung. Das Geschäftliche habe ich alleine gemacht, alles: Den Einkauf, den Vertrieb, ich musste die Technik lernen, die Produktion planen, die Kalkulation und die Buchhaltung machen und den Leuten beibringen, wie man die Teile zusammensetzt. Gleichzeitig war ich ja noch Direktor der Nebenfirma der Post. Als Direktor musste ich früh morgens als Erster dort sein. Die anderen mussten wissen: Der Chef ist anwesend! Um die Feuerzeuge konnte ich mich nur in der Mittagspause und nachts kümmern. Sofort, als es mit den Feuerzeugen losgegangen war, hatte ich bei der Nebenfirma kündigen wollen. Aber alle Freunde und Verwandten hatten mir abgeraten. ›Was macht ihr, wenn nichts daraus wird? Dann steht ihr alle beide auf der Straße!‹ Ende 1991, Anfang 1992 hatte ich das Kapital allerdings schon vervielfacht. Vielleicht war es zwanzig Mal so viel. Ich weiß es nicht mehr. Mindestens zehn Mal so viel. In dem Moment habe ich den Direktorenposten aufgegeben. Ich habe gekündigt und gesagt: ›Jetzt mieten wir eine richtige Werkstatt.‹«

Der neue Mensch – »Das Produkt und ich sind eins!«

Die neue Werkstatt lag in einer winzigen Gasse im Stadtzentrum. Sie war zweihundert Quadratmeter groß, demnach unwesentlich größer als das Büro, in dem wir seit ein paar Stunden saßen. »Für mehr als zweihundert Quadratmeter fehlte uns das Geld, aber nun ging es richtig los, mit der richtigen Produktion. Vorher hatten wir ein Zimmer als Werkstatt gehabt, jetzt eine Fabrik. Bis dahin war unser Leben mühsam gewesen. Nach dem Umzug der Werkstatt wurde es zum Kampf! Ich hatte sofort mehr als hundert Leute eingestellt und musste bis spät nach Mitternacht arbeiten. Um sechs, ach, um fünf Uhr musste ich wieder anfangen. Es war eine Qual, spät nachts nach Hause zu fahren und frühmorgens wieder in die Fabrik. So ging es ja nicht! Ich sagte meiner Frau, dass wir in die Fabrik ziehen. Sie wollte nicht. Sie fand es schlecht für unseren Sohn. Damit hatte sie recht, aber einen anderen Weg gab es nicht. Es musste sein.

Wir trennten einen Raum ab, so eine Kammer, sieben Quadratmeter groß. Unser Sohn hatte ein Bett, meine Frau und ich schliefen auf dem Boden. Es gab kein Fenster und keine Klimaanlage – es war ja heiß in der Fabrik! Wir hatten auch keine Toilette. Wir mussten die Gasse hinunterlaufen.« Während Fang Yu noch übersetzte, verzog Zhou Dahu das Gesicht und schüttelte sich. »Ein paar Hundert Meter weiter gab es ein Straßenklo. Wenn wir nur in die Nähe kamen, mussten wir uns die Nase zuhalten.

Kochen konnten wir auch nirgends. Für eine Küche fehlte der Platz. Es gab aber in der Gasse einen Imbissstand. Dort haben wir gegessen – drei Mal am Tag und noch einmal nachts. Dieses Leben war hart, schon für uns Erwachsene, erst recht für meinen Sohn. Unsere Leute haben in der Fabrik geschlafen. Das war ein großes Bett.«

Fang Yu sollte ihn fragen, was »großes Bett« bedeutet. Es schien nicht so einfach zu sein, ihm eine genaue Antwort auf diese einfache Frage zu entlocken, jedenfalls musste Fang Yu mehrmals nachfragen. Es machte auf mich den Eindruck, als sprächen sie nicht dieselbe Sprache. Sichtlich entnervt nahm Zhou Dahu sogar die Hände zur Hilfe. Fang Yu blieb nur übrig, die Antworten zusammenzufassen: »Ein Matratzenlager, aber ohne Matratzen. Es gab nur diese Bambusmatten, auf einer Fläche von sechzig, siebzig Quadratmetern. Mit anderen Worten: Sie haben praktisch zwischen den Maschinen geschlafen.«

»Wie viele Menschen schliefen dort?«

Es widerstrebte Fang Yu, ihn noch länger über diese Angelegenheit auszufragen.

»Fast alle. Eben jeder. Jeder, der bei uns arbeitete. Mehr als hundert«, sagte Zhou Dahu.

»Männer und Frauen?«

»Ja.«

»Männer und Frauen getrennt?«

Er zuckte mit Schultern. Es reichte ihm. »Sie mussten nun mal alle in der Fabrik schlafen. Anfang der neunziger Jahre konnte man keine Arbeiter mehr finden, die aus Wenzhou stammten. Es waren fast alles Bauern.«

»Bauern aus Zhejiang?«

»Nein. Hier ging es auch den Bauern schon besser. Die wollten selbst Chef sein. Es waren Leute von überallher, aus ganz China.«

Jetzt, als es nicht nur um ihn und seine Familie ging, mussten wir ihm jede Einzelheit aus der Nase ziehen. Ich tat so, als könnte ich mir keine Umstände vorstellen, unter denen hundert Personen bereit wären, auf einer Fläche von sechzig bis siebzig Quadratmetern zu schlafen.

»Sie hatten hier mehr Platz zum Schlafen als zu Hause im Dorf«, sagte er. Sein Ton war äußerst scharf, und nach dieser Zurechtweisung schwieg er, wie schon so oft. Ich notierte mir: »Zhou abgetaucht! Starrt auf den Tisch!« Sein Blick ging durch die Dinge hindurch.

Als er endlich fortfuhr, klang er nicht mehr gereizt, sondern ernst und ruhig: »Wir wechselten uns beim Schlafen ab. Wir schliefen in Schichten. Wir waren eine Gemeinschaft.«

Plötzlich lächelte er kurz auf und schnaubte leicht.

Das Hin und Her seiner Stimmung war befremdend. Ich fragte mich, ob er sich immer noch unverstanden oder gar angegriffen fühlte, aber er sagte weiter: »Jeder Fabrikant erlebt ein Hoch und ein Tief. So heißt es doch! Natürlich war es eine Mühsal, schon für die Erwachsenen und für meine Frau und mich.«

Sein verächtliches Lächeln galt also sich selbst, seinem eigenen Mangel an Vorstellungskraft, um genau zu sein. »Für unseren Sohn war es am schlimmsten. Er litt extrem. Ich sagte mir immer: ›Ich bin jetzt Fabrikant. Es gibt Höhen und Tiefen.‹ Das sagte ich mir jeden Tag. ›Die Arbeit geht doch gut. Es ist eine Freude zu arbeiten.‹« Fang Yu zufolge wiederholte Zhou Dahu auch diese Äußerung: »Es hat richtig Spaß gemacht.«

Er brachte sein Lustgefühl zum Ausdruck, obwohl sich die Lebensbedingungen der Familie seit seinem Abschied von der Post verschlechtert hatten. »Das ist der Preis, ein Geschäftsmann zu sein. Wir ziehen in die Fabrik, und mein Sohn kommt damit überhaupt nicht zurecht. Für ihn ist es schlimm, wirklich sehr schlimm. Das Leben dort ist zu hart für ihn. Er hat niemanden mehr zum Spielen. Kein einziger Freund besucht ihn in der Fabrik. Er weint jeden Tag. Und jeden Tag schreit er: ›Ich will nach Hause!‹«

Xiaohu war damals zwölf gewesen. Zhou Dahu hob den Blick. Wieder ballte er die Faust. »Ich habe mir geschworen: ›Ohne Erfolg ziehe ich nie zurück nach Hause!‹ Jeden Tag redete ich mit meinem Sohn: ›Wenn ich mal Erfolg habe, dann ziehen wir in eine tolle Wohnung. Dann können dich alle deine Freunde besuchen.‹«

Ich fragte, ob ihm seinerzeit je der Gedanke gekommen sei, dass er sich bei der Entscheidung, eine Firma zu gründen, falsche Vorstellungen gemacht habe.

Seine Antwort war ein Ja und Nein. Nach dem Umzug in die Fabrik musste er die Lage von mehreren Warten aus betrachten. Als Vater und Ehemann warf er sich vor, dass sein Kind und seine Frau unter den Entbehrungen litten. Als Firmenchef indes kamen ihm keine Zweifel. Klar, er sei nervös gewesen, er habe unter Druck gestanden, aber die grundsätzliche Seite sei davon unberührt geblieben: »Im ersten Jahr nach der Firmengründung habe ich die richtigen geschäftlichen Entscheidungen getroffen.« Er habe weiterhin gehofft, dass die Fabrikgründung ihm Wohlstand oder gar Reichtum einbringen würde. Welche Möglichkeiten China einem wie ihm mittlerweile bot, hatte er gerade hier in Zhejiang und Wenzhou ständig vor Augen. »Jeder machte Geschäfte! Ich kannte viele, die sich Häuser gebaut hatten. Viele kauften sich auch Immobilien in Schanghai und anderen Städten. Sie fuhren große Autos. Sie gingen zum Essen ins Restaurant und nahmen die ganze Familie und sogar Freunde mit. Ihre Frauen durften nach Schanghai fahren oder nach Hongkong fliegen, um dort einzukaufen: Schmuck, Kleider, Waschmaschinen und so, alles sehr teure Dinge, die aus dem Ausland eingeführt wurden.«

Über diese Neureichen, die vor ihm hochgekommen waren und für jeden sichtbar alle Vorzüge genossen, sprach er von oben herab. Und indem er die Härte herausstellte, mit der er die eigenen Lebensumstände hinnahm, wollte er sich vielleicht seiner Überlegenheit vergewissern. Seine Liebsten hätten sich die Nase zuhalten müssen, wenn sie die Gasse hinunter aufs öffentliche Klo gegangen seien. Er selbst auch. Als Unternehmer! Doch so sehr es ihn bedrückte – während der »Kulturrevolution«, bei den Bauern auf dem Land, war es ihm schlechter gegangen; damals war er nicht wesentlich älter gewesen als sein Sohn, der jetzt zwölf war und nur aus dem Grund weinte, weil die Fabrik kein Platz für Kinder war. Und später, auf Montage in Xian, hatte er Hunger und Kälte getrotzt.

Damals, am Ende des ersten Jahres, redete er sich die Lage schön, indem er sie mit Zuständen verglich, denen er dank der Post längst entkommen war. Doch entscheidend für seinen Beharrungswillen, wichtiger noch als die Verheißung, dass seine Feuerzeugfabrik sich irgendwann als Goldgrube entpuppen könnte, war ein anderes Motiv: »Ich war ein neuer Mensch!«

Fang Yu sprang auf die Bemerkung an. Der Übersetzer führte mit Zhou Dahu ein eigenes Gespräch. Es schien sehr anregend zu sein. Ein paar Minuten lang vergaß Fang Yu darüber seine

Aufgabe. Und selbst, als er sich endlich besann, fiel ihm nicht auf, dass er mit mir chinesisch sprach. Erst als Zhou Dahu lachte, wechselte er ins Deutsche: »Neuer Mensch ist ein Ausdruck aus der Mao-Zeit. Mao wollte den alten Menschen immer vernichten. Alles Alte. Darüber habe ich mit Herrn Zhou gesprochen: dass ausgerechnet er diesen Ausdruck benutzt, um seine Stimmung als Privatunternehmer zu beschreiben.«

Zhou Dahus Zerrissenheit während jener Zeit war mir so wenig wie Fang Yu verborgen geblieben. Auf der Haben-Seite ein Hochgefühl, auf der Soll-Seite das Schreien seines Kindes, die stumme Klage seiner Frau, das schlechte Essen, die schwer erträglichen sanitären Verhältnisse, der Gestank, dazu die Hitze, der Krach, der Schlafmangel und die ständige Übermüdung. Und dann sagte er zu uns auch noch: »Ich hörte damals immer, dass sie mich in der Nebenfirma der Post vermissten.«

Fang Yu und ich fassten das als Wink auf, um nachzuhaken. Warum also nicht doch zurück in den Schoß der Post und der angegliederten Nützlichkeitsfirma, wo man seine Fähigkeiten so schätzte? Schließlich ließ der Ausblick als Unternehmer nicht erkennen, wann die Selbstausbeutung ein Ende hat, ob sie überhaupt jemals aufhören würde.

Zhou Dahu rutschte auf dem Stuhl hin und her. Dann fragte er, was Selbstausbeutung sei.

Fang Yu tippte sich an den Kopf. »Noch mal kurz zu dem ›Neuen Menschen‹, das habe ich eben vergessen: Herr Zhou wollte damit sagen, dass er jetzt zum ersten Mal im Leben in der Lage war, überhaupt etwas selbst entscheiden zu dürfen.«

Also, wenn schon Sklave, dann lieber Sklave der eigenen Fabrik? Ich nahm an, dass Fang Yu diese Bemerkung nur sinngemäß übersetzte.

»Es war schön, viel zu arbeiten!«, insistierte Zhou Dahu, aber dieses Mal hörte es sich wie ein Befehl an, und sein Gesicht wirkte verbissen. Das reine Glück war es nicht gewesen. Der Neue Mensch hauste mitsamt seiner Sippe zwischen Werkbänken und Maschinen. Trotzdem ließ er sich nicht bewegen, wieder die Postuniform anzuziehen oder zur angegliederten Nützlichkeitsfirma zurückzukehren, in der man ihn immerhin zum Direktor befördert hatte. Jetzt war er das erste Mal ein »richtiger« Chef, einer, der in seinen Augen den Namen verdiente.

Er sagte: »Anfang 1992 ist es vollkommen unklar, welche Haltung die Partei zum Privatunternehmertum einnimmt. Es gibt keine Bestimmungen für die Kreditpolitik. Als privater Unternehmer bekommst du keinen Kredit von der Bank. Deshalb kannst du auch nicht im großen Stil etwas machen. Du bekommst kein Grundstück. Es gibt keine Bestimmung, dass ein Privatunternehmer ein Grundstück erwerben und darauf seine Fabrikhalle bauen darf.«

Nach einer Pause fuhr er fort: »Es war ein harter Kampf! Ein sehr mühsamer Kampf! Wenn du eine Firma hast – ist das sozialistisch oder kapitalistisch? Es gab keine Entscheidung des Zentralkomitees. Später erst, im April, Mai hörte man von Deng Xiaopings Reise. Die Reise, die berühmt wurde. Auf der Reise sagte er, dass die Privatisierung irgendwann so richtig losgehen solle, im großen Stil, in ganz China. Er wollte den Widerstand brechen, die Hindernisse wegräumen. Es war bedeutsam, was Deng sagte, andererseits war es nicht mehr als eine Ankündigung.

Aber ich hatte schon vor ihm die Entscheidung getroffen. Für die Feuerzeuge! Ich hatte mir schon einen Namen für sie ausgedacht: ›Tiger‹ sollte draufstehen. Kein Zurück mehr. Nur ein Vorwärts. Es gibt nur den Sieg! Die Entscheidung und die Entschlossenheit! Ich bin mit dem Produkt zusammen. Das Produkt und ich sind eins! Es war eine Freude! Am Anfang, also 1991/92, ist ja geschäftlich auch alles gut gegangen. Allerdings: Es war nur eine kurze Freude!«

»Was ist geschehen?«, fragte ich.

Schlagen-Feuer-Maschine – »Schlimmer als Raubtiere!«

Er hatte bisher über eine verhältnismäßig kurze Zeitspanne gesprochen, mehr oder weniger die Zeit, in der sein Sohn ein Kind gewesen war. Zuletzt hatte sich dann alles auf einen Zeitraum von gerade mal zwei Jahren verdichtet. Jetzt sprang er in seiner Chronologie wieder zurück. Anscheinend musste er Schwung holen, um die weiteren Ereignisse zu schildern.

Eines Tages sei es wie ein Lauffeuer durch Wenzhou gegangen: »Feuerschlagende Maschinen – ein klasse Geschäft! Die Zukunft! Sei nicht dumm! Werde reich! Ich will auch reich werden! – Und dann, über Nacht, stehst du einer Heerschar von Konkurrenten gegenüber. 1990 kannst du die Feuerzeugfabriken in der Stadt noch an einer Hand abzählen. 1991 gibt es schon mindestens vierhundert.«

Das war exakt der Zeitpunkt, an dem das Feuerzeugfieber auch ihn packte, als er seine Wohnung zur Werkstatt machte und selbst mit der Montage begann. Damals war er davon überzeugt, das Schicksal meine es gut mit ihm, die Abfindung seiner Frau sei ein Glücksfall. Und anfangs, im ersten Jahr als Unternehmer, konnten die Dinge besser nicht laufen. 1992 explodierte die Nachfrage. Der Boom in Wenzhou hing zusammen mit der Veränderung des Feuerzeuggeschäfts auf der ganzen Welt.

Bisher hatten die Feuerzeugproduzenten in Wenzhou ihre Ware an Zwischenhändler verkauft, an Auslandschinesen aus Taiwan und Hongkong, häufig auch an Japaner. Die Zwischenhändler setzten die Feuerzeuge dann in ganz Asien ab, vornehmlich in Nachbarländern, die schon ein höheres Wohlstandsniveau erreicht hatten, also in Südkorea, Thailand und auch in Taiwan. Das wichtigste Absatzland war Japan. Dort erzielten Feuerzeuge den höchsten Preis. Wie die Koreaner, Amerikaner und Europäer stellten die Japaner selbst Metallfeuerzeuge her, und zwar zu ihren viel höheren Arbeitskosten. Die japanischen Verbraucher waren deshalb die hohen heimischen Preise gewohnt.

So konnten die Zwischenhändler die Feuerzeuge, die sie in Wenzhou zu einem Spottpreis erwarben, in Japan und anderen Ländern zu einem verhältnismäßig hohen Preis anbieten. »Der Gewinn eines Zwischenhändlers war riesengroß, meiner ganz klein!«, sagte Zhou Dahu.

Die Zwischenhändler wollten dieses Geschäft in den Händen behalten, aber bald kamen ihre Abnehmer im Einzelhandel dahinter, aus welchem Winkel der Erde die Feuerzeuge stammten. Die Einzelhändler bemühten sich dann, den Handelsgewinn selbst einzustecken. Sie schickten ihre eigenen Einkäufer los: zur Schnäppchenjagd nach Wenzhou. Daran beteiligten sich nun auch amerikanische und europäische Warenhäuser, und Ende 1992, Anfang 1993 stand die ganze Welt in Wenzhou nach Feuerzeugen Schlange. »Die Kunden haben Säcke voll Geld dabei. Alle reißen sich um die Feuerzeuge. Was sage ich! Sie schlagen sich! Die Polizei muss kommen. Und was tun wir?«

Er hatte angefangen, mit den Armen zu rudern und sich in Rage zu reden. Seine Stimme war immer lauter geworden, als spräche er ohne die Hilfe eines Mikrofons auf einer Versammlung. Fang Yu musste schmunzeln. Dann ging seine Schauspielernatur mit ihm durch. Er äffte Zhou Dahus Gestik nach und feierte mit unverhohlenem Vergnügen dessen rhetorisches Frage-und-Antwort-Muster: »Und was tun wir? Wir verdoppeln unsere Produktion! Wir verdoppeln sie alle paar Tage! Die Nachfrage ebbt trotzdem nicht ab. Was ist die Folge?«

Ich sagte: »Sie konnten höhere Preise verlangen!«

Er winkte verächtlich ab, Fang Yu tat es ihm nach.

»1990 – ein paar Fabriken. 1991 – vierhundert. Aber plötzlich, Mitte 1992 – da entstehen Woche für Woche Hunderte Fabriken, fast tausend pro Monat. Innerhalb von drei Monaten gibt es dreitausend Konkurrenten mehr. Als das Jahr zu Ende geht, gibt es in Wenzhou fünf- bis sechstausend Betriebe, die Feuerzeuge produzieren.

Die Produktion schnellte höher und höher. Wir arbeiteten noch härter und noch länger. Und jeder von uns sehnte sich nach

Schlaf. Aber schlafen? Da waren fünftausend, sechstausend andere, die nicht schliefen und die Nachfrage bedienten. Immer noch wurde sie größer und größer. Die Feuerzeuge waren begehrt! Sie waren wirklich begehrt! Trotzdem stehen wir plötzlich vor dem Abgrund! Ja, wie kann das denn sein?«

Schuld daran sei die »Seuche« gewesen.

Seuche?

Fang Yu sagte, er habe richtig übersetzt.

Zhou Dahu schien das Schatten- und Echospiel unseres Dolmetschers nicht zu bemerken. Das war eigentlich unmöglich, aber nicht einmal unser Wortwechsel auf Deutsch brachte den Unternehmer aus der Stimmung. Er verzerrte das Gesicht und reckte den Zeigefinger hoch. »Jeder will so viel Geld wie möglich machen, und zwar nicht erst im nächsten Jahr, in der nächsten Woche oder morgen, nein, heute, in der nächsten Sekunde. Sie haben nur das schnelle Geld im Kopf!«

Die Gier hatte die Leute infiziert, so sah er das, so sollten auch wir es sehen, und Fang Yu spielte den Schulterschluss vor, außer Acht lassend, dass seine schnelle Synchronübersetzung in deutsche Redewendungen münden konnte. Schlagartig hätten die Leute *die einfachsten Regeln des Anstands* missachtet. *Wie auf ein Zeichen hin* seien die örtlichen Feuerzeugproduzenten 1993 dazu übergegangen, die Ausländer *nach Strich und Faden übers Ohr zu hauen*. »Eine Schande! Man musste sich schämen, Chinese zu sein!«

Ich hatte vermutet, dass seine Rede auf die Beschreibung einer ökonomischen Krise hinauslaufen würde und dass er vielleicht sagen würde, die Krise habe in der Luft gelegen und er habe sie als Bester des Rudels zuerst gewittert. Wie aber dann aus seinen Worten zu schließen war, hatte er die Vorzeichen keineswegs erkannt. Die Krise war über ihn gekommen wie eine plötzlich ausgebrochene Epidemie. Und jetzt, als er so darüber redete, fiel mir eine Bemerkung von ihm ein, die einige Wochen zurück lag. Ein paar Leute aus unserer Besuchergruppe hatten sich darüber gewundert, dass er beim Vortragen seiner unternehmerischen

Pioniergeschichte keine volks- und betriebswirtschaftlichen Begriffe benutzte. Das hatte die Frage nach seiner Ausbildung aufgebracht: wo er denn Ökonomie gelernt habe. Zhou Dahu sagte, die Wirtschaftssprache sei ihm im Laufe der Jahre selbstverständlich geläufig geworden, er verwende sie allerdings nur selten und leider auf unakademische Weise. »Meine Schule ist das Leben!« Er wollte sich charmant aus der Affäre ziehen, aber es klang irgendwie zurechtgelegt, wie ein oft geübtes Manöver.

Vor diesem Hintergrund war es weniger überraschend, dass er die industrielle Revolution in Wenzhou und insbesondere das Geschehen in seiner Branche als Seuche betrachte, als Kollaps der guten Sitten, als Exzess der Gier und dergleichen.

Offenbar hatte ihn zuvörderst das Verhalten gegenüber den ausländischen Kunden empört, und darauf kam er jetzt zurück: Da waren die Zwischenhändler, die sich in Wenzhou schon auskannten und ihr Geschäft mit *Klauen und Zähnen* verteidigten; dann die neuen Direkteinkäufer der Einkaufsabteilungen japanischer, koreanischer und taiwanesischer Einzelhandelshäuser; und schließlich tauchten auch die ersten Einkäufer aus den westlichen Industrieländern auf. Alle diese Leute *rannten ihm die Tür ein*, ihm und seinen Konkurrenten. Trotz der Produktionssteigerungen und der schier unübersehbaren Menge neuer Fabriken blieb die Nachfrage größer als das Angebot. Er sagte: »Ich habe es nicht verstanden. Wie soll man das begreifen? Das Gedränge! Versuchte ich aber den Preis zu erhöhen, sah man sie *nur noch von hinten*. Es gab zu viele Fabriken. Täglich neue. Keine Ahnung wie viele! Statistische Angaben gab es erst Jahre später. Es waren Blitzgeschäfte *von einer Minute zur nächsten*, ein einziges Durcheinander. Die Kunden haben sich die Muster angesehen, während hinter ihnen schon andere drängelten. Sie waren froh, wenn sie bestellen konnten. Dann gingen sie weg und kümmerten sich um nichts mehr. Sie wollten natürlich, dass die Feuerzeuge funktionierten. Meine funktionierten auch, aber das war die Ausnahme. Die Dinger meiner Konkurrenten gingen nach wenigen Tagen kaputt – wenn sie überhaupt benutzbar waren. Die Kunden haben sie nicht geprüft. *Sie schrien danach, übers Ohr gehauen zu werden.*«

Zhou Dahu zufolge ließen sich die Wenzhou-Leute *nicht zweimal bitten.* Alles drehte sich plötzlich nur um Masse. Produzieren, produzieren, produzieren! Den Kunden wurde *der letzte Schrott untergejubelt.* Nach seiner Meinung war das Betrug.

»Ich kann das nicht!«, rief er der Menge zu, die er vor seinem inneren Auge zu sehen schien. »Ich bin nicht so. Ich war immer anders! Mir ist die Qualität der Ware nicht gleichgültig. Wie soll man überleben, wenn man seine Kunden betrügt?« Er tippte sich auf die Brust und vergaß, dass er eine Zigarette in der Hand hielt. Die Asche landete auf dem Schoß. »Auch meine Produktion wurde schlecht. Viel mehr Feuerzeuge als früher, die bei der Kontrolle durchfielen und die man unmöglich herausgeben konnte. Ich hatte sehr viel Ausschuss. So viel Material und Geld *nur für den Müll*!«

Die anderen waren Schlitzohren, er hingegen wollte als ehrlicher Kaufmann aus der Sache herauskommen, als einer der wenigen in Wenzhou, die Mangelware strikt aussonderten, statt sie ihren Kunden unterzujubeln und früher oder später den guten Ruf zu verlieren. Der Ausnahmemensch, als den er sich darstellte, behielt die Oberhand, das war die Botschaft. Aber die Rede, zu der er angehoben hatte, kam jetzt erst richtig in Fahrt.

Die Gier nahm ein unerhörtes Ausmaß an, so unerhört groß, dass ihn der Gedanke daran noch heute rasend machte. Die hiesigen Unternehmensgründer hätten nach dem schnellen Geld gegriffen wie Hungernde nach Essen. Er sagte: »Die Ausländer zu betrügen war das Eine! Aber plötzlich fiel hier jeder über jeden her! Schlimmer als Raubtiere! Das ist doch krank! Wie nennt man das? – Ich nenne das Kannibalismus!«

Es war überraschend, dass er jede Vorsicht außer Acht ließ und sich mit einer so generellen Kritik hervorwagte. Ein Nebeneffekt davon: Es ging auch auf Kosten der Verständlichkeit. Wie spielte sich das Übereinanderherfallen in Wirklichkeit ab? Ich interessierte mich für seine konkreten Erlebnisse, für Beispiele, die das

Geschehen sozusagen im Mikrokosmos verständlich machten, doch ich befürchtete, ihn mit Zwischenfragen zu stören und so zu verpassen, was er von selbst anbot.

Vielleicht hatte sein Verzicht auf Details aber auch mit der Sprache zu tun. Fang Yu ging schon zu lange darin auf, die Pose des Unternehmers zu imitieren. Entsprach es den Tatsachen, dass sich Zhou im Augenblick wirklich blumig ausdrückte, vielleicht sogar in der guten Absicht, authentisch oder anschaulich zu sein. Bei Fang Yu zumindest war das ganz sicher der Fall. Mir nichts, dir nichts hatte er für seine Übersetzung deutsche Sprachbilder parat, Wendungen und Floskeln der rednerischen Würze wegen oder weil er einen angemessenen Ausdruck für die moralisch-kritische Emphase suchte, die Zhou Dahu an den Tag legte. Kein Wunder also, wenn sich dadurch im Hinblick auf die tatsächlichen Vorgänge so etwas wie Unschärfe einstellte.

Jedenfalls erregte sich Zhou Dahu darüber, dass die Wenzhou-Leute damals nicht nur den Ausländern, sondern auch ihm persönlich ans Fell gewollt hatten. *Von allen Seiten* seien sie ihm *näher gerückt,* die Konkurrenten, *blind vor Gier* und *angestachelt* von gleichermaßen *raffgierigen* Kunden.

Der aufgebrachte Redner tat kund: »Man legt Wert auf Qualität. Man hat Ehre. Und auf einmal lassen sie einen *links liegen*. Da ist ein Zulieferer. Der stellt für mich – sagen wir – fünftausend Teile am Tag her. Für eine andere Fabrik macht er vielleicht zwanzigtausend Teile am Tag, oder dreißigtausend. Aber das Zeug taugt nichts. Die Scharniere brechen, die Teile passen nicht exakt, die Schrauben lösen sich, das Ventil ist zu groß oder zu klein. Es kümmert ihn nicht, es kümmert die anderen Abnehmer nicht. Aber ich zwinge ihn, ordentlich zu arbeiten. Die Qualität soll stimmen. Er ärgert sich über mich, sagt ›Dummkopf‹ zu mir. Ich muss zu dem Hund betteln gehen! Bringt das was? – Es ist *wie verhext!* Ich kann tun, was ich will. Ich bekomme kaum noch Ware. Kaum einer will mir Teile und Material verkaufen.«

Zhou Dahus Erfolg als Unternehmer hing davon ab, dass sich

seine Geschäftspartner an ihr Ehrenwort hielten. Schriftliche Verträge, Konventionalstrafen, Schadensersatzansprüche, der Rechtsweg – Dinge aus einer anderen Welt, der sich China erst anzunähern trachtete. Doch es hatte stets so etwas wie Ehre und kaufmännischen Handschlag gegeben. Mündlich getroffene Geschäftsvereinbarungen waren verbindlich gewesen. Plötzlich galt das nicht mehr. Im Kessel von Wenzhou brach die soziale Kontrolle zusammen, und wen überrascht es, wenn Zhou Dahu geknickt war, so bald nach seinem Aufbruch und dem Enthusiasmus der ersten Zeit?

Enttäuschung allein erklärte jedoch nicht das Ausmaß seiner Erregung. Was ihn an den Rand der Verzweiflung trieb, hing möglicherweise mit dem Trauma zusammen, ein Ausgegrenzter zu sein. Dieses Mal spielten zwar nicht der Staat und die Politik hinein, dennoch schmerzte dieselbe Wunde. Er benutzte ein Bild, das an den Rechtsabweichlerjungen erinnerte und offenlegte, wie extrem dünnhäutig er auf illoyales Verhalten reagierte: »Sie schauten durch mich hindurch. Als hätten sie mich noch nie gesehen.« Er sprach nicht etwa von abtrünnigen Freunden oder gar Familienangehörigen, sondern nur von Geschäftspartnern, die auf kaufmännische Vorteile aus waren, doch es machte die Sache nicht besser. Er sah sich als Mensch *im Stich gelassen.*

Zhou Dahu gab die Rednerpose auf, fuhr aber fort. In den letzten Monaten 1992 und Anfang des folgenden Jahres musste er sich nach neuen Lieferanten umsehen. Das Gefühl der Demütigung machte die Suche zur Qual, und keine Uniform stützte ihn. Etwas anderes beunruhigte ihn zusätzlich. Solange er Klinken putzte, konnte er die laufende Produktion nicht selbst überwachen. »Meine Frau war zwar in der Fabrik, aber es gab unglaublich viel zu kontrollieren. Man muss seine Augen überall haben, jede Sekunde aufpassen, dass kein Schlendrian einreißt. Dieses Mal konnte ich ihr nicht helfen.«

Es war nicht damit getan, die Herren, die man ihm als geeignete Zulieferer empfohlen hatte, nur in ihren Fabriken aufzusuchen.

Er musste mit ihnen in die Bankethäuser gehen, die im Zuge der Fresswelle an jeder zweiten Ecke eröffnet hatten. Diese Restaurantneubauten verfügten über etliche Säle auf mehreren Stockwerken und typischerweise auch über eine Vielzahl von Séparées. Die Séparées standen bei Geschäftsleuten hoch im Kurs. Zhou Dahu rollte die Augen. »Mir lief die Zeit weg. Ich war todmüde, weil ich nachts nicht schlafen konnte. Die bösen Geister!«

Die Bankette zogen sich über Stunden, und in seinem Zustand ständiger Panik bekam er kaum einen Bissen hinunter. Wenig zu essen war gerade noch akzeptabel, aber beim Trinken gab es keinen Pardon, einerlei, ob das Bankett abends, nachmittags oder mittags stattfand. Normalerweise hätte man Bier und Reisschnaps getrunken, doch seine Verhandlungspartner – die traumhafte Konjunktur genießend, das Leben und den Aufstieg – stellten zur Schau, wie weltläufig sie waren. Zhou Dahu brachte Fang Yu in erhebliche Schwierigkeiten. Erst nach einigem Hin und Her wurde klar, was er meinte. Sie kannten sich inzwischen bestens mit ausländischen Marken aus. »Die riefen immer ›Black Label‹, ›Black Label‹, ›Pure Malt‹, ›Fine-Champagne‹, ›Scotch‹.« Ein ums andere Mal stießen sie mit ihm auf gute Geschäfte an.

In angetrunkenem Zustand kam es zu Verbrüderungen, die in gespieltem Streit mündeten. Jeder bestand darauf, die anderen einzuladen und alles zu bezahlen. Sich um die Rechnung zu schlagen war ein Ritual, das an Scheinheiligkeit nichts zu wünschen übrig ließ. In Wahrheit habe von vornherein festgestanden, dass er den Spaß bezahlten musste. »Obwohl ich selbst fast gar nichts gegessen habe.«

Eine Liefervereinbarung? Er konnte von Glück sagen, wenn man überhaupt konkret aufs Geschäft zu sprechen kam. »Jedenfalls nicht beim ersten Essen. Auch nicht beim zweiten oder dritten. Irgendwann. Vielleicht.«

Bis es so weit war, musste er Geschenke machen. In seiner damaligen Lage war er die Braut, wie er sich ausdrückte. Kaum eine Geschäftsverbindung kam ohne Aussteuer zustande. »Ich war der Schwache! Ich wollte etwas von ihnen, aber ich hatte nichts anzubieten, damit es zu einer Liefervereinbarung kam. Ich konnte nicht mit großem Umsatz und mit der Abnahme großer Mengen werben, weil ich auf Qualität bestand. Die meisten waren auf kurzfristigen Gewinn aus. So war es sehr, sehr schwierig, einen geeigneten Lieferanten zu finden. Es gab kaum jemanden, der wie ich dachte, der an die Zukunft dachte.«

Vorauszudenken bedeutete für ihn, in den Augen anderer als zuverlässig zu gelten und langfristige Kundenbindungen aufzubauen. Das Mittel dazu war Qualität. Aber die Güte seines Produkts war mehr als ein geschäftliches oder technisches Detail. Die Dinge sollten funktionieren, und jeder sollte seine Sache gut machen. Es schien seine Vorstellung davon zu sein, wie China eines Tages im Ganzen funktionieren sollte. An Fleiß fehlte es nicht. Und der Hunger nach sozialem Aufstieg war unstillbar. Er spielte, wenn ich ihn richtig verstanden hatte, auf einen Mangel an Gewissenhaftigkeit an, aber um sicher zu gehen, erkundigte ich mich bei Fang Yu. Er überlegte. Gewissen? »Gutes Herz« und andere Wendungen fielen ihm ein, aber kein Ausdruck für Gewissen. Wenn jemand von schlechtem Gewissen gequält werde, sage man, er schäme sich. Es gebe keine kategorische Sünde. Chinesen würden stets die Umstände berücksichtigen. Was in einem Augenblick falsch war, konnte in einem anderen Augenblick richtig sein, und so kam es zum Beispiel, dass jemand zu siebzig Prozent schlecht sein konnte und zu dreißig Prozent gut. »Die Zahlen sind dabei wurscht!«, sagte Fang Yu.

»Haben Sie einen neuen Zulieferer gefunden?«, fragte ich Zhou Dahu.

»Es kam zu Vereinbarungen mit mehreren Firmen, mit kleinen Firmen.«

Er druckste herum. Fang Yu hakte nach.

»Ein Jahr früher war ich noch Direktor der Nebenfirma gewesen. Ein mittlerer Kader. Da hat man bestimmte Vorteile. Als einen von mehreren Vorteilen hatte man mir die Wohnung von fast fünfzig Quadratmetern genehmigt.« Von seiner Aufnahme in den Postdienst abgesehen, berichtete er das erste Mal von einem Ergebnis, das er nicht ganz und gar aus eigener Kraft erzielt hatte. Fang Yu gab sich mit dem Beispiel zufrieden, doch mir blieb unklar, auf welche Weise der frühere Kaderstatus eine Hilfe gewesen war, um aus der Krise herauszukommen. Fang Yu zeigte sich verblüfft. Er fand meine Frage naiv. Aber Zhou Dahu konnte »Kader« nicht im engen Sinne gemeint haben. Er war kein Mitglied der Partei und hatte auch kein Amt inne. Offenbar schloss sein Kaderbegriff jeden ein, der vom Apparat profitierte. »Vitamin B!«, sagte Fang Yu. »Das ist doch klar. In China läuft nichts ohne Beziehungen!«

Er wechselte in seine Muttersprache. Zhou Dahu antwortete ihm nicht, aber sein betont langsamer Lidschlag war wie ein Nicken. »Beziehungen!«, bestätigte Fang Yu und ließ sich etwas länger aus: »Bist du nur ein Fuchs, borge dir die Kraft des Tigers! Strategem Nummer sieben, glaube ich. Herr Zhou war kein großer Tiger, sondern ein kleiner Fuchs. Er kennt jemanden, der jemanden kennt. Irgendwann landet man bei jemanden, der sagt: ›So machen wir das!‹ Und Tiger hat, was er will. Er muss den Mächtigen, dessen Kraft er leihen will, gar nicht unbedingt persönlich kennen. Dieser Mann muss vielleicht nicht einmal einen richtigen Befehl geben. Das funktioniert schlicht nach dem Prinzip: ›Hilf dem, das nutzt dir selbst, und mir tust du so auch einen Gefallen!‹ Wir haben ein Wort für all das: Guanxi. Aber Guanxi ist keine harmlose Sache. Nichts Nettes. Das hört sich immer so an, wenn Chinafans im Westen davon sprechen. Das ist eher so wie in ›Der Pate‹, wenn Marlon Brando sagt: ›Ich mache ihm ein Angebot, das er nicht ablehnen kann.‹ Der Adressat versteht dann schon.«

Wo Aufstiegswille und Ohnmacht zusammentrafen, war Guanxi eine Notwendigkeit. Die ewige Ohnmacht der Vielen rührt vom unumschränkten Machtanspruch des Zentrums, ob dort nun Kaiser herrschen, Mao oder dessen Nachfolger. In Zeiten, die von großer Willkür der Regierenden geprägt sind, kann es einem Menschen das Leben retten, wenn er über die richtigen Beziehungen verfügt. Es fehlen transparente rechtliche, politische und gesellschaftliche Strukturen, die das Guanxi-System ersetzen oder wenigstens zurückdrängen.

In den frühen neunziger Jahren, den Jahren, von denen Zhou Dahu gerade sprach, griffen schon Deng Xiaopings Reformen. Aber offiziell galten Unternehmer noch immer als ideologische Feinde, und weiterhin bleckten manche in der Partei die Zähne. Es gab Flügelkämpfe. Maos Erben waren nervös. Zwei Jahre vor Zhou Dahus Firmengründung hatte Deng die Volksbefreiungsarmee in Marsch gesetzt, gegen die protestierenden Studenten auf dem Platz des Himmlischen Friedens. Zwei Jahre waren eine zu kurze Zeit, um den Blutgeruch verfliegen zu lassen. Kein Mensch konnte sicher sein, dass der wirtschaftspolitische Liberalismus und die Toleranz dem privaten Unternehmertum gegenüber von Dauer sein würde.

Doch selbst wenn die Prognose optimistisch ausfiel – in jenen Tagen war es schier unmöglich, ein Privatunternehmen zu führen, ohne sich in einer Grauzone aufzuhalten, und Zhou Dahu stand unentwegt vor denselben Fragen: »Was für eine Firma habe ich? Das war gesetzlich nicht definiert. Ist sie kapitalistisch? Sozialistisch? Eine Kollektivfirma? Alles unklar! Und was ist mit Arbeitsverträgen, Kündigungen, sozialen Verpflichtungen, Arbeitszeiten, Bankkrediten? – Die Partei hatte das damals noch nicht geregelt.«

In der Praxis verstieß jeder Unternehmer gegen bestimmte Gesetze und Verordnungen. So wurde er zwangsläufig angreifbar und erpressbar. Leute vom Schlage Zhou Dahus mussten sich Rückendeckung suchen, wollten sie nicht der Willkür ausgesetzt sein. Aber auch heutzutage war es ein Risiko, offen darüber zu sprechen, und wenn ich es richtig verstand, nahm er deshalb lieber wieder den Faden auf.

Ausgerechnet während des Feuerzeugbooms jener Wochen und Monate konnte er nur selten in der Fabrik nach dem Rechten sehen. Ihm fehlten Teile und Material. Die Suche nach Lieferanten war dringlicher und nahm ihn vollständig in Anspruch. Wenn er es endlich hinbekam, dass ihm doch Teile geliefert wurden (ein

Zündmechanismus, ein Klappscharnier, ein bestimmtes Ventil oder wer weiß was), dann passten die Teile meistens nicht. Und wenn sie passten, dann mangelte es oft an der Festigkeit oder Haltbarkeit des Materials. »Eine geregelte Produktion ist damals sehr schwierig gewesen. Ich konnte die Liefertermine nicht einhalten. Ich habe Kunden verloren. Kaum hatte ich an einer Stelle den Brand gelöscht, flammte es woanders auf. Die Menge an Ausschuss war ruinös.«

Soweit die materielle Seite. Doch nur improvisieren zu können, nie über das Stadium von Versuch und Irrtum hinauszukommen, lief auch seiner Natur zuwider. Das mangelhafte Arbeitsethos der anderen Unternehmer hinderte ihn so massiv daran, die Dinge gut zu machen, dass er Rachegelüste entwickelte. »Ich schwor mir: ›Du vergisst keinen, der dich abgefertigt hat!‹ Nichts klappte, wie es sollte«, zischte er leise. »Und das bei mir! Ich musste die Zähne zusammenbeißen.«

Während der letzten Silben war er kaum noch hörbar gewesen, und nun saß er zusammengesunken am Tisch, gebeugt über seine Arme, die er weit auf die Platte vorgeschoben hatte. Kein Funke mehr von einem Tiger. Man hörte nur noch, wie er schwer durch die Nase blies. Einen Moment lang glaubte ich, er mache absichtlich auf armer Hund, doch sein Schweigen fiel länger aus als die Kunstpause eines Redners, und nichts ließ erkennen, dass er die Niedergeschlagenheit, die ihn überkommen hatte, vor uns zu verbergen suchte. Der Gefühlsausdruck wirkte echt, im Gegensatz zur früheren Rednerpose. Unwahrscheinlich nur, dass die Erinnerung an seine Schwierigkeiten von 1993 der Grund für diese Niedergeschlagenheit sein sollte. Streit mit Lieferanten, Auslieferungsverzögerungen in der eigenen Firma, die Verärgerung des einen oder anderen Kunden – in seinen eigenen Worten von vorhin wäre es nichts weiter gewesen als das übliche unternehmerische Auf und Ab.

Er stand auf und öffnete einen Spalt breit das Fenster. Mir fiel erst jetzt auf, dass es draußen dunkel geworden war. Es war auch eine ganze Weile her, seitdem sein Sohn Xiaohu sich zuletzt hatte blicken lassen. Man hörte gedämpfte Stimmen. Sie kamen vom Parkplatz vor dem Haupteingang, der direkt unter unserem Fenster lag. Auf dem Bordstein hockten kleine Gruppen von Männern und Frauen in ihren Arbeitskitteln. Andere schlenderten über den Parkplatz, rauchend, oder sie drückten ihre Nasen an die Scheiben der Autos. Kein einziger Wagen war staubig. Fast alle Autos hatten dunkle Farben. Mit Ausnahme des hellen, metallisch funkelnden SUV von Xiaohu und eines schwarzen Mercedes 500 handelte es sich vermutlich um die Firmenwagen von Abteilungsleitern und Außendienstleuten. Es waren biedere Mittelklassewagen koreanischen oder japanischen Fabrikats, schwierig auseinanderzuhalten, aber die Lampen auf dem Gelände tauchten auch diese Autos in schönes Licht. So rein und heil wirkte die Szenerie hinter der Fensterfront von Zhou Dahus Büro, dass sie an ein Architekturmodell in einer Vitrine erinnerte. Der Rasen zwischen dem Vorplatz und der Straße war von bestechender Frische. Hätte ich nicht bei unserer Ankunft gesehen, dass die Rasenstreifen im ganzen Gebiet gesprengt wurden, hätte ich Kunstrasen vermutet. Gegenüber strahlten die Scheinwerfer der anderen Fabriken. Die Fassaden schimmerten noch weißer als am Nachmittag. Hinter den Zäunen und schmiedeeisernen Toren: wie hindrapiert die Grüppchen von Arbeitern, nett aussehende hellgraue, hellblaue und weiße Figuren. Niemand schien es eilig zu haben, seinen Einheitskittel abzustreifen und Feierabend zu machen.

»In China sagen wir Huo bu dan xing! (Ein Unglück kommt selten allein!) Aber damit hatte ich nicht gerechnet.« Zhou Dahu hatte wieder Platz genommen, das Fenster aber offen gelassen. »Ja, ich war selten in der Fabrik. Es stimmt auch, dass mich die Zulieferer hängen ließen, und dass die Teile, die ich dann als Ersatz besorgen musste, nicht viel taugten. Die Fabrikanten waren eben alle gierig. Die Menschen im Allgemeinen sind gierig, das musste ich erkennen. Die Gier ist der stärkste Trieb.«

Er rief erneut die Ausgangslage in Erinnerung, als wäre es

unbegreiflich (ein Jahrzehnt später und allein aufgrund einer Erzählung), dass wirklich Kunden mit Säcken voller Geld nach Feuerzeugen anstehen, dass innerhalb von drei Monaten dreitausend Firmen in die Feuerzeugproduktion einsteigen und weitere zwei- bis dreitausend im folgenden halben Jahr. Es war nichts Neues in Wenzhou, diese schlagartige Entfaltung eines Produktionszweigs und die millionenfache Herstellung eines bestimmten Warentyps. Ein jeder hier hatte dieses Phänomen schon in Dutzenden von Branchen erlebt: Knöpfe, Socken, Schuhe, Rasierer … Nun eben Feuerzeuge. Womit Zhou Dahn aber nicht gerechnet hatte, als er seine Firma gründete, war das Hauen und Stechen all dieser Firmen um Personal. »Viele Arbeiter gründeten plötzlich selbst neue Firmen. Sie sagten sich: ›Jetzt wissen wir, wie man das macht, wie man Feuerzeuge baut, eine Produktion organisiert. Werden wir doch auch reich!‹ Mitte 1992 ging das los. Man muss sich das vorstellen: Sechstausend kleine und große Chefs kämpfen um Arbeiter, die schon etwas von Feuerzeugen verstehen. Jeder wollte natürlich qualifizierte Leute haben. Es war ein einziges Kommen und Gehen. Das war der Hauptgrund, warum ich so viel Ausschuss hatte. So kann man nicht ordentlich produzieren. Wie stehe ich da?«

Die Personalfluktuation betraf seine gesamte Branche, aber Großer Tiger – das war inzwischen keine Neuigkeit – empfand sich als jemand Besonderes. Dieses Ausnahmehafte schien nun in Frage gestellt zu sein.

Er beteuerte, er habe von Anfang an auf Mitarbeiter Wert gelegt, die diszipliniert und ehrgeizig gewesen seien. Die Leute der ersten Stunde – mit ihm gemeinsam hatten sie sich mit den Details einer industriellen Herstellungskette vertraut gemacht. Gemeinsam arbeiteten und wohnten sie unter seinem Dach. Und diejenigen, die nach dem Umzug in die erste Fabrik hinzukamen, in die Fabrik, in der sie alle schliefen? Immerhin sei er es gewesen, bei dem sie dann technische Kenntnisse erworben hätten. Außerdem habe er versucht, ihnen die richtige Haltung zur Arbeit beizubringen.

Er sprach wie über Familienangehörige, und er tat gerade so, als hätte er selbst nicht auch schon mal gekündigt (bei der Post!) oder sich niemals des Vergehens schuldig gemacht, jemanden einzustellen, der vorher in einer anderen Feuerzeugfabrik beschäftigt gewesen war. Aber wenn damals jemand von seiner Fabrik zu einer fremden wechselte, dann wühlte es ihn so auf, als hätte ihm dieser Mensch »Zucker in den Tank« getan. Der von ihm gewählte Vergleich schien mir wieder einmal ein Ausdruck für tief empfundene Ohnmacht zu sein. Zumindest konnte er es 1993 noch immer nicht leiden, dass Personalfluktuation zum üblichen Marktgeschehen zählt.

»Jeder Fabrikbesitzer, mit dem ich in Konkurrenz stand, dachte nur an Schnelligkeit. Jeder! Schnell, schnell Geld machen! Die Arbeiter wollten dasselbe. Ein Arbeiter hatte die Möglichkeit, seinen Lohn zu steigern, wenn er schnell war. Schafft er hundert Feuerzeuge, bekommt er Geld für hundert. Schafft er zweihundert, bekommt er Geld für zweihundert. Also wollten sie nicht nur hundert am Tag machen, sondern zweihundert, dreihundert, vierhundert. Ich habe gesagt: ›Das geht nicht! Hundert kriegst du hin. Wenn du zweihundert machst, ist die Qualität schlecht. Nein! Wir machen nur hundert, aber die machen wir so gut, dass sie auch funktionieren und lange halten!‹ Die Leute fingen an zu schimpfen, hinter meinem Rücken. Sie glaubten wohl, ich kriege nichts mit. ›Mit dem stimmt was nicht im Kopf! Der will kein Geld machen. Bei dem verdient man nichts.‹

Dann kam diese Woche. Ich hatte mehr als hundert Arbeiter. Wenn ich morgens aufwachte und den Kopf aus unserer Kammer steckte, stand da immer schon mein Produktionsleiter. ›Chef, wieder eine schlechte Nachricht. Es sind wieder zehn weg!‹ Plötzlich verschwanden jede Nacht welche. Am Ende der Woche waren alle weg. Nur vier oder fünf blieben da!«

Eine junge Frau, vermutlich aus der Verwaltung, schaute ins Büro. Die Tür hatte die ganze Zeit offen gestanden, trotzdem verharrte sie dort, ohne sich ihrem Chef bemerkbar zu machen. Wir saßen am anderen Ende des Raumes vor dem Fenster, er mit dem Rücken zur Bürotür, und sie hatte nicht sehen können, dass ihm Tränen in die Augen gestiegen waren, aber sie hörte wohl, dass seine Stimme zitterte.

»Ich habe noch nie so viel Bitternis gefressen. Der schwerste Schlag meines Lebens, jene Woche. Damals besaß ich kein Auto, nur ein Moped. Ich war ein guter Fahrer, ein richtiger Fahrer bei der Post! Kein einziger Unfall in zehn Jahren. In dieser Woche drei! Es war zu viel Druck. Zulieferer weg, Kunden weg, die Belegschaft weg, und sogar das Geld, die Reserve, die ich 1991 und 1992 gebildet hatte. Wir haben sie in diesen Monaten aufgegessen. Und von der Bank gab es keinen Kredit. Daran war nicht zu denken. Wie gesagt, offiziell, für die Partei, gab es gar keine Firma. Eine Firma? Was soll das sein? Ich dachte, das war's! Erledigt!«

Er schnalzte und schrammte mit dem langen Fingernagel über die Gurgel. Nach einem Moment der Stille drehte er sich um und winkte die junge Frau herbei. Sie überreichte ihm ein Fax. Während er las, wartete sie mit gesenktem Blick wie ein scheues Mädchen. Er nahm meinen Kuli, kritzelte sich eine Nummer auf den Handrücken und gab ihr das Fax zurück. Wortlos. Als sie aus dem Büro verschwand, blieb er auf seinem Platz, doch dann sprang er auf, weil er ihr nacheilen wollte. »Ein Tiger hat sieben Leben!«, sagte er noch. Er habe sich damals eine neue Belegschaft suchen müssen, und zwar sofort. »Ich habe gewusst, wo Leute lagerten. Sie hatten kaum zu essen. Es waren Menschen von außerhalb. Bauern. Wanderarbeiter. Unsere Technik kannten sie nicht. Ich habe es ihnen mühsam beigebracht. Alles wieder von vorne! In unserem Land war so etwas damals noch möglich. Es musste schnell gehen. Ich hatte nur ein paar Tage. Das war viel verlangt. So schnell ging es dann doch nicht. Eines der sieben Leben ist damals ausgelöscht worden. Aber dann war Tiger wieder da! Viele Leute aus diesen Tagen habe ich immer noch!«

Maos Schatten – »Alex träumt vom Hubschrauber!«

Ich hatte genug von chinesischen Kämpfen, für heute jedenfalls, und außerdem machte ich mir Sorgen. Mich schmerzte der Kopf von einer Nebenhöhlenentzündung. Ich bat Xiaohu ein Taxi zu rufen, das Fang Yu und mich ins Hotel bringen sollte, erwähnte aber nicht die Schmerzen. Xiaohu machte ein betretenes Gesicht. Er wollte uns noch an diesem Abend zum Essen einladen und uns die Stadt zeigen. »Wenzhou ist eine No-Night-City!«, sagte er.

Fang Yu sah mich an. Auch er wusste nicht, wie er reagieren sollte. Xiaohu kam uns zuvor. »Ich fahre auf jeden Fall in die Stadt. Überlegt es euch auf der Fahrt!«

Abgesehen von dem Stechen im Kopf – je länger das Gespräch mit Zhou Dahu gedauert hatte, desto mehr geriet ich in einen Zustand der Verwirrung. Er hatte sich länger Zeit genommen, als zu erwarten gewesen war. Zu unserer Überraschung hatte er auch eine Menge persönlicher Dinge preisgegeben. Wenn er von sich erzählte, war es leicht, ihm zu folgen, es war ansteckend und mitreißend, was aber die Umstände und den Hintergrund anging, ließ er vieles im Vagen und so konnte ich mir oft keinen Reim darauf machen, welche Mechanismen sein Handeln bestimmten, warum dieses oder jenes geschah.

Verwirrung, Taumel – das Gefühl war mir nicht fremd. Es hatte mit dem Entschwinden von Strukturen zu tun und es machte den Reiz dieser Art des Reisens aus, aber nur, wenn es vorübergehend war und wenn die Möglichkeit gewahrt blieb, dass der Abstand beim Schreiben wieder eine Ahnung von Klarheit und Ordnung aufkommen ließ. Letzten Endes reiste ich, um etwas mir Unverständliches zu verstehen. Deshalb, um nicht unterzugehen, hatte ich mich auf eine einzelne Gegend in China konzentrieren wollen. Schon ein mittleres, verhältnismäßig übersichtliches europäisches Land wie Polen, Spanien oder Griechenland hätte diese Art von Begrenzung notwendig gemacht. Zhejiang aber – ich weiß nicht, wie ich das beiseiteschieben konnte – war keine »Provinz« nach europäischem Maßstab, sondern eine, die in vieler Hinsicht einem Land entsprach: ihre territoriale Größe, die Bevölkerungszahl und die aufgefächerte sozioökonomische Struktur. Allein die Entwicklungsdynamik dieser einen Stadt stellte in den Schatten, was Europa seit der zweiten Hälfte des 20. Jahrhunderts an Dynamik erlebt hatte. Dabei war Wenzhou nur die drittgrößte Stadt der Provinz. Kurz: Es waren zu viele Eindrücke und Informationen an diesem Tag, und das Gefühl nahm überhand, von der chinesischen Komplexität erdrückt zu werden. Auch das sprach dafür, ins Hotel zu gehen, die Notizen zu ergänzen, solange die Erinnerung noch frisch war, und die Lücken in Zhou Dahus Erzählung aufzulisten, um beim nächsten Mal keine Fragen zu vergessen.

Aber die Einladung nun endgültig ausschlagen, selbst wenn Kleiner Tiger sie wiederholte? Beide, Sohn und Vater, konnten das als Unhöflichkeit auffassen, Kopfschmerzen hin, Kopfschmerzen her. Etwas widerstrebend und noch unentschlossen stiegen Fang Yu und ich wieder in Xiaohus Auto, froh immerhin, dass dieser weiße, wohlriechende, verdunkelte und mit allen Extras ausgestattete Geländewagen uns besser als irgendein Taxi vom Gedrängel auf den Ein- und Ausfallstraßen abschirmte, von all dem Dreck, Krach und Gestank und dem Blendlicht der vielen entgegenkommenden Autos, dankbar auch, dass jeder im Wagen es vorzog, seinen eigenen Gedanken nachzuhängen.

Mein Zweifel wuchs, ob Xiaohu mir die Schmerzen überhaupt abnehmen würde, nachdem sein Vater gerade eben die erste Begegnung so plötzlich beendet hatte. Noch war ungewiss, ob und wann Zhou Dahu sich zu weiteren Treffen durchringen würde. Ich wollte nicht ewig warten. Wenn überhaupt jemand bewirken konnte, dass es zügig weiterging, dann war es Xiaohu.

Er drückte auch jetzt nicht aufs Gas, obwohl es für einen Restaurantbesuch schon sehr spät war. Vielleicht war dieses Dahingleiten seine Art, China auf Distanz zu halten. Kaum denkbar, dass ihm das Gleiche zustoßen könnte wie seinem Vater, dass er je einen Unfall bauen würde, geschweige denn drei in einer Woche.

Nach etlichen Minuten, in denen keiner von uns ein Wort gesprochen hatte, sagte er: »Das hat mein Vater noch nie getan.«

Vor ein paar Wochen hatte er noch bezweifelt, dass Zhou Dahu uns überhaupt empfangen würde. Jetzt staunte auch er über die lange Dauer des Gesprächs, Zeit, die seinem Vater angeblich Geld bedeutete. Entgegen der konfuzianischen Sitte des alten China legte Zhou Dahu in kaufmännischen Angelegenheiten keine Gelassenheit an den Tag. Der Neue Mensch gab zu, dass er Jäger des Geldes und Gehetzter des Geldes zugleich war. Sein Vater hatte es heute geradezu zur Schau gestellt. Aber da war ein anderer Aspekt, der Xiaohu weit mehr verblüffte: »Bis heute ist mein Vater immer in Deckung geblieben!«

Die wenigen Male, die er ins Büro gekommen war, hatten ausgereicht, um zu bemerken, *worüber* sein Vater die längste Zeit sprach: von der Zeit vor der Fabrikgründung. Noch dazu erzählte er es Fremden, die alles mitschrieben. Der Sohn indes hatte sich stets damit abfinden müssen, dass viele Geschehnisse der Mao-Zeit bloß angedeutet wurden, selbst innerhalb der Familie. So tief saß die Furcht, obwohl die Funktionäre Zhou Dahu seit Jahren schon als Erfolgsperson der örtlichen Unternehmerschaft ehrten. Die höchsten Pekinger Staats- und Parteiführer kamen in seine Fabrik und hoben ihn aufs Podest, um so auch sich selbst zu feiern. Dabei hatte China – das China ihrer Partei und ihres Machtapparats – Zhou Dahu einst in Sippenhaft genommen, ihn als Spross eines Rechtsabweichlers jahrelanger Anfeindung ausgesetzt, ihm im Namen des Kommunismus die Eltern entrissen, eine ordentliche Schulbildung und Hochschulausbildung versagt und ihm den Weg zum Erfolg jahrelang verbaut.

Er war nicht totzukriegen, das zeigten auch die anderen Geschehnisse: Hunger und Kälte in Xian – überstanden. Sämtliche Arbeiter davongelaufen – von vorne angefangen. Drei Unfälle mit dem Motorrad – dreimal Glück gehabt. Schließlich der Kampf gegen sechstausend Konkurrenten – ausgeschaltet waren die anderen, nicht er, so viel stand fest, obwohl er seine Erzählung abrupt unterbrochen hatte. »Wem dieses Überleben oft gelingt, der ist ein Held«, schreibt Elias Canetti in »Masse und Macht«. »Er hat mehr Leben in sich. Die höheren Mächte sind ihm gewogen.«

Nach und nach war es Zhou Dahu in Fleisch und Blut übergegangen, als Held des neuen China aufzutreten. Die Zeit schien gekommen, sich die eine oder andere Freiheit herauszunehmen. Er wagte sich jetzt als jemand darzustellen, der den Funktionären nichts verdankte, sondern ihnen alles abringen musste. Aber mir blieb schleierhaft, auf welchem Weg er aus der Krise von 1993 gefunden hatte, und ich wollte erreichen, dass er mir davon bei einem weiteren Treffen berichtete.

Es lag nahe, dass sein Sohn über die Hintergründe jener Phase Bescheid wusste. Er hatte studiert, zuerst in der Hafenstadt Ningbo, der zweitgrößten Stadt Zhejiangs, dann in Toronto. Der Studiengang hieß »International Business Administration«. Xiaohu musste in der Lage sein, den Wandel aus einer Perspektive zu beschreiben, die sich nicht im Persönlichen und dem väterlichen Gemenge aus Stolz und Selbstmitleid erschöpfte. Anstatt ihm also mit der Nebenhöhlenentzündung zu kommen und es mir möglicherweise mit ihm zu verscherzen, erkundigte ich mich lieber nach dem Restaurant. Er sagte, es liege in der Nähe des Hotels.

Er bog in die Hoteleinfahrt ein und fuhr in den Hinterhof. Dort standen uniformierte Pagen, die für das Parken der Autos zuständig waren. Sie kannten Xiaohu. Er benahm sich ihnen gegenüber kumpelhaft. Die Männer waren in seinem Alter. Fang Yu trat hinzu, klopfte Xiaohu auf die Schulter und sagte, er sei fürchterlich müde und wolle sofort ins Bett.

Xiaohu: »Und die No-Night-City?«

Fang Yu: »So what?«

Das Hotel lag an der Kreuzung Renmingzhong/Jiefang, zwei Geschäftsstraßen im Zentrum, auf denen auch nachts viel Verkehr war. Die kleinen Läden hatten schon zugemacht. »Sie schließen gegen neunzehn Uhr«, sagte Xiaohu. Zwei Ecken weiter, in der Wuma-Straße, war noch alles geöffnet. Xiaohu sagte, die Wuma-Straße sei seit eh und je die wichtigste Geschäftsstraße der Stadt, aber vor Kurzem für Autos gesperrt und zur Fußgängerzone umgebaut worden. Eines der hohen dreistöckigen Gebäude im Kolonialstil der Briten sei schon acht Jahre, bevor sich die Stadt auf Druck der Kolonialmächte für den Außenhandel öffnen musste, errichtet worden (die Jahreszahl 1868 prangte in riesigen arabischen Ziffern unter dem Dach). Alle anderen alten Gebäude habe die Stadtregierung abreißen lassen.

Xiaohu hielt das Referat ohne eine besondere Regung: Die verschwundenen Häuser waren traditionelle chinesische Giebelhäuser gewesen, viele aus Holz, ebenfalls dreigeschossig, mit Läden im Erdgeschoss und darüberliegenden Wohnungen. Der Abriss war vor drei, höchstens vier Jahren erfolgt. An ihrer Stelle standen jetzt dreistöckige Geschäftsbauten, bei denen sich die Bauherren am Haus von 1886 orientiert hatten. Xiaohu hatte sicher recht: Das alles wirkte solider, gediegener sogar – trotz der insgesamt ziemlich weihnachtlich anmutenden Illumination und etlicher Spielereien, einem angestrahlten Giebelchen hier, einem angestrahlten Zacken da. Für Xiaohu machten die neuen Gebäude aus granitgrauem und blassrosafarbenem Stein nicht bloß mehr her. Er fand es erwähnenswert, dass die neuen Stockwerke höher waren als die Stockwerke der früheren Häuser. Sie boten nun Platz für Fahrstühle und Rolltreppen und auf der Rückseite gab es jetzt ausreichend breite Zufahrten für große Lieferwagen.

Xiaohu kündigte einen Abstecher in eine der benachbarten Straßen an. Ihm war anzumerken, dass er eine Überraschung plante. Siehe da, dort standen die alten Häuser noch.

In diesen Nebenstraßen wurde kein so großer Beleuchtungsaufwand getrieben, und beim Näherkommen sahen auch die alten Häuser nagelneu aus. Weil ich mir unsicher war, ob es wirklich Neubauten im alten Stil waren, fragte ich Xiaohu danach. Entweder fand er die Frage unverständlich oder er maß dem Unterschied zwischen Erhaltung und Nachbau keine Bedeutung bei. Seine Studienzeit in Kanada hatte anscheinend keinen Einfluss auf die Art genommen, in der er solche Dinge betrachtete, und alte europäische Stadtzentren kannte er nur von Fotos und aus Filmen. Er antwortete, es seien *traditionelle Häuser.* Dann wurde klar, dass man die meisten plattgemacht und neu gebaut hatte, das Holz künstlich geschwärzt, aber so, wie sie dort jetzt standen, so niedlich im Schatten der Hochhäuser, die verwitterten, kaum dass sie hochgezogen wurden, fand Xiaohu sie »okay« und »authentisch«.

Wir kehrten um, zurück in die Wuma-Straße. Im Großen und Ganzen glich sie repräsentativen Fußgängerzonen großer europäischer Städte: dieselbe Art von Pflasterung, die gleichen Straßenlaternen, die gleiche Schaufensterdekoration, dieselben internationalen Marken. Der Plan gründete auf dieser Idee von Gleichartigkeit. Die Straße war nur insofern zum Staunen, als sie aussah wie geleckt. Wer immer die Shoppingmeile in Schuss hielt – er eiferte in puncto Sauberkeit und Ordnung eher Singapur als europäischen Städten nach. Xiaohu nahm das Stadtviertel und den Zustand, in dem es sich befand, noch nicht als etwas Selbstverständliches hin. Für ihn war es noch immer etwas, das er voll Stolz vorführte.

Wegen der Menschenmenge mussten wir langsam gehen. Das Stadtzentrum und die Wuma-Straße ließen erkennen, dass die Kaufkraft vieler Einwohner drauf und dran war, sich europäischem Niveau anzunähern. Die Menschen kamen so spät am Abend nicht her, um zu flanieren und sich die Auslagen nur anzuschauen. Sie trugen Taschen, Tüten und Kartons. Die Geschäfte waren voll. Nur die Restaurants, die man einsehen konnte, hatten sich schon bis auf wenige Gäste geleert. Ich fragte mich, ob Xiaohu tatsächlich der letzte Gast des Tages in einem pathetisch leeren Restaurant sein wollte.

Vor dem Haus von 1868 befand sich eine Statue, die fünf galoppierende Pferde darstellte. Dort blieb Xiaohu stehen. Suchende Blicke in die Menge der Passanten, Blicke auf die Uhr. Drei Stunden nach Sonnenuntergang setzte er endlich seine Sonnenbrille ab. Er hatte noch eine Bekannte zum Essen eingeladen und ihr die Fünf Galoppierenden Pferde als Treffpunkt genannt. »Ihr Vater besitzt eine Schuhfabrik!«, sagte er, als würde das ihr Zuspätkommen erklären. »Vielleicht ist ja eine Nachricht auf der Mailbox!« Ein Schleuderruck mit der Hand und sein Handy klappte auf. Das hatte was, aber da war nichts von ihr, nicht mal eine SMS.

Er sagte, sie gehe in Toronto auf eine Business School. Er ließ offen, ob er sie in Kanada kennengelernt hatte oder schon früher in Wenzhou. Der Grund für ihren jetzigen Besuch zu Hause hatte mit ihrem Bruder zu tun. Auch in diesem Punkt blieb er vage. »Schule«, murmelte er nur. Er war sehr damit beschäftigt, eine SMS zu tippen. Die Antwort kam prompt, und Xiaohu las den Text vor: »Bin gleich da!«

Eine Ewigkeit später erschien sie, mittelgroß, schlank, in schwarzen High Heels, auf denen sie sicher wie ein Modell lief. Leggins, Seidentop – beides schwarz wie ihr Haar, das sie lang und offen trug. Es war perfekt geschnitten und sah frisch gewaschen und geföhnt aus. Ihr einziger Stilbruch war ihre Handtasche – zu winzig und rosafarben. Ihre Augen wirkten groß. Sie hatte Make-up aufgelegt, einen dunklen Ton, der ihrem ohnehin schmalen Gesicht eine schärfere Kontur verlieh, es eurasisch machte. Ich musste an Miss Holly Goligthly in »Frühstück bei Tiffany« denken. Wie Holly hatte sie schon das Gesicht einer Frau, aus dem aber die Kindheit noch nicht entschwunden war, und wäre ich ihr anderswo alleine begegnet, ohne sie mit Xiaohu in Verbindung zu bringen, der fünfundzwanzig war, hätte ich ihr Alter auch auf Hollys Alter geschätzt, auf irgendetwas zwischen sechzehn und dreißig. Xiaohu sagte später, sie sei drei Jahre jünger als er. Sie war eine Schönheit und sie wusste es. Kein Wort der Entschuldigung, dass sie uns hatte warten lassen.

Xiaohu stellte sie mit ihrem englischen Alias-Namen vor: »Kellys Vater hat eine Schuhfabrik.« Beide benutzten die englischen Namen, aber zur Begrüßung gaben sie sich weder die Hand noch umarmten sie sich oder küssten sich auf die Wange.

Sollten sie diese Sitte, die in Kanada unter befreundeten Studenten schon mal möglich war, je angenommen gehabt haben – hier in China ließen sie es bleiben.

Sie überlegten, in welches Restaurant sie gehen wollten. Alex hatte offenkundig noch nichts entschieden. Wir mussten zum Wagen zurück. Die Hotelpagen fuhren ihn vor und hielten uns die Türen auf. Alex nahm die Jiangbing-Straße, die am Oujiang entlang führte. Zwischen der Straße und dem Fluss lag die Uferpromenade, die am Mittag, vom Drehrestaurant aus, herrlich grün ausgesehen hatte, und weiter hinten war auch das Ensemble riesiger Segel, jetzt in der Nacht so großzügig ausgeleuchtet wie die Oper von Sydney, die des nachts beleuchteten Berge im Nanxi-Nationalpark und die Scheinwerfer auf den Hügeln von Hangzhou, die den Westsee noch bei Vollmond atemberaubend in Szene setzten. Dieses Land hatte zu lange im Dunkeln verbracht. Seine Menschen waren Lichtjahre entfernt davon, der künstlichen Helligkeit überdrüssig zu werden.

Ein paar Kilometer flussabwärts führte eine Brücke über den Oujiang. Sie wurde von Zwillingspylonen und Stahlseilen getragen. Bei Tag war mir die Wenzhou-Brücke selbst aus der Vogelperspektive unvergleichlich plump vorgekommen. Es fehlte den Pylonen an geschwungenen Linien und an Höhe. Doch nun bei Nacht ließ die Beleuchtung die Brücke so leicht und elegant erscheinen wie die Köhlbrandbrücke in Hamburg und wie deren Klon in Schanghai. Die Brücke war nicht viel älter als die Promenade, die laut Alex vor zwei Jahren angelegt worden war. »Die Promenade ist ein Erfolg!«, sagte er. Tagsüber kämen viele Menschen her. Sogar jetzt sahen wir Radfahrer, Paare zumeist, die trotz der späten Stunde Spazierfahrten machten.

Das Restaurant lag auf der westlichen Hälfte der Promenade. Es war ein weißer zylindrischer Bau, aber weder hoch noch schlank genug, um wirklich ein Aussichtsturm zu sein. »Ganz oben ist es am schönsten!«, sagte Kelly und ging voran. Trotz ihrer hohen Absätze nahm sie nicht den Fahrstuhl, sondern stieg einen Gang aufwärts, der sich spiralförmig nach ganz oben schraubte, uns zur rechten Hand um den mit Kunstrasen ausgelegten Mittelpunkt des Zylinders herumführte, zur linken Hand immer entlang der mit Panoramafenstern bestückten Außenwand und vorbei an all den schwarzen Tischen, die anders als in den meisten chinesischen Restaurants nicht rund, sondern rechteckig waren, und die, obwohl sie immerhin acht Personen Platz boten, in der ersten und in der darüber liegenden Runde vollständig besetzt waren, besetzt von Gästen in Kellys und Alex' Alter, in den Zwanzigern also, abgesehen von ein paar älteren Männern; und wie Kelly hatten die Frauen sich schön gemacht, während die überwiegende Anzahl der Männer im Unterschied zu Alex in Jacketts gekommen waren, sie aber schließlich abgestreift und über die Rückenlehnen gehängt hatten. Auf den ersten Blick war klar, dass die Gäste zur Oberschicht und zur gehobenen Mittelschicht gehörten.

Am Ende des Rondells, sozusagen in der dritten und letzten Etage, fanden wir ein paar freie Tische. Statt großer Fenster gab es dort Schiebetüren aus Glas, die vollständig geöffnet waren, sodass man wie auf einer Veranda saß. Hier oben wehte ein leichter, etwas zu kühler Wind, der mir aber gut tat, weil die Nebenhöhlen schon pochten und ich mich fiebrig fühlte. Außerdem hatte man hier die beste Aussicht auf den kilometerbreiten Oujiang und auf eine Insel. Sie hieß »Insel in der Mitte des Flusses«. Kelly sagte, früher hätten dort Mönche gelebt. Mit »früher« meinte sie wahrscheinlich die Zeit vor der zehn Jahre währenden »Kulturrevolution«, die Mao 1966 lostrat, um seine Kritiker in der Partei auszuschalten. Alex und Kelly konnten nicht sagen, ob die Roten Garden das Kloster wie so viele Klöster zerstört hatten und ob es erst jüngst wieder aufgebaut worden war. Von unserem Platz aus sah man nur ein Riesenrad. Seit Neuestem – und vornehmlich – diente die Klosterinsel als Vergnügungspark. Die ganze Insel blinkte und strahlte in Gelb und Rot und Blau und Grün – vor allem in Grün. Man hatte grüne Scheinwerfer auf die Baumkronen ausgerichtet, und die ganze Pracht vervielfältigte sich in den Wassern des Stromes.

Auf unserem Tisch brannte eine Kerze im Windglas, und in Kopfhöhe baumelte ein winziger Strahler. Das Mattschwarz der Platte schluckte sein Licht. Wir mussten reihum die Kerze zu Hilfe nehmen, damit wir die Schrift auf der Speisekarte erkennen konnten. Alles war dem romantischen Ausblick geschuldet.

»Alex träumt von einem Hubschrauber!«, platzte Kelly heraus. »Eines Tages schaffst du das!«

Sie wirkte sehr bestimmt, aber bevor er antworten konnte, wurden wir abgelenkt.

Eine junge Kellnerin forderte uns auf, an einem anderen Tisch Platz zu nehmen. Wir säßen am Tisch Nummer acht, und der sei leider reserviert. Kelly bekam kleine Augen und machte Anstalten, Zähne zu zeigen, besann sich dann aber. Mündlich klang »acht« wie »reich werden«. »Neun« hieß so viel wie »Vollendung«, »Dauer«. Die Sieben bedeutete »Aufbruch« und die Sechs stand in der chinesischen Zahlenmystik für »Vorteil«, »günstig«. Falls alles mit rechten Dingen zuging, musste der Nebentisch die »Sieben« oder die »Neun« tragen. Dort stand sogar eine Hollywoodschaukel aus Bambus, doch weder »Aufbruch« noch »Vollendung« noch die Schaukel waren Kelly ein Trost. Alex schob die Schaukel weg und zog Stühle heran. Die Kellnerin deckte tiefe Teller auf, diese weißen überdimensionierten Möbelhaus-Teller, an denen sich auch die Deutschen zurzeit kaum sattsehen konnten, und Alex bestellte Nudeln, Popcorn, Muscheln, Ananas, Kiwi, Mango, Tee und Bier. Als das erledigt war, sagte er: »Ja, ich würde gern einen Hubschrauber fliegen!«

Damals kam mir die Erwähnung des Hubschraubers belanglos vor, aber eines Tages, mein Besuch lag noch nicht lange zurück, las ich eine Meldung der chinesischen Nachrichtenagentur Xinhua: »Immer mehr Unternehmer in der ostchinesischen Stadt Wenzhou zeigen großes Interesse an einem eigenen Flugzeug. Während der vergangenen Ferienwoche stellte der amerikanische Hubschrauberhersteller Sikorsky in einer speziellen Ausstellungshalle für private Flugzeuge in Yueqing, einer Kreisstadt im Umkreis von Wenzhou, das Modell S-300C vor, das etwa dreieinhalb Millionen Yuan (343.700 Euro) kostet. Bisher erhielt Sikorsky dafür zwei Aufträge. Auf einer anderen Ausstellung am Jahresanfang stellten sieben in- und ausländische Flugzeugunternehmen in Yueqing zwölf Flugzeugmodelle vor. Mehr als vierzig lokale Unternehmen zeigten Interesse, und zweiundzwanzig Firmen davon bestellten jeweils eine Maschine. Das teuerste Flugzeug kostete über sechzig Millionen Yuan (5,9 Millionen Euro). Laut dem Vorstandchef des lokalen Fliegerklubs Xu Weijie erwarben bisher neunundreißig Unternehmer in Wenzhou Privatflugzeuge.«

Aufgrund der Meldung schlug ich erneut in meinen Notizen nach, die ich mir über den Besuch im Flussrestaurant gemacht hatte. »Wusstest du«, hatte Alex noch gefragt, »dass es nirgendwo mehr Privatflugzeuge gibt als hier – bezogen auf die Zahl der Einwohner?«

Das Gerede vom Hubschrauber kam mir nun nicht mehr belanglos vor. Die Erfüllung des Wunsches schien beiden durchaus in Reichweite zu liegen. Vielleicht war ich auf die falsche Fährte geraten, weil Alex sich im Yuppie-Restaurant unwohl fühlte. Die ganze Zeit piepte Kellys Handy wegen eintreffender Mitteilungen, und schon im Auto hatte sie eine SMS nach der anderen getippt, um zu antworten. Am Tisch ging das weiter. Hin und wieder kicherte sie, als säßen nicht nur wir drei, sondern noch andere Leute an unserem Tisch. Das Yuppie-Restaurant war ganz nach ihrem Geschmack, und dass sie an einen anderen Tisch verwiesen wurde, hatte daran nichts geändert. Sie langweilte sich keine Minute. Alex hingegen trommelte mit den Fingern, und sein Körper vibrierte vom nervösen Wippen seines Knies.

Zuerst glaubte ich, dass Kelly seinen Missmut erregt hatte, doch irgendwann später sagte er: »Die Preise sind hoch! Deshalb kommen wir nicht oft her.« Bei diesen Worten schüttelte er sich und deutete mit einem Nicken auf unseren früheren Platz. Am Reichtumstisch hatten sechs Männer mittleren Alters Platz genommen. Sie trugen bunte Hemden ohne Schlips und weit geschnittene Jacketts – der letzte Schrei, wie ihre Designer-Sonnenbrillen, die im Hemdausschnitt hingen, und ihre geligen Haarstachel. Nur einer von ihnen war glatt rasiert. Auch in anderer Hinsicht unterschieden sie sich von der Mehrheit der Gäste. Ihr Ton der Kellnerin gegenüber klang barsch. Überdies telefonierten sie so laut, als säßen sie auf ihrer Privatterrasse. Zwei von ihnen hatten gleich mehrere Handys bei sich und benutzten Funk-Headsets. Alex sagte, die Männer kämen entweder aus Hongkong oder von Taiwan. Ganz eindeutig konnte er ihren Dialekt nicht zuordnen, aber er wollte schwören, sie seien Einkäufer.

Nicht ausgeschlossen, dass sie Privatflugzeuge chartern konnten oder sogar Hubschrauber besaßen und die Dinger eigenhändig flogen. Klischee, ja, aber Alex zufolge machte sein Vater mit Leuten ihres Schlages Geschäfte. Trotzdem – oder gerade deshalb – verbarg er nicht, dass er ihnen die Krätze an den Hals wünschte. Ihr Jetset-Getue, ihr hypermodisches Aussehen, das »Hallo, hier bin ich« – was genau es auch sein mochte, es ging ihm gegen den Strich und wühlte ihn auf. »Sie glauben, sie sind etwas Besseres!«, grummelte er, und Kelly stänkerte, man könne diesen Typen nicht trauen.

Da klaffte ein Abgrund zwischen Festlandschinesen, die aus Maos Schatten hervorkrochen, und Chinesen aus Übersee und Hongkong, die ein, zwei Generationen früher zu Wohlstand gekommen waren und größere Freiheit genossen hatten.

Maos Schatten wog unvergleichlich schwer. Aber ich hielt es für unpassend, Alex heute noch auf das Emporsteigen seines Vaters aus der Krise anzusprechen – und sicher hätte dieses Thema Kelly darin bestärkt, sich auch den Rest der Nacht nur mit ihrem Handy zu befassen. Als ich sie nach ihrem Studium in Kanada fragte, wirkte sie wie elektrisiert. Sie rief sofort eine Freundin an, Alex telefonierte ebenfalls mit Freunden, und eine Weile später – ich hatte längst jedes Zeitgefühl verloren – strandeten wir in einem Fußmassagesalon, legten uns nebeneinander wie eine Schar Seehunde und ließen es uns gut gehen.

Sprechstunde – »In China machen wir das besser!«

Meine Nebenhöhlenentzündung hatte sich verschlimmert. Großer Tiger erfuhr davon. Sein Sohn fuhr mich zum Zentralkrankenhaus, einem Hochhaus. Der Krankenhausparkplatz war voll besetzt, aber an der Schranke wartete schon jemand aus der Verwaltung, den Zhou Dahu angerufen hatte. Xiaohu gab ihm die Wagenschlüssel. Der Mann parkte den Wagen direkt am Haupteingang und wich Xiaohu und mir im Krankenhaus nicht mehr von der Seite. Es gab Schalter für die Anmeldeformulare. Der Mann erledigte das Ausfüllen für mich. Wir fuhren mit dem Fahrstuhl in die Hals-Nasen-Ohren-Abteilung. Erneut ein Anmeldeschalter. Dort hieß es: Vor der Untersuchung erst mal zum Röntgen. Bevor wir in die Röntgenabteilung gingen, mussten wir zu einem Schalter, um die Einverständniserklärung auszufüllen. Der Mann füllte wieder alles aus. Danach zu einem Schalter, um das Röntgen zu bezahlen. Der Mann und Xiaohu wurden wütend, als ich bezahlen wollte. Mit dem Röntgenbild zurück in die HNO-Abteilung. Dort zum Schalter, um die ärztliche Untersuchung im Voraus zu begleichen. Wieder bestanden der Mann und Xiaohu darauf, dass ich mein Geld nicht anrührte.

Schließlich kamen wir in einen Behandlungssaal. Ich zählte mindestens zehn HNO-Stühle. Um jeden Stuhl stand eine Menschenmenge. Unser Begleiter drängelte sich zu einer Ärztin vor und sprach sie an, obwohl sie einen Patienten behandelte. Ihr Haar war von einer Haube verdeckt, Mund und Nase von einem Mundschutz und ihre Augen von einem HNO-Spiegel. Sie klappte den Spiegel hoch und blickte zu mir herüber. Der Blick war eisig. Es passte ihr nicht, dass ihr Patient aufstehen musste, um mir Platz zu machen. Sie betrachtete mein Röntgenbild, dann untersuchte sie meine Nase von innen. Die Umstehenden rückten näher. Sie drängelten, um besser zuschauen zu können, und ich sah ihre Gesichter genauer. Nasen, von Krebs zerfressen; Nasen und Ohren, aus denen Eiter quoll.

Von der Ärztin sah ich nur ein Auge. Es war schön. Aber wieder erregte irgendetwas ihren Unmut.

»Sie sind schon mal operiert worden, nicht wahr?«

Ich nickte.

»In Deutschland?«

»Ja.«

»Welchen Beruf haben Sie?«

»Ich schreibe!«

Sie klappte den Spiegel hoch und zog den Mundschutz ein Stück herunter. Die Frau war jung.

»Ihre Nasenscheidewand wurde gerichtet, Ihre Nebenhöhlen gefenstert und trotzdem haben Sie immer wieder Entzündungen?«

Sie schüttelte den Kopf und steckte ihr Endoskop ein weiteres Mal tief in meine Nase.

»Unprofessionell!«, sagte sie. »Das ist doch ganz schief!«

Sie saugte Schleim ab und verschrieb mir ein Antibiotikum, Spray und Schmerztabletten.

»Wo wohnen Sie hier?«, fragte sie.

»Im Wenzhou International.«

»Wie lange werden Sie bleiben?«

»Sicher noch einige Tage.«

»Ich rate Ihnen zu einer neuen Operation!«, sagte sie. »In China machen wir so etwas besser.«

Gegen Abend desselben Tages rief sie im Hotel an. Sie wollte mich nach dem Dienst außerhalb des Hotels treffen, aber sie konnte noch keine genaue Uhrzeit nennen und wollte erneut anrufen. Wir verabredeten uns bei den Fünf Galoppierenden Pferden. Es wurde fast Mitternacht, bis ihr Anruf kam. Sie entschuldigte sich, dass sie sich nicht hatte umziehen können. Sie trug Jeans und einen weiten, langen Baumwollpullover. »Ich musste bis eben operieren!«

Von der Statue gingen wir zum Fluss und dann die Promenade entlang. Ich sagte: »Ich werde in China keine Zeit für eine Operation haben!« Sie lachte. »Sie berichten über Tiger?«

Ich beschrieb ihr mein Vorhaben. Dass mich Zhejiang beschäftigte, die Initiative der Menschen, der Eigensinn der Bauern und was daraus entstanden sei, der unglaubliche Aufstieg.

»Zhejiang ist nicht China!«, sagte sie.

Sie stamme aus einem Nest in Zentralchina. Medizinstudium in Schanghai, dann einige Jahre in einer Klinik im Nordwesten, anschließend Ausbildung zur HNO-Fachärztin wieder in Schanghai. Sie war einunddreißig Jahre alt. Nicht verheiratet.

»Die Bauern werden verschwiegen!«, sagte sie.

»Erzählen Sie mir!«

»Sind Sie Christ?«

»Warum?«

Sie nestelte an ihrer Kette und zog sie unter dem Pullover hervor. Der Anhänger war ein Kreuz. Mir fiel ein, dass ein relativ großer Teil der Einwohner Wenzhous Christen waren. Die Stadt hatte viele Kirchen und Hauskirchen. Es existierten legale katholische und protestantische Gemeinden, aber auch Untergrundgemeinden.

»Was sagen Sie zur Ein-Kind-Politik?«, fragte sie.

Die Politik kam mir stets vernünftig vor, aber die Regierung war jetzt besorgt. Auch in China sprach man inzwischen von Überalterung. In den großen Städten erwog die Partei, jungen Paaren wieder zwei Kinder zu erlauben, vorausgesetzt beide Eltern haben Arbeit.

Die Verhältnisse auf dem Land seien anders, sagte die Ärztin. »Sehr kompliziert!« Sie sprach von ihrer Zeit im Nordwesten, von den Erlebnissen in der dortigen Klinik und den massenhaften Schwangerschaftsabbrüchen. Die Ein-Kind-Politik war im Laufe der Zeit durch Ausnahmeregelungen gemildert worden. Die Regierung hatte eingesehen, dass sie insbesondere den Bauern entgegenkommen musste. Dennoch nahmen die Tragödien auf dem Dorf weiterhin ihren Lauf: das Hineinregieren der Funktionäre in die Familien, die Vernachlässigungen von neu geborenen Mädchen, die Entführungen kleiner Jungen, die erzwungenen Schwangerschaftsabbrüche. Die Ärztin sagte: »Wir mussten Abbrüche im siebenten Monat vornehmen.«

»Wie häufig kam das vor?«

»Immer. Jeden Tag. Das ist völlig normal. Sogar unsere Regierung sagt, dass jede dritte Schwangerschaft abgebrochen wird. Hört man davon in Europa?«

Es gab über dieses Thema Zeitungsartikel, Bücher. Ich erinnerte mich sogar an ausführliche Fernsehdokumentationen: Chinesische Bauern, aber auch indische, würden alles tun, um Söhne zu bekommen, keine Töchter. Aber was meinte sie damit, als sie sagte, die Bauern würden verschwiegen?

»Die Kinder der Bauern. Als die Ein-Kind-Politik von Deng Xiaoping eingeführt wurde, haben manche Bauern die Funktionäre bezahlt. Aber die Mehrheit besaß nicht so viel Geld. Frauen, die ein zweites oder drittes Mal schwanger wurden und vorher nur Mädchen bekommen hatten, verschwanden einfach. Sie machten sich unsichtbar, tauchten bei Verwandten unter, in irgendeinem Dorf, und entbanden dort. Noch immer gibt es das. Ganz arme Bauern hatten nur die Möglichkeit, das Kind bei anderen aufwachsen zu lassen. Es müssen Millionen sein! Millionen geheime Bauernkinder, die bei Stiefeltern groß geworden sind.«

Markenkrieger – »Wir sind ein Flugzeugträger!«

An einem der nächsten Tage wurde in der Gegend das Drachenbootfest gefeiert. Zhou Dahu hatte seinen Arbeitern frei gegeben, damit sie sich die Bootsrennen anschauen konnten. Er selbst und seine leitenden Angestellten arbeiteten trotz der Festlichkeiten tagsüber in der Fabrik, aber am Abend veranstaltete er für diesen ausgewählten Kreis von Mitarbeitern ein Betriebsfest. Wer wollte, durfte seinen Ehepartner mitbringen.

Leuchtgirlanden und Tausende von Fähnchen schmückten von außen das Restaurant. Es handelte sich um einen der vielen mehrstöckigen Fresstempel, die in den letzten Jahren überall in der Stadt hochgeschossen waren. Zhou Dahu hatte eine ganze

Etage gemietet. Dutzende Kellner und Kellnerinnen servierten. An nichts war gespart worden. Die runden Tische waren mit Speisen beladen, darüber hingen Lampions und Papiergirlanden in allen denkbaren Farben. An den Saalwänden standen Stapel von Bier- und Cola-Dosen, Kartons mit Wein und anderen Getränken.

Das Fest hat schon angefangen und die Stimmung ist bestens, als Zhou Dahu und seine Frau den Festsaal betreten. Die Leute erheben sich, als wäre ein König gekommen. Er nimmt die Ergebenheit an, indem er kurz nickt und die Hand hebt. In der Mitte des Raumes steht ein Tisch, der für ihn reserviert ist. Er sieht ihn, doch er setzt sich an den erstbesten Tisch am Eingang.

Er sagt zu mir: »Mein Sohn wird Sie später in die Diskothek mitnehmen. Ich komme nicht mit. Es ist nicht, dass ich mich alt fühle, obwohl, zu einem gewissen Grad ist es vielleicht doch ein Generationsproblem. Ich mag diese neuen Läden nicht, wo die Japaner hingehen, die Thailänder, die Touristen und diese Mädchen, von denen sie sich begleiten lassen. Nicht, dass Sie mich falsch verstehen. Diese halbseidene Welt – wenn es nach mir ginge – ich würde das alles gewähren lassen. Soll mein Sohn die Kunden betreuen. Und auch Sie! Das ist ja auch wichtig für das Geschäft. Was mir gefällt, sehen Sie hier! Das ist meine Welt! In jedem Gesicht erkenne ich einen treuen Kollegen! An jedem Gesicht kann ich aber auch meine Marke ablesen. Wer es nicht zu einer Marke bringt, einer Marke, die in der Welt angesehen ist, der ist bloß ein Teile-Lieferant. Der ist nur ein Blatt im Sturm. Er wird leicht zum Opfer bei dem kleinsten Riss in der Weltwirtschaft.

Und was die Marke angeht – dafür habe ich auch auf andere Weise gesorgt. Ich habe mir sagen lassen, wie es in Italien ist. Jeder Unternehmer, der dort etwas auf sich hält, hat einen Sportklub. Ich finde das richtig und habe das auch getan, einen Fußballklub gegründet, meine ich. Ich unterstütze jede Initiative meiner Belegschaft und meiner Manager, die mit Sport und Kultur zu tun hat. Aber mir geht es langfristig nicht nur um Amateure. Wozu sollen Amateurklubs gut sein, außer für ein wenig Freude nach Feierabend? Ich will Profis. Sieger. Mein Verein muss in ganz China bekannt werden!«

Die Musik spielt. Zhou Dahus Angestellte singen Karaoke. Am Vormittag ist es nicht so zwanglos gewesen. Zhou Dahu hatte die leitenden Angestellten in den Konferenzraum bestellt und eine Rede gehalten. Er sagte: »Das Wichtigste ist die Marke! Je mehr die Zeit vergeht, desto wichtiger sind auch das Eigenkapital und die eigenen Ersparnisse. Auf die Banken ist kein Verlass. Ihr sagt euch: ›Wir brauchen ein größeres Haus und ein Auto und Sozialleistungen!‹ Wenn ihr euch jetzt also wundert, dass manche Bedürfnisse im Moment nicht erfüllt werden, dann deshalb, weil ich dem Bankwesen nicht traue. Wir müssen einen eigenen Fond haben. Nur so werden wir erfolgreich sein und überleben können. Es kommen härtere Zeiten. Und ich traue keinem! Kleine Boote können schnell wenden, aber wir sind ein Flugzeugträger.«

Xiaohu kommt an den Tisch seines Vaters: »Du musst auch singen!« Zhou Dahu bleibt sitzen. Er zögert. Er sieht seine Frau an. Sie nickt! Also steht er auf, um seine Pflicht zu erfüllen, geht nach vorn, wo der große Bildschirm steht, das Karaokegerät und das Mikrofon. Er singt, er imitiert ein paar der Gesten, die der Sänger auf dem Bildschirm macht, er versucht den einen oder anderen Tanzschritt, und dabei lächelt er, als wollte er sich für seine Tollpatschigkeit entschuldigen. Am Ende verbeugt er sich nicht, sondern hebt nur kurz die Arme. Und während er zu seinem Stuhl am Ausgang zurückkehrt, singt vorne schon ein anderer.

»Ich weiß«, sagt Zhou Dahu, »dass ich bei der Herstellung von Feuerzeugen … dass ich nicht nur dabei bleiben darf. Meine Immobilien sind kein besonders gutes Geschäft. Es ist Kapital, das wenig wächst. Dafür wächst es stetig. Es sorgt jeden Monat für Liquidität.«

»Die Immobilien sind wie Milchkühe«, ergänzt Kleiner Tiger.

Mein Hotel fällt mir ein, die ersten Stunden im Drehrestaurant, die Mädchen, die ständig an meine Tür klopfen. Der Unternehmer hat nicht nur Fang Yu und mich in dem Hotel einquartiert. Er bringt dort auch alle seine Kunden unter. Auf dem Hotelparkplatz stand jede Nacht sein Mercedes 500. Kaum ein Tag verging, an dem ich nicht ihn und seine Frau im Hotel getroffen habe. Ich bekam mit, dass sie dort morgens zum Friseur geht. Er wartet solange in der Lobby auf sie. Dann lässt er den Wagen vorfahren, sie setzt sich ans Steuer, und sie fahren gemeinsam in die Fabrik.

Ich frage Zhou Dahu, ob das Hotel ihm gehört. Er sagt: »Fremden gehört es nicht! Zufrieden?«

Sein Sohn hatte mir das Penthouse direkt gegenüber dem Hotel gezeigt. Die beiden Hochhäuser ähnelten einander vom Stil her, aber jetzt erst kam ich auf den Gedanken, derselbe Architekt könnte sie entworfen haben. Nach einer anstrengenden Nacht in der Diskothek fragte ich Xiaohu, ob ich die Wohnung seiner Eltern sehen dürfe. Er rief seinen Vater an. Zhou Dahu zögerte wohl einen Moment, stimmte dann aber zu.

Der erste Raum war riesig. Die anderen bekam ich nicht zu sehen. Keine Vorhänge vor den Fenstern. Gegenüber sah man die Lichter des Hotels. Der Fußboden war aus dunklem Granit. Es gab keinen Teppich. An den Wänden hingen keine Bilder. In der Zimmermitte standen ein Sofa und drei oder vier Stühle um einen niedrigen Glastisch herum. Auf der Glasplatte lagen Süßigkeiten. Das Ganze hätte wie eine Insel im Nichts gewirkt, hätten nicht so viele unterschiedliche Sportgeräte im Raum gestanden. Das war eher ein Fitnesscenter als eine Wohnung. Ich war mir nicht einmal sicher, ob Tiger, seine Frau und Xiaohu hier jemals übernachteten.

Tiger bemerkte, dass ich staunte, und da war wieder dieser Sportsgeist, dieses wissende Lächeln vom ersten Tag, als er herausfand, dass ich meinen Besuch bei ihm den Behörden verschwiegen hatte.

»Es ist nicht so, dass wir gerade erst eingezogen sind! Ich wohne seit Jahren hier.«

Eine Erklärung für diese Privatwüste war das nicht.

Er hatte mir in den vergangenen Tagen immer wieder gesagt, dass er diversifizieren müsse. Er dürfe sich nicht damit begnügen, der größte Metallfeuerzeugfabrikant zu sein.

Ich sah mir die Trainingsgeräte an. Schwer. Nagelneu. Ein oder zwei dieser Geräte waren in Einzelteile zerlegt worden. Ich fragte mich, ob das die Branche war, an die er dachte. Ob er seine Zukunft in der Produktion von Sportgeräten sah.

Ich sage, dass die westlichen Fleischesser verachtenswerte Leute sind. – Ich bin der Ansicht, dass es gut ist, weniger zu essen. Was hat man davon, wenn man viel isst und einen dicken Bauch bekommt, so wie die ausländischen Kapitalisten?

Mao

Eine Art König

Beilun lag am Meer, an der Bucht von Hangzhou. Die Stadt, die der Bucht den Namen gab, hatte zu Marco Polos Zeiten auch am Meer gelegen, aber unmerklich langsam schob das Land sich vor. Ausländer, die schon mehrere Jahre in Beilun lebten, diese Leute sagten oft »Fischerdorf«. Als sie ankamen, besaß Beilun noch Ähnlichkeit mit einem Dorf, doch acht, neun Jahre reichten aus, um alles zu verändern. Das Dorf war aufgegangen in der Fünfmillionenstadt Ningbo, deren Zentrum ein paar Kilometer landeinwärts lag, und folgerichtig definierte die Provinzverwaltung Beilun als Stadtbezirk. Aber weder der verwaltungstechnische Begriff »Stadtbezirk« noch der Ausdruck »Fischerdorf« gab die Hauptfunktion Beiluns wieder. Beilun war Ningbo-Hafen. Mir fielen Rotterdam und Hamburg ein, als ich von den Frachtzahlen erfuhr, die Menge der Schiffe sah und die große Masse gestapelter Container auf den Terminals. Es handelte sich um den Hafen für die gesamte Region, die ich bereist hatte, aber er hatte Bedeutung weit über die Region hinaus.

Auf der anderen Seite der Bucht von Hangzhou liegt Schanghai. Der Hafen von Schanghai ist ungünstig für besonders große Schiffe. Das Wasser ist zu flach. Vor Beilun hingegen ist die Meeresbucht tief genug. Und noch einen Vorzug besitzt Beilun: Die Inseln in Sichtweite, die Zhoushan-Inseln und ihre Berge. Sie schirmten den Hafen und die Schiffe vor den Taifunen ab.

Es lag nahe, den gut geschützten Tiefseehafen von Beilun mit dem Hafen von Schanghai zu einem einzigen Großhafen zu verbinden und zentral zu verwalten. Eine Autobahn Schanghai–Ningbo gibt es seit Kurzem, aber die Bucht, um die sie herumführt, schneidet tief ins Land, und mehr als zweihundert Kilometer Fahrt dauern für das globale Geschäft zu lange. »Eine Meeresbrücke über die Bucht« lautete die neueste Idee. Leider sprach vieles dagegen. Der Grund der Hangzhou-Bucht ist labil. Schwieriger Baugrund für ein Brückenfundament. Dann der Pegelunterschied zwischen Ebbe und Flut, der zehn Meter beträgt. An wenigen Orten der Welt kommt die Flut mit solcher Wucht. Nicht zu vergessen die Taifune. – Sei es drum! Die Brücke muss her! Alles soll eins werden, die beiden Häfen und die beiden Städte.

Ich hatte nie eine so große Baustelle gesehen. Eine Brücke von sechsunddreißig Kilometern Länge war im Entstehen, die längste Meeresbrücke der Welt. Ach, die Zeit! In einem Moment fragt man sich noch, wie lange der Bau dieses Riesenwerks wohl dauert, im anderen Moment zeigt schon das Fernsehen die Einweihung. Der chinesische Staatssender überträgt live. Lin Guoxiang, der Planungschef, reibt sich die Augen. Das Tempo hat sogar für Chinesen etwas Surreales: Vier Jahre Bauzeit, ein Jahr schneller als geplant – für siebentausend Pfeiler von achtzig Metern Höhe, für sechshundert Bögen und zwei gewaltige Schrägseilstücke von vierhundertfünfzig und von dreihundertzwanzig Metern Weite. Wer in Ningbo wohnt, kann seit Eröffnung der Brücke mal eben nach Schanghai und wieder zurück fahren. Ein Klacks inzwischen! Aber als ich zum ersten Mal Beilun besuchte, um Peter Handstein zu treffen, war die Brücke wie gesagt noch im Bau und Handsteins Rückkehr von einem Auslandsflug hatte sich verzögert. Ich erfuhr, dass er und seine Lebensgefährtin Beatrice erst spät abends in Schanghai landen würden und mangels Brücke die Autobahn nehmen mussten. Es gab keine Aussicht, den deutschen Spielzeugfabrikanten, der in der Gegend sehr bekannt war, an diesem Tag treffen zu können, und so lud mich Carsten Strehlow zu sich ein. Er wohnte mit seiner Frau Ming in der Nachbarschaft von Handstein.

Fütterung der Gänse – »Wie sagt ihr? Hohe Tiere?«

Das Haus gehörte zu einer etwa zehn Jahre alten Wohnanlage. Sie umfasste zwei, vielleicht drei Dutzend Einfamilienhäuser aus weißem oder gelbem Stein. Fast alle waren zweistöckig, hatten hohe solide Dächer, Vorsprünge, Säulen und Veranden. Ich durfte bei Carsten und Ming übernachten. Wenn man aufwachte und aus dem Fenster sah, konnte man glauben, in Amerika zu sein. Ich mag mich täuschen, aber diese Häuser stehen auf künstlich geformtem Gelände. Plattes Land ringsum, wellig das Areal. In meiner Erinnerung steht Handsteins Haus auf einer Warft.

Zwischen den Häusern war viel Grün angelegt worden. Dazu Teiche, etliche schmale Teiche, über die kleine Fußgängerbrücken führten. »Ein stehendes Gewässer ist das Schlimmste auf der Welt!«, hatte Mao gesagt. Weder Carsten noch Ming kannten das Zitat. Sie nahmen an, mir täte das Gänsepaar leid, das zwischen ihrem und Handsteins Haus auf dieser Pfütze von Teich herumpaddelte. »Chinesen denken an Treue, wenn sie Gänse sehen«, sagte Carsten. Und Ming sagte: »Handstein und Bea haben sie angeschleppt.«

Dem Teich blieb das Gänsepaar nur treu, wenn man es regelmäßig fütterte. Obwohl es Handsteins Gänse waren, fiel das Füttern ständig Ming zu. »Die machen überall hin«, sagte sie. »Am liebsten auf meine Terrasse.«

Ming und Carsten hatten einen Sohn. Er ging noch in den Kindergarten. Die beiden hatten sich in Beilun kennengelernt. Später beschlossen sie, in Deutschland zu leben. Carsten kündigte bei Handstein und sie zogen nach Norddeutschland. »Das ist eine kleine Stadt gewesen«, sagte Ming. »Ich bin jünger als Carsten. Die Leute dachten wer weiß was von mir, dass Carsten mich in Thailand aufgegabelt hat oder dass ich eine vietnamesische Asylantin bin. Ich hielt das nicht aus!«

»Ich hab dann Peter angerufen«, sagte Carsten, »ihm erzählt, dass Ming in Deutschland unglücklich ist, und er meinte, er hätt's ja gleich gewusst, ich solle Frau und Kind nehmen und um Gottes willen zusehen, dass wir unsere sieben Sachen packen.«

Die Rückkehr nach China hatte Mings Stimmung kaum verbessert. Sie deutete es einmal an. Sie saß in ihrem blauen Sommerkleid auf einer Stufe vorm Haus, darauf wartend, dass Carsten wiederkam. Er brachte kurz den Sohn in den Kindergarten.

»Carstens Leben ist die Firma!«, sagte sie. »Ich sehe ihn kaum.«

Sie blickte auf die Sackgasse, die vor dem Haus in ein Rondell mündete. Die Anlieger konnten hier wenden und auch parken, aber weder im Rondell noch in den Hausauffahrten standen zu dieser Tageszeit Autos. Die Siedlung war so tot wie ein Areal unbewohnter Musterhäuser. Auch das Haus in unserem Rücken hatte etwas Unwohnliches. Abgesehen von der gut ausgestatteten Küche gab es nur das Notwendigste an Möbeln. Die Einbauküche und die paar Möbel (Sessel, Sofa, Betten, Stühle und Esstisch) – fast alles gehörte zum Inventar. Carsten und Ming hatten aus Deutschland nicht viel mitgebracht. Und manches, was sie gebracht hatten, ließen sie seit Monaten unausgepackt.

Ming sagte, das Areal gehöre der Stadt. Die Häuser seien Ausländern vorbehalten. »Wie sagt ihr? Hohe Tiere? Das sind alles Ausländer, die in Beilun investieren.«

Ihr Mann war kein Investor, aber Handstein. Ihm gestand man das Haus mit der schönsten Lage zu. Und das Haus unterhalb der Warft auf dieser Seite des Teiches durfte er als Gästehaus nutzen. Ming erzählte, er habe es Carsten und ihr zur Verfügung gestellt. Manchmal bitte er sie, dem einen und anderen Gast Unterkunft zu geben.

Sie schüttelte den Kopf und sagte: »Ich weiß nicht, was ich mir erhofft habe. Aber mein Sohn hat es gut hier.«

Es gab in der Nähe den Kindergarten, den sie hervorragend fand. Und eine internationale Schule. Und innerhalb des Wohngeländes die Community-Schwimmhalle. Man könne im Bademantel hingehen. Rasch am Gänseteich vorbei und über drei, vier Brücken, schon sei man da. Hier zu wohnen hob auch den Status. Man wies all das nicht einfach zurück.

Um das Areal herum standen Hecken, Zäune und niedrige Mauern. Selten nur begegnete Ming hier Landsleuten, und selbst diese Leute wohnten nicht hier, sondern außerhalb: der Gärtner, der Briefträger, die Streife vom Wachdienst, dann und wann ein Kurier und die Putzfrauen und Kindermädchen der Nachbarn. Zur Kolonialzeit hatten sich die Ausländer von selbst abgekapselt (in exklavenartigen Wohngebieten wie dem Französischen Viertel in Schanghai), heutzutage sorgte die Kommunistische Partei Chinas für die Segregation. Wenn Ming gesagt hätte, sie würde sich hier gestrandet fühlen, verloren unter den Ausländern oder fehl am Platz unter den hohen Tieren – wen hätte das überrascht? Aber was war mit Handstein? Ihm ging der Ruf voraus, er bewege sich in China wie ein Fisch im Wasser. Nun zeigte sich, dass er auf dieser Insel wohnte statt in Nachbarschaft zu Chinesen.

Im Reich des Mittelständlers – »Holz lebt!«

Handstein hatte Carsten angerufen und ihm aufgetragen, mir die Fabriken zu zeigen und einen Überblick über die Firma zu geben. Dieses Pflichtprogramm sollte vor seiner Ankunft erledigt sein. Wir gingen zum Wagen, ich verabschiedete mich von Ming, und sobald das Haus außer Sicht war, sagte Carsten: »Peter will mit uns in die Berge fahren. Man ist ja froh, wenn man mal rauskommt.«

Wir fuhren auf einer sechsstreifigen Straße. »Ich bin vor acht Jahren das erste Mal nach China gekommen. Damals habe ich mich gefragt, was diese breite Straße sollte. Die führte ins Nichts. Es gab nur Felder. Dann eine Malzfabrik, Handsteins Fabrik und noch eine dritte. Das war's. Was jetzt los ist, sieht man ja.«

Einen Kilometer voraus sah man die weiß-roten Schornsteine eines Kohlekraftwerks. Rechts und links der Straße: alles bebaut, alles Fabriken. Fabriken auch entlang der Quer- und Nebenstraßen wie der Fengyang Road, der Nanhai Road. Und dort schließlich Handsteins Fabriken, zuerst die alte, an der wir vorbeifuhren (sie war vor zehn Jahren in Betrieb gegangen), ein Stück weiter die neue, eröffnet vor vier Monaten. Carsten sagte: »Zwanzigtausend Quadratmeter neue Produktionsfläche, aber Peter hat ein doppelt und dreifach so großes Grundstück genommen. Es ist einen halben Kilometer lang. Er will ja noch ausbauen, vierzigtausend Quadratmeter mehr. Nicht heute, nicht dieses Jahr, aber dann. Bevor er in neue Produktionsfläche investieren kann, muss er konsolidieren und den Gewinn erhöhen.«

Auf dem Firmenschild stand: »HaPe International Ningbo Ltd. – Happy Arts & Craft Ningbo Co. & Ltd.«. HaPe war die Abkürzung für Handstein, Peter. Der Neubau war zum Teil zweistöckig, zum Teil vierstöckig, teils gemauert, teils in Stahlbauweise.

Carsten musste oft Besucher durchs Werk führen. »Um es kurz zu machen, fange ich immer mit den FAQs (Frequently Asked Questions) an!« Wir standen noch draußen, da legte er schon los:

»Was produzieren wir? – Holzspielzeug.

Absatzmärkte? – Europa, Amerika, Japan, Australien. Der chinesische spielt keine Rolle.

Konkurrenz? – Die Produktion in den reichen Ländern ist bis auf Nischen tot. Fast jegliches Holzspielzeug auf der Welt kommt jetzt aus China. Tausende von Produzenten.

Strategie und Gewinn? Natürlich müssen die Kosten stimmen. Aber Handstein predigt immer: ›Bekannt musst du sein und dann Qualität, Qualität, Qualität! Nur so erzielst du den Preis, den du brauchst!‹

Anzahl der Beschäftigten? Rund tausend Chinesen und ein Dutzend Europäer – im alten und im neuen Werk zusammen. Die Mehrheit der Europäer sind Deutsche. Außerdem gibt es immer auch ein paar Praktikanten. Zurzeit sind fünf deutsche Praktikanten hier.«

Als Nächstes sprach er von Dingen, die es in der Fabrik selbst zu sehen gab: von der Abwasseraufbereitungsanlage (zwar nicht biologisch, aber trotzdem vorbildlich); dem Abwasserauffangbecken (für farb- und verdünnungsmittelbelastetes Abwasser); von den Maschinen selbstverständlich – die beiden Sigma 105C aus Italien (computergesteuerte Sägemaschinen für die großen Sperrholzplatten), den vier 10C-Bearbeitungs- und Fräsmaschinen (geben dem Holz Konturen), der Butfering E-Linie (eine Schleifmaschine), der vollautomatischen Druckanlage aus Deutschland (die beste auf dem Markt für das farbige Bedrucken – mit Zwischentrocknung und allen möglichen Spezialfunktionen), der chinesischen Druckanlage (hat den Vorzug, dass man sie besser instand halten kann) …

Carsten machte auch Preis- und Jahresangaben, und er nannte Produktionszahlen. Bemerkenswerter als die Daten fand ich die Tatsache, dass er sie alle im Kopf hatte. Bewundernswert auch die systematische Vortragsweise. Ein Durcheinander entstand aber, als er über die Firmenstruktur sprach: über die vertikale Struktur und die Querverbindungen, die Zusammensetzung und Teilhaber der Holding (deren Sitz in der Schweiz war), die Firmen und Stützpunkte in Europa (im Erzgebirge und in Hessen), die Vertriebsbüros und Vertriebskanäle in Europa, Nordamerika, Japan und Australien, die chinesischen Fabriken, die Eigenproduktionen und die Auftragsproduktionen. In einem Moment sprach er von Firmen, an denen Handstein Anteile besaß, im nächsten Moment von Firmen, die Handstein vollständig aufgekauft hatte, darunter Betriebe, die keine eigene Produktion mehr besaßen, deren Entwicklungsabteilungen und Vertriebsbüros aber fortbestanden.

Es wimmelte von Namen und Abkürzungen, bei denen mir nicht auf Anhieb klar wurde, ob es Produktbezeichnungen, Kundennamen, Markennamen oder Firmennamen waren. Karstadt, Ikea und so weiter – klar! Aber was ist *QUADRILLA*? »Unsere Murmelbahn. Man kann sie endlos erweitern. Der Erfinder heißt Braun. Handstein hat die Lizenz gekauft. Die Bahn wird jetzt hier in China erfolgreich produziert. In Deutschland klappte das nicht.« *EDUCO*? »Na, die kanadische Firma, von der ich schon gesprochen hab. Peter hat sie gekauft und nach China geholt. Das Vertriebsbüro in Kanada besteht weiter und vertreibt unsere Produkte auf dem amerikanischen Kontinent.«

Ich erkundigte mich nach einem Organigramm, das mir das große Ganze anschaulich machen konnte. »Ist das so wichtig?«, fragte Carsten. Es gebe zwar Grafiken über die Abteilungen dieses Betriebs, auch über die technischen Prozesse, aber er kenne kein Organigramm von der Art, wie ich es im Sinn habe. »Du musst mal Peter fragen!«

Handsteins Geschäft gründete einzig und allein auf Spielzeug aus Holz und Bambus. Das Reich eines mittelständischen Spielzeugherstellers müsste doch überschaubar sein – zur Not auch ohne Organigramm. – Ein naiver Gedanke! Handstein hatte ein Geflecht geschaffen, das nicht nur Außenstehenden verwirrend vorkam. Sogar seinem Produktionsleiter bereitete es Mühe, den Überblick zu behalten. Auf viele Fragen antwortete er immer wieder: »Da musst du Peter fragen.«

Wir waren in die alte Fabrik hinübergegangen, in der sich das Chefbüro befand und bis auf Weiteres auch der Showroom und die Abteilung für Design und Marketing. Carsten sagte: »Peters Interesse gilt in erster Linie dem Design, der Marke und dem Handel. Das ist der Dreh- und Angelpunkt.«

Eine der bekannteren Marken von HaPe International hieß Woody Click. Die Marke stand für sogenanntes Systemspielzeug. Das Woody-Click-Sortiment umfasste Themensets wie Bauernhof, Baustelle, Feuerwehr, Krankenhaus, Polizei. Ein Set bestand aus Holzteilen. Die Kinder konnten die Teile zusammenstecken und sich eine Welt aus Gebäuden, Geräten und menschlichen Figuren schaffen. Das Baukastenprinzip und der Steckmechanismus erlaubte es den Kindern, diese Welt jederzeit zu zerlegen und die Teile beim nächsten Aufbau neu zu kombinieren. Jedes weitere Set vervielfachte die Kombinationsmöglichkeiten.

Die Themen der Sets und das Design des Spielzeugs erinnerten mich an Playmobil, eine erfolgreiche Konkurrenzmarke. Carsten hörte das nicht gern. »Playmobil ist aus Kunststoff, unser Spielzeug aus Holz. Holz lebt. Kunststoff ist toter Stoff. Holz erschwert die Einhaltung der Normen, es macht Nachbearbeitungen notwendig und die Qualitätskontrolle ist auch viel aufwendiger. Mit anderen Worten: Unsere Produktion ist arbeitsintensiver. Im Produkt steckt einfach mehr Handarbeit. Deshalb ist jedes Teil von Woody Click ein Unikat.«

Auf dem Rundgang hatte Carsten keine Produktionshalle ausgelassen. Er hatte mir die großen Maschinen gezeigt und eben auch die Werkbänke, an denen Arbeiter Holzteile von Hand sägten, schliffen, färbten, bemalten und verklebten. Aus den Teilen entstanden Ritterburgen, Puzzlespiele, Puppenstuben, Puppenwagen und vieles mehr. Carsten zufolge handelte es sich durchweg um Qualitätsspielzeug, hergestellt für Firmen von Weltruf, doch in keiner der Werkhallen sah und hörte ich etwas von Woody Click. Das Systemspielzeug führte er mir erst zum Schluss des Rundgangs vor – als verkaufsfertiges Set im Showroom. Wo waren die Werkbänke, an denen es entstand? Er sagte: »Woody Click wird in den Bergen gemacht!«

Mit Vollgas in die Unwirklichkeit – »Hach, was lachen wir!«

Wir fuhren mit einem Van in die Berge. Der Wagen war voll. Handstein saß am Steuer, seine Lebensgefährtin Beatrice und seine deutschen Praktikanten im Fond. Der Unternehmer hatte sich erst kurz vor der Abfahrt entschlossen, die Praktikanten mitzunehmen. Deshalb musste Carsten zu Hause bleiben. Vor uns lagen vierhundert Kilometer. Handstein raste.

»Das ist jetzt das wirkliche Leben! Das gibt's nicht mal in dem Film!«

Wirkliches Leben. Ich wusste zu diesem Zeitpunkt nicht, was er darunter verstand, aber bei dem Film, von dem er sprach, handelte es sich um eine Fernsehdokumentation über ihn. Als wir uns in der Fabrik bekannt gemacht hatten, stellte er im Nu ein Gefühl von Nähe her, ja von Freundschaft, und gleich am Anfang hatte er von dem Film geschwärmt. Allein schon, wie der Film hieß: »Der Herr der Spiele«. Sehr treffend der Titel, sehr gelungen, denn er, Peter Handstein, sei schließlich einer der großen Holzspielzeughersteller der Welt. Aber auch den Film als solchen hatte er als sehr realistisch gelobt, im Gegensatz zur sonstigen Chinaberichterstattung. »Das ist ja zu neunzig Prozent Lüge, was in Europa gezeigt und geschrieben wird. Ne Lachnummer!« Ihm hatte vor allem sein eigener Auftritt gefallen. Er gebe den Fernsehleuten recht, die ihn während der Dreharbeiten für sein authentisches Verhalten gelobt hätten.

Er fasste sich an die Wange. Seit Tagen quälten ihn Zahnschmerzen. Sein weißes T-Shirt zeigte Schweißflecken. Er trug einen kurzen Bart. Der Bart sparte Zeit, aber er ließ ihn noch bleicher aussehen, noch übernächtigter. Handstein war fünfundvierzig. Vor rund dreißig Stunden waren er und Beatrice in Schanghai gelandet, nach einem langen Flug. Von Schanghai im Wagen einmal ganz um die Hangzhou-Bucht nach Ningbo/Beilun, dort drei, vier Stunden Schlaf im eigenen Bett, anschließend ins Büro, rasch nach dem Rechten sehen, und gleich wieder ab in die Berge – eine stundenlange Fahrt, die allein er am Steuer saß.

»Waren Carsten und Ming nett zu dir?«, fragte er. »Bei dieser Chinesin weiß man nie. Einmal ruft der Carsten seine Ming an und sagt: ›Ming, ich kann heut Abend nich kommen! Ich bin beim Oberbürgermeister eingeladen!‹

Sagt die Ming: ›Ooohhhh‹ – und knallt den Hörer auf!

Und der Carsten sieht plötzlich ganz zausig aus und sagt: ›Peter, ich muss zur Ming!‹

Ich sag: ›Das ist 'ne freche Göre! Lass sie den Hörer aufknallen! Was gut ist, kommt wieder.‹

Sagt der Carsten: ›Kann ich nich machen!‹

Sag ich: ›Carsten! Hast du den Hörer aufgeknallt oder hat sie?‹

Er: ›Na, sie.‹

›Na, dann lass ihn liegen!‹, sag ich. ›Wegen sowas darfste dir nicht in die Hosen scheißen. Du kommst jetzt gefälligst mit zum Bürgermeister!‹

Ich mein, der Oberbürgermeister von Ningbo, von drei Millionen Chinesen damals, von der zweitgrößten Stadt in Zhejiang, der mit dem größten Tiefseehafen, wo jetzt die Brücke hingesetzt wird, die von Schanghai nach Ningbo, und, und, und …

Na jedenfalls – vierzehn Tage später haben wir so'n Grillabend bei uns, nee, so'n Volksfest eher. Alle sind da und jeder muss kochen. Europäisch, chinesisch. Und dann müssen alle abstimmen, wer besser kocht. Ging übrigens unentschieden aus. Und auf diesem Fest seh ich plötzlich den Carsten mit seiner Schnecke stehn. Ach, denk ich, ich kanns mir eh nich verkneifen. Sag ich: ›Ming, schön, dass ich dich treff! Die Szene, die du da gegeben hast letztens, Telefonhörer aufknallen und so – hey, das war aber 'n ganz flaches Ding! Mensch, Ming! Der Oberbürgermeister! Der lädt den Carsten ein! Der Carsten kriegt von ihm 'ne Namenskarte und sitzt mit ihm am selben Tisch, am Tisch Nummer eins! Du bist Chinesin! Du solltest wissen, Ming, wie oft du oder sonst wer von 'nem Oberbürgermeister eingeladen wird! Dann müsstest du deinem Carsten um' Hals fallen, dass er da eingeladen wird. Weißt du, ob du nich irgendwann mal Kacke am Bein hast? Geht mir nich rein, wie du als Chinesin da so'n Zirkus machen kannst!‹

Nimmt die Ming ihr Bier und – aaahhhh … schüttet's mir rüber. So richtig ins Gesicht!

Der Carsten nimmt's Taschentuch und tupft an mir rum und sagt: ›Peter, die Ming ist noch jung, Peter, das hat sie nich so gemeint, Peter, bitte versteh das!‹

Sag ich:›Carsten, scheiß ich mir etwa in die Hose wegen dem bisschen Bier?‹

Dann hab ich mich rumgedreht … Da ist doch der Teich! Da bin ich reingesprungen! Bea, bin ich rein? Sag was dazu!«

Die erlaubte Höchstgeschwindigkeit war hundertzwanzig. Der Tacho zeigte hundertachtzig. »Gefährlich ist, wenn du dich verbiegst und dauernd den Kotau machst. Die Chinesen merken dir jeden falschen Ton an. Stimmt's, Bea? Kein Wunder, denn sie sind selbst die größten Meister im Reden mit gespaltener Zunge. Liegt wohl an ihrer Geschichte. Immer der olle Konfuzius mit seinem Respekt und ich steh hier und du stehst da, und dann die Oberstruller im letzten Jahrhundert, der Große Vorsitzende, die Viererbande und die Kulturrevolution und die Roten Garden … Ich mein', so'n Terror geht 'nem Volk in die Knochen. Nach dem ganzen Zeug wärst du doch bescheuert, wenn du herumposaunst, was du wirklich denkst.

Das wissen die Chinesen übrigens von allein. Das mit der Gehirnwäsche mein ich. Wenn du sie mal fragst, sagen sie dir, dass bei ihnen alles so verschwurbelt ist. Die ärgern sich am meisten drüber. Wenn dann plötzlich einer auftaucht … also, ich will mich ja nich selbst beweihräuchern, aber wenn du herkommst und frei nach Schnauze redest und aus'm Ding hier keine Mördergrube machst, dann sind sie ganz hin und weg. Dann bist du hier der Oberking.«

Seine Bemerkung und zugleich sein markantes Aussehen, die fast militärisch kurzen Haare, der Bart – all das erinnerte mich an Sean Connery in »Der Mann, der König sein wollte.« Der Film ist von John Houston, die Geschichte von Rudyard Kipling. Ein ehemaliger Soldat der britischen Kolonialtruppen macht sich auf in die Berge, ohne eine Armee, nur begleitet von einem Kumpan. Seine Lage ist oft aussichtslos, aber in der größten Gefahr kommt ihm das Glück zu Hilfe. Das Bergvolk, auf das er trifft, hält ihn für unverwundbar und macht ihn zum König. Er selbst beginnt Glück mit Unantastbarkeit zu verwechseln.

Handstein hielt sich gewiss nicht für unantastbar, aber nach meinem Eindruck wähnte er sich außerordentlich sicher. Jemand von seinem Schlag schreckt kaum davor zurück, so aufzutreten, wie er ist, und zu sagen, was er denkt. Nicht einmal in China. Und nach kurzer Zeit in seiner Nähe schwand meine

Skepsis in Bezug auf den Film, den man über ihn gedreht hatte. Das Filmteam hatte wohl dieselbe Erfahrung gemacht wie ich: Man musste ihm nichts aus der Nase ziehen. Je länger ich ihn also kannte, umso mehr hielt ich die Aussage für wahr, dass der Film die Realität zeige und dass er, Handstein, im Film sehr authentisch sei. Doch gleichzeitig – und diese Ambivalenz gab mir Rätsel auf – empfand ich die Tour mit ihm wie eine Abdrift in die Unwirklichkeit.

Ich fragte ihn, ob es hier hin und wieder Geschwindigkeitskontrollen gebe.

»Jaaa … Aber ich regle das hier mit dem Bürgermeister. Man muss es hier auf Chinesisch machen, akzeptieren, wie es ist! Die Ausländer im Allgemeinen, aber die Deutschen besonders – die machen aus jedem kleinen Streit gleich einen Prozess. Ja, mein Gott! Dann kriegen sie vielleicht Recht, aber erst in hundert Jahren! Was haben sie davon? Jeder Kompromiss ist besser als die ewige Rechthaberei. Dann muss man auch mal das Eine oder Andere schlucken! Ich schlucke! Aber mein Vorteil ist, dass ich mit ihnen lebe!«

»Aber wieso?«, fragte ich. »Sie leben in diesem Ausländerviertel!«

»Nicht in den Bergen. Du wirst schon sehen. Aber da unten in Ningbo, na gut. Da hab ich jetzt das Haus. Ich hab aber zehn Jahre in der Fabrik gewohnt. Eines Tages mussten wir ja mal woanders wohnen. Sie wollten mir irgendeins von den Häusern geben. Aber Bea? Bea hatte sich die Villa ausgeguckt, die Villa da auf der Insel. Da bin ich hin zum Bürgermeister. Sagt der: ›Das interessiert mich nich!‹ – ›Dich nich'‹, sag ich, ›aber sie interessiert's! Mir ist's auch egal. Du‹, hab ich gesagt, ›hast du 'ne Frau? Dann weißt du, wie das ist. Man muss den Bären erlegen! Meine Frau ist 'ne Perle, aber das konnt ich ihr noch nich abgewöhnen. Die will das andere Haus. Jetzt sag mir, was ich meiner Perle sage!‹

Der hat unterm Tisch gelegen! So einfach ist das. Ich hab ihn vor die Wahl gestellt: ›Entweder du gibst mir ’ne Erklärung für meine Frau, damit ich zu Haus mein Gesicht nicht verlier, oder du gibst mir die Villa!‹

Nun hab ich die Villa, und seit letztem Oktober bin ich sogar Ehrenbürger! Honorable Citizen der Provinz Zhejiang!«

Die Ehrenbürgerschaft interessierte mich. »Wie haben Sie das hingekriegt?«

»Na ja, man sitzt beim Oberbürgermeister. Wie kommt man dahin? Auf Empfehlung. Und der Oberbürgermeister von Ningbo, der empfiehlt mich dann bei seinen Leuten auf Provinzebene. Und eines Tages kommt vom Oberparteisekretär in Hangzhou die Nachricht, dass ich die erste Langnase werden soll, die diese Ehrenbürgerschaft bekommt. Wann war das Bea?«

»Im Oktober!«

»Ich hab dann hier beim Bürgermeister erst mal gefragt, ob ich da persönlich hinfahren muss. Sagt der: ›Da ist doch der Oberparteisekretär und der Minister, und du kommst mit denen zusammen auf ein Foto!‹ Ich hatte wirklich keinen Nerv auf den Zirkus. Hatte Wichtigeres zu tun!«

Er lachte laut.

»Da gibt’s ja diese ganzen Bücher. Wie man sich in China verhalten muss! Wer sich daran hält, ist geliefert. Ich sag dem Bürgermeister: ›Weißt du was? Fahr du da hin!‹ Dann ist er in die Hauptstadt, hat die Urkunde, das Goldene Siegel und die große Medaille abgeholt und kam selbst aufs Foto! War extrem wichtig für ihn! Er kannte den Minister ja nicht. Hinterher schon! Dadurch hatte Herr Bürgermeister an Status gewonnen.«

»Natürlich hättest du hingehen müssen!«, warf Beatrice ein. »Aber sie verzeihen dir ja immer!«

»Vielleicht, weil sie wissen, dass ich ein Mensch bin. Die beäugen einen ja vorher. Die wissen, dass ich nicht nur ein Investor bin, dass ich den Gewinn nicht nur in den Aufbau von Firmen stecke. Mein Gott, von den Investitionen her gibt’s tausend Ausländer, die größer sind als ich. Aber es gibt da diese ärmste Provinz in China. Ganz oben im Nirgendwo. Da hab ich vor ein, zwei

Jahren die erste Schule gebaut. 'Ne Schule für vierhundert Kinder in einer Stadt, wo noch keine Schule war. Meine Großmutter war gestorben. Ihr zu Ehren heißt die Schule Maria Hope School. Ist komplett von uns finanziert worden. Zur Eröffnung bin ich natürlich hingefahren. Und wen hab ich mitgenommen? Den Bürgermeister von hier. Ach, was wurden wir da herzlich begrüßt!«

Ich begann zu verstehen, warum er sich erlauben konnte, so schnell zu fahren. »Ich kenn keinen ausländischen Betriebsleiter, der in China selbst fährt. Du auch nicht, Bea, oder? Die meisten haben einen Fahrer. Bei Siemens steht's im Arbeitsvertrag drin. Ich hab's nie geglaubt. Da hat er's mir gezeigt. Den Zusatzvertrag: Dass er nicht fahren darf! Versicherungstechnisch – na gut! Bea, weißt du noch?«

»Der Motorradfahrer?«

»Das war einer von uns. Chinese. Der sollte auf dem Nachhauseweg einen Brief bei der Post einwerfen. Weil der den Brief einwerfen sollte, dann aber gegen einen blöden Laternenmast gefahren ist und ein Loch im Kopf hatte, war das eine Betriebsfahrt. Scheiße! Ich würd heut noch sagen: Der Kerl hat's drauf angelegt. So blöd wie's klingt: Loch im Kopf! Aber unser Betrieb war noch nicht krankenversichert. Der hat sich dann ein Gutachten besorgt, irgendwo in Schanghai. Er könne auf Lebzeiten nicht mehr arbeiten, sei jetzt behindert. Nee, sach ich, Kinder! Holen wir doch einen Vertrauensarzt. Sagt der: ›Häääh? Vertrauensarzt ist doch von der Regierung!‹ Sag ich: ›Hast du kein Vertrauen zur Regierung? Ich ja!‹ – Aber dann war's Privatsphäre. Der Arzt hat ihm das bescheinigt. Dann hat er noch 'nen zweiten Arzt rangebracht, der hat bescheinigt, was der erste Arzt gesagt hat. – ›Jooaah‹, sag ich, ›die zwei kennen sich wohl? Haben wohl zusammen studiert, die beiden Doktors?‹ – Na gut, ich hab bezahlt.«

Beatrice sagte: »Fünfzehntausend Euro hat das Arschloch bekommen! Als Lohn zu zahlen, bis er fünfzig ist!«

»Der Junge hat damals schon wieder gearbeitet. Heute hat er seine eigene Firma, der Stinker. Lauter solche Nummern! Aber ich bleibe dabei. Ich fahre weiter selbst. Der Carsten fährt, der Karl-Heinz fährt, und oben in den Bergen? Der Christian fährt da auch!«

Handstein fuhr unglaublich schnell und gestikulierte dabei.

»Wenn man nach China geht, muss man wissen, dass China seine eigenen Regeln hat und dass man die so schnell wie möglich lernen muss. Du kannst nicht herkommen und denen erzählen, wie das zu Hause läuft. Den Fehler machen die meisten Ausländer. Das interessiert keinen. Für mich ist es ganz einfach: Du musst alles auf Chinesisch machen! Dann ist es leicht, mit ihnen zu arbeiten. Wenn es für sie günstig ist. Wenn sie in dir einen Partner sehen. Aber eines darfst du nie tun: um Gottes willen nicht lügen. Wenn du denen falsch kommst, durchschaun sie das. Die sind ein altes Volk. Die haben ihr Verfahren. Der Bürgermeister lädt dich ein. Du gehst genüsslich essen. Und er bringt natürlich seine Guten mit. Und es gibt auch reichlich Getränke. Und weil das ein ganz toller Abend ist und weil es dies zu feiern gibt und das zu feiern gibt und sich alle ganz toll finden, will jeder mit dir anstoßen. Aber einer von denen sitzt mit am Tisch und behauptet, dass er nicht so viel trinken kann, weil er's mit der Leber hat. Und irgendwann ist man betrunken. Und dann stellt der so spitze Fragen und erzählt dir, was alles Scheiße ist hier in seinem eigenen Land. Wenn du dann auch sagst, was du Scheiße findest … Jaaa, hach, was lachen wir! Dann lachen sich die Chinesen kaputt. Aber der mit der Leber beobachtet dich! Ob die Art umschlägt. Betrunkene und Kinder sagen die Wahrheit. Das ist 'ne alte Bauernweisheit. Da haben wir dann ein schönes Schlachtfeld! Und, Bea? Was machen wir jetzt immer? Wir sagen lieber schon nüchtern, was wir denken! Und wir kommen immer in großer Garnitur. Da kommt der Carsten mit, der Christian … Alle! Und wenn wir betrunken sind, singen wir. *Freude schöner Götterfunken* und *Wacht auf, Verdammte dieser Erde!* Schön laut und auf Deutsch. Das verstehn die Chinesen. Irgendwann haben die begriffen, dass man den Peter nicht untern Tisch trinken kann.

Wenn ich am Tisch sitz, geht der Bürgermeister betrunken vom Tisch! Versprech ich! Und dass ich nicht lüge, selbst wenn ich betrunken bin.«

Er raste durch die Landschaft und redete und redete. Ich fühlte mich in eine andere Zeit katapultiert. Dass es noch Deutsche wie ihn gab! Nach einer Weile hatte ich nicht mehr das Gefühl, einem Landsmann zuzuhören. Er war der chinesischste aller Ausländer. »Es gibt doch diese Klubs für ausländische Unternehmer, Round Tables, Jour Fixe und wie das alles heißt, in Ningbo, in Schanghai. Anfangs bin ich mal eingeladen worden!«

»Von der deutschen Handelskammer!«, sagte Beatrice.

»Ja, der Handelskammer! Vor sieben oder acht Jahren. Da haben die dann gesessen und sich abends gegenseitig beweihraucht. Was für ein schweres Los sie hätten! Dass sie hier in der Verbannung wären! Ich kam mir blöd vor.«

Beatrice sagte: »Die rufen immer noch an.«

»Wer?«, fragte Handstein. »Der Typ, der mal Chef von der Volksbank war? Oder Raiffeisen? Oder Kreissparkasse? Ich glaub, jetzt ist er Hauptbeauftragter für … wie heißt das?«

Beatrice: »Deutscher Sprachverein zur Förderung …«

Er: »… der deutschen Sprache. Die fragen an, ob wir nicht wenigstens ab und zu mal 'nen Deutschen von uns vorbeischicken können. Es geb doch so viele Deutsche hier. Und die könnten doch zweimal im Monat Sprache und Kultur pflegen.«

Beatrice: »Was willste denn da? Da sitzt du ja doch nur wie im Klassenzimmer.«

Handstein: »Es gab 'nen Becher Wasser und deutsche Zeitungen. Ich sofort raus auf die Straße und hab 'ne Kiste Bier geholt und 'ne Kiste Cola und ein paar Pommes. Wenn wir schon 'nen deutschen Abend machen? – Kam aber nicht so gut an.«

Handsteins Handy klingelte. Er wurde immer wieder von Telefonaten unterbrochen.

»Der wird auch immer älter!«, sagte Handstein nach dem Telefonat. »Er ist Schweizer, lebt aber schon Jahrzehnte in New York. Er hat dort 'ne große Spielwarenfirma. Vor ein paar Jahren fragt er mich, ob ich seinen Sohn unter meine Fittiche nehm. Er hätt Probleme mit ihm. – ›Ok!‹, sag ich, obwohl ich den Sohn nich kannte. Dann kommt da einer an: Ledermantel. Stiefel bis zum Knie! Westernstiefel. Trenchcoat drüber, Leder bis aufn Boden. Zopf bis zum Arsch. Und Sonnenbrille auf, ganz schwarz. Das war der Sohn. Vierzig Jahre alt. Ich war fünfunddreißig.

Ich sag: ›Stefan, was machst du denn zurzeit so?'‹

›Du, Peter, ick leb in Florida und fahr the Tourists to the Everglades!‹

Sag ich zu meinem Freund: ›Ah, super, dein Sohn! Der hat das richtige Zeug zum Spielzeughändler! Na gut, ich nehm ihn mit nach China. Ihn und seine vier Gitarren.‹

Nach drei Wochen will er zurück. Er hätte da 'ne Maus. Die Liebe wär so groß. Ich flieg ihn also zurück. Am nächsten Tag ruft er an. Seine Maus lag mit 'nem anderem im Bett. Hier in China fand er dann keine Maus. Wir hatten in der Fabrik auch gar nicht genug Zimmer. Er musste hier mit 'nem Deutschen in einem Zimmer schlafen. Da hat er den alten BH von der Maus über seine Lampe gebunden. So lange, bis er zwei Jahre später nach Amerika zurückging. Ruft sein Vater an: ›Peter‹, fragt er, ›ist der Stefan jetzt so weit, dass ich ihm die Firma übergeben kann?‹ Ich mein, der Sohn war über die Tour zweiundvierzig geworden! Was sollte ich sagen? Jetzt hat er die Firma, nicht wahr, Bea?«

Handstein reckte den Kopf vor, so, als würde er schlecht sehen können. Es begann zwar zu dunkeln, aber der Gegenverkehr blendete noch nicht.

»Hast du Jason kennengelernt?«, fragte er, während er sich eine Zigarette anzündete.

Jason Zhou. – Carsten Strehlow hatte mich in der Fabrik mit ihm bekannt gemacht. Er war Chinese. Ein Mann von Anfang dreißig. Wir hatten uns in der Designabteilung der Fabrik aufgehalten, wo die Computer standen. Jason sagte: »Inzwischen, wenn jemand im Gefängnis landet, wenn es einen Umweltskandal gibt, Lebensmittel vergiftet werden – dann schreibt plötzlich jemand im Internet: ›Oh, wir können das nicht essen!‹ Im Internet sehen wir das alles. Sogar zu Hause. In den Städten hat fast jeder Haushalt einen Computer. Und viele haben eine Flatrate. China ist viel transparenter geworden. Wir sehen das alles auf *SINA.com*. Das ist powerful! Die Regierung muss dann reagieren!«

»Ich bilde Jason aus!«, sagte Handstein. »Ich finde, eine Firma in Kanada braucht einen kanadischen Geschäftsführer, eine Firma in China einen chinesischen. An den Grundsatz halt ich mich. Und in Ningbo ist das der Jason. Das ist langfristig sinnvoll. Hab ich immer so gesehen. Auch wenn das kurzfristig mal schlecht ausgeht. Ich meine: 1996 bau ich die Fertigung hier auf! Eine Million Investitionssumme! Ich komm her mit ein paar Ostdeutschen, einem Amerikaner und mit Carsten. Und dann nahm ich mir sofort 'ne chinesische Managerin. Natürlich gab's Konflikte! Ich wollt hochwertiges Spielzeug machen. Dann entdeck ich: Das ganze Lagerhaus ist voll mit Unterwäsche. Das hat sie so nebenbei betrieben. Besseres Geschäft, dachte sie. Ich versteh das ja! Das ist Mentalität. Sie hat gemacht, was sie wollte. Übrigens: War falsch, was ich gesagt hab! Jason hat's entdeckt, glaub ich. Das Wasser stand uns wirklich bis zum Hals. Aber schick ich die Managerin weg? Nein. Ich schick erst die Deutschen alle nach Haus, übernehm persönlich die Geschäftsführung und schmeiß die Chinesin als Letzte raus. Es war meine Rettung, dass ich hundert Prozent hatte. Also, was hab ich draus gelernt? Dass man sich diese chinesischen Führungskräfte heranziehen muss. Jason ist längst so weit. Der einzige Grund, warum ich zögere: Ich bin persönlich zu oft vor Ort und geb den Ton an. Wär Jason schon offiziell Geschäftsführer, wär's schwer zu ertragen für ihn. Aber auf Dauer interessiert mich ja nicht die Produktion. Ich will den Handel und den Vertrieb entwickeln. Sobald ich weniger Zeit hab, wird Jason Geschäftsführer. 'Ne gute Wahl. Seine Eltern sind Bauern.«

»Und er legt Wert auf Demokratie!«, fügte Beatrice an.

»Sag ich doch! Wie gut der mit seinem Kind umgeht! Der Sohn fängt jetzt an zu arbeiten. Der kennt schon nichts anderes mehr als die Fünf-Tage-Woche. Meint, das sei doch das Mindeste! Dann bringt Jason ihm das ganz geduldig bei: ›Du, das ist eine große Errungenschaft. Deine Mutter und ich hatten sieben, sechs, dann fünfeinhalb Tage zu arbeiten. Das sind jetzt schon dreißig Prozent mehr Freizeit.‹«

Das Bergdorf – »Du rauschst in den Tunnel – schwarz!«

Handstein hatte Jason für Ningbo-Beilun herangezogen. Chinesen in die Geschäftsführung! Nach dem Grundsatz handelte Handstein auch im Bergdorf, in das wir fuhren. »Dort hab ich keine hundert Prozent. Fünfundzwanzig Prozent hält mein chinesischer Partner. Der beginnt mir gerade ein wenig aus dem Ruder zu laufen. Du wirst sehen! Aber den krieg ich auch noch hin!«

Handstein griff nach dem Handy, überlegte es sich dann aber anders. »Bea, ruf du mal den Oberstruller ran!« An mich gewandt: »Den bestell ich mir. Ist mein Freund. Er ist im Bergdorf der Chef der Polizei, Chef des Militärs und dritter oder fünfter Bürgermeister, was weiß ich – jedenfalls alles in Personalunion.«

Seit einer Stunde war es dunkel. Das Bergdorf konnte nicht mehr weit sein. Wir fuhren in hohem Tempo durch Tunnel und passierten Baustellen. Handstein beugte sich immer häufiger nach vorne. Inzwischen klebte er regelrecht an der Frontscheibe. Jeder fuhr hier mit Fernlicht, auch er. Außerdem hatte er die Nebelschlussleuchte eingeschaltet, obwohl es keinen Nebel gab. »Oft stehen mitten auf der Straße Fahrzeuge oder Fahrradfahrer ohne Licht. Es gibt viele Menschen und Fußgänger, die sich so verhalten, als hätten sie kein Gefühl für die Geschwindigkeit von Autos. Mein Auge braucht ein bisschen, um sich umzustellen! Da sind wir mal in 'nen Tunnel reingefahren! Bea, weißt es noch?«

»Ja!«

»Es war herrlichster Sonnenschein. Du fährst in den Tunnel rein. Also wie die Schweizer Bank rauscht du in den Tunnel rein!«

Beatrice: »Wie die Schweizer Bahn!«

Handstein: »Ich will sagen: Es gab keine Beleuchtung im Tunnel. Du fährst rein! Schwarz! Und in dem Moment, wo ich wieder was seh … Da ging es aber mit dem Lenker rüber, gerad so um eieieiei-ne Kurve so drum rum … Da war einer fünf Meter in den Tunnel reingefahren und hat dort den Wagen abgestellt. Und der guckt so – gaaaanz langsam guckt der dich an, als wenn er … ›Ahh‹, sag ich. ›Junge, wie lang willste da stehen?‹«

Schließlich kamen wir heil in Yunhe an. Handsteins chinesischer Teilhaber empfing uns in der Fabrik. Er trug Anzug und Krawatte. Auch Christian war da, ein Junge in Jeans. Er war vierundzwanzig Jahre alt, sah aber jünger aus. Es war nichts Modisches an ihm. Straßenköterbraune Haare, weder lang noch besonders kurz; wirkten wie selbst geschnitten. Von Handstein wusste ich, dass Christian Österreicher war. Sein Vater besaß an der Grenze zu Tschechien eine Schreinerei und eine kleine Holzspielzeugfabrik.

Ich sah nicht viel von der hiesigen Fabrik. Keine Arbeiter. Sie hatten längst Feierabend. Handstein entschied, ich solle mir die Anlagen bei Tag ansehen.

Es gab oben im Verwaltungsgebäude einen Trakt, in dem wir Quartier bezogen. Der Wohntrakt hatte was von Jugendherberge, nur dass hier jedes Zimmer eine eigene Dusche hatte und es nicht nach Hagebuttentee und Malzkaffee roch. Christian wohnte im selben Trakt. Er lebte in dieser Fabrik seit zweieinhalb Jahren.

Ich nahm an, Handstein wäre dreimal so erschossen wie ich – nach seinem Flug, der Fahrt von Schanghai nach Ningbo, den wenigen Stunden Schlaf und der langen Tour ins Bergdorf.

»Da kennen Sie Peter schlecht!«, sagte Christian.

Handstein hörte das. »Jetzt gehen wir erst mal schön Essen!«, rief er.

Minuten später saßen wir wieder im Auto. Christian fuhr bei

uns mit, der chinesische Teilhaber nahm seinen eigenen Wagen. Im Nu gingen die Straßen in Feldwege über. Im Licht der Autoscheinwerfer sah man Bäume, Felder, sonst nichts. Matsch spritzte an die Scheiben. Ich drehte mich um. Der Chinese im Wagen hinter uns hielt großen Abstand. Wir erreichten ein Haus. Es handelte sich um ein Bauernhaus. Davor parkte ein Jeep. Das Zimmer, das wir betraten, wurde von zwei Tischen fast ganz ausgefüllt.

Der Wirt und seine Frau begrüßten Handstein und Beatrice wie lang vermisste Familienmitglieder. Der einzige Gast außer uns war der Polizist, den Beatrice ein paar Stunden zuvor vom Auto aus angerufen hatte. Er trug Zivil: ein Lacoste-Shirt und eine leicht geriffelte Baumwollhose in zartem Hellblau. Handstein umarmte den Polizisten so innig wie die Wirtsleute.

Der Wirt zeigte mir die Küche. Der Herd war so niedrig, dass er der Köchin nur knapp über die Knie reichte. Er wurde mit Kohle und Holz befeuert.

Noch vor dem Essen ließ sich Handstein von Beatrice Geld geben und ging nach hinten zur Kochstelle. Er bezahlte die Wirtsleute im Voraus. Er winkte auch den Polizisten zu sich. Nach zwei Sekunden kehrten beide an den Tisch zurück.

Handstein sagte, die Wirtsleute würden in diesem Haus wohnen. Das Zimmer, in dem wir aßen, sei ihre Wohnstube. Der Wirt nahm bei uns am Tisch Platz und schenkte nach, sobald man am Glas auch nur genippt hatte. Seine Frau machte sich am Herd zu schaffen und zwei oder drei junge Frauen servierten. Ich glaube, eine von ihnen war die Tochter der Wirtsleute.

Es gab Pilze zu essen. »Pilze wachsen hervorragend auf Holzspänen!«, sagte Handstein. »Hier machen alle in Holz! Der zweite Sektor sind die Pilze!«

Der Polizist war schon angetrunken gewesen, als wir ankamen. Zwar lallte er nicht, er torkelte auch nicht, aber seine Augen waren glasig, und sein Gesicht war rot. Handstein erhob sich und stieß mit ihm an. »Wie ich weiß, hast du ja heute Nachmittag schon Party gefeiert! Danke, dass du dir trotzdem noch für uns Zeit genommen hast!«

Handsteins Teilhaber übersetzte auf Chinesisch.

»Du bist mein Freund!«, sagte der Polizist. »Mein bester Freund!«

Schon bald war es nicht mehr der Wirt, der das Nachschenken übernahm. Irgendwann bemerkte ich, dass Handstein es zu seiner Sache gemacht hatte. Er behauptete von sich, er sei trinkfester als eine ganze Kompanie Chinesen. Aber heute? Verständlich, wenn es doch zu viel wurde, wenn seine Kräfte nachließen. Er redete, schrie, sprang auf, hielt Trinksprüche, schwankte dabei …

Der Polizist hielt sich zurück. Er trank fast nie auf ex, außer Handstein bestand darauf. Er benahm sich leutselig, lächelte viel, aber seine Augen lächelten nicht mit, und wenn er sich unbeobachtet wähnte, beäugte er diejenigen von uns, die ihm heute das erste Mal unterkamen.

Irgendwann machte Handstein schlapp. Er hing mehr auf dem Stuhl als dass er saß, und Beatrice stützte ihn. Was für ein schönes Bild! Er: ausgelaugt, abgekämpft, an sie gelehnt; sie: frisch und natürlich wirkend mit ihren weißen glatten Zähnen und ihrem langen, seidigen blonden Haar. Sie war wirklich anziehend. Schlank, sportlich, mit beiden Beinen auf dem Boden, aber alles andere als provinziell. Zweifellos liebte sie ihn sehr. Nichts deutete darauf hin, dass sein Geld eine Rolle spielte. Er und sie hatten Spaß zusammen. Und nun, da er so gut wie unterm Tisch lag und nichts mehr mit ihm anzufangen war, gab sie ihm Halt und kümmerte sich rührend um ihn.

Ich versuchte, mit dem Polizisten ins Gespräch zu kommen. Ich wollte ihn danach fragen, was ich andernorts in Zhejiang über die Roten Mützen gehört hatte und über die Allianzen zwischen den Bauern und den Parteibonzen der Gegend. »Wie ist das hier mit der Korruption?«, fragte ich. Handsteins chinesischer Teilhaber übersetzte.

Der Polizist schaute ein wenig hilflos drein. Ich merkte, wie es in ihm arbeitete. »Wissen Sie«, sagte er, »wir bauen einen Staat. Da kann man nicht jeden erschießen, der etwas Falsches tut. Man kann nur das eine oder andere zur Abschreckung tun.

Nein. Das große Problem sind Wanderarbeiter und die Arbeitsdisziplin. Mao hat China wieder zu einem Land gemacht. Disziplin! Daran müssen wir festhalten. Das erfordert Strafen. Harte Strafen. In diesem Punkt darf die Partei nicht nachgeben. Sonst entsteht Anarchie. Mit der Anarchie kommt der Hunger zurück. Das Leben ist nichts ohne etwas zu essen.«

Teilhaber – »Das sind die Oberstruller!«

Am nächsten Morgen wirkte Handstein frisch wie nach einer Kur. Im Schlaftrakt gab es eine Küche. Er machte uns Spiegeleier mit Speck. Ich hatte nie Diener gesehen. »Die anderen Ausländer haben Personal!«, sagte Beatrice. »Ihr Pech!«, sagte Handstein. »So vertrauensselig muss man erst mal sein!«

Nach dem Frühstück zeigte mir Christian die Fabrik. Mir kamen all die Fabriken gleich vor: die Maschinen, die Lager, die Werkbänke, die vielen, in der Mehrzahl recht jungen Männer und Frauen aus fernen Provinzen. Für mich bestand der Hauptunterschied zur Fabrik in Ningbo darin, dass dieses Werk ein wenig kleiner war. Vierhundert Arbeiter arbeiteten im Werk, aber Christian wies darauf hin, dass hier oben in den Bergen wesentlich mehr von Hand gefertigt werde als im Werk an der Küste.

Das Lager war voll mit Woody-Click-Paletten. Ich sah auch die Wohnheime auf dem Fabrikgelände. Die Arbeiter lebten in identischen Verhältnissen wie bei Tiger und wie im Fabrikneubau des Schmuckdosenfabrikanten. In Handsteins Fabrik an der Küste gab es keine Arbeiterwohnheime mehr. Der Lohn, den er dort zahlte, reichte aus, damit sie sich eigene Wohnungen in der Stadt suchen konnten.

Christian erklärte mir den Produktionsprozess, zeigte mir einzelne Maschinen, aber mein Interesse daran war erschöpft, und ich erkundigte mich nach dem Zoll, dem Umweltschutz und den Sicherheitsstandards. »Die Jungs vom Zoll verlangen immer Geschenke. Ohne Geschenke lassen sie die Container hier so lange rumstehen, bis das Holz fault. Oder sie entdecken plötzlich Holzkäfer und andere Schädlinge, die nicht nur ganz China auffressen, sondern womöglich auch noch Europa. Beim Umweltschutz sind wir sehr penibel. Was nur ansatzweise giftig ist, kommt in Normtonnen. Die Behörden lassen die Tonnen dann abholen. Aber reden wir nicht drüber, wo das Zeug landet. Will ich gar nicht dran denken!«

Wir standen auf dem Hof der Fabrik. Handsteins Wagen war über und über mit Matsch verdreckt, und ein Arbeiter spritzte ihn mit der Hochdruckmaschine sauber. Handstein kam hinzu und lobte den Arbeiter. An mich gewandt: »Ich hab ihm nichts sagen müssen! Da ist er von selbst draufgekommen!«

Handstein wollte seinen ältesten Freund im Bergdorf besuchen und möglichst schnell aufbrechen, aber Beatrice fehlte noch. Während wir auf sie warteten, fuhr der dunkelblaue Audi A6 des chinesischen Teilhabers vor. In seinem Gefolge drei schwarze Mercedes-S-Klasse, Regierungswagen,

Der Teilhaber grüßte Handstein nicht. Er hatte Wichtigeres zu tun. Den drei Eierwagen, so genannt wegen der Nullen auf dem Nummernschild, entstiegen Männer in Uniform. Offiziere der Armee. Der Teilhaber verschwand mit ihnen strammen Schrittes in der Fabrik. Es gab doch Dinge, die Handstein die Sprache verschlugen. Der Besitzer der Fabrik steht auf dem Hof und wird nicht beachtet, während sich andere als Herren aufführen. Es brauchte einen Moment, bis Handstein wieder der Oberking war. »Die ziehn ein Programm durch! Man befiehlt ihnen: ›Seht euch diese Vorzeigefabrik an! Geführt von einem Deutschen und einem Österreicher! Vor einigen Jahren standen da nur Fahrräder vor der Fabrik! Jetzt hat jeder Arbeiter ein Moped!‹ Dann haken die das eben ab, laufen durch die Eingangstür, blicken eine Minute in den ersten Raum, der sich ihnen bietet, und – Pflicht erfüllt! Die Tour ist eher ein Ausflug. Die wollen Zeit sparen, damit sie sich nachher noch anders amüsieren können!«

Handstein fragte Christian: »Wusstest du von der Besuchsdelegation?« »Nein«, antwortete Christian. »Das ist es ja! Er sagt mir nie was. Aber das glaubst du mir ja nie!«

»Woher sind die?«, fragte Handstein. Christian zuckte mit den Schultern.

Sie schauten sich die Nummernschilder genauer an. »00042 – Das sind die Oberstruller!«, sagte Handstein. »Und dieser Oberstruller ist auf Position 42 in Hangzhou, in der Provinz.«

Nach etwa einer Viertelstunde kam die Truppe wieder raus. Erst jetzt – Beatrice hatte sich inzwischen zu uns gesellt – schenkten sie uns Beachtung. Kurzes Händeschütteln, dann stiegen sie in die Eierwagen, machten das Blaulicht an und verschwanden so schnell, wie sie gekommen waren.

Handstein nahm seinen Teilhaber beiseite. Ich konnte nicht hören, was sie sprachen. Dann fuhren wir los. Der Teilhaber folgte uns. »Er dreht ein bisschen am Rad!«, sagte Handstein. »Er fährt die großen Autos. Man muss ihn ein bisschen beschneiden. Fährt 'nen A6! Ein bisschen heftig fürs Bergdorf. Muss ihm mal ein bisschen in die Eier zwicken, ihm sagen, dass jetzt mal gut ist. Schluss jetzt! Sonst fährt er in zwei Jahren 'nen BM-Double-U oder auch 'nen Benz. Mindestens für die nächsten fünf Jahre muss er jetzt mal ein bisschen bescheidener … Ich mein, ich gönn's ihm ja. Das ist es nicht. Ich weiß, warum er das Auto fährt. Ich hab ihn vor sechs Jahren kennengelernt. Da hing er hier auf der Straße rum. Da hatte er noch nicht mal ein Moped. Seine Frau – zuerst mal hab ich seine Frau aufgebaut.«

Ich fragte: »Was heißt aufgebaut?«

»Die hatten so 'ne kleine Werkstatt. Fabrik nannten sie das. Haben sie immer noch. Da hab ich ihr Aufträge gegeben. Und Knowhow. Dann ging's besser. Und dann wurde er mein Teilhaber. Jetzt fährt er 'nen A6, aber seine Frau so'n popeligen Toyota!«

Der Freund am Fuss der Mauer – »Er macht Piratenschiffe!«

Von sämtlichen Straßen aus sah man ringsum die Berge. Yunhe lag fünfhundert Meter über dem Meeresspiegel. Der größte Berg war tausend Meter hoch. Immer war vom Bergdorf die Rede gewesen. Aber Yunhe war kein Dorf mehr. Es war ein Ort von Fabriken, von hundert bis dreihundert Holzfabriken. Die Zahl variierte, je nachdem, wen man fragte und was als Fabrik definiert wurde. Doch einerlei, ob man Werkstätten in irgendwelchen Schuppen mitzählte oder nicht – so gut wie jeder Betrieb stellte Holzspielzeug her. Yunhe war *das* Holzspielzeug-Cluster in China. Sicherlich gab es Schulen, doch leider sah ich sie nicht. Ich sah auch keine Krankenhäuser und Kaufhäuser, nicht mal eine Einkaufsstraße. Nur hier und da einen Laden. Die Straßen: asphaltiert, doch kaum Schilder und Ampeln.

Handstein freute sich. Er plante, am nächsten Tag eine Party zu geben. Beatrice war schon dabei, alles Notwendige zu organisieren. Sie telefonierte und telefonierte. Aber den ältesten Bekannten, den Handstein in Yunhe hatte, wollte er persönlich zur Party einladen. »Ich kenn ihn seit vierzehn, fünfzehn Jahren. Er war Produktionsleiter in einer der größeren Firmen. Als er vierundsechzig wurde, ging er in Rente. Und kaum war er in Rente, sagt er mir, er hätt 'nen Schwiegersohn. Und seiner Tochter und seinem Schwiegersohn zuliebe wollt er sich jetzt selbstständig machen. Ob ich ihm zuraten würde? – Na was? Das fand ich natürlich gut! Ich will nicht herablassend sein, aber ich hab ihm gesagt, ›Rente, Ferien, Skiurlaub für jeden, bezahlter Urlaub für Arbeitslose – das überlassen wir doch gern den Deutschen!‹ Da hat er gelacht und gesagt: ›Ja, der Peter hat schon immer die Wahrheit gesagt. Und wenn er sagt, er gibt mir Aufträge, dann mach ich mich selbständig.‹ Wenn ich diesen Mann jetzt sehe: Der ist wirklich jemand! Seit drei Jahren Unternehmer. Siebenundsechzig Jahre alt mittlerweile. Und macht Piratenschiffe. Ich glaub, er hat's unter die ersten zehn Fabrikanten im Dorf gebracht!«

Wir parkten auf dem Hof. Das Tor zur Fabrik stand offen. Die Halle war aus Ziegelstein, das Dach aus Holzbalken und Blech. Das Gebäude war verwinkelter, wesentlich einfacher als Handsteins. Er führte mich kurz hinein. Die Gänge waren etwas enger, der Maschinenkrach etwas lauter, und etwas mehr Späne und Abfall lagen herum. Eher eine Holzwerkstatt als eine Top-Fabrik, aber Handstein lobte die Ordnung. »Eine gefährliche Klitsche ist es nicht!«

Handsteins Besuch war unangekündigt, und der Alte hielt sich im Wohnhaus nebenan auf. Er hatte jedoch gesehen, wer angekommen war. Die beiden heben die Hände, klatschen sich ab wie Jungs, umarmen sich, und als uns der Alte in den dritten Stock seines Hauses führte, hielten Handstein und er sich weiterhin umarmt. Die Frau des Alten sah Handstein. Sie flog ihm um den Hals. Die Überraschung war gelungen. »Siehst du!«, sagte Handstein zu mir. »Wer sagt denn, dass man Frauen in China nicht umarmen darf. Die springt mich förmlich an!«

Es gab ein Büro. Stühle wurden herbeigeholt, Süßigkeiten, sogar Kaffee. »Peter muss sich bei uns nicht anmelden!«, sagte der alte Mann.

Seine Frau setzte sich zwischen Handstein und Beatrice und ergriff die Hände der beiden.

»Wir sind gekommen, um mal wieder baden zu gehen!«, sagte Handstein. »Du siehst, Bea hat sich schon passend angezogen!«

Das hatte sie tatsächlich. Einen rosa Jogginganzug und Turnschuhe. Ihr stand einfach alles.

Beatrice sagte: »Aber vor dem Baden erzählt ihr unserem Gast aus Deutschland ein bisschen von euch!«

Es sprach der Alte. Er stamme nicht von hier, sondern aus einer großen Kreisstadt in der Nähe. Dort sei er zur Schule gegangen. Aber er habe die Schule mit vierzehn beenden müssen.

Sein letzter Satz hatte etwas von einem Eingeständnis, etwas, das ihm peinlich war. Er blickte nach unten und machte eine Pause. Dann sagte er: »Ich sollte meinem Vater im Geschäft helfen. Wir hatten so einen ganz normalen Laden. Ein Mensch kann eine ganze Menge machen – verkaufen, reparieren und organisieren!« Später habe er gelernt, Maschinen zu reparieren. »Und seit 1972 mache ich Geschäfte mit Spielzeug.«

Das Ehepaar hatte einen Sohn, eine Tochter und einen Enkel. Der Sohn arbeitete auch in Yunhe, aber in einer anderen Fabrik. Die Tochter und der Schwiegersohn sollten diese Fabrik bald führen. »Eigentlich tun sie das schon jetzt!«, sagte der Alte.

»Mit wie viel Geld haben Sie angefangen?«, fragte ich ihn.

Handstein kam ihm zuvor: »Mit praktisch gar nichts. Mit fünfhunderttausend Yuan und verlässlichen Aufträgen von mir!«

Der Alte sagte: »Im ersten Geschäftsjahr haben wir drei Millionen Yuan Umsatz gemacht, im dritten schon fünf Millionen. Nächstes Jahr rechnen wir mit sieben Millionen.«

Ich erfuhr, dass er mehr als hundert Arbeiter beschäftigte. »Achtzig Prozent meiner Aufträge erhalte ich von Peters Firmengruppe.«

»Wie viele Aufträge möchtest du gern haben?«, fragte Handstein.

»Man darf nicht nach Reichtum fragen!«, gab der Alte zurück. »Aber zehn Millionen Umsatz wären besser. Wenn wir das erreichen wollen, brauchen wir deine Hilfe!«

Seine Frau sagte: »Ein chinesisches Sprichwort lautet: Wer zu hoch steigt, fällt zu tief!«

»Ja, ja!«, sagte der Alte. »Wir alten Leute wissen, dass alles nur Schritt für Schritt geht!« Er machte die entsprechenden Bewegungen. »Die jungen Leute glauben, dass alles über Nacht möglich ist. Sie denken, dass man sehr hoch springen muss. Aber zu schnell zu wachsen ist nicht gut.«

»Find ich auch!«, sagte Handstein. »Hier gibt es einen, der macht zweihundert Millionen. Der ist immer der Größte. Soll er auch sein! Wenn er sagt, er macht zweihundert Millionen, sag ich ihm, dass ich nur hundertachtzig Millionen mache. Nächstes Jahr macht er zweihundertvierzig, wir dann eben nur zweihundert. Damit die Verhältnisse klar bleiben. Damit ich nie offiziell der Größte bin. Es lebt sich gut als Nummer zwei!«

Eine junge Frau kam hinzu. Sie war höchstens zwanzig. Das Ehepaar stellte sie als ihre Nichte vor. »Wie aus Tausendundeiner Nacht!«, sagte Handstein. Ihr ernster, offener Blick, der schlanke Hals, die Beine, die Art, wie sie ging und sich setzte – sie hatte etwas, das keinen Mann auf der Welt kalt ließ. Aber Handsteins Kompliment machte sie verlegen. Jeder konnte es sehen.

»Kommst du mit baden?«, fragte Beatrice, als wären sie beste Freundinnen.

Die junge Chinesin schüttelte den Kopf und blickte zu Boden. Sie kam nicht aus dieser Gegend. Die Frau des Alten erzählte, ihre Nichte habe eine Hotelfachausbildung absolviert, bei einer ausländischen Luxushotelkette, mit Stationen auf den Philippinen und in Indonesien. Jetzt, nach zwei Jahren im Ausland, habe sie Schwierigkeiten, in China eine ihrer Ausbildung entsprechende Anstellung zu finden.

»Das hört man so oft!«, sagte Beatrice dem Mädchen. »Das ist Neid. Die sehen deine Referenzen, was du alles kannst. Und sie befürchten, dass du besser bist als sie.«

»Sie hat es gut bei uns!«, sagte der Alte. »Mit ihrer Ausbildung und ihrem Englisch kann sie uns hier helfen.«

Handstein sah auf die Uhr. »Zur Mittagszeit sind wir mit der Nummer eins verabredet! Wenn du noch baden gehen willst, Bea …«

Handstein nahm das Mädchen an der Hand und marschierte vorweg, die Treppe herunter, dann ums Haus herum und einen engen, dunklen Gang entlang, der zwischen Haus und Fabrik zum hinteren Teil des Grundstücks führte. Das Tor ging nicht auf. Der Riegel klemmte. Handstein griff sich einen Stock und schlug den Riegel los. Hinter dem Tor: eine riesige, graue, steile Mauer. Ich begriff, dass Yunhe im Schatten einer Staumauer lag. Der Alte sagte: »Ich habe den Damm mitgebaut!« Das war lange her, und er war jung gewesen. Eine Treppe führte hinauf. Es dauerte ewig, bis wir oben ankamen. »Heute Abend essen wir dort drüben!«, sagte Handstein. »Ich lade euch alle ein!«

Was für ein wunderbarer, großer See. Nur ganz in der Ferne

am anderen Ufer ein paar Holzhäuser und ein Anleger mit einer Art Bootshaus. Sonst nirgendwo ein Mensch, nirgendwo ein Boot und nichts als Massen von klarem grünblauem Wasser, in dem sich die Berge, die Waldhänge und der Himmel spiegelten – und die graue Staumauer, auf der wir standen. Sie war so alt wie die Volksrepublik. Ein Riss, und der Ort zu ihren Füßen wäre weg.

In der Kanonenschmiede – »Es lebt sich gut als Nummer zwei!«

Der größte Holzfabrikant des Ortes wusste vom *Polizeioberinspektor*, wie Handstein ihn immer nannte, dass der Deutsche im Ort war. Er hatte Handstein angerufen und ihn zu einem Besuch am Nachmittag eingeladen. Wir fuhren auf ein bewaldetes Kasernengelände am Ortsrand. Es gab keinen Schlagbaum und keine Posten. »Als ich vor zehn Jahren herkam, hat die Armee hier noch Flugabwehrgeschütze gebaut. Sechzig Gebäude. Alles für die Flaks. Unvorstellbar! Gigantisch! Da, den Weg hoch, da, den Weg rüber! Das sind sechzig Gebäude. Haben wir vor sechs Jahren alles übernommen. ›Schwerter zu Holzspielwaren!‹, sag ich immer. Jetzt machen wir hier ausschließlich Holzspielzeug. So weit das Auge reicht.«

Handstein parkte vor dem größten der Kasernengebäude, der ehemaligen Kommandantur. »Strong forever« stand auf dem Schild über dem Eingang. »1999 sah das Gebäude ziemlich runtergekommen aus!«, sagte Handstein. »Hat gekostet, es in Ordnung zu bringen. Was drinsteckt, ist zur Hälfte mein Geld.«

Hatte ich etwas falsch verstanden? Ich glaubte, er habe hier in Yunhe eine einzige Fabrik und basta.

»Stimmt! Und stimmt auch wieder nicht!«, sagte er. Er habe beim Erwerb der Gebäude mitgemischt. Deshalb spreche er von »wir«.

»Damals kam dieses Schlitzohr zu mir, das jetzt die Nummer eins ist. Er ist wirklich ein Schlitzohr! Er fragte, ob ich mich indirekt beteilige. Auf dem Papier. Das ist reine Registrierung. Wenn ’ne Langnase involviert war, hatte er eher die Möglichkeit, eine Exportlizenz zu bekommen. Und Vergünstigungen. Da hab ich gesagt: ›Geht klar!‹ Ich hab ihm Geld her überwiesen, er hat’s uns in Renmimbi zurückgegeben.«

»Sie haben das getan, obwohl er ein Konkurrent war?«

»Jetzt lern ihn erst mal kennen!«, sagte er.

Der Mann war ein Winzling. Handstein musste sich tief bücken, um ihn zu umarmen. Er war in Handsteins Alter, vielleicht auch drei, vier Jahre älter. Er führte uns in einen großen Saal, der vermutlich mal das Kasino gewesen war. An einem Konferenztisch warteten schon sein Produktionsleiter, seine Sekretärin und ein Dolmetscher. Handstein sprach englisch. Die Sekretärin bot uns Nescafé an.

Der chinesische Unternehmer sagte zu mir: »Zurzeit gehen siebzig Prozent der Produktion in die USA, fünfundzwanzig nach Europa, fünf nach Japan. Schauen Sie sich ruhig um!« Er machte eine ausladende Armbewegung.

Ich stand auf. Der Fußboden knarrte. An den Wänden standen Glasvitrinen voller Nussknacker, Ritterburgen, Piratenschiffe, Kuckucksuhren, Krippenspiele, Tannenbaumschmuck … – alles nur Denkbare, das sich aus Holz herstellen ließ. Ich konnte allerdings nichts Spezifisches erkennen, kein System, keine Linie, kein verbindendes Design.

Ich kehrte zum Tisch zurück. Was ich hörte, kam mir anfangs vor wie das Gespräch zweier Bauern.

Der Chinese klagte. Der letzte Winter sei hart gewesen. Das Frühjahr auch. Und nun dieser Sommer!

Handstein sagte: »Der Winter steht vor der Tür!«

Der Chinese fragte: »Wie soll ich wissen, wie viel Holz ich kaufen muss? Die Kunden bestellen immer später und immer kurzfristiger. Es kann sein, dass sie im Oktober auf einen Schlag tausend Container bestellen. Wenn ich Material vorhalte, dann mache ich es auf eigenes Risiko. Andernfalls kann ich die Aufträge nicht erfüllen.«

»Verstehe!«, sagte Handstein. »Aber ich bin schlimmer dran als du. Meine Belastung ist doch viel höher! Ich hab tausend Leute in Ningbo und vierhundert hier in Yunhe. Du bist hundertmal flexibler, so wie du deine Arbeiter organisierst!«

Während der Dolmetscher übersetzte, erläuterte mir Handstein, was er meinte: »Für den Kerl werkeln dreitausend Leute. Faktisch. Angestellt sind höchstens sechzig. Workshop-Leiter, so nennt er sie. Also sechzig Workshops in sechzig Gebäuden. Jeder Workshop-Leiter muss sich seine Leute selbst besorgen. Das heißt, seine dreitausend Arbeiter sind freiberufliche Künstler. Das Schlitzohr hat also kaum Fixkosten.«

Handstein sprach wieder englisch. »Kein Kunde will Waren auf Lager halten. Kein Einkäufer will sich binden! Es ist ein Teufelskreislauf! Der Handel gewinnt immer mehr Macht.«

Der Chinese nickte eifrig. Seine Sekretärin machte sich Notizen.

Eine Mitarbeiterin kam herein und flüsterte dem Chinesen etwas ins Ohr. Er rutschte auf seinem Stuhl hin und her. »Peter, du hast mir immer gesagt: Sei sparsam. Verschwende kein Material! Denk an die Qualität! Und hab Geduld! Es dauert hundert Jahre, bis aus einem kleinen Baum ein großer Baum wird!«

Es war unverkennbar: Er saß auf Kohlen. Aber er wusste nicht, wie er sich aus der Affäre ziehen sollte, und versuchte es mit Lobhudelei: »Peter, du bist für mich der größte und erfolgreichste Geschäftsmann in China!«

»Nu übertreib nich!«, sagte Peter.

»Was wäre Yunhe ohne dich? Du stehst in meinem Herzen auf immer an erster Stelle! Ich danke dir für die vielen Jahre unserer Freundschaft!«

Er erhob sich und bat Handstein um Verständnis. Unten warte ein Kunde. »Dringende Sache! Wir sind gleich wieder da!«

Unsere Gastgeber eilten aus dem Saal. Handstein war sauer. »Wenn er mich einen alten Freund nennt, warum nimmt er sich dann nicht zehn oder zwanzig Minuten mehr Zeit? Dieser Fuchs! Er ist der größte Fuchs, den ich in China kenne! Ich mein, was hab ich nich schon alles für ihn getan?«

Ich kam zurück auf den Anfang. Warum hatte er sich einen Konkurrenten aufgebaut?

»So war's ja nicht gedacht. Gedacht war, dass er mein Zulieferer ist. Ging 'ne Weile ganz gut. Hab ihm auch massenhaft Aufträge verschafft. Bis eines Tages … In Deutschland fragte mich einer, ob er bei mir in China billig produzieren könnte. Das war ein Unternehmer wie ich, der mit der Produktion von lohnintensiven Sachen in Deutschland Schwierigkeiten hatte. Ich musste diesem Deutschen leider sagen: ›Du, für dich bin ich selbst in China schon zu teuer. Aber für deine Produkte kenn ich jemanden. Die Qualität von dem passt für dich, und preislich werdet ihr zwei euch verstehen!‹ Und diesen Deutschen hab ich dann hierhergekarrt. Der guckt sich um, ist recht beeindruckt und sagt: ›Gut, den Auftrag platziere ich!‹ Aber weil er das erste Mal in China ist, noch nie von hier importiert hat, fragt er mich, ob ich das für ihn abwickeln kann. Sag ich: ›Mach ich!‹ Ich war also nur Vermittler und Helfer der beiden. Dann, drei Wochen vor der vereinbarten Ablieferung, ruft mich die große Nummer eins hier an und sagt, er schafft's nicht. Er hätte die Verschiffung gestoppt. Mensch, ich war drauf und dran, das Gesicht zu verlieren. Gegenüber meinem deutschen Geschäftsfreund.

Ich ras also her und frag das Schlitzohr, ob's am Preis liegt: ›Wenn ja, kriegst du zehn oder zwanzig Prozent Zuschlag von mir!‹

›No no no no!‹

Ich sag: ›Mensch, ich verlier das Gesicht, du verlierst das Gesicht! Hast du vergessen, woher du kommst? Deine beiden Töchter studieren in Deutschland. Ich hab geholfen, dass sie da studieren können! Sie haben jetzt ihren Abschluss und machen Geschäfte.‹

Da hat er fast geheult. Aber er sagt, er könnt' nun mal trotzdem nich …

Ich hab sofort die Produktion in meine eigene Fabrik übernommen. Christian musste es machen! Natürlich ohne einen Cent Gewinn für uns. Damals hab ich beschlossen, nicht wieder herzukommen. Ich hab dem Schlitzohr gesagt: ›Der Zirkus mit uns ist zu Ende!‹

Aber weißt du: Es ist traurig, dass er das getan hat – oder tun musste. Ich kenn ja nich den Grund. Ich glaube, er wollt nicht mehr mein Zulieferer sein. Er wollt's allein packen, mich in Grund und Boden konkurrieren und hier Platzhirsch werden! Der Stinker! Hab gehört, er sei in Baugeschäfte eingestiegen. Musste seine Finger überall reinstecken: in Hotels, in Freizeitparks. Ging offenbar was schief. Nun merk ich, dass es ein wenig hart für ihn ist, zu überleben. Er hat ja keine Marke. Und mit seinem Workshop-System bringt er keine Qualität. Ja, er tut mir ein wenig leid. Er hat diese Firma. Also warum ihm nicht wieder die Hand reichen? Normalerweise, wenn man jemandem die Hand reicht, dann kommt es irgendwann zu dir zurück. Jahre später, aber es kommt zurück. Ich frag mich nur, warum er uns hier jetzt sitzen lässt, sich nich die Zeit nimmt und mir Respekt erweist.«

Die Saaltür ging auf, und ein Fernsehteam kam herein. Handstein und sein chinesischer Konkurrent wurden im Stehen interviewt. Der kleine Chinese musste ständig zu Handstein aufschauen. Aber Handstein machte ihn groß. Er pries ihn als Nummer eins. Als größten Holzwarenfabrikanten von Yunhe, von Zhejiang und ganz China.

Fussmassage fürs Finanzamt – »Ich bin im falschen Film!«

»Na, du bist ja 'ne süße Schnecke!«, dröhnte Handstein. Mit Sicherheit konnte man ihn noch drei Räume weiter hören. Na und? Er war oft sehr laut, auch wenn er vollkommen nüchtern war, aber in den letzten Stunden hatte er schon eine Menge getrunken, Schnaps, Bier, Wein – und die Mädchen, die uns massierten, irgendwann so um zwölf, eins oder zwei in der Nacht, mussten ständig über ihn lachen. Ihre Schüchternheit vom Anfang, das Niederschlagen der Augen, ihr Schweigen – alles wie ausgeknipst.

»Süße Schnecke!« So voll, als dass er nicht wüsste, was er sagte, war er keineswegs. Und was heißt hier, dass so ein Landei kein Deutsch kann? »Du verstehst mich schon, stimmt's?«

Beatrice lag neben ihm im Sessel, die Füße in einer Schüssel voll Wasser, hatte die Augen zu und rührte sich kein Stück, aber er konnte davon ausgehen, dass sie jedes Wort mitbekam. Sie bekam immer alles mit. Ihre Masseurin hatte ihr gerade die Füße massiert und goss heißes Wasser nach. Auf dem Schoß hielt Beatrice ihre Handtasche fest, die Handtasche mit dem Geld.

»Sieh dir unseren Oberinspektor an!«, sagte Handstein. »Der ist jenseits von Gut und Böse!«

Der Polizist saß im Sessel gegenüber.

»Ich glaub, ich bin im falschen Film, oder, Bea?«

Beatrice zeigte ihm einen Vogel, sagte aber kein Wort, machte sich nicht mal die Mühe, die Augen zu öffnen.

Er zuckte mit dem Fuß, und aus seiner Schüssel schwappte Wasser. Er kriegte Pickel, wenn die anderen nicht in die Latschen kamen. Je lahmer, müder, uninspirierter die anderen, umso mehr drehte er auf.

Er langte rüber zu Beatrice und schüttelte ihren Arm. »Bea, was sagst du?«

»Ist derselbe Film, mein Schatz!«, murmelte sie bei geschlossenen Augen. »Immer derselbe!«

Der Polizeioffizier in Zivil – in Uniform sah ich ihn nie – hatte sich breitbeinig in den Sessel gefläzt. Und kaum hatte das Mädchen vorhin das heiße Wasser gebracht und die Klatschmassage seiner Waden begonnen, war sein Kopf zu Seite gekippt. Seitdem schnarchte er. Es handelte sich um ein sehr feuchtes Schnorcheln und Schmatzen. Er war der Erste unter den mir bekannten Offiziellen, der sich in Gegenwart von Ausländern so gehen ließ. Gut, Handstein war nicht ganz unschuldig. Im Laufe des Abends hatte er ihn abgefüllt und mitgetrunken und dieses Mal die Oberhand behalten. Aber die Augen des Polizisten waren schon am späten Nachmittag rot gewesen, bevor wieder das Prost und Ganbei und Prost und Ganbei losging, und auch sein Gesicht sah aufgedunsen aus. Seine Fingernägel waren auf Hochglanz gebracht, ziemlich lang und extrem spitz geschliffen. Mir schauderte bei dem Gedanken, ihm ausgeliefert zu sein, sein Gegner zu sein statt sein Kumpan. In seinem Fall traf nicht zu, was man Schlafenden zuschreibt: dass sie harmlos aussähen. Aber Handstein schlug ihm auf die Brust und brüllte: »Was ist das denn für'n scheißkommunistisches Land!«

Der Polizist – aufgeschreckt, wo bin ich? – patschte Handstein auf den Oberschenkel und schoss los: »Mein Freund! Mein bester Freund!«

Er sagte das ständig, wie eine Puppe auf Knopfdruck, und Handsteins Teilhaber hier in den Bergen übersetzte den Refrain jedes Mal auf Englisch.

Der Polizist stand vom Sessel auf, Handstein stand auch auf, sie tapsten aufeinander zu, mit triefenden Füßen und hochgekrempelten Hosenbeinen, fielen sich in die Arme, tatschten sich gegenseitig auf die Schultern, zwickten dem anderen in die Wange und in die Nase, und Handstein dröhnte auf Deutsch: »Jaaa! Und ob ich dein Freund bin! Aber du hast ja nicht verstanden, was wir gerade beredet haben!«

Christian rollte mit den Augen. Dabei hatte er das Ganze vor ein paar Minuten losgetreten, was Handstein auf Sachen brachte wie das scheißkommunistische Land. Christian war hier im Bergdorf unters Messer gekommen, und das Drumherum war eines der Erlebnisse, die ihm die Lust verdarben, in China alt zu werden. Wog fast so schwer wie die Tatsache, dass seine Leute immer die Schutzmaßnahmen in den Wind schlugen. »Das stößt mir hier echt auf!«, sagte er.

Daraufhin legte Beatrice los: »Brutale Welt! Das hast du ja schon im Alltag, auf der Straße, im Bus, im Fahrstuhl … Jeder setzt seine Ellenbogen ein, so rabiat es nur geht. Hier kannst du Kind sein oder Greis oder Frau – du wirst weggehauen! Daran gewöhn ich mich im Leben nicht.«

»Wir drängeln aber ganz schön mit!«, sagte Handstein. »Oder Bea?«

»Ja, wir drängeln ganz schön mit!«, sagte sie.

»Wo es bei mir aushakt«, sagte Handstein, »sind ganz andere Dinge. Wir haben eine Frau, die kommt in so'ne Leimpresse rein!«

»Leimwalzmaschine!«

»Gott, ja, jedenfalls ist die mit der Hand da rein, und dann schiebt die Maschine die Haut so zurück. Ich ins Krankenhaus mit ihr. Die brüllt wie am Spieß! Die Finger weggequetscht! Die Haut weg! Aber den Doktor kratzt das nicht. Schickt mich los, damit ich erst Kohle hol, bevor er was tut. Mensch, das sind Momente, da kann mich China kreuzweise. Da schrei ich dann schon mal so was wie: ›Was ist das denn für'n scheißkommunistisches Land!‹«

Und diesen Satz, der es seiner Tollkühnheit wegen zum geflügelten Wort gebracht hatte, brüllte Handstein so laut durch den Massagesalon, als wäre er im Krankenhaus in Ningbo, während er im selben Moment den Bullen aus dem Schlaf riss, woraufhin gleich wieder losging, was Handstein »Zirkus« zu nennen pflegte oder »gegenseitige Beklopfung«, »gegenseitige Beweihräucherung, »allgemeine Beeierung« oder »Ballett«. Damit meinte er Verhandlungen und Ehrungen, Empfänge und Bankette – und eben auch Saufgelage und Freundschaftsschwüre und dieses Getatsche und Gebrüll zwischen dem Polizisten und ihm, das hier im Massageraum in ein irres Geräuschchaos mündete, denn da war ja noch der Wandmonitor mit dem Geschnatter John Travoltas in einem Film auf ZTV3 und das Kichern der Mädchen und ihr Trommelklatschen, mit dem sie die ganze Bande traktierten. Unsere Gruppe bestand aus zwölf Personen, von denen nur vier ständig hier oben in den Bergen lebten: der Polizist, Christian und seine chinesische Freundin sowie Handsteins chinesischer Teilhaber.

Ein Mädchen steckte den Kopf zur Tür rein und winkte einem von Handsteins Praktikanten zu. Er sollte ihr folgen, aber er zögerte.

»Na los, Junge!«, sagte Handstein. »Ich dachte, du wärst Feuer und Flamme! Wirst schon nich abgemurkst!«

Der Deutsche rubbelte sich Zeh für Zeh und alle acht Zwischenräume trocken, schüttelte seine Socken, streifte sie über und zog sich die Schuhe an. Handstein sah ihm zu und grinste und grinste, bis sein Praktikant endlich zur Tür schlurfte, wo das Mädchen wartete.

Drinnen wurde es ruhiger. Dafür brach nun draußen auf dem Flur und in den Nachbarräumen ein großes Hallo aus. Beatrice stöpselte sich Ohrhörer ein und navigierte durch die Listen ihres iPods. Auf längeren Autofahrten pflegte sie den iPod an einen Transmitter zu koppeln, der die Musik ans Autoradio funkte, die Musik, die Handstein gern hörte: von den Puhdys das eine oder andere, von Hans Albers »Auf der Reeperbahn nachts um halb eins«.

Der Praktikant gehörte jenem Teil unserer Gruppe an, die mit Handstein und Beatrice von der Küste raufgekommen waren. »Ihr seid eingeladen!«, hatte Handstein in Ningbo zu ihnen gesagt, aber wenn sie nicht zack zack Ja gesagt hätten – wahrscheinlich hätten sie dann was falsch gemacht.

Wie auch immer, seine Entscheidung, den Neulingen aus Deutschland beizubringen, was ein chinesisches Bergdorf ist, hatte den Haken, dass Jason Zhou und Carsten Strehlow, hochrangige Männer in seiner Kerntruppe unten in Ningbo, ausnahmsweise zu Hause bleiben mussten. Aber gewissermaßen waren die beiden doch präsent, weil Handstein ständig von ihnen erzählte und weil er und Beatrice drei Telefone dabei hatten, darunter den Communicator mit Schreibtastatur fürs E-Mail-Tippen und mit Lautsprecher für Freihand- und Konferenzgespräche; und tagsüber verging keine halbe Stunde, in der er sich nicht Carsten oder Jason an die Strippe holte. »Der Jason legt sich ins Zeug! Seine Eltern sind Bauern!«, wiederholte er stets. So auch diese Nacht, bei der Fußmassage. Handstein war sehr gespannt im Hinblick auf Jason, den er entdeckt und aufgebaut hatte. »Der Tag rückt näher, an dem der Junge den Laden auch alleine schmeißen kann. Und Carsten? Der ist mein Joker, wenn Sand im Getriebe steckt.«

»Was der Normalzustand ist!«, sagte Beatrice.

»Na, na, na! Ich will sagen: Carsten und ich haben hier schon alles durchgemacht.«

Handstein schilderte ihn als jemanden, den nichts Chinesisches mehr aus der Spur werfen konnte, es sei denn seine Frau, die nach Handsteins Erfahrung leicht zur Furie wurde, besonders, wenn sie wieder mal Wind davon bekam, dass ihr Mann und Peter und die anderen so harmlose Stunden wie heute bei der Fußmassage verbrachten. »Ich seh ja ein«, sagte Handstein vor einer Stunde oder zwei, »dass der Ming die Frisiersalons und die Fußmassagen spanisch vorkommen. Ich mein, als Chinesin weiß sie doch, was abgeht, meinst nich auch Bea?«

»Geht's auch sanfter?«, stöhnte er. Die chinesischen Fußmassagen schlossen das Kneten der Schultern ein, und seit einer Weile waren seine Schultern dran. »Von Massage haben die null Ahnung! Die wissen nicht, was sie tun. Aber sie können nichts dafür. Das sind Bauernmädchen, Hinterwäldler. Sie haben es bis in diese Gegend fast so weit gehabt wie ich. Sie finden in ihren Dörfern keine vernünftige Arbeit! Also machen sie so was, allerdings g'schamig und widerwillig. Das ist ihnen zu nah am Körper. Es ist ein großer Schritt für sie.«

Die Masseurinnen trugen ihre privaten T-Shirts und Jeans, sehr enge Jeans, die sie teils bestickt, teils mit Bordüren versehen hatten.

Christians Freundin war Chinesin. Sie verstand recht gut Deutsch, aber beim Sprechen half er ihr. Die beiden hatten sich kennengelernt, als Christian hier in den Bergen als Handsteins Produktionsleiter angefangen hatte. Sie beugte sich zu mir rüber und sprach mit leiser Stimme: »Als Christian und ich uns nähergekommen waren, bin ich zu dem da!« Sie deutete per Kopfnicken auf Handsteins Teilhaber: »Ich bin zu ihm und habe gesagt: ›So und so ist es!‹ Unser spezieller Freund!«, flüsterte sie. »Aber damals hat er Christian und mir einen Rat gegeben. Da hatte er mal recht! Es ist nämlich so: Chinesische Mädchen sind ganz normal. Und wenn du einen europäischen Freund hast, kannst du mit ihm alles machen. Meine Eltern haben nichts dagegen, dass er mein Freund ist. Und Sex vor der Ehe: kein Problem, alles ganz normal. Aber: Ja nicht auf der Straße küssen! Fatal! Das hat er uns damals klar gemacht!«

Ich fragte Handstein nach dem Polizisten. Er war plötzlich verschwunden. »Ich seh, was ich seh. Was ich auf dem Amt seh! Keiner hat da was zu tun! Er ist auch Chef des Militärs in dieser Gegend, obwohl's hier gar kein Militär mehr gibt, seitdem die Geschützfabriken vor ein paar Jahren dichtgemacht haben. Der Grund war, dass es in dieser Gegend kein Eisenerz gibt.«

Er lachte!

»Na ja, Holz gibt's auch keins, aber inzwischen macht hier jeder in Holz. Wenn's hier eine Eisenbahn gegeben hätte, würden sie wohl immer noch Kanonen machen. Es gibt aber keine Eisenbahn. Bis vor drei, vier Jahren gab's nicht mal eine ordentliche Straße. Als ich vor fünfzehn Jahren hier raufkam, bin ich von Ningbo aus sechzehn Stunden gefahren. Vor drei Jahren hat's noch acht Stunden gebraucht. Deshalb ist es überhaupt erst möglich, in diesem Kaff was zu drehen.«

Die Mädchen brachten heiße Tücher und legten sie uns aufs Gesicht.

»Bea, gib mal dein Täschchen her!«, sagte Handstein nach einer Weile.

»Wo ist dein Freund?«, fragte sie.

»Na, was willst du hören? Dass er 'ne Rauchermassage kriegt?«

Sie schwieg.

»Nun rück schon raus!«, sagte er. »Ich hab nebenan das Finanzamt!«

»Was? Das gibt's nicht!«

»Doch. Gut, dass wir hergekommen sind. Du kennst die beiden!«

Er hatte nun mal das Glück, in einer gut gelaunten Nacht aufs gut gelaunte Finanzamt zu stoßen. »Du würdest den ganzen Vorteil wieder kaputtmachen, wenn du den Jungs distanziert kommst, nach dem Motto: ›Habt noch viel Spaß, aber ich muss jetzt leider in die Falle, tschüs, servus!‹ Und morgen beiß ich dann in die Tischkante und frag mich, wie ich so blöd hab sein können!«

Im Augenblick wollte er nur Geld von Beatrice. Dieses Mal gab sie ihre Tasche aus der Hand, damit er sich selbst bediente. Er nahm ein Bündel und steckte es in die Gesäßtasche seiner Jeans. Als er zur Tür raus wollte, kam der junge Deutsche zurück, der vor einer Weile dem Mädchen gefolgt war. »Na?«, sagte Handstein so laut, dass alle es hören konnten. »Wo warst du denn mit der Schnecke? Wollt sie dir die Kajüte zeigen?«

Tanz am Stausee – »Ich will, dass sie locker wird!«

Gegen Abend des nächsten Tages drängte Handstein zur Eile. Wir erreichten das Bootshaus mit dem Anleger am anderen Ufer des Stausees rechtzeitig vor Sonnenuntergang. Der dunkle Audi A6 von Handsteins Teilhaber stand schon da. Der Chinese war mit seiner Frau erschienen. Handstein und Beatrice hatten Mitarbeiter der Fabrik dazu veranlasst, Lampions für den Ponton zu beschaffen, bequeme Stühle, genügend Tische, die Getränke und das Essen. Gekocht wurde im Bootshaus. Nach und nach trudelten auch die anderen ein. Christian kam in Begleitung seiner Freundin. Der Polizist erschien solo. Der alte Fabrikant von unterhalb der Staumauer brachte seine Frau und seine Nichte mit. Die anderen kannte ich nicht. Christian sagte, sie seien verdiente Arbeiter, Gruppenleiter und Verwaltungsangestellte der Fabrik.

Handstein kümmerte sich um die hübsche Nichte des Piratenschiffbauers, die er mit seinen Komplimenten zum Erröten gebracht hatte. Er drängte ihr Drinks auf, Wein, schließlich Bier, obwohl sie immer wieder beteuerte, sie vertrage keinen Alkohol. Beatrice lächelte vor sich hin. Handstein bemerkte, dass mich seine Aufdringlichkeit dem Mädchen gegenüber irritierte. »Mein Freund!«, sagte er. »Komm mal mit!«

Wir schlenderten den Uferweg entlang. »Komm nicht auf falsche Gedanken! Ich mache keine fremden Frauen an. Du hast doch gesehen, wie steif und scheu sie ist. Ich will, dass sie locker wird.«

Ich sagte: »Sie sind, wenn Sie erlauben, ganz schön zufrieden mit sich, nicht wahr?«

Er blickte eine Weile auf den See. Es war dunkel geworden. Kein Mond am Himmel. Im Wasser spiegelten sich nur die Lampions vom Ponton. Und das war in etwa die Geschichte, die er mir nun erzählte:

»Ich bin auf einem Dorf in Hessen groß geworden. Habe bei meinen Großeltern gelebt. Ärmste Verhältnisse. Mein Großvater war Schmied. Sollte aus mir dasselbe werden? Mehr als Mittlere Reife war nicht drin. Habe ich schon erzählt, dass ich Legastheniker bin? Ich wurde gehänselt. Ich sei zu nichts fähig. Na gut, dann hab ich eben erst mal Schmied gelernt. Dann zur Marine, oben in Schleswig-Holstein, dann Wachbataillon in Bonn. Stark und groß gewachsen genug war ich. Aber wieder zurück aufs Dorf? Ich kannte einen Vertreter, der Spielzeug in Kindergärten vertrieb. So kam ich auf's Spielzeug. Es gefiel mir. Ich hatte nie Spielzeug. Bea würd jetzt sagen, dass ich spinne. Sie hat ja recht. Ich hab mal 'nen Fußball geschenkt gekriegt. Aber Spielzeug? Spielzeug?

Die Kindergärtnerinnen und die Leute, die diese Läden leiteten, die mochten mich. Ich hab gemerkt, dass ich gut verkaufen kann. Ich dachte immer, da ist doch mehr rauszuholen. Das Herumreisen und der Erfolg, der Kauf der Fabriken – ich wurde lockerer. Ich war ein verklemmter deutscher Dorfjunge gewesen. So, und jetzt lass mich mit dem Mädchen in Frieden. Ich denk daran, sie einzustellen. Ihre Referenzen und all das – so was geht mir am Arsch vorbei. Hab selbst nur lauter Vieren und Fünfen gekriegt. Ich achte nie auf Zeugnisse und gute Noten. Ich seh den Leuten ins Gesicht. Mensch, ich will doch nur, dass die Kleine aufwacht!«

Wir kehrten auf den Ponton zurück. Im Laufe des Abends nahm sich das Mädchen noch ganz von selbst das eine oder andere Glas Wein. Sie amüsierte sich und flirtete mit einem der deutschen Praktikanten. Ich sah Handstein mit Beatrice tanzen. Die beiden hatten eine schöne Party zustande gebracht, an einem Ort, der schöner nicht sein konnte. Kein Hauch regte sich. Der See lag still. Die Dunkelheit verbarg die Mauer.

Wir lieben es, auf einem Meer des Aufruhrs zu segeln. Wenn man sich vom Leben in den Tod begibt, ist das der größte Aufruhr. Ist es nicht wunderbar!

MAO

DAS STREBEN NACH HARMONIE

Mao hatte den Kapitalismus und jegliches privatwirtschaftliche Unternehmertum ausmerzen wollen. Zum Zeitpunkt seines Todes und während des Schauprozesses gegen die Viererbande befand sich Chinas Wirtschaft im Zustand der Stagnation. Das brachte die Herrschaft der Kommunistischen Partei ebenso in Gefahr wie in anderen sozialistischen Ländern. Es gab für China und Maos Partei keine Zukunft ohne größere Toleranz gegenüber der Privatinitiative, die sich vielerorts breit machte. Deng Xiaoping leuchtete das ein. Er ließ ausländische Investoren ins Land, und schließlich entschied er sich auch dafür, die chinesischen Bauern gewähren zu lassen, die ihr Leben in die eigene Hand zu nehmen versuchten. Er sah keinen anderen Weg. Seine Nachfolger begannen Händler und Unternehmer zu fördern. Stets jedoch befolgten sie Dengs Grundsatz, um keinen Preis die Macht aus den Händen zu geben.

Bei meiner ersten Reise nach China hatte ich die zaghaften Anfänge des Aufschwungs erlebt, die sich in der Folge zu einer kapitalistischen Umwälzung von welthistorischem Ausmaß entwickelt hatten. Ein ganzes Land stieg plötzlich auf. In Zhejiang erfuhr ich nun, dass sich Millionen und Abermillionen Eigensinnige einen Dreck um die Gesetze und die widersprüchlichen Direktiven der Partei geschert hatten. Diejenigen von ihnen, die ich kennengelernt habe, imponierten mir: Yu Wenqi, der Bauernsohn, der sich einen Bauchladen umhängte, durchs Land zog und nun seine zweite Fabrik eröffnete; Großer Tiger, der Sohn eines Rechtsabweichlers, der aus seinem Namen eine Marke machte; und sogar die Wucherer und Geldverleiher, die hinter dem Rücken Pekings und der offiziellen Banken eine Vetternwirtschaft in Gang setzten, aus der das »Wenzhou-Modell« hervorging.

Aber China steckt in der Modernisierungsfalle. Es heißt, die Rasanz der Entwicklung sei ohne Beispiel in der Geschichte. Bekanntermaßen zieht wirtschaftlicher Wandel soziale Unordnung nach sich. Ein Gespenst geht um in China: das Gespenst der Anarchie. Es ist so viele Tausend Jahre alt wie die Idee vom Reich. Die Rede von Chinas Einheit trägt Züge des Stoßgebets, denn die chinesische Geschichte ist ebenso eine Geschichte der Einheit wie der Spaltungen und Kriegsherren. Menschenrechtsaktivisten und Demokraten haben wahrscheinlich noch einen endlos langen Kampf vor sich.

Propaganda und Waffengewalt allein können auf Dauer keine Gesellschaft zusammenhalten, geschweige denn den Fortschritt ermöglichen. Zwar gelang es den Führern Singapurs, den kapitalistischen Wettbewerb an ein ehemals kommunistisches, jetzt autoritäres Herrschaftssystem zu koppeln, aber Singapur ist ein Stadtstaat auf einer kleinen Insel. Singapur als Vorbild für China zu betrachten, als Modell für den viertgrößten Staat der Erde, mit einer Milliarde und dreihundert Millionen Menschen, Dutzenden von Völkern und einer Vielzahl von Sprachen und Religionen – das ist keine bloße Illusion, sondern eine Wahnvorstellung.

Chinas Führer geben vor, eine harmonische Gesellschaft anzustreben. Harmonie bedeutet in der Sphäre der Politik nichts anderes als Konsens. Aus Sicht der Führungskader ist es wie selbstverständlich die Erziehung, die den Hauptbeitrag zur Herstellung des Konsens leisten soll. Maos Erben setzen auf Schulen und Hochschulen. Viele Universitäten sind bereits Weltspitze. Aber der Campus ist alles andere als eine verlässliche Quelle der Harmonie. Oft schon haben sich Hochschulen als Unruheherde erwiesen. Das Blutbad von 1989 auf dem Platz des Himmlischen Friedens ist ein Beispiel von vielen. Selbst Klöster sind keine

Quellen der Harmonie, wie der Aufruhr tibetischer Mönche kurz vor den Olympischen Spielen von Peking gezeigt hat.

Auch Bauernunruhen häufen sich. Tausende von Protestaktionen jedes Jahr. Schon immer waren die Bauern eine Gefahr für chinesische Herrscher, ja für ganze Dynastien. Die Kader kennen ihre Achillesferse. Die Partei ist mächtig genug, die Revolten niederschlagen zu lassen, ist aber nicht mehr fähig, über alles und jedes den Mantel des Schweigens zu breiten.

Ich fragte mich, was China in Zukunft zusammenhalten könnte. Welche Kräfte? Welche Institutionen? Und welche Ziele und Werte? Wahrscheinlich handelte es sich um jene Art von Fragen, bei denen selbst Konfuzius hätte passen müssen. Doch mir kam unentwegt das Tal in den Bergen in den Sinn: das Freilichttheater, in dem der falsche Mao auftrat, die Film- und Fernsehstudios, die Nachbauten alter chinesischer Städte und des Pekinger Kaiserpalasts. Und der alte, kranke Herr, der Xu Wenrong hieß. Ich hatte nicht vergessen, dass er von seiner Zeit als Bauer gesprochen hatte, und wie viel ihm daran lag, den Hunger zu bedenken.

Dieser merkwürdige Ort. Ich wollte unbedingt noch einmal dorthin, in die Film- und Fernsehstadt, aber ich hatte keine Ahnung, wo in Zhejiang sich das Tal befand. Die Bustour mit Jin Dujuan war zu verwirrend gewesen. Ich hatte damals vollständig die Orientierung verloren. Jetzt stellte sich heraus, dass der Ort zwanzig Autominuten von Yiwu entfernt war, der Stadt mit den großen Markthallen, der Stadt des Schmuckdosenfabrikanten. Der Ort lag in der Mitte der Provinz. Und ich las, Hengdian bedeute querliegender Gasthof, ein Hinweis darauf, dass der Flecken einmal als Poststation gedient hatte.

Xu Wenrongs Büro teilte mir am Telefon mit, er sei krank. Er empfange zurzeit keine Reisegruppen. Einer seiner Mitarbeiter stehe aber gern für eine Führung bereit. Ich beharrte auf meinem Anliegen, sagte, dass ich die Anlage schon gesehen hätte, aber dringend noch einmal mit dem Gründer sprechen müsse.

Ein paar Minuten später teilte mir die Sekretärin mit, ein kurzes Treffen werde sich einrichten lassen. Sie nannte mir eine Adresse in der Nähe eines Ortes mit dem Namen Dongyang. Es war nicht die Verwaltungszentrale der Firma, nicht sein Büro. Die Adresse stellte sich als das Gebäude heraus, in dem ich schon gewohnt hatte, jener Flügelbau auf der Anhöhe mit der Glasfront und der Treppe, vor der die Schriftstellerbrigade im Regen hatte ausharren müssen, das Funktionärsheim also, beziehungsweise das Tagungsgebäude mit den weit verzweigten Gängen im Untergeschoss und der Soldatenbar.

Die Sekretärin hatte gesagt, ich müsse nicht wieder anrufen, sie werde auch so erfahren, wann ich angekommen sei.

Was wusste ich von meinem vorherigen Besuch? Wenig. Ich besaß ein paar Notizen. Aber man hatte jedem aus unserer Reisegruppe auch Unterlagen in die Hand gedrückt. Xu Wenrong war der Gründer der Zhejiang Hengdian Group. Unter dem Dach der Gruppe, so hieß es, befänden sich siebzehn Untergruppen mit zusammen hundertfünfundsechzig Unternehmen. Es war ein Mischkonzern, hervorgegangen aus einer staatlichen Seidenproduktion, die der Staat Anfang der siebziger Jahre einstellte. Aber die Bauern der Gegend hatten die Seidenproduktion am Leben erhalten, heimlich und auf eigene Faust. Und aus den Werkstätten, die sie umfunktionierten oder gründeten, entstanden Fabriken, die Magnete und magnetisches Material produzierten, Autoteile, Agrarmaschinen und medizinische Geräte. Außerdem hatte die Gruppe in biotechnische Labors investiert. Ich las auch vom Aufbau polytechnischer Schulen, Sportschulen, Tourismusschulen und sozialen Einrichtungen wie Kindergärten und Krankenhäusern.

Irgendwann in dieser Zeit, ungefähr vor zehn Jahren, entstand eine weitere Idee. Xu Wenrong wollte Hengdian Town zum »Hollywood des Ostens« machen. Er begann den Bau von Filmstädten. Anders als in Hollywood, in Cinecittà oder Babelsberg waren es Bauten für die Ewigkeit.

In meinen Notizen stand, dass Xu Wenrongs »Chinawood-Studios« im vergangenen Jahr zweiundsiebzig Filme und Serien produziert hätten. Im laufenden Jahr werde man mehr als hundert Filme drehen, darunter eine Mammut-Serie über den »Langen Marsch«. Es existierten Kooperationen mit der Filmindustrie in Hongkong, Joint Ventures mit Warner Bros., es gab Verhandlungen mit Disney, Universal, der Twentieth Century Fox … Die Zahl der Projekte, der Verträge und Verhandlungen, die Filme und Serien, die schon gedreht worden waren, und die Arbeitstitel der kommenden Filme ergaben Endloslisten. »Hero«, »Opium War«, »The Emperor and the Assassin«, »Hanwu the Great«, »Promise«, »The Forbidden Kingdom«, »Curse of the Golden Flower« – das waren nur einige der international bekannten Titel, die in den »Hengdian World Studios« gedreht wurden. Die Chinesen kannten auch die Familiensagas, die Serien aus chinesischen literarischen Vorlagen, die erbaulichen Soaps, die TV-Verfilmungen mittelalterlicher Stoffe, die Martial-Arts-Serien. Schon vor zehn Jahren hatten in fast jedem Haushalt des Landes Fernseher gestanden.

Im Mai hatte ich festgestellt, wie Xu Wenrong in diesem Tal gefeiert und verehrt wurde. Es wunderte mich, dass die Plakate nicht dem berühmten Mao-Darsteller auf der Bühne des Freilichttheaters galten, sondern dem alten Chef. Die Fabel vom Goldenen Büffel und die Hymnen auf den Reichtum bezogen sich auf Xu Wenrong. Der Personenkult um ihn war mir als eine der Sonderbarkeiten der chinesischen Gesellschaft im Gedächtnis haften geblieben. So viel Lobhudelei hätte vielleicht auch einem Samuel Goldwyn gefallen, aber in Hollywood war so etwas nicht drin.

Der alte Herr kam alleine die Stufen zur Eingangshalle hinauf. Das Gehen fiel ihm schwer. Er sah kleiner, gebeugter aus, als ich ihn in Erinnerung hatte.

Er fragte: »Haben Sie schon gegessen?«

Das war eine alte Begrüßungsformel.

»Nehmen Sie es mir nicht übel, wenn wir uns hier treffen. Sie haben ja schon alles besichtigt. Und ich muss es kurz machen! Es geht mir nicht so gut wie bei unserer ersten Begegnung.«

Wieder trug er eine dunkelblaue Freizeitjacke und darunter ein T-Shirt.

Er schaute sich um und überlegte, wohin wir uns setzen sollten. Die Halle war voller Schauspieler, Komparsen und emsiger Produktionsassistenten. Es war laut. Hier konnte man sich nicht unterhalten. Er wählte die Terrasse. Von dort sah man hinab auf große rote, flach geschwungene Dächer im Tal. Ich weiß nicht, um welche Palastkopien es sich handelte und welche Dynastien sie darstellten.

Ein Angestellter des Hotels hatte Xu Wenrong erkannt und folgte uns. Er war um die sechzig. Wir setzten uns an einen der letzten freien Tische am Rande der Terrasse. Der alte Kellner war sehr zuvorkommend. Wenige Minuten, nachdem wir Platz genommen hatten, schleppte er einen Sonnenschirm herbei. Behutsam richtete er den Schirm so aus, dass sein Gast im Schatten saß. Niemand sonst hatte einen Schirm. Xu Wenrong bestellte Tee und machte so deutlich, dass er der Hausherr oder zumindest der Gastgeber war. Er selbst wollte nichts trinken, aber der Kellner brachte ihm eine Flasche Mineralwasser.

Xu Wenrong fragte, was mir bei meinem Besuch in seinem Land widerfahren sei, das mich veranlasse, ihn erneut aufzusuchen. Ich erzählte ihm von meinen Erlebnissen und erwähnte mein Problem mit der Parteilosung von der harmonischen Gesellschaft.

Er lachte. »Verstehe. Es ist ja auch wichtig. Ich habe das fast geahnt, als man mir Ihren Anruf mitteilte!«

Er nickte kurz.

»Wussten Sie, dass ich Delegierter des Nationalen Volkskongresses gewesen bin? Es heißt immer, die Partei nehme erst jetzt Privatunternehmer auf. Das ist ja nicht so ganz richtig. Ich war Anfang, Mitte der neunziger Jahre im Nationalen Volkskongress. In Russland fiel alles auseinander! Bei Ihnen in Deutschland hatten die Menschen die Mauer gestürzt!«

Ich schwieg.

»Und da war das Geschehen auf dem Platz des Himmlischen Friedens, werden Sie jetzt sagen! Eine Tragödie! Bestimmt wäre selbst Deng meiner Meinung. Aber seine Politik war dennoch richtig. Deng musste Zeit gewinnen. Wie können auch Studenten die Bauern verstehen?«

Es entstand ein langes Schweigen.

»Sei es drum! Sie wollen von meiner Arbeit hören!« Er breitete die Arme aus. »Sehen Sie! Sie haben das alles bei Ihrem ersten Besuch sicherlich für eine Stadt gehalten, in der Träume produziert werden. Aber wäre dem so, dann wären Sie jetzt sicher nicht hier, oder? Hongkong hat so etwas. Indien hat Bollywood. In Hongkong machen die Kung Fu, in Indien tanzen sie nur und küssen sich! Ja, das tun wir hier auch!«

Er verzog lächelnd den Mundwinkel und winkte ab.

»Aber damit wollen wir uns nicht aufhalten. Mein Vorhaben war, dass dies hier anders ist. Mit anderen Elementen. Etwas Spezielles. Ich musste meinen eigenen Weg finden. Das ist, was ich hier versuche. Sie haben sich meine Traumstadt angesehen. Es ist alles aus Stein gebaut. Ich wollte, dass alles fest und stabil ist.«

Er hob den Zeigefinger.

»Das muss sein! Sie glauben vielleicht, wir könnten uns so etwas leisten, weil die Löhne in China niedrig sind. Das ist nicht der Grund. Es gibt wichtigere Gründe: Erstens müssen wir die Locations von einem auf den nächsten Tag für neue Geschichten und Dreharbeiten benutzen können. Zweitens will ich, dass die Touristen echte Bauten bewundern können. Schon jetzt kommen Millionen Besucher jedes Jahr.«

Er holte eine winzige Silberdose hervor, die er für Tabletten benutzte, nahm eine Tablette ein und trank einen Schluck Wasser.

»Mao hat versucht, die Vergangenheit abzuschaffen – wie andere Herrscher vor ihm. Aber China braucht die Vergangenheit. Und ich wollte sie hier wiederherstellen. Nicht, dass ein Tourist kommt und die Mauern wackeln, weil sie aus Pappe sind. Die Besucher müssen sie wieder erleben: die Schönheit und Pracht längst zerstörter Bauten. Das werden sie hier finden. Man wird es mit Disneyland vergleichen. Ich würde gern mal hin, wenn ich könnte. Aber es wird nicht wie in Orlando sein. Ist doch kein Mickey Mouse hier. Es ist Chinas Geschichte!«

Ich glaube, dass er beim Reden so selten eine Pause machte, damit seine Schwerhörigkeit nicht auffiel. Vielleicht strengte sie ihn aber auch noch mehr an als das Sprechen.

»Ich habe mir die alten Filme der Amerikaner angesehen. Ich liebe die Filme der dreißiger und vierziger Jahre. Ich sehe sie im eigenen Kino. Und was habe ich entdeckt? Es gibt keinen Unterschied. Keinen! In China gibt es das doch auch: diese Geschichte von intakten Familien, von Karrieren und Erfolg. Wie sagt man: Nothing succeeds like success?

Die Amerikaner mit ihren weiß getünchten zweistöckigen Häusern, den zwei Garagen und den hübschen Gärten und James Stewart und June Allyson mit ihren vier Kindern – das war die weiße schweigende Mehrheit Amerikas. Ist es immer noch, glaube ich, trotz der vielen Völker, die dort eingewandert sind. Es ist für alle eingewanderten Völker bestimmend geworden. Sie kennen doch den Begriff Melting pot!

Besonders liebe ich die Filme des italienischen Neorealismus, Rossellini, de Sica, Visconti. Man sagt, ihre Arbeit stehe im Gegensatz zu diesen Filmen der Amerikaner. Ich bin überhaupt nicht dieser Meinung!

Wie sie es gemacht haben! Dieses arme, hungernde, vom Krieg zerstörte Land! Sie haben es im Film gezeigt. Wie soll ich es sagen? Diese Filme sind trotzdem voller Trost, voller Hoffnung. Sie kritisieren nicht nur, sie heißen die Zukunft gut. Sie haben sich als Integrationsfaktor erwiesen.

Ich denke viel an die Vereinsamung, die in China um sich greift. Die Modernisierung und der Wirtschaftsaufschwung haben auch Arbeitslosigkeit erzeugt. Armut, Gewalt und Willkür sieht man auch vor unserer Wohnungstür.«

Ich dachte an Xian, die alte Kaiserstadt in der Mitte Chinas. Fang Yu stammte von dort. Vor Kurzem hatte ich ihn bei einem Besuch in seiner Heimatstadt begleitet. Neben seiner Tätigkeit als Übersetzer, Schauspieler und Synchronsprecher drehte er auch Dokumentarfilme. In Xian stellte er gerade einen Film über drei Fabrikarbeiterinnen fertig. Der Film schien Xu Wenrong zu interessieren, jedenfalls machte er nicht mehr den Eindruck, in Eile zu sein.

Die staatlichen Textilkombinate, in denen die drei Frauen aus Fang Yus Film gearbeitet hatten, waren geschlossen worden. Die Frauen wurden arbeitslos. Sie stiegen ins Taxigeschäft ein. Zuerst fuhren sie Taxis, die anderen Besitzern gehörten, dann kauften sie sich eigene Autos auf Kredit. Sie wurden Kleinunternehmerinnen.

»Ja, die Lage der Frau in der modernen Welt – das ist von großer Bedeutung!«, sagte Xu Wenrong. »So ein Film macht ihnen Mut! Dass sie es schaffen können wie die Männer. Dass sie stark sind!«

Fang Yus Protagonistinnen waren in meinen Augen durchaus Frauen, die man gemeinhin als starke Frauen bezeichnet. Aber ob sie es schaffen würden? Ihr Leben wurde überschattet von dem Kredit, den jede für sich zum Kauf des Taxis aufgenommen hatte. Sie lebten im permanenten Zinsstress. Hinzu kamen andere Erschwernisse, die sie an den Rand der Verzweiflung trieben. Ihr neuer Beruf und die Tatsache, dass sie Frauen sind, bringt extrem hohe Risiken mit sich. Männer haben es auch schwer, aber nicht so schwer wie sie. Eine der Taxifahrerinnen sagt, sie sei knapp einer Vergewaltigung entkommen. Und ihre Berufskollegin berichtet, ein Kunde habe versucht, sie im Taxi umzubringen.

Und jeden Tag zockt die Polizei die Frauen ab. Bußgeld hier, Bußgeld da. Bußgeld, weil sie Kunden ein- und aussteigen lassen, wo diese es wünschen, und nicht an den vorgeschriebenen Taxihaltestellen. Bußgeld, wenn die Fahrerinnen ihr Auto abstellen, weil sie mal dringend aufs Klo müssen … Die Polizisten fänden stündlich einen Anlass, sie zu schikanieren. Den Frauen zufolge würden sich die Beamten das Geld in die eigene Tasche stecken.

»Das haben sie vor der Kamera erzählt?«, fragte Xu Wenrong.

Fang Yus Film kommt ohne Kommentar aus. Er besteht nur aus dem Originalton der Frauen. Sie erzählen von ihren familiären Verhältnissen. Alle drei haben ein Kind. In ihrem Leben sind die Männer bislang keine Hilfe gewesen. Eine Frau ist Witwe, die andere lebt getrennt, weil ihr Mann heroinsüchtig wurde, die dritte ist noch verheiratet, aber ihr Mann trinkt und geht im Suff auf Frau und Tochter los. Der Film zeigt Chinesinnen in gebrochenen Familien.

»Sie haben ein schweres Leben!«, sagte Xu Wenrong.

Allerdings gibt es für die Frauen auch hin und wieder einen Lichtblick. Eine von ihnen hat einen neuen Freund und geht mit ihm hin und wieder zum Tanzen. Die Frauen schaffen es, irgendwie zu leben. Und manchmal sind sie trotz allem glücklich.

»Ich hatte auch meine Probleme«, sagte der alte Herr, als ich die Schwierigkeit ansprach, den Dokumentarfilm vorzuführen. Dem Regisseur Fang Yu zufolge war das in China nur im Internet möglich.

»Die Parteispitze ist eher an historischen Filmen interessiert. Filme über den Ersten Kaiser! Da Sie in Xian waren, haben Sie die Ausgrabungen selbstverständlich gesehen!«

Ein weites Feld, dieser Nachbau der Welt, gedacht dafür, im ewigen Schatten zu bleiben; gigantisch, ja pharaonenhaft die Dimension des Kaisergrabes mitsamt den Divisionen von lebensgroßen Terracotta-Figuren, die, wie sich nun bei Licht zeigte, Produkte einer modularen Fertigungstechnik waren, eines Taylorismus zweitausend Jahre vor Taylor und vor der Dampfmaschine und der Elektrifizierung. Und in jeder Figur, in jedem Produkt vereinigte sich die Idee der massenhaften Reproduktion mit der Idee der individuellen und künstlerischen Unverwechselbarkeit. Sowohl das Grab des Ersten Kaisers als auch das

Wissen um die uralte Synthese von Kopie und Original waren Entdeckungen, die Mao nicht mehr erlebt hatte.

Ich sagte: »Die jüngste der drei Taxifahrerinnen hat mich zur Terracotta-Armee gefahren! Ich war beeindruckt!«

»Alte Heldengeschichten. Das machen wir natürlich. Diese patriotischen und moralischen Filme waren ja zweifellos von großer Wichtigkeit. Von entscheidender Wichtigkeit. Das Filmgeschäft ist etwas sehr Empfindliches. Es ist sehr heikel. Aber zum Glück nicht mehr so heikel, wie das Zeitungs- und Buchgeschäft. Ich möchte auch Filme über die Bauern machen, über die Bauern, die auswandern und Wanderarbeiter werden. Und wie in Amerika: Filme über Farmer, die sich organisieren, und über die ersten Gewerkschaften. Ich erinnere mich an einen hervorragenden Gewerkschaftsfilm mit Marlon Brando. ›On the Waterfront‹! Auch China ist nicht frei von organisiertem Verbrechen! Aber aufgrund meiner Position bin ich leider ständig gezwungen, zu entscheiden, was man bringen kann und was nicht. Ich bin verurteilt, Informationen zu verwalten. Ich sage mir immer wieder: ›Du musst Geduld haben!‹ Die Partei bevorzugt die Kaiser. Historische Filme sind ein sehr mächtiger Integrationsfaktor.

Mehrmals wurde ich in Frage gestellt. Wegen der Parteilinie. Aber ich kam mir vor wie Admiral Zheng He auf dem Flaggschiff der Schatzflotte. Die größten Schiffe der Flotte hatten acht Masten. Sie wissen, dass die Karavellen von Kolumbus mit den bemannten Mondraketen verglichen wurden. Es heißt, seine Karavellen seien eine viel größere Erfindung gewesen, weil diese Schiffe gut kreuzen konnten. Sie haben sicher gesehen, dass wir diese Boote hier nachgebaut haben. Hoch am Wind? Das finde ich ein bisschen übertrieben für diese Karavellen. Hundert Jahre vor den Europäern hatten wir Schiffe mit acht Masten. Davon haben Sie gewiss gehört! Und unsere Seeleute wussten auf hoher See immer, wo sie waren. Wir hatten auch besseres Pulver und bessere Kanonen, um uns zu verteidigen.«

Er schmunzelte. »Jeder weiß aber auch, dass China seine Flotte selbst vernichtet hat. Doch kommen wir zurück zur Filmindustrie. Ich bin ein Bauer. Ich bin ein Bauer geblieben. Ich sage immer, ich kann kein Englisch, weil ich mich nicht blamieren möchte. Aber ich sehe Filme auf Englisch.«

Die Italiener hatten es ihm angetan. »Sie sind ein bisschen wie wir. Alles etwas unordentlich, aber liebenswert. Da wird ein Umgang spürbar, der mir sehr nahe geht. Das ist die richtige Form, finde ich. Ich spreche darüber immer mit meinen Leuten. Wir haben unsere Experten, die alles genau studieren. Und es kommen ja auch Filmleute aus dem Ausland zu mir. Jemand hat mir mal erzählt, die Italiener hätten keine gemeinsame Sprache gehabt. Sie hätten zwar eine einheitliche Schrift gehabt, aber in jeder Provinz hätten sie anders gesprochen. Sie hätten sich nicht verstanden. Genau wie hier! Erst das Fernsehen hat den Italienern eine gemeinsame Sprache gegeben. Stimmt das? Ist Italien ein Produkt des Fernsehens?

Die Filmindustrie ist auch für China fundamental. Sie erzeugt moralische Werte. Sie kann unser Volk zusammenbringen. Die Menschen stolz machen. Und dass sie gleichzeitig kritisch sind gegenüber bestimmten Maßnahmen. Ich will keine Ja-Sager-Filme. Das Volk nimmt sie nicht an. Das ist meine Erfahrung.«

Er sprach plötzlich schneller, eine Spur aufgeregter.

»Man hat mir von einem Dramatiker berichtet. Soviel ich weiß, war er Spanier und lebte im 16. Jahrhundert, also bald nach Kolumbus. Er hat die Geschichte eines Dorfes erzählt. Kennen Sie die? Am Ende fragen die Soldaten des Königs: ›Wer hat den Befehlshaber umgebracht?‹ Und die Dorfbewohner schreien: ›Wir alle! Das Dorf ist es gewesen!‹ Das Dorf sagt die Wahrheit! Sagt aber auch die Gründe! Und die Soldaten heißen gut, was das Dorf getan hat.

Ich finde, Träume sind wichtig für eine Gesellschaft. Wie gesagt, es ist eine heikle Arbeit. Im Guten wie im Bösen. Es ist nie ganz klar, ob man eine Gemeinschaftsproduktion mit Warner Brothers hier ins Kino oder ins Fernsehen bringen darf. China ist noch nicht so weit. Aber was macht das? Dann ist es eben nicht für China, sondern nur fürs Ausland. Anders herum gibt es sehr gute Produktionen, für die sich die Amerikaner nicht interessieren. Aber stellen Sie sich vor, was unser Markt von mehr als einer Milliarde Menschen auf Dauer auch für die Amerikaner bedeutet!

Man muss Geduld haben. Ich komme mir oft vor wie eines unser alten Schatzschiffe, die Jahrhunderte vor Kolumbus mit jedem Seesturm fertig wurden. Sie sehen, ein alter Mann verwechselt leicht Traum und Wirklichkeit. Aber ich bin sicher, es leuchtet ein, wie unerlässlich meine Traumstadt ist. Das Ziel ist alles andere als bescheiden. Mir geht es um die Strukturierung einer einheitlichen Gesellschaft. Ich finde, man muss auch die Spannungen integrieren! Was ist das anderes als das Streben nach Harmonie? Das, wofür Sie den Begriff Konsens bevorzugen? In Wahrheit stelle ich keine Träume her. Hier wird Wirklichkeit erschaffen.«

Dank

Mein Dank gilt zunächst jenen Gesprächspartnern, deren Identität vertraulich bleiben musste.

Namentlich in Hangzhou: Jin Chaogang (Dolmetscher), Lutz Kraft (General Manager, Siemens High Voltage Circuit Breaker Co. Ltd.), Prof. Shao Feng (Zhejiang University, Center for Agricultural and Rural Development).

Schanghai: Wang Ningjun (Journalist); Prof. Xiaochun Chen (Shanghai International Studies University); Chen Youhua (Senior Chief Engineer, Shanghai Urban Planning and Design Research Institute, Bureau of the Shanghai City Planning).

Shiyan: Gao Mingxiang (Vice President of Dong Feng Motor Corporation); Helmut Schmidtke (Berufsausbildungszentrum der Hanns-Seidel-Stiftung).

Taizhou: Jin Changzhen (Vice Mayor of Taizhou Municipal People's Government).

Wenzhou: Zheng Haihua (Journalistin), Zhu Caixia (Unternehmerin).

Yiwu: Chen Xiuxian (Yiwu Committee of the Communist Party of China), Xiulong Xu (Europa Oriental Imp. & Exp. Trading Co. Ltd.).

Zu besonderem Dank verpflichtet bin ich Thomas Schröder, dem ehemaligen Chefredakteur des *Frankfurter Allgemeinen Magazins*, sowie meinen Freunden und Kollegen Fang Yu, Dr. Susanne Gratius, Holger Preuße, Anne Schneppen und Dr. Adama Ulrich.